·解放军国际关系学院战略与安全理论研究丛书·

从遏制到平衡

美国塑造世界战略解析

From Containment To Rebalance:
The Strategy of Shaping the World of the United States of America

蔡华堂◎著

时事出版社

本书由解放军国际关系学院
“院长科研出版基金”资助出版

《战略与安全理论研究丛书》编委会

总　序

21世纪是一个传承与变革并行的时代，其间尽管国际事态纷繁复杂，但国际政治总的图景很大程度上是由20世纪后半叶的冷战和后冷战时代所催生的。其中，发端于20世纪最后十年，又在21世纪延续着自身逻辑的“后冷战时代”，自然地成为了新世纪战略特质的演绎者。可以说，冷战的终结开辟了一个新的时代，然而这个时代并不太平。在后冷战时代，各种传统与非传统安全问题非但未获得根本的解决，反而呈现出愈益复杂之势。如今，安全的概念变得越来越宽泛；不仅安全在定义上出现了宽泛化的倾向，而且冷战后的国际政治现实也或多或少地印证了宽泛化解释之必需，以至于给人们这样一种错觉：在当今世界，似乎什么都事关国家安全。这恰恰反映出了冷战后国家大战略缔造的一大困境。面对大变革、大调整、大发展的世界形势，面对传统安全与非传统安全相互交织的安全环境，世界主要大国纷纷加强了战略调整与战略创新，力求抢占主动，并为此展开了新的一轮战略博弈。其中，就战略缔造与实施而言，尽管影响因素众多，但根本上有赖于把握好两大环节。

首先，对于世界大势的把握，是一切战略缔造的根本出发点。

对于中国来说，能否稳步地实现自己的国家政策目标，除去客观因素外，很大程度上还取决于中国怎样认识世界、应对世界，亦即如何认识当今的国际环境和怎样进行国际政治斗争。

“认识世界发展大势，跟上时代潮流，是一个极为重要并且常做常新的课题。”[①] 习近平主席的上述观点，深刻揭示了这样一个基本道理：对于当今中国来说，其发展前景必须也只能在世界大势中去定位。

什么是世界大势呢？那就是：当今世界是一个变革的世界，是一个新机遇新挑战层出不穷的世界，是一个国际体系和国际秩序深度调整的世界，是一个国际力量对比深刻变化并朝着有利于和平与发展方向变化的世界。除去上述显著变化外，当今世界还有五个“不会改变”：世界多极化向前推进的态势不会改变；经济全球化进程不会改变；和平与发展的时代主题不会改变；国际体系变革方向不会改变；亚太地区总体繁荣稳定的态势不会改变。[②]

正是基于这样的世界大势，新时期中国国家大战略本身也出现了一个显著的变化，那就是同时追求安全、发展、和平、正义这几类根本价值，同时强调：应对不确定性的最佳途径在于发展自己，使自己强大，用习近平主席的话说，就是“要坚持独立自主的和平外交方针，坚持把国家和民族发展放在自己力量的基点上，坚定不移走自己的路，走和平发展道路，同时决不能放弃我们的正当权益，决不能牺牲国家核心利益。”[③]

正因为如此，当今中国特别需要既审慎又创新的国家大战略，它除去具有普泛意义上的基本战略属性外，尤其需要深深根植于中国的历史文化，根植于中国政府的治国理政方略，根

---

① “习近平出席中央外事工作会议并发表重要讲话”，http：//news. xinhuanet. com/politics/2014 -11/29/c_ 1113457723. htm

② “习近平出席中央外事工作会议并发表重要讲话”，http：//news. xinhuanet. com/politics/2014 -11/29/c_ 1113457723. htm

③ “习近平出席中央外事工作会议并发表重要讲话”，http：//news. xinhuanet. com/politics/2014 -11/29/c_ 1113457723. htm

植于中华民族的强国梦想，根植于中国所处的内外环境。也就是说，中国的国家大战略需要顺应21世纪的战略心理特质，贯彻一种符合中国国情的现实主义基调，明确中国国家利益维护和渐次拓展的地理战略空间，阐明中国作用于国际体系和国家关系的基本原则、方式和方法，并重点规划好力量运用的基本方略和途径。

其次，准确认识和把握国家安全的科学内涵，是一切战略成功的关键所在。

2014年4月15日，习近平主席主持召开中央国家安全委员会第一次会议并发表重要讲话，从观念、机制和能力等三个方面，提出了“三位一体”、全面系统的总体国家安全观。会上，习近平主席深刻地指出：“当前我国国家安全内涵和外延比历史上任何时候都要丰富，时空领域比历史上任何时候都要宽广，内外因素比历史上任何时候都要复杂。”[①] 据此，新时期中国总体国家安全观突出强调了十一个具体安全领域，包括政治安全、国土安全、军事安全、经济安全、文化安全、社会安全、科技安全、信息安全、生态安全、资源安全和核安全。[②] 这十一个具体安全领域意味着国家安全的构成要素更加广泛，丰富了中国国家安全观的内涵和外延，体现了大安全时代的大安全思维，具有强烈的时代特色。正因为如此，我们必须根据不断变化的世界大势，去全面深刻把脉中国的国家安全问题。

美国著名学者克雷格·A·斯奈德曾指出：“为了使安全研究能够适应冷战后的时代，有必要转变安全思考。需要就三个宽泛的问题提出疑问：作为目标的安全，追求安全的手段，以及安全

① “习近平主持召开中央国家安全委员会第一次会议强调，坚持总体国家安全观，走中国特色国家安全道路”，《人民日报》，2014年4月16日，第1版。

② 习近平：“坚持总体国家安全观，走中国特色国家安全道路”。载《习近平谈治国理政》，外文出版社，2014年版，第201页。

与国内事务的关系。”[1] 毫无疑问，中国政府提出的总体国家安全观，正是对这三个安全问题的理性回答。在目标方面，新世纪中国追求的不仅仅是自身国家的安全，而是在实现自身安全的同时，尊重别国的安全关切，重视国际社会的安全，追求一种“共赢”的局面；在手段方面，主张通过平等对话和友好协商妥善处理矛盾和争端，实现合作安全和共同安全的目标；在处理国内和国际安全关系方面，认为应统筹好国内国际两个大局，特别强调“中国将通过争取和平国际环境发展自己，又以自身发展维护和促进世界和平”。[2] 这样，纷繁复杂的传统安全与非传统安全议题，得以有机地整合到一个总体战略框架之内，即基于目标与手段、国际和国内的关系估算，来考察安全问题的性质、威胁程度、化解途径、成效评估，使之服务于国家安全的需要。

在总体国家安全理念下，就地缘安全而言，中国政府高度重视东亚和亚太地区对于中国实现中华民族伟大复兴所特有的战略价值，并尽最大努力在亚太秩序中追求中国的大国地位，这是因为东亚和亚太是中国大周边的关键地域，是战略的聚汇点，因而也是中国与世界上其他大国互动甚至是博弈的大舞台。就像习近平主席 2014 年 11 月 9 日在亚太经合组织工商领导人峰会上所强调的那样，我们有责任为本地区人民创造和实现亚太梦想。“这个梦想就是坚持亚太大家庭精神和命运共同体意识，顺应和平、发展、合作、共赢的时代潮流，共同致力于亚太

---

① ［美］克雷格·A·斯奈德：《当代安全与战略》，吉林人民出版社，2001 年版，第 11 页。

② 习近平：“共同创造亚洲和世界的美好未来”。载《习近平谈治国理政》，外文出版社，2014 年版，第 333 页。

繁荣进步。”[①] 为此，中国坚定地奉行与邻为善、以邻为伴的周边外交方针和睦邻、富邻、安邻的周边外交政策，贯彻亲、诚、惠、容的周边外交理念，同邻国和睦相处。可以说，新时期中国的周边外交和大国外交已经是一体两面，不可偏废。

中国作为发展中大国，坚持走和平发展道路，坚持合作共赢，坚持义利兼顾，坚持不干涉内政。这是中国政府向全世界所作的庄严承诺。在谈到安全问题时，习近平主席特别指出：“和平犹如空气和阳光，受益而不觉，失之则难存。没有和平，发展就无从谈起。国家无论大小、强弱、贫富，都应该做和平的维护者和促进者……国际社会应该倡导综合安全、共同安全、合作安全的理念，使我们的地球村成为共谋发展的大舞台，而不是相互角力的竞技场，更不能为一己之私把一个地区乃至世界搞乱。”[②] 当然，要实现中华民族伟大复兴的中国梦，除去利益共同体和命运共同体建设外，很重要的一点就是要在维护战略机遇的过程中顺势而为，积极有为，切实维护中国的国家利益及其拓展。[③]

历史反复证明，大国崛起从来不会一帆风顺，更不会一蹴而就。可以说，在风雷激荡的世界里，要实现中华民族伟大复兴的中国梦，每一步都离不开正确战略的科学指导，因而也就格外地需要我们加强战略研究，汇聚聪明才智，寻求因应之策。正是在这个意义上，我们决定推出“战略与安全理论研究丛

---

① “习近平 APEC 演讲：一切改革归根到底都是为了人民”，http://news.china.com/focus/ddz/11163081/20141109/18941973.html

② 习近平：《共同创造亚洲和世界的美好未来——在博鳌亚洲论坛 2013 年年会上的主旨演讲》。http://news.xinhuanet.com/politics/2013-04/07/c_115296408.htm

③ 习近平：《在第十二届全国人民代表大会第一次会议上的讲话》(2013 年 3 月 17 日)。http://news.xinhuanet.com/politics/2013-03/17/c_115055434.htm

书”，以期探讨那些事关中国国家安全与长远利益的主要问题，从而为实现中华民族伟大复兴的中国梦提供应有的智力支撑作用。

是为序。

刘 峰

（解放军国际关系学院院长、少将）

自序　21世纪大国战略博弈的新变化

随着科学技术和交通条件的迅猛发展，近代民族国家产生以来，大国间的博弈一直在激烈地进行，手段日趋多样，范围日益扩大，筹码日渐升高。既有充满血腥的战场厮杀，也有不见硝烟的无声较量；既有物质力量的比拼，也有思想文化的碰撞；既有客观条件的驱使，也有主观意识的推动。有的国家在博弈中胜出，执世界之牛耳；有的国家则走向衰亡，成为历史的遗迹；有的国家在战争中土崩瓦解，有的国家却在和平竞赛中被淘汰出局。如何使国家在国际博弈中胜出，是每一个大国的领导者战略筹划的首要内容。

一、国际博弈贯穿历史始终

由于资源的稀缺和人性的使然，国家之间的较量贯穿历史始终。国家之间的博弈自古以来就有，只是由于地理的阻隔和技术条件的限制，尚不具有全球性而已。早在两千年前古老的中华大地上，各诸侯国之间就展开了一轮又一轮的较量，先是谋求盟主，力图称霸一方，后又着眼吞并，试图一统天下。经过数百年的角逐，脱颖而出的秦国终于力克群雄，统一了中国，使东方的文明世代相传下来。在欧亚大陆的西部，同样充满着激烈的博弈，国家的版图不时地被重划。古罗马帝国、波斯帝国、阿拉伯帝国、神圣罗马帝国都先后灰飞烟灭，一些新兴的大国则迅速崛起。

随着近代民族国家的出现，相互间的角逐更趋激烈。一部近现代国际关系史，就是各主要国家为谋求霸权或扩张势力范围而准备战争、进行战争与和平竞争的历史。从1618～1648年的“三十年战争”到拿破仑战争，再到第一次世界大战和第二次世界大战，战争的规模越打越大，卷入的国家越来越多，持续的时间越来越长，造成的毁坏越来越重，影响的范围越来越广。通过战争，国际战略格局发生了一次又一次的重大变化，一些国家受益，另一些国家受损；有的国家通过战争变得日益强大，而有的国家则彻底退出历史舞台。奥斯曼帝国解体，俄罗斯沙皇帝国崩溃，德意志第三帝国消亡，大日本帝国覆灭，法兰西帝国被严重削弱，大英帝国的霸权地位拱手让出。美国则从北美一隅走向世界中心，苏联在战争中发展壮大，中国也通过战争跻身大国行列。每一场大战都是各个国家特别是大国博弈的产物，从战略层面看，都具有必然性。战争的结局就是对和平时期国家能力构建和实力发展的确认。

第二次世界大战后，美国成为首屈一指的强国，其利益边界大为扩展，成为真正的全球性国家。传统的老牌帝国主义国家，不得不仰仗美国的鼻息。苏联也成为了一个世界性的强国。但是，战后的世界并不太平，美苏两国针锋相对，分别建立北大西洋公约组织和华沙条约组织，形成军事政治集团，展开了冷战。经过50年的较量，终于导致了20世纪“最大地缘政治灾难”①的发生。可以说，苏联及其主导的国家集团的解体，既是长期准备战争所造成的结果，又是与美国战略博弈失败的产物。

---

① 俄罗斯总统弗拉基米尔·弗拉基米罗维奇·普京在2005年4月25日发表的国情咨文中表示，联盟国家在1991年的解体是20世纪发生的“最大的地缘政治灾难”。

进入 21 世纪以来，虽然和平与发展仍是时代的主题，但大国之间的博弈依然如故。每个大国都希望在新一轮的国际博弈中胜出。为达成此种目的，一方面是提高实力，增强国家的博弈能力；另一方面则是布局造势，塑造对己有利的战略态势。

美国在经过反恐战争和国际金融危机之后，采取战略收缩，减少军费开支，缩小部队规模。仅陆军就从 2007 年的 57 万人缩编为 49 万人，而且在 2017 财年结束前还将再裁减 4 万人，到 2019 财年，保持在 44—45 万人。[①] 目的就是将更多的资源投入到经济与科技领域，从总体上提升国家的竞争力。与此同时，它还提出亚太“再平衡”战略，力图通过主导亚太，进而塑造世界，维护其世界领导地位。

中国经过 30 余年的改革开放，综合国力全面提升，已成为世界上第二大经济体。现在，中国又提出了“四个全面”战略布局，一方面深化改革，推进经济结构转型，挖掘发展潜力，另一方面提出“一带一路”战略构想，加强国际合作，为经济发展开辟新的空间。

俄罗斯也不甘示弱，在着力发展经济的同时，一方面对西方多年来挤压其战略空间的行为发动反击，另一方面提出建立“欧亚经济联盟”的构想、参与“金砖国家”（Golden Brics，为 5 个成员国 Brazil，Russia，India，China and South Africa 英文首字母的缩写）集团、推进上海合作组织的建设等，积极打造国际合作的平台，以提升自身的国际影响力。

印度利用南亚次大陆的地缘优势，在亚太方向实施“东向战略”，在欧亚大陆方向努力加入上海合作组织，同时与美国建立密切的战略伙伴关系，积极参与“金砖国家”的各项活动。

日本在着力寻求突破经济滞胀的同时，密切与美国的同盟关

---

① Department of Defense，*Quadrennial Defense Review*，Mar. 2014，pp. 29，39.

系，加强与澳大利亚的安全合作，增加在东南亚国家的投资，以提升国家的竞争力和国际影响力。

欧盟在极力摆脱金融危机影响的同时，展开全方位的外交活动，维持与美国的战略关系，与中国展开密切的合作，与东盟及其他地区性国际组织建立战略合作关系，同时阻遏俄罗斯势力向西方扩展，巩固已获取的战略空间。

需要强调的是，由于国际上主要战略力量大都集中在亚太地区，即使远离亚太的欧盟也借助各种渠道进行渗透，一场横跨太平洋的国际战略博弈已正式拉开了帷幕。

二、权力中心不断进行转移

古希腊的一位哲学家曾经说过，人类社会的福祉从来不会停留在一方。列宁也指出，国家发展的不平衡是世界经济的必然规律。由于各种因素的共同作用，在某一个历史时期，世界上某一国家或某一地区迅速发展，成为区域或全球的政治经济中心。中国古代学者司马光也在其历史名著《史记》中指出："天下熙熙，皆为得来；天下攘攘，皆为利往"。逐利既是人之本性，也是国家的本性。纵观人类的历史，凡是财富集中之地，就必然是权力争夺的核心区域。在古代时期，由于交通和通信的限制，国际经济的发展带有区域的性质，出现不同的文明中心或权力中心。那么，到了近现代，这种状况就有了很大的改变，国际财富中心越来越向某一区域集聚。同样地，为了争夺财富，国际较量就越来越具有全球意义。在古代，由于固化的资源是人类生存的主要条件，河流与海洋就成了文明中心的集结地。世界四大文明古国无一不是依赖河流或海洋而产生与延续。近代以来，由于文艺复兴和工业革命发端于欧洲，世界主要财富的出产地集中于欧洲，世界上的重大战争发源于欧洲，各国交往的准则也产生于欧洲。于是，在过去的几百年里，欧洲一直占据着世界权力的中心位置。尽管第二次世界大战以来的世界权力中心由欧洲转向大西洋地区，但它属于区域内部转移，总体上没有改变以欧洲为中心的格局。

第二次世界大战后，虽然美国一跃成为世界上首屈一指的强国，但欧洲大陆仍然是美苏间争夺的焦点所在。以美国为首的北约国家，在西欧地区驻有重兵，防范和遏制苏联。苏联则组建华沙条约组织，在中欧地区严密设防，威慑和觊觎西欧。欧洲地区不仅存在着严重的军事对峙，也有着激烈的经济较量。美国通过"马歇尔计划"（Marshal Plan）支持西欧经济复兴，既为了巩固自己的阵地，也为了增加东欧国家对苏联的离心力。苏联则成立"经济互助委员会"（the Council fot Mutual Economic Assistance），扶持东欧国家，抵消马歇尔计划的影响。20 世纪 70 年代，当西方世界遭受经济危机的困扰时，以美国为代表的主要西方经济体，亚洲的日本也作为一员加入，成立了"七国集团"，以寻求解决经济危机的举措。此后长期时间里，"七国集团"所达成的协议往往决定着世界经济发展的方向。苏联解体后，西方国家在相当长的时间里更是独占经济鳌头。

然而，随着全球化的快速发展和科学技术的广泛运用，西方国家长期以来的产业优势逐步丧失。20 世纪 90 年代以来，许多新兴经济体不断产生，"金砖国家"兴起，极大地改变了世界经济的格局。传统的工业化强国，即"七国集团"，日益走向衰退，加拿大和意大利已被挤出"七强"之外，对世界经济发展的贡献率不断降低。相反，以"金砖国家"为代表的新兴经济体则发展迅速，对世界经济的贡献率越来越大，以至于 2008 年发端于美国的国际金融危机之后，"20 国集团"应运而生。不仅如此，由于中国迅速崛起的带动，亚太地区的经济发展势头强劲，已经成为世界经济的新引擎。随着世界财富中心的变迁，权力中心也随之发生转移，由大西洋转向太平洋。因此，美国前国家安全事务助理兹比格纽·布热津斯基认为：“全球力量的中心从大西洋两岸转移到了远东。”①

三、大国衰亡源于无限扩张

纵观有史以来的人类历史，许多横跨欧亚大陆或欧亚非三洲的帝国成为历史遗迹，其根本的原因就在于无限度地扩张。这种扩张既包括有形的领土和势力范围拓展，也包括无形的宗教与文化价值的推广。世界是由不同的地域和民族组成的，每一个地域或民族国家有着独特的生活方式和文化理念。一个大国的扩张，往往就是对他国或地域的排挤和剥夺，必然遭到或强或弱的反抗。随着扩张的加剧，国家的政治生态开始变化，民族种族的矛盾、利益集团的矛盾、与其他国家争夺空间的矛盾就会日积月累，为自己的覆亡埋下了种子。

利益是国家扩张的驱动力量。自从国家产生以来，利益的角逐就成了国际关系的主旋律。在有文字记载的历史中，国家间围绕着扩张与反扩张争斗不已，包括和平的竞争与战争的杀戮，导致许多国家的兴起、衰落和灭亡。一部世界文明史，也就是大国博弈与兴亡史。一些大国成为昨日黄花，一些大国则迅速崛起。崛起的大国又重蹈覆辙，在扩张中走向衰退或消亡。因此，大国的政治悲剧不断地上演。虽然一个又一个崛起大国的决策者们都反复地强调吸取历史教训，避免悲剧重演，但在实际运用中，激情与野心往往占据上风，至今也未有大的改变。盲目的扩张，终于导致国家力不从心，滑入没落的通道。

---

① 兹比格纽·布热津斯基、布兰特·斯考克罗夫特著，姚云竹译：《大博弈：全球政治觉醒对美国的挑战》，新华出版社，2009 年第 1 版，第 2 页。

远的不说，自近代民族国家产生以来，西班牙、荷兰、英国等都从世界权力的顶峰走了下来。西班牙、荷兰仅是昙花一现，英国只领风骚 300 年。由于两次世界大战的消耗和反帝反殖民主义的兴起，英国的世界霸权地位丧失了，后来居上的美国成了第二次世界大战后世界秩序的主导者。又由于扩张的拖累和经济危机的打击，当下的美国在维护国际秩序方面已现疲态。新加坡国立大学东亚研究所所长郑永年教授就惊叹，美国仅仅在冷战结束后的 20 多年时间里，就走向了衰落。[①] 按照美国著名学者、前国务卿亨利·基辛格的说法，几乎每一个百年，都会有一个新兴的大国出现，以取代原有的守成国。也就是说，大国的扩张欲望是无限的，但扩张的手段是有限的。没有任何一个致力于扩张的大国会长期地兴盛而不走向衰落，即使绝对实力有所保持，但相对实力也会下降。

四、国际博弈方式发生变换

在第二次世界大战前，世界列强在确立国际秩序的博弈中，往往是通过无序竞争，最后以战争决定胜负。然而在战后，由于科技的进步、核武器的出现和战争观念的变化，大国之间的博弈更多的是以和平的方式出现，尽管也不乏具有代理人特征的局部战争。因此，国际格局的转换不是通过战场较量完成的，而是通过冷战或和平竞赛的方式实现的。冷战看起来没有热战血腥，但它所造成的影响却比热战还要深远。对于“热战”中失败的国家来说，它只是感到“力”不如人或“技”不如人，输的是物质，输得服气，但对国家的治理方式和文化传统可能并未动摇。所

① 参见郑永年：《美国衰落的五因素》，联合早报网 2015 年 5 月 26 日，http: www. zaobao. com/forum/views/opinion/story20150526 – 484393。

以，战败的德国与日本很快就从战争的废墟中爬了起来。对于冷战中失败的国家来说，输的是思想，输的无奈，对国家的社会制度和理想信念失去了信心。因此，俄罗斯和东欧国家不得不重起炉灶，复兴的进程极为缓慢。更为重要的是，在热战中胜利的国家，也要付出极大的代价，如英国在两次大战之后，迅速衰落成二、三流国家，而在冷战中获胜的国家，收益巨大而几无损失，如冷战后的美国，虽然耗费了许多资源，但却大幅提升了国家的实力，而且世界“霸主”的地位还得到了进一步巩固和加强。

进入21世纪，大国之间的战略博弈更多的是以“软实力”较量为主，即以军事力量为后盾，以科技与经济为先导，以价值观念为主轴而展开，竞争与防范将是主要的方式。在这种较量中，比的是制度优势、战略定力、筹划智谋、创新实力、发展潜力和包容程度等。从本质上说，人力、资源、机制的结合将决定着未来大国战略博弈的结局。这种以和平竞赛为主的博弈比以军事或战争较量为主的博弈更为复杂，也更具挑战性。

五、战略指导决定功败垂成

国家的兴衰固然由多重因素决定，但领导者的战略指导至关重要。无数的大国兴衰事例表明，战略决定成败。这里所说的战略，是指广义的战略，即通俗所说的大战略，而非狭义的军事战略。“历史从来没有允许过一个缺乏战略能力的国家跻身于强国之林，哪怕这个国家在经济上颇有建树。在一个现实主义的世界里，上帝不会特别眷顾一个战略上的弱者。没有战略的能力，就没有安全，也就无法赢得未来。”[①] 战略的贫困绝对是一个大国的

---

① 周建明、张曙光：《美国安全解读》，新华出版社，2002年6月第1版，第4页。

悲剧。

客观地认识世界，顺应时代潮流，是一个大国走向兴盛的必由之路。美国从其建国之初，就根据当时的世界形势制定了切实可行的战略。1796 年，华盛顿在其告别演说中，明确地提出了“孤立主义”思想，指导美国百余年的对外政策，至今仍有影响。“孤立主义”思想上升到国家战略高度，使得年轻的美国避免过早地卷入国际冲突，能够远离纷扰，迅速发展。当其羽翼丰满时，美国就提出了“门罗主义”，继而又抛出了“门户开放”政策，进而发起“美西战争”，将其利益触角伸向欧洲和亚太地区。第二次世界大战还在进行时，罗斯福总统就制定了美国战后主导世界的蓝图，主张建立联合国、国际货币基金组织、世界银行和世界贸易组织，以便把国际秩序的主导权牢牢地掌握在美国手里；战争结束不久，罗斯福的继任者杜鲁门总统就制定了遏制战略，且一直被其后的数届美国领导人奉为圭臬。在执行遏制战略的过程中，美国又利用和平演变手段，终于使苏联与东欧国家改旗易帜。美国能登上世界霸权的顶峰，其正确的国际战略发挥了重大作用。诚如郑永年所说：“正如美国的崛起，美国的衰落也归诸其国际战略”。[①] 据说德意志统一的设计师奥托·冯·俾斯麦说过这样的话，“上帝不会关照醉汉、傻瓜和美国”。[②]

在客观认识世界的基础上，领导者能否放眼未来，为国家的发展制定一幅可以实现的蓝图，将直接决定着国家的命运。20 世纪 70 年代末 80 年代初，中国领导邓小平主持制定了改革开放的政策，并为中国的经济建设提出了“三步走”的战略。可以说，这一战略是建立在正确的认识客观世界的基础上的，完全符合中

① 参见郑永年：《美国衰落的五因素》，联合早报网 2015 年 5 月 26 日，http：//www. zaobao. com/forum/expert/zheng-yongnian/story20150526 = 484393。

② 参见【美】罗伯特·卡根：《美国缔造的世界》，社会科学文献出版社，2013 年 3 月版，第 22 页。

国的实际。30多年的改革开放实践已充分证明了这一点，他从而也获得中国改革开放“总设计师”的美誉。

世界上有许多国家因为不能制定正确的战略而走向衰亡。中国的清王朝从建政到乾隆后期，一直是世界上最为富有的国家，也是综合实力最为强大的国家。但是，之后却大踏步地走了下坡路，其根本的原因就在于领导者对世界的认识发生了错误，从而在国家治理上走上了一条持续衰落的不归路。所以，1867年，当清政府已彻底平息太平天国之后，湘军首领曾国藩的一位名叫赵烈文的谋士就指出，清王朝的国祚不会再超过50年。[①] 45年后的1912年，他的话被验证，大清帝国寿终正寝。苏联的解体，也是其几任领导人既没有正确地认识世界，也没有客观地认识苏联自己所造成的必然结局。

墨守成规是一国之大忌。中国有句俗话，叫做“天变，道亦变。”也就是说，客观条件变化了，人们的主观指导也要改变。毛泽东认为，世界上一成不变的东西是没有的。随着时代条件的变化，原先制定的战略中，可能就有一部分与实际不相符合。因此，在战略实施的过程中，有所舍弃，有所充实，有所坚持，适时调整，真正做到与时俱进，国家才能长久不衰。

总之，国际关系的普遍规律是：竞争是永久的，博弈是永恒的，合作是必不可少的，包容是有条件的；由于国家发展不平衡规律的影响，国际博弈的重心也是不断改变的；大国的兴衰虽然是一种常见的历史现象，但正确的战略指导可以决定成败。从大国兴亡的历史中，一个显著的特点是，决策者无论是过于懦弱，还是变得疯狂，都容易出现战略偏执。而且，一旦失计，国家衰

---

① 参见《赵烈文1867年预言清廷垮台：不出五十年》，摘自雷颐：《历史的裂缝：近代中国与幽暗人生》，广西师范大学出版社，2012年5月版，http://news.xinhuanet.com/ziliao/2015-01/26/c_127421850.htm。

退的命运就难以逆转。作为人类文明史上国祚最为久远的大国，中国拥有其他国家所缺乏的厚重的文化底蕴、坚韧的民族精神、丰富的治国理念、包容的“和”“合”心态、优越的地缘条件等。为了使国家长期立于世界民族之林，领导者要以国家利益为重，在客观地认识世界的基础上，汲取古今中外国家治理的有益经验和惨痛教训，抓住机遇，敢于担当，着眼长远，绘就蓝图，善于博弈，精心指导，将国家引向长治久安的强盛之道。

目　　录

第一章

绪 论

美国，从其诞生之日起，就非同凡响，既受人羡慕，又遭人愤恨。它是一个没有历史包袱的国家，因而没有传统的禁锢；它是一个充满竞争的国家，因而富有创新的精神；它是一个充斥移民的国家，因而具有多元的文化；它是一个强调实力的国家，因而存在扩张的动因；它是一个极其自负的国家，因而总是抱有挑战的欲望；它是一个资本操控的国家，因而有着精于算计的本能；它还是一个怀有梦想的国家，因而带有履行“使命”的意识。正是由于这些特质，美国从偏居北美一隅的小国，仅仅用了100多年的时间，就崛起为20世纪的世界巨人，而且还延续到21世纪。美国之所以能登上世界首要强国的地位，并成功地塑造了战后的世界，“非惟天时，抑亦人谋也”。

第一节　面向世界的战略视野

美国虽然远离欧亚大陆，但其战略视野却投向整个世界。随着国力的提高，特别是贸易的扩大，对于居于世界政治与经济中心地位的欧亚大陆的关切不断上升。为了避强就弱，它曾将主要战略关注点集中于太平洋方向，对欧洲大陆的事务基本上采取“孤立主义”的态度。只是在第一次世界大战期间，出于长远的战略考虑，它才出兵欧洲，为其在欧亚大陆的西端寻求战略支点开辟道路。第二次世界大战的爆发，美国从战争全局考虑，决定把战略重心移向欧洲。第二次世界大战期间及战后，美国的战略视野进一步拓展，已把整个世界作为一个整体进行筹划了。

第一次世界大战的爆发使美国认识到，欧洲大陆战略力量不平衡可能危及其长远的国家安全利益，因而应准备在大洋彼岸采取重大的军事行动，与英国联合控制大西洋，进而形成美洲和欧洲联结在一起的战略架构。基于这种认识，美国派遣地面部队赴欧洲作战，远远超出了早先一直在美军事战略中占主导地位的本土防御思想。然而，由于国会拒绝批准《凡尔赛条约》，美国在两次大战之间又将战略计划的制定恢复到了只重视防御美国本土和在太平洋上利益的历史状况。为了应对可能的威胁，美国制定了互不关联的本土防御战略、加勒比海战略和太平洋战略。同时，各军种根据自己的需要以及各自负责的地区制定了各种彩色计划。所有这些计划的战略设想都是依靠美自身力量来保卫美国本土及国家利益，而且仅把日本作为假想敌，根本未考虑与德国作战的可能。因此，这些战略计划根本不具有全球战争或总体战争的特征。

然而，随着欧洲各国之间矛盾的加剧，另一场大战来临之际，美国开始重新审定其战略计划。美国逐渐认识到来自外部的危险，开始从全球和联盟作战的角度思考问题。美国参战前夕，将彩色计划变为彩虹计划，纳入了联盟作战的内容；由大陆防御作战变为半球作战，扩展了安全战略的空间范围；采用欧洲第一的原则，突出了战略重心的转移。参战以后，美国已形成了自己的一套对待全球战争和全球战略的方法，在战略上已基本摆脱了欧洲的影响。第一次世界大战期间，美国不得不与协约国早已确定的战略保持一致，其所采取的行动都遵循着协约国的战略框架。但在第二次世界大战中，情况则发生了逆转，欧洲反法西斯同盟国家在战略的制定上必须考虑美国的因素，而在太平洋方向，盟国不得不按美国的战略行事。

战争期间及战后，美国已经开始并习惯在世界范围的大棋盘上与他国对弈。在战争期间，美国提出了重建世界的蓝图。战后，它又根据变化了的国际环境，制定了遏制苏联的战略。并依据这一战略，利用在战争中获得的军事优势，在全球范围内部署兵力，建立各种军事政治联盟，着力在按照自己的意图塑造世界。

第二节 着眼长远的战略谋划

视野宽广，着眼长远是美国战略谋划的主要特色。无论是国家治理方式的确立，还是对外战略的制定，美国的决策者们往往都力图广采众长，跨越时空，做出最优的选择。

美国的缔造者们在既无先例可循，又缺乏实践经验的情况下，依靠他们对人性本质的认知、对欧洲历史的借鉴和对未来国家治理的理解，制定了人类历史上第一部成文宪法，为国家的长治久安与发展前行奠定了坚实的基础。200 多年来，美国历届领导者遵循规则，有序地进行权力交接，从未发生腥风血雨式的颠覆政权的事变，即使出现了类似于 2005 年小布什与克里竞选时票决的困境，也通过法律途径解决。美国建国者们所绘织的蓝图，对于美国崛起为世界性强国发挥了至关重要的作用。对于国内发生的叛乱和分裂行为，美国既采取严厉的打击手段，又注重怀柔的安抚措施。1786 年，丹尼尔·谢司领导农民起义，有 15000 余人参加。美国政府派军残酷镇压之后，对于包括谢司在内的 13 名起义者判处死刑。但是，政府后来又把对他们的判决改为终身监禁。佛蒙特州长还特赦了谢司。美国内战以后，决策者对南方的分裂集团也没有采取“秋后算账”的做法，而是着眼于推进政治融合，废除奴隶制，解放生产力，使国家迅速走出战争的阴影，全力以赴地发展经济。第一次世界大战后，美国虽然没有完全达到它参战的目的，但却乘势跻身欧洲，促使欧洲进一步分裂，为未来控制欧洲铺平了道路。在第二次世界大战中，美国推行“先欧后亚”战略，在控制了欧洲的局势以后，才对日本开战，为战后大西洋联盟的建立奠定了基础。在日本投降后，美国虽然单独占领了日本，但并未急于缔结和平条约，而是耐心等待远东地区“尘埃落定”。当它看到以中国为其远东战略支柱的希望化为泡影后，才与日本媾和，并与其结成联盟，正式确立了亚洲战略的框架。

第二次世界大战后，美国成为世界上头号强国，便着手按自己意愿塑造世界。它清楚地认识到，在第一次世界大战建立、在第二次世界大战中变得强大的苏联是其塑造世界的主要障碍，因而必须全力应对。既要遵守战时达成的雅尔塔协定，又要对苏联进行全面的遏制。于是，遏制战略就成了美国塑造世界的主要手段。为了推行这一战略，美国在全球范围内编织了一张围堵苏联及其主导下的社会主义国家的联盟网络。在欧洲，组建北约；在亚洲，与日、韩、菲、中国台湾等国家与地区结盟，构筑“岛链”防线，同时又纠集一些区内外的国家建立东南亚条约组织；在南太平洋，缔结澳新美联盟；在中东地区建立中央条约组织等。由于苏联及其麾下的华约集团是其面临的最大威胁，美国长期以来一直把大西洋联盟视为对外战略的重中之重，其战略重心自然也放在欧洲。1954 年，美国国家委员会制定了 NSC / 68 号系列文件，对于遏制战略的内涵及运用做了详尽的规划，意在通过坚定而又灵活的手段，塑造对己有利的战略环境，削弱和瓦解苏联集团。从杜鲁门到老布什，遏制与威慑一直是美国全球战略的主旋律，虽然历届政府也根据当时的情况做了一定的补充与调整。

冷战结束后，美国又利用它所取得的战略优势，重新构建世界秩序。20 个世纪 90 年代初，冷战甫一结束，美国的学者福山写了一部轰动世界的名著，叫做《历史的终结》。在他看来，美国已赢得了冷战，从而使以美国为代表的西方国家的社会制度成为人类社会最合理的制度，今后的世界只能按照这一模式发展，没有其他更好的路径可供选择。由此，他得出的结论是，人类社会有关国家制度的创造已走向终结。既然如此，美国在世界上的主导地位也将长期延续。然而，美国并没有沉浸在冷战后的胜利中，克林顿就任总统后，提出了“战略机遇期”的概念，通过“接触与扩展”，着力在世界上尚未出现一个强大的挑战者之前，构建一个由其能够长期主导的世界。但是，2001 年发生的“9．11”事件，改变了美国的战略指导方向。小布什政府提出了“先发制人”的战略，将国家的战略重点放在全球范围内的反恐战争上。因此，克林顿和小布什在美国全球战略的调整上，虽然做了一些探索，但并未产生持久影响的战略构想。

第三节　注重谋势的战略运用

布局造势，持续获益是美国战略运用的主要方式。与历史上其他大国扩展势力的做法不同，美国对于领土的兼并似乎比较理性。自将夏威夷纳入其版图以来，尽管美国赢得了许多规模大小不等的战争，却从未利用战争扩展领土。它所着重的是，通过推广价值理念，赢得有利的战略态势，不断地对世界进行塑造，为获取利益的可持续性创造条件，既得到有形的经济利益，又取得无形的政治影响。第一次世界大战后，美国总统威尔逊在巴黎和会上抛出“十四点计划”，企图主导欧洲事务。失败之后，美国又倡议召开华盛顿会议，瓦解英日同盟，与英国在海军力量发展上取得平起平坐的权利，并通过《九国公约》确立其在中国事务中的主导地位。为了在远东地区打入“楔子”，以便将来进一步控制亚太地区，对于日本发动的侵华战争和北上进攻苏联的行为，美国采取了绥靖的态度。第二次世界大战后，为了谋取战略优势，美国通过“马歇尔计划”扶持西欧，建立北约稳固西欧，制定“第四点计划”，赢得“贫困”国家的支持，从而对苏联形成围堵之势。这样，美国通过战争击溃了德、意、日三个帝国，又运用遏制与和平演变的方式，将苏联推向解体。冷战结束以后，无论是克林顿的“参与和扩展”战略，还是小布什的“先法制人”战略，都着眼于在世界上创造有利于美国的战略态势。所以有人认为，自从美国登上国际舞台以来，凡是与其敌对的国家，不是被打败，就是被拖垮，或者是变色，而美国自己却从中持续获益。

纵横捭阖，灵活反应是美国战略指导的重要法宝。在美国的战略指导实践中，攻守转换、敌友易位、灵活多变是司空见惯的。灵活反应的一个重大特点就是使对手难以准确地判断美国将要采取何种行动，从而使自己在应对措施方面难以做出抉择。第一次世界大战后，美国企图操控欧洲事务的尝试失败后，便知难而退，重新把战略重心移向亚太地区。同时为了牵制英法等老牌帝国，美国实施“道威斯计划”，向德国输出资金，使其重新崛起。第二次世界大战后，美国为了称霸世界，迅速将苏联从盟友变成了敌人。为了推行遏制战略，美国采取了扶持日本的政策，把日本从敌人变成了盟友。20 世纪 70 年代，当美国国力下降，在与苏联争霸中处于劣势时，尼克松总统不拘一格，毅然打破惯例，在没有建立外交关系的情况下访问中国，以谋求在美中苏的三角关系中的有利地位。与此同时，为了积聚力量，东山再起，尼克松在全球范围内进行战略收缩，完成了战后以来美国最大的战略调整。里根政府上台后，根据美国实力状况和对苏联发展趋势的分析，重新对苏联展开战略攻势。在整个冷战期间及其以后的一段时间里，美国一直把欧洲作为战略重心。新世纪以来，随着亚太地区成为世界上经济最富活力的地区后，它又将战略重心进行转移。

塑造世界，领导世界是美国战略追求的核心目标。我国著名军事学者张世平认为，“美国谋取霸权的努力、坚持霸权的意识，绝不是几个政治精英、几个政府要员的事情，而是美利坚民族的普遍追求。”[①] 从罗斯福到奥巴马的历任美国总统都强调，美国要承担起领导世界的责任。为了领导世界或称霸世界，美国的军队长期处于战斗状态，往往一场战争尚未结束，又开始谋划下一场战争；美国的经济学家们不断地建言献策，为经济的可持续增长提供药方；美国的金融家们操控世界的市场，全力捍卫美元的霸权地位；美国的安全与军事战略的智囊们则千方百计地进行谋划，寻求削弱他国，做强美国的良策，等等。一句话，美国通过调动战略资源，塑造对美国有利的形势，进而获得和巩固其世界领导地位。

第四节　难以自拔的战略困境

正是由于在战略规划与运用上拥有其独特的长处，美国才得以成长为全球性大国，并在塑造世界方面发挥了比较大的作用。同时，又由于野心过大，目标太高，力量有限，手段不足，它又常常陷入难以自拔的战略困境之中。

第一次世界大战后的巴黎和会上，美国总统威尔逊抛出了“十四点计划”。这是美国力图塑造世界的首次尝试。然而，由于英国与法国的实力依然强大，在海外都拥有众多的殖民地，在世界上的影响力远远超过美国。因此，美国虽然扭转了第一次世界大战的进程，却由于实力的不济，在欧洲大陆的战后安排方面所

① 张世平：《将军视点·美国战略透析》，军事科学出版社，2012 年 7 月版，第 3 页。

发挥的作用极其有限。

第二次世界大战后至上个世纪70年代以前，为了遏制苏联及其他社会主义国家，谋求世界霸权，美国3次卷入东亚地区的战争，结果都事与愿违，以失败而告终。1969年尼克松上台时，美国国内经济、政治和社会危机全面爆发，国际上与苏联的争霸也处于劣势，世界地位大为下降。为了扭转不利的态势，尼克松总统不得不对美国的全球战略进行全面的收缩。随后的福特与卡特两任总统，也大体上继续这一做法，直到里根上台，美国的战略环境才有了比较大的改观。

然而，美国很快又"好了伤疤忘了痛"。一方面，它认为，要维护国家利益，就要塑造一种环境，即"关键地区保持和平稳定，并不被敌对国家所控制。"① 另一方面，为达到这一目的，它又要挑动"关键地区"存在的内部矛盾，形成压制、排斥特定国家的政治军事联合。在这种"两手政策"中，美国常常作茧自缚，把自己陷入自己制作的"绞索"之中。

新世纪开始后，美国政府利用超强的实力，借反恐之机，企图建立一个由其主导的单极世界。在美国全力反恐的10年间，世界发生了其始料不及的巨大变化。阿富汗反恐战争和伊拉克战争严重地消耗了美国的实力，2008年的金融危机又使其雪上加霜。进入21世纪的第二个十年，蓦然回首，美国发现世界的图景正朝着不利于它的方向发展：以金砖国家为代表的新兴国家欣欣向荣地发展，金砖国家银行的成立，显示出相互之间的合作已达到了新的高度；中国倡导建立的亚洲基础设施投资银行（Asia Infrastructure Investment Bank），得到了包括美国许多盟国和伙伴国在内的众多国家的积极响应，标志着中国在国际经济中的影响力大

---

① Doug Bandow, *Free Rider: South Korea's Dual Dependence on America*, http: www.pdffgeni.com/book/South-Korea-Cambodia-relations-stock-market-pdf.html.

幅提升；金砖国家银行和亚洲基础设施投资银行的建立，预示着国际金融体系将发生巨大的变化，即西方国家所主导的以世界银行和国际货币基金组织为基础的国际金融体系之外又产生了一个新的体系；中俄全面战略合作伙伴关系的发展，树立了大国合作的典范，使美国失去了利用大国关系的瓜葛操控欧亚大陆事务的杠杆；中国提出的"一带一路"的战略构想，既使欧亚大陆可能成为命运共同体，又将打通与其他各洲的联系纽带。与此形成鲜明对比的是，美国与其西方盟友却陷入了内外交困的境地。当美国主导的世界面临挑战时，它所长期依赖的联盟战略似乎正在失灵，一些盟国已不再唯其马首是瞻，而是以自己的利益为重，或组建自己的区域性联盟，或不再听从美国的引领，从而大大地削弱了美国在国际事务中的影响力。

2012 年，福山对他当年所做的结论产生了怀疑。他根本无法想象，一个温饱问题尚未解决、社会制度与西方迥异、在西方看来根本不可能崛起的中国，在短短的 20 年多年的时间里，一举超越英、法、德和日本，成为世界上第二大经济体，而且在不久的将来，还要问鼎世界第一大经济体。他同样没有想到的是：美国的实力已今非昔比；俄罗斯的挑战卷土重来；国际恐怖主义的威胁未减反增；中俄关系的密切正使美国控制欧亚大陆的战略追求变得更加遥不可及；美国治下的和平正进入崩溃的梦魇。美国前国务卿基辛格 2014 年 2 月 1 日在德国慕尼黑举行的世界安全会议上惊呼，"由于中日之间的紧张局势日益激化，战争幽灵正徘徊在亚洲。""目前亚洲和 19 世纪的欧洲非常相似，不排除爆发军事冲突的可能性。"① 在亚太地区，美国认为它已面临来自中国极大的压力。在欧洲，俄罗斯对以美国为代表的西方世界的挤压开

① 参见张涵：《现今世界与一战前有根本不同》，《21 世纪世界经济报道》2014 年 2 月 11 日。

始发起反击攻势。美国的阵营虽然没有解体，但内部协调已经越来越步履维艰。可以说，第二次世界大战之后国际社会能否保持像拿破仑战争之后的百年和平，一个巨大的问号已油然升起。

新世纪以来的头10年里，美国以“9·11”事件为“契机”，打着反恐的旗号，在全球范围内进行了过度的扩张，已极大地透支了国家实力，使其再一次陷入了比上个世纪70年代还要严峻的战略困境。

第五节 重塑世界的战略平衡

为了改变新世纪以来的战略困境，奥巴马政府上台后，着手进行战略调整。它一方面进行战略收缩，从伊拉克和阿富汗撤军，关闭西欧地区的部分基地，减少在欧洲的驻军；另一方面则进行战略重心转移，提出亚太“再平衡”战略，并与曾长期敌对的国家缓和关系。历史上，美国曾长期把亚太地区作为其战略重心。第二次世界大战期间，出于反法西斯战争的需要，美国实施“先欧后亚”战略，才把战略重心从亚太地区转向大西洋地区。战后，为了推行遏制战略，美国便长期将欧洲作为其战略重心。近年来，由于亚太地区的经济高速发展，国际地位日益上升，美国便决定再次将其战略重心从大西洋地区移往亚太地区。

奥巴马就任总统后，重新对美国的战略环境进行了评估，认为亚太地区将决定美国的未来。亚太地区经济的迅速发展，可以为美国的经济增长提供活力。任何国家的安全稳定与繁荣进步都离不开经济的发展。美国之所以崛起为世界首要强国，就是因为经济规模大，水平高。由于国际贸易对美国经济增长的贡献率高，哪个地方的经济繁荣，美国就把战略关注点移向哪里。目前，国际社会普遍认为，世界经济重心正从大西洋转向太平洋地区，因而美国自然不会放过这样的机遇，必然利用其两洋的地理优势，实施战略重点转移。当然，这种转移，并不意味着美国要脱欧入亚，而是说要在地区之间进行平衡，将更多的资源投向亚太地区。

中国30余年的迅猛发展，使美国产生了严重的战略焦虑。其实，小布什政府刚上台时，就曾主张把中国视为一个挑战者，只是由于“9·11”事件的发生，美国致力于全球范围内的反恐战争，才改变了战略初衷。奥巴马上台后，如何进一步认识中国，如何与中国打交道就成了美国所面临的重大战略问题。中美关系既是国际关系中最为复杂，又是最为重要的双边关系。它的何去何从，不仅事关两国人民的福祉，也影响着世界的和平与稳定。甚至可以说，在今后的相当长时期内，中美关系的走向将决定着人类社会的发展进程。2014年11月4日，美国国务卿克里在约翰·霍普金斯大学高级国际研究学院就美中关系发表演讲时表示，美中关系是当今世界上最具影响力的双边关系，两国将主导21世纪的世界走向。[①] 无论是中国的决策领袖，还是美国的战略精英，都充分地认识到了这一点。于是，美国着手进行战略重心转移，推行亚太“再平衡”战略。一方面，美国对中国怀有“希望”，企图通过采取接触与合作的手段，将中国纳入其主导的国际体系中去，以维护美国的世界领导地位；另一方面，它对中国又充满战略疑虑，又要运用威慑与防范的方法，阻止中国战略空间的拓展，以确保其主导的国际秩序不陷于崩溃。正由于如此，美国反复强调，它的“重返亚洲”战略，不是遏制，而是平衡。遏制战略所针对的是敌人或对手，平衡战略所针对的则是非敌非友。为了达到这一目的，美国在军事上构建防务合作网络，增加资源投入，调整军力部署，优化基地建设，提出应对“反介入/

① 克里：《中美关系将主导21世纪世界走向》，《联合早报》2014年11月6日，http：//www.zaobao.com/special/report/politic/sino-us/story20141106－408734.

区域拒止”战略；在经济上则构建“跨太平洋伙伴关系”和“跨大西洋贸易与投资伙伴关系”，推动双边或多边自由贸易区建设；在安全上参加东盟国防部长论坛，亚洲安全论坛（香格里拉论坛），占领舆论阵地等。

从美国长期推行的国家战略看，它的主要目标是防止欧亚大陆出现一个可以挑战美国国际地位的大国或大国军事集团。中国实力的不断增长，无论中国做何种诠释，美国的战略焦虑都难以消除。加之两国间社会制度和意识形态的差异，新中国成立以来曾经出现长期的对立，相互间的战略互信严重不足。尽管中美双方都表示，要以务实合作的态度处理双方的关系，而且在相互交往中，也有所体现。但是，不容否认的是，中美两国之间的战略博弈已成为客观事实。因此，近年来，关于中美两国可能发生军事冲突的评论日渐增多，特别是当美国宣布将日美安保条约适用于钓鱼岛，在南海有主权争议的海域进行抵近侦察的军事活动等。其理由不外乎两个方面：一是中美存在着难以克服的所谓结构性矛盾，二是中国在某些周边国家，特别是东海和南海相关国家的岛屿和海洋权益的争端中，都与美国有着重大的关联。于是，有人下结论说：中美敌对已不可避免，双方会对峙甚至发生冲突，现在已到了一个临界点，① 将转向全面竞争。② 我国著名国际关系学者时殷弘曾表示，他对中国是否能够和平崛起已不如五年前确信。③ 我国另一著名国际关系学者金灿荣也认为，中美关系基本面上是对抗性的，双方的战略利益是有冲突的，已陷入“修昔底德陷阱”。与历史上所不同的是，两国之间相互依存，相

① 参见美国霍普金斯大学中国研究系主任戴维·兰普顿2015年5月12日在亚特兰大举行的世界中国学论坛上的演讲。

② 参见【美】沈大伟（David Shambaugh）：《中美关系：从交往到全面竞争》，《南华早报》2015年6月11日。

③ 参见 What China wants，*The Economist*，Aug 23rd，From the print edition.

互往来程度确属罕见。[①]

按照历史的一般规律，国家之间博弈是难以避免的，否则，人类社会将不可能有所创新，有所发展。同时，在国家竞争与合作的过程中，兴衰成败在所难免。任何一个国家，特别是大国一旦进入国际舞台的中心，总是千方百计地维护其领导地位，想方设法延续其主导的国际秩序，绝不会自愿地退出。正由于如此，守成的世界大国总是对后来者保持警惕，利用各种手段进行遏制和打压，甚至必要时不惜诉诸武力。所以，国际格局的转换往往充满着暴力和血腥。无论是拿破仑战争，还是两次世界大战，都是由于霸权国反击崛起者对国际秩序的挑战而发生的。

第二次世界大战后，美国着重从战略层面来塑造世界。对于中小国家，它时常使用武力，而对于大国则避免迎头相撞，至多也就是进行代理人战争而已。所以，对于战后成为全球第二大国的苏联，美国制定了遏制战略，与其进行了长达40多年的冷战博弈，直到苏联解体，美国才进行全面的战略调整。冷战结束20余年后，中国的经济实力上升为世界第二，美国必然把如何处理对华关系上升为全球战略的重中之重。随着21世纪以来国际战略环境的变化，美国提出了亚太“再平衡”战略，企图通过主导亚太，进而重塑世界。因此，美国亚太“再平衡”战略，是一个立足长远的战略，也是一个塑造世界的战略，更是力图把中国纳入其主导的国际体系的战略。

由此可见，美国在推行亚太“再平衡”战略的时候，如何处理好与这一地区关键角色之一的中国的关系，极为重要。基辛格在其力作《论中国》一书中指出，今天人类又站在一个新的历史关头。肩负着两国人民根本利益和人类共同命运的中、美两个大

---

① 参见金灿荣：《中美已陷入“修昔底德陷阱”》，《大国新外交—学者眼中的中美关系》，http：//finance. ifeng. com/news/special/SinoUSrelations3/。

国及其领导人，在处理双边关系、亚太战略和全球治理的问题上，应站在世界文明和人类共同体利益的高度，摒弃历史上“国强必霸”和“两强必斗”的宿命，增信释疑、管控分歧，牢牢把握中、美双方避免冲突和对抗的共同底线，进行更高层次文明—战略对话，并展开能给本国和世界各国人民提供更好选择与更好未来的良性竞争与共赢合作。

对中国决策者来说，要对美国的亚太“再平衡”战略保持清醒的认识和高度的警惕，一方面，务必要避免战略误判；另一方面，还要着重战略选择的研究，从而赢得，或至少不能输掉这场较量。因为就美国而言，即使在这场战略博弈中失败了，它也不过是失去在亚太地区的领导地位，“届时至多领导半个世界”[①] 而已，也就是说，“还能跨越太平洋回家”。[②] 但对于中国来说，则完全不同，一旦输掉这场博弈，后果难以想象。

他山之石，可以攻玉。美国在其200多年的历史中，既书写了许多令世人称道的篇章，也犯过许多遭千夫所指的错误。在战略谋划上，既有体现远大抱负的鸿篇巨制，也有显露鼠目寸光的拙劣活剧；既有丰富的成功经验，又有太多的失败教训。作为一个崛起的大国，特别是可能成为对世界事务具有决定性影响的大国，中国在战略筹划和运用中，如何汲取美国战略谋划的长处，避免或少犯战略性错误，是一个不得不着重研究的问题。

---

① 郑永年：《美国衰落的五个因素》，新加坡联合早报网，2015年5月26日，http：//www. zaobao. com/forum/expert/zheng-yong-nian/story20150526 –484393.

② 参见斯蒂芬·法伦：《从荷马的〈伊利亚特〉看美中战争》，美国《国家利益》杂志网站2014年8月24日。

第二章

塑造世界战略的变迁

美国是由英国清教徒移居初创的。清教徒认为，他们自己是“上帝”的选民，承担建立“山巅之城”、负有拯救和领导地球上其他民族的使命。他们信奉“天定命运”说，不仅要在北美地区建立一个自由、联合、自治的共和国，而且还要不受国界限制地传播民主制度与价值观念。在他们看来，启发其他国家反抗暴君的统治，“不是帝国主义，而是强制的拯救。”① 美国福音教联盟总干事乔赛亚·斯特朗在其《我们的国家》一书中宣称，美国具有不可超越的能力，“足以把它的制度传播于全人类，把它的统治扩大到整个地球。”19 世纪末，当美国成为世界上最大的经济体之后，就开始觊觎全球。之后，美国无论是参加世界大战，还是推动战后秩序的构建，都是着眼于塑造世界，进而领导世界。第一次世界大战后，威尔逊总统抛出的“十四点”计划，是美国按自己的理念塑造世界的尝试。第二次世界大战期间，罗斯福总统的“世界蓝图”，是美国塑造世界的战略规划。1945 年，杜鲁门总统首次宣称：“美国今天是一个强大的国家，没有任何一个国家比它更强大了。……这意味着，我们拥有这样的力量，就得

---

① 张友伦主编：《美国通史·美国独立和初步繁荣》，人民出版社，2002 年版，第 235 页。

挑起领导世界的担子并承担责任。”[①] 2014年6月，奥巴马总统在西点军校的讲话中强调：“我们所面临的问题，不是美国还要不要领导世界，而是我们将如何领导世界——不仅确保我们自身的和平与繁荣，还要把和平与繁荣扩展到全世界。”[②] 2015年2月，奥巴马政府颁布的《国家安全战略》报告中，开宗明义地表示，目前美国要做的是怎样去领导世界。[③]

第一节　奠定塑造世界的战略基础

无论是建立“山巅之城”的抱负，还是秉承“天定命运”理念，其实质都是要把世界置于美国的控制之下。而要控制世界，美国必须首先奠定力量基础，扩展战略空间，将其触角伸向世界，进而影响世界，领导世界，然后才能塑造世界。

一、拓土开疆，跻身大国行列

1776年美国脱离英国独立时，领土只有大西洋沿岸的13个州。1783年，英美签订凡尔赛和约，迫使英国承认美国独立，并把阿巴拉契亚山脉以西，密西西比河以东，北起加拿大边境，南至佛罗里达边界的全部土地划归美国。这样，美国的领土面积大为增加，达230万平方公里。之后，美国运用购买、兼并和战争手段，大规模扩张领土。

---

① 黄正柏：《美苏冷战争霸史》，华中师范大学出版社，1997年版，第31页。

② Remarks by the President at the United States Military Academy Commencement Ceremony, U. S. Military Academy-West Point, West Point, New York May 28, 2015.

③ The White House, National Security Strategy, Washington D. C., Feb. 2015, p. 2.

1803年，美国利用拿破仑在英法战争中的困难处境，以联英抗法相要挟，仅用1500万美元就从法国手中“购得”从密西西比河直达落基山的路易斯安那广袤平原地区，面积约215万平方公里，相当于当时美国全部版图的一倍，从而使美国领土猛翻一番，而这片买来的土地，每英亩只花了约三美分；1810年，美国乘拿破仑侵入西班牙之机，利用武装移民强行侵占了西班牙殖民地佛罗里达的西部；1818年，美国出兵侵入东佛罗里达，1819年又用500万美元强行购买东佛罗里达；1846年，美国又以战争相威胁，迫使英国放弃北纬49度以南英美有争议的西北部俄勒冈地区。

1846~1848年，美国借口边界纠纷，对墨西哥发动侵略战争，正式割取格兰德河以北的墨西哥全部领土，达230万平方公里。这片辽阔的土地包括了今天的加里福尼亚、内华达、亚利桑那、新墨西哥四州以及科罗拉多和怀俄明州的一部分，超过了当时法、德两国面积总和。对此，美国仅以“补偿金”形式付给墨西哥1500万美元。1853年，美国又以修建南部铁路为由，以1000万美元的代价从墨西哥“购买”了亚利桑那州南部希拉河流域。到1864年时，美国国土面积已达760余万平方公里，一跃成为地跨大西洋和太平洋的两洋国家，成为当时仅次于俄国的第二大国。①

不仅如此，美国还着力向海外扩张领土。1867年，美国利用俄国在克里米亚战争中被削弱，以及俄国与英国之间的紧张关系，乘机用720万美元，从俄国手中购买了阿拉斯加和阿留申群岛。这样，到19世纪中期，美国的领土已从大西洋延伸到太平洋，约占北美大陆的一半，从而成为名副其实的领土大国。1898

---

① 张世平：《将军视点·美国战略透析》，军事科学出版社，2012年7月第1版，第16页。

年，美国又兼并了夏威夷，使其面积进一步扩大到930余万平方公里。

二、远离纷争，专注国家发展

美国在立国之初，其先驱者对于国家安全威胁的判断和应对有着清醒的认识。美国脱胎于英国殖民地，通过战争手段实现独立。它之所以能够赢得独立战争，固然与其战争的正义性有关，但同时也受益于当时欧洲复杂的国际形势。正是由于如此，美国独立后的安全威胁也是来自老牌帝国主义国家。如何在这种复杂的国际关系中维护自己的安全，美国选择了远离纷争的孤立主义战略。

1789年，法国爆发了大革命，1793年，法国对英国宣战。对于这场战争，美国应采取何种立场，决定了其对外关系的走向。法国大革命是由启蒙运动思想引发的，与美国的独立战争有着相同的思想源泉，自然得到美国民众的同情。以亚历山大·汉密尔顿、约翰·杰伊为代表的联邦党人主张应解除独立战争时期与法国签订的同盟条约，而同与之有着密切经济关系的英国结成联盟。以国务卿托马斯·杰斐逊为代表的民主共和党人则坚持履行法美同盟条约，限制英国货物进口。在这种情况下，无论美国采取何种政策，都有卷入英法战争的危险。为了避免卷入欧洲战争，把美国从美法和美英关系的长期纠葛之中解脱出来，使自己能够和平地发展，1796年9月19日，总统乔治·华盛顿发表了著名的《告别演说》。他在演说中指出："在对外国的关系上，我们行动的最高准则是：一方面扩大我们的商业关系，同时尽可能少地和它们发生政治关系。……如果我们卷进欧洲事务，与他们的政治兴衰人为地联系在一起，或与他们友好结成同盟，或与他们敌对而发生冲突，都是不明智的。”①

华盛顿告别演说中所体现出来的思想，被称之为美国外交上“孤立主义”的先声。同时，它更是使美国把自己保护起来，远离纷争，专心致力于国内建设，壮大实力的重要方法。从他的讲话中可以看出，美国的孤立主义是有特定含义的：第一，它只适用于政治，而不适用于经济；第二，只适用于欧洲列强，而不适用于其他地区；第三，它是可以随着战略环境的变化而调整，绝不是一成不变的。华盛顿所提出的孤立主义思想，长期指导和影响着美国对外关系。当美国在其成长过程中，为防止发展进程被打乱，便以“孤立主义”为指导，避免卷入与他国的冲突；而随着国力的增加，向外扩张过度时，或者因为在国外的干预活动不利于美国的利益时，美国政府或民众总是以孤立主义思想为依据，堂而皇之地进行战略收缩，以便东山再起。

由此可见，孤立主义思想其实是美国的一种国家安全观。它的提出是基于国家安全的考虑，它的变化也同样是基于国家安全环境的改变。在开国元勋的战略视野中，美国依然是一个幼儿，需要休养生息，经不起风吹浪打。因此，偏安一隅是美国安全的最好保障。同时，他们也认识到，美国的成长是不可阻挡的，从而又为未来继任者调整政策留下足够的空间。通过奉行“孤立主义”，美国既保障了安全，又发展了经济。到19世纪末，美国已成为世界头号经济强国。

三、巩固“后院”，树立国家威信

在美国崛起的过程中，孤立主义的出现使其能够免于战祸，

① 亨利·S·康马杰：《美国历史文献》，三联书店，1989年版，第94—95页。转引自唐兴贤主编：《近现代国际关系史》，复旦大学出版社，2005年8月第1版，第55页。

并伺机从欧洲列强的争斗中获取利益。随着国力的上升，美国已不可能仅把目光限于国内，而是在适当的时候移向国外。1823年，“门罗主义”的出笼，就是美国政府对孤立主义的一次修正。1823年12月2日，总统门罗向国会发表咨文，针对拿破仑战争后成立的“神圣同盟”武装干涉拉丁美洲独立运动的计划，提出了美国的政策主张，即三个外交原则：美洲体系原则、互不干涉原则和不准殖民原则。“门罗主义”一方面延续了孤立主义思想，即不同任何国家结盟，避免卷入欧洲各国的纷争。另一方面，它又对孤立主义做出了较大程度的修正，即反对欧洲列强对美洲国家事务的干预，将美洲视为美国人的后院。

“门罗主义”的出笼，反映了美国决策当局着眼长远的战略设计。美国之所以在此时抛出“门罗主义”，是由于经过20余年的发展，经济力量有了很大的增强，军事实力也有了极大的提升，已具备了展示自己地区事务立场的条件。虽然美国依然缺乏与欧洲列强在海外相抗衡的能力，但是利用地理位置的优越，完全可以对抗欧洲列强对美洲的觊觎。为了减少未来控制美洲的阻力，美国政府果断地提出了“门罗主义”，隔着遥远的大西洋向欧洲列强展示自己的态度，树立国家威信。

首先，遏制沙皇俄国对美洲的威胁。沙皇俄国向美洲的扩张的野心由来已久。早在18世纪初的彼得一世时期，俄国就计划在北美西部建立殖民据点，为南进中美洲做准备。波兰将军贝尼奥夫斯基写道：“俄国人总有一天会占领加利福尼亚”，“西班牙的殖民地早晚将为他们所得”。[①] 1787年，叶卡捷琳娜二世统治时期，俄国准备在堪察加半岛建立作战基地，以夺取西班牙在美洲的殖民地。1799年，俄国成立了“俄美公司”，在锡特卡（Sitka，

① 转引自［苏］米罗舍夫斯基：《美洲西班牙殖民地的解放运动》，三联书店，1960年版，第83页。

今天美国阿拉斯加亚历山大群岛巴拉诺夫岛上的一个市镇）设立总部，将俄国的势力从俄属阿拉斯加扩张到加利福尼亚，并于1816年在博迪加湾建立了新的殖民据点——罗斯堡。1817年，俄国答应西班牙的请求，派出军舰支持其镇压拉丁美洲的革命，并表示："不仅不承认它们（拉丁美洲新独立国家）的独立，而且还积极准备征服它们的战争。"1818年，在"神圣同盟"举行的亚琛会议上，沙皇亚历山大一世竭力主张干涉欧洲和拉丁美洲的革命，企图通过此举，将其势力渗透到中南美洲。1821年，亚历山大一世颁布《白令海航海敕令》，宣布俄属阿拉斯加的南部边界在北纬51度，规定在其以北的沿岸100海里以内的地区禁止一切外国船只航行。这项敕令把英美共管的俄勒冈地区的北部也划了进去，它反映了俄国控制从圣佛兰西斯科湾至白令海一带的太平洋水域的主张。

美国对于沙皇俄国的南下政策产生了严重不满。1822年，国务卿约翰·昆西·亚当斯在其致美国驻俄国公使亨利·密德尔顿的信中写道："也许没有比现在更好的时机来坦率而明确地通知俄国政府：世界将来的和平以及俄罗斯本身的利益不能借在美洲大陆的任何部分建立俄国殖民地而得到改善。除去在美国以北的不列颠的领地之外，南北美洲其余的地方今后必须由美洲人管理。……新兴的美洲诸共和国和美国一样不容许有一个俄国的邻邦。俄国企图扩张至北纬51度的要求是……不能存在的。"① 美国的要求遭到了沙皇的断然拒绝。1823年7月，亚当斯正式向俄驻美公使图耶尔男爵提出抗议："我们要明确采取这条原则：美洲大陆不再是给人当作任何新的欧洲殖民地的地方"，② 并请求俄

① 谢德风等选译：《一七六五——一九一七年的美国》，三联书店，1957年版，第43页。

② ［美］米尔斯：《美国外交史》第一分册，商务印书馆，1985年版，第225—226页。

国不要参加对拉丁美洲的干涉。然而，美国对沙俄所提出的要求再一次被否决。在此种情况下，美国不得不明确地表达自己的立场，以遏制俄国对美洲的威胁。

其次，排除英国制约美国的企图。对于美洲的事务，英国持有双重目的：一方面，它防止美国的势力向拉丁美洲扩张；另一方面又要对抗“神圣同盟”对拉美独立国家的威胁。也就是说，英国要维护和扩大它在拉丁美洲的利益。于是，英国外交大臣乔治·坎宁约见美国驻英公使里乍得·拉什，向其阐明英国的主张：英美两国在西班牙美洲殖民地问题上采取共同立场和共同行动，以反对“神圣同盟”干涉。同时，英国保证对拉丁美洲诸国绝无领土野心，也决不允许任何列强吞并这些殖民地。后来，他又将其主张正式函告拉什。美国政府接到拉什所报告的坎宁建议之后，政府成员之间产生了不同的看法。包括总统门罗和陆军部长约翰·卡尔霍恩在内的大多数政府成员以及前总统杰斐逊和麦迪逊都主张接受坎宁的建议，同意与英国结盟。这既不违背孤立主义传统，又能达到“创立美洲体系”的目的。

但是，国务卿亚当斯却坚决反对，他对英国的真实目的抱有深深的怀疑态度，认为坎宁的建议是英国设下的一个圈套。在他看来，美国一旦接受英国的建议，就要承担不染指西属美洲殖民地的义务。那么，如果将来美洲其他的地区希望加入美国，由于受到英美同盟联合宣言的限制，美国将失去选择的余地。同时，英国也就获得了干涉美洲国家事务的合法性。“如果我们同英国联合发表所提议的宣言，那就无疑给它一个实在的、也许是自讨麻烦的保证来反对自己，而实际上得不到任何东西作为补偿。”①不仅如此，亚当斯还进一步认为，英国在拉丁美洲的经济势力不

① ［美］福特：《约翰·昆西·亚当斯和门罗主义》，参见《美国历史评论》(1901 年) 第 7 卷，第 696 页。

断增长，并试图将其置于自己的控制和影响之下。所以，亚当斯主张，美国“应该保持一旦事变发生时的行动自由，不要让任何原则绑住我们，这种原则可能立刻就会被利用来和我们作对。”于是，他向门罗建议，美国应当单独采取行动，明确宣布美国的原则，反对一切欧洲列强（包括英国）干涉西半球的事务。这样，既可以保障美国在西半球扩张势力得到最大限度的行动自由和独占的优势，同时又从政治上维护了拉美新独立国家的安全，必然会得到拉美国家的支持，对美国也是有利的。

美国政府最终采纳了亚当斯的主张。“门罗主义”的出笼，对于排除英国阻止美国在西半球扩张的意图起了重要的作用。无论从何意义上讲，都是一种具有远见的战略举措。“门罗主义”标志着美国已把整个美洲作为自己的后院，使得欧洲列强难以染指拉美国家的事务，从而树立了美国的国际形象。“门罗主义”宣布之后，欧洲列强再也没有在美洲建立新的殖民地或对已独立的国家进行直接的武力干预。同时，美洲已独立的国家对美国的立场也积极支持。这充分地说明，美国的地区领导者的地位得到了欧洲列强的承认。19 世纪末，美洲国家召开泛美大会，1948 年改称“美洲国家组织”。这与美国的“门罗主义”政策存在着一定的关联性。否则，2013 年 11 月 18 日，美国国务卿克里就没有必要在“美洲国家组织”会议上发表声明，宣布放弃执行 190 余年的“门罗主义”政策了。

四、走向海外，扩展战略空间

19 世纪末，欧洲列强掀起了瓜分世界剩余殖民地的狂潮。对此，羽翼渐丰的美国已不再甘心仅盘踞美洲，而是将其触角伸向世界各地。同时，在维护国家安全的问题上，美国的观念也发生了变化。如果说在过去的 100 余年里，美国奉行孤立主义，是出于国家安全考虑的话，那么到了 19 世纪、20 世纪之交，由于实力的上升，国家安全已经有了切实保证的条件下，它则根据国际战略环境的变化，决心走向海外，扩展战略空间。

首先，运用战争手段，强行冲出美洲。美国要冲出美洲，其战略方向无非是欧亚大陆。而要跻身欧亚大陆，要么通过大西洋直奔欧洲，要么越过太平洋，到达亚洲。其时，欧洲列强已把世界几乎瓜分完毕，无论是登陆欧洲，还是踏足亚洲，都要与老牌帝国主义国家展开争斗。于是，日益走向没落的西班牙帝国最先进入美国的视野。

这时的西班牙，只剩下古巴、波多黎各和亚洲的菲律宾三块殖民地。这些殖民地的地理位置极为重要，正符合美国走向海外的战略需求。美国一旦夺取这几块殖民地，不仅可以控制中美洲和加勒比地区，而且能够取得向远东和亚洲扩张的基地。而在此时，菲律宾和古巴先后爆发了反对西班牙殖民统治的武装起义。美国果断抓住这一“天赐良机”，借 1898 年 2 月 15 日的“缅因”号军舰爆炸事件，大造战争舆论，于 4 月 25 日正式向西班牙开战。

其实，在开战之前，美国早就为战争做好了准备。它已经建立了一支号称世界第三，实际为世界第二的强大舰队，拥有速射野战炮、电报、电话等先进装备，部署在世界各战略要点上，其中驻香港的亚洲舰队早已升火待发。国会已征兵 20 万，并拨款 1000 万美元的战费。而西班牙却毫无准备，在古巴的 20 万西军中，只有 1.2 万人能打仗，其余多是老弱病残，海军仅有一些旧式木壳军舰；在菲律宾，西军也只有 4.2 万军队。不仅如此，当美国宣战时，西班牙政局一片混乱，军政界人士普遍认为同美国作战没有获胜希望。战争爆发后，西班牙很快就战败了。于是，美国从西班牙手中夺取了古巴、波多黎各、关岛和菲律宾。

对于居于太平洋腹地的夏威夷群岛，美国早就垂涎三尺了。

1887 年，美国在瓦胡岛的珍珠港取得了建立海军基地的权利，1891 年又使用武力迫使夏威夷女王李留奥卡拉尼退位，1893 年与夏威夷王国政府签订兼并条约，1898 年美西战争后，美国正式吞并了夏威夷。从 1898 到 1899 年，美国又利用军事手段占领了太平洋上的一些岛屿如东萨摩亚、中途岛及威克岛等。1917 年，以 2500 万美元的出让费，从丹麦手中得到维尔京群岛。这样，美国不仅打通了经太平洋前往亚洲的通道，而且还为进入亚洲大陆取得了前进基地。

其次，提出“门户开放”政策，参与势力范围争夺。如果说，美西战争是美国以武力打开通向世界之路的话，那么，“门户开放”政策的提出，则是其以和平方式跻身于势力范围的抢夺。到了 19 世纪末，世界各列强已将中国几乎瓜分完毕。作为一个对中国充满幻想的迟到者，美国希望能将其势力切入中国。当然，它若想通过排挤其他列强的方法在中国取得一席之地，必然要面临与它们对抗的危险。如果它对欧洲列强瓜分中国袖手旁观，就势必失去在中国获得影响和利益的机会。在过去，由于美国在亚洲并无立足之地，缺乏与欧洲列强争夺中国的资本。那么，夺得菲律宾和太平洋上的其他岛屿之后，美国已拥有了进入中国的桥头堡。因此，美西战争结束不久，美国国务卿海约翰就于 1899 年 9 月 6 日，向英、俄、德、日、意、法六国提出了一份照会，抛出了“门户开放”的政策。

“门户开放”政策的主要内容有三点：第一，各国对他国在中国所取得的任何“势力范围”、租借地、通商口岸和既得利益，不得干涉。第二，各国运往自己“势力范围”各口岸的他国货物，均由中国政府按照现行关税率征税。第三，各国对进入自己“势力范围”各口岸的他国船舶，不得征收高于本国船舶的港口税；当他国使用自己所修或所经营控制的铁路运输货物时，不得征收高于本国商品的铁路运费。1900 年 7 月 3 日，八国联军已攻占大沽，严重威胁津京，海约翰又发出了第二个“门户开放”政策照会，提出“保证帝国主义列强在中国一切地方有普遍平等的贸易权”，“保持中国领土与行政完整”。1902年，美国又将该政策扩大到矿山等投资部门。通过“门户开放”政策，美国将其影响力渗透到中国，而且比其他任何列强都大。其他的列强在中国都有固定的势力范围，其影响力往往受到限制，而美国的“门户开放”政策，则使其影响不受“边界”的制约，扩散到整个中国。

再次，建设强大海军，控制海上通道。在走向海外的过程中，美国面临的最大挑战就是海上交通线的安全。为此，马汉的“海权论”应运而生。马汉认为，“海权，就是凭借海洋或者通过海洋能够使一个民族成为伟大民族的一切东西。”建立和发展强大的海上力量对促使国家经济的繁荣和财富的积累、夺取制海权和打赢海上战争以及维护国家国际政治地位具有重要的意义。以此观点看，海权不仅标志着一个国家利用海洋和控制海洋的总体能力，同时也决定着一个国家和民族能否成为一个伟大民族。因此，“海权”不仅仅指的是海军、海上力量、海上国家及制海权，它最为本质的东西便是对海洋的利用与控制。即在分析一个国家自然地理环境的基础上对其海洋地缘战略进行有规律的指导。①他还进一步分析道，海权与陆权相互制约又相互依存，陆上“依托”对海上力量具有至关重要的意义。同时，海权的运用必须遵守“战争法则”，如集中优势兵力、摧毁敌人交通线、舰队决战和夺取中央位置原则等。因此，马汉的海权论实际上是论述如何通过夺取制海权以达到控制世界的理论。

马汉的海权论，对于美国制定和实施安全战略和发展战略产生了极大的影响，“不仅是美国外交政策的指路星辰，而且成为

① 【美】罗伯特·西格：《马汉》，解放军出版社，1989年版，第199页。

世界列强指导治国和外交政策的圭臬。”[①] 在《海权对历史的影响（1660～1783）》出版的同一年，美国海军部长公布了建立“进攻性作战舰队”的《年度报告》，国会批准了“海军法案”，决定建造3艘万吨级战列舰。1897年6月，西奥多·罗斯福总统在纽波特海军学院发表讲话时着重强调，美国要建立一支强大的海军。“如果我们没有一支这样的海军，战争就会随时降临到我们头上。没有以武力做后盾的外交是全然无用的；外交家是军人的仆人，而不是军人的主人。我们要建一支强大的海军，部分是因为我们认为拥有这样一支海军是和平的最可靠的保证，部分是因为我们感到如果一个国家在必要时不愿孤注一掷，以战争作为对一切事情的最高裁判，不愿大量地流血、流泪，而情愿丧失荣誉和声望，那么这个国家的生活就毫无价值。”[②] 此后，美国海军力量飞速增长，至1908年止，美国海军实力从19世纪80年代世界排名第12跃升至世界第2位，仅次于英国海军。1907年，在马汉的建议下，美国海军还组织了历时一年零两个月的“白色大舰队”环球航行活动，其实力之威武、规模之壮观，震惊整个世界。以1898年美西战争和1899年美国提出“门户开放”政策为标志，美国海军走上大规模海外扩张的道路。

综上所述，通过扩张领土、发展经济、向海外推进利益边界、提升军事力量、控制海上通道等措施，到20世纪初，美国不仅成为世界上大国，而且也是主要强国，国土面积居于世界前三，经济总量居于世界首位，海上力量位列世界前茅，战略触角已到达欧亚大陆的东西两端，初步具备了影响世界和塑造世界的能力。因此，它对欧亚大陆虎视眈眈，一旦时机成熟，就会按照

---

① 余志森：《美国通史·崛起和扩张的年代》，人民出版社，2002年版，第87页。

② 同上书，第89—90页。

自己的意志，构建以其为中心的世界秩序。

第二节　塑造世界的初步尝试

当美国在全力以赴地提升国力，向海外拓展战略空间时，欧洲各大列强却为争夺霸权和海外殖民地，正在激烈争斗，一场史无前例的大战正在酝酿之中。沙皇俄国和中国正酝酿革命的风暴，日本则利用其“明治维新”带来的发展成果，蠢蠢欲动，准备以战争方式征服亚洲。因此，美国极力平衡亚洲，巩固其已取得的利益，而对欧洲大陆，则耐心地观望和等待，伺机从大西洋登陆，以便按其理想与信念改变欧洲。

一、借机第一次世界大战，插手欧洲事务

第一次世界大战是美国尝试塑造世界的重大步骤。大战之初，美国宣布严守中立。它之所以这么做，一方面是由于“孤立主义”思想的影响太深，另一方面则是为了坐观其变。其实，按照美国的价值观，无论是同盟国还是协约国，它都不认同。无论哪一方在战争中赢得了胜利，都无益于美国的国家利益。因此，美国的战略选择，就是做好准备，等待双方不断消耗，精疲力竭之时，再行介入，从而取得战后秩序构建的主导权。

在同盟国中，德国是主力。尽管面临东西两线作战的巨大压力，但德国在东线顶住了俄军的进攻，在西线也攻入法国腹地。虽然在马恩河会战中，德军失利，但远未崩溃，依然具有组织反攻的能力。此后在长达三年多的时间里，德军与英法联军在战场上呈胶着状态。但到了1917年，情况发生了重大变化：一是德国先后两次实施无限制潜艇战，几乎切断了英军的生命线；二是1917年2月，俄国发生了革命，沙皇政权有崩溃的危险。德国潜

艇战的开展，削弱了英法联军的作战能力；沙皇政权的崩溃，俄国则可能退出战争。这样，德国就可能赢得战争。于是，美国决定出兵参战。正在美国要参战的时候，齐默尔曼电报事件为其提供了充分的借口。1917 年 1 月 16 日，德国外交秘书阿瑟·齐默尔曼发给德国驻墨西哥大使海因里希·冯·厄卡德特的一封绝密电报，其中写到："我们拟于2 月 1 日进行无限制潜艇战，与此同时，我们将竭力使美国保持中立。如果计划失败，我们建议在下列基础上同墨西哥结盟：协同作战；共同缔结和平；我们将会向贵国提供大量资金援助；墨西哥也会重新收复在德克萨斯州、新墨西哥州和亚利桑那州的失地，建议书的细节由你们草拟。请务必于得知我国与美国开战时（把此计划）以最高机密告知贵国总统，并鼓励他主动邀请日本立刻参与此计划。同时为我们与日本的谈判进行斡旋。请转告贵总统，我们强大的潜水舰队的参与将可能迫使英国在几个月内媾和。"① 本来，德国的无限制潜艇战已严重伤害了美国的利益，齐默尔曼的电报更是使美国非参战不可。正是美国想睡觉的时候，德国送来了合适的枕头。②

美国的参战，改变了战争进程，同时也乘势登陆欧洲。虽然德国在西线遭受了一些挫折，但是随着东线压力的减轻，德国将其原先部署于东线的兵力向西线转移，如果美国不加以干预的话，协约国一方就可能成为战败者。③ 于是，1917 年 4 月 2 日，威尔逊总统在国会联席会议上发表演说，要求对德宣战。4 日，参议院以 82 票对 6 票，6 日，众议院以 373 票对 50 票通过威尔逊的要求，正式对德宣战。随着美国的参战，与美国关系密切的国家纷纷加入或与德国断绝外交关系，使得协约国形成对同盟国的

---

① Zh. m. wikipedia. org.

② 张世平：《美国战略透析》，军事科学出版社，2012 年 7 月版，第 36 页。

③ ［美］威廉·德格雷戈里奥：《美国总统全书》，社会科学文献出版社，2007 年版，第 449 页。

绝对优势。美国政府任命约翰·约瑟夫·潘兴将军为远征军总司令，率军前往欧洲。1918 年初，在法国登陆的美军已达 20 万人。随着大量海军舰艇的服役，到了 1918 年 10 月的时候，到达欧洲的美军数量已有 200 万人。1918 年 6 月，美军正式投入战斗，自 9 月 26 日起，美军发起默兹—阿尔贡战役，为期 40 天，决定性地击败了德国，扭转了第一次世界大战的轨迹。

美国的参战，不仅使自身的安全问题迎刃而解，而且还可以利用战胜国的身份，分享胜利果实，使自己成为左右欧洲局势的杠杆。美军的介入，改变了战争的结局，从而也改变了世界历史的发展方向。

二、提出“十四点计划”，意欲改造欧洲

在巴黎和会上，美国总统威尔逊抛出了“十四点计划”，提出建立“国际联盟”的主张，希望以此参与欧洲秩序的制定。依照美国的计划，不仅战胜国可以参加，而且像德国那样的战败国，以及一些中小国家都可以加入“国联”。这样，美国就可以建立一个由其主导的国际联盟，以对抗英法独占殖民地的政策，从而实现获得世界领导权的愿望。然而，由于这一愿望与英国继续维持其世界霸主地位的企图相违背，且与法国要求最大限度地报复德国的主张不符，因而遭到了它们的坚决反对。同时，又由于《国际联盟条约》属于《凡尔赛条约》的一部分，深受“孤立主义”思潮影响的许多美国精英根本不愿意使美国受到超国家力量的控制。于是，美国国会拒绝批准《凡尔赛条约》。美国参议院认为，“国联”会被英法控制，而美国的实力又没有达到可以打破当时国际格局的程度。虽然英法两国在战争中遭受严重打击，但它们在海外拥有众多的殖民地，在操控国际事务方面的能力依然超过美国。更为重要的是，美国国内也没有做好接受世界

领导权的准备。所有的这些都表明，美国尚不能取代英法主导国际事务的地位。既然加入“国联”无益于美国，而且还可能成为妨碍美国推行扩张政策的绊脚石，美国国会认为毫无加入国联的必要。

当然，《凡尔赛和约》的核心内容是严厉处置德国，包括瓜分德国所有的海外殖民地，分割部分德国的领土，要德国承担巨额的赔款（具体数字未规定），对德国进行严厉的军事限制，等等。这些制裁和打击德国的措施，使法国和英国获得了巨大的经济和其他方面的利益。德国海外殖民地主要被英国和法国瓜分，大量赔款也为它们所获得。美国却没有从《凡尔赛和约》中获得任何看得见的利益，既没有得到赔款，也没有瓜分到德国的海外殖民地。因此，如果批准《凡尔赛和约》，美国所能获得的只能是德国的仇恨。这是美国国会拒绝批准《凡尔赛和约》的最重要的原因。

由此可知，由于经验不足，理想主义色彩太重，加之野心过大，而自身的实力又严重不足，美国的意图在英法的阻击下遭到了失败。因此，美国塑造欧洲，进而领导世界的企图完全落空。但是，作为一个战胜国，美国当然不愿被完全排斥在欧洲事务之外。借一战之机，美国的军队首次登陆欧洲，绝不会仅为他人火中取栗。因此，它先后分别与德国、奥地利和匈牙利等国单独签订条约，保留依据巴黎和会签署的和约中它所享有的权利。此外，美国还通过“道威斯计划”等对德国进行扶持，修正凡尔赛条约的部分内容，介入欧洲事务。一方面修复了与英法等因拒绝批准凡尔赛条约引起的不快，另一方面又与德国等战败国建立起良好的关系。这样，美国通过第一次世界大战，跻身欧洲，为未来在世界事务上获得更多的发言权打下了较为厚实的基础。

三、构建华盛顿体系，谋求远东的主导地位

美国在欧洲碰了壁，便将注意力投向了亚洲。与欧洲情况不同的是，通过“门户开放”政策和其他方面的经略，美国在亚洲已经有了极大的影响力。第一次世界大战后的亚洲地区，各国之间的竞争出现了新局面：一是美、英、日争夺海上霸权；二是帝国主义国家争夺中国的斗争进入了一个新的回合。为了在军备竞赛和争夺中国中取得有利地位，美国倡议召开华盛顿会议。从1921年11月12日至1922年2月6日，相关各国经过反复较量，完成了会议的议程，发表了一系列声明，签订了多个条约，通过许多决议。这些内容共同构成了华盛顿体系。

美国是华盛顿体系的主要设计者和推行者。通过此举，美国首先拆散了英日同盟。英日同盟所适用的对象并不是美国，但它的存在对于美国远东政策的推行却构成了障碍，美国必欲除之而后快。其次，美国获得了中国事务的主导权。1922年2月6日，美、英、法、荷、比、意、日、葡与中国北洋政府共同签订的《九国公约》，实际上是美国策划与主导的产物。它的核心是肯定美国提出的在华实行“门户开放，机会均等”的原则，并赋予它以国际协定的性质，使日本独占中国的野心遭到挫折，从而进一步加强了美国在中国问题上的优势地位。再次，美国通过限制海军军备的《五国条约》，使美、英、日、法、意主力舰的比例限制在5：5：3：1.75：1.75，取得了与英国在海军主力舰吨位上平起平坐的地位，同时限制了其他海上强国军备的发展。

通过构建华盛顿体系，美国扩大了国际影响，密切了与欧洲战胜国特别是英法两国的关系，增强了对亚洲事务的影响力。可以说，华盛顿体系的建立，为美国谋求世界领导地位创造了极为有利的外部条件。正是通过参与第一次世界大战及其战后安排，

美国的势力与影响不仅渗入了欧洲，而且在亚洲太平洋地区得到空前的扩大。

第三节　塑造世界的再次努力

通过参与第一次世界大战和构建战后秩序，美国虽然在谋取世界领导地位的问题上遇到了挫折，但其国际地位却极大地提高了，成为一个名副其实的世界性大国。美国的孤立主义思潮虽然还比较盛行，但是再也不能主导美国的对外政策了；美国的势力已进入欧洲，再也无法全身而退了；美国在亚洲地区影响力增强，再也无法置身事外了。一句话，美国已在欧亚大陆的两端登陆，着力施展控制欧亚大陆，进而控制世界的战略企图。

一、加入第二次世界大战，创造塑造世界机遇

1939 年爆发的第二次世界大战，为美国提供了千载难逢的战略机遇。如果说，在第一次世界大战中，英法等老牌帝国主义国家尚能苟延残喘的话，那么在第二次世界大战开始后不久，它们的实力已消耗殆尽了。特别是传统霸权国家—英国，从一个“日不落帝国”变成了“日落西山”的国家。作为一个世界性的大国，特别是一个精于战略谋划的大国，美国对于欧洲形势的发展，早就有了自己的想法，即做好战争准备，选择适当的时机参战，以战争的胜利，赢得塑造世界的主导权。

在这场战争中，美国的决策者们故伎重施，先是保持中立，坐看交战双方的消耗。与第一次世界大战时的做法有所不同的是，美国在战争爆发之前，就认为参战不可避免，从而做了大量的战争准备。

富兰克林·罗斯福是一个具有远见的战略家。1933 年，他登

上总统宝座之后，对于德国法西斯势力的兴起及其对美国利益的威胁，就一直保持高度警惕。尽管难以迅速摆脱孤立主义与和平主义等反战势力的施压，但罗斯福却运用他的政治智慧，引导美国的民众支持战争。1937 年 10 月 5 日，他在芝加哥发表著名的“隔离演说”中表示：“世界上无法无天的瘟疫正在蔓延，看来这是不幸的事实。每当一场危害人身健康的瘟疫初起时，社会上都会赞同并实行隔离病人，以此保障居民的健康，防止瘟疫蔓延。”他进而指出：“我们决心置身于战争之外，可是我们不能保证我们不受战争的灾难性影响和免于卷入战争的危险。我们正在采取使我们卷入的危险减至最低限度的一些措施，但是在一个信任和安全已遭到破坏的骚乱的世界里，我们不能得到完全的保障。”① 1939 年 1 月，他再次强调，“如果另一种形式的政府在攻击民主制度方面组成了联合战线，那么这种攻击就必须而且必将遭到一个联合起来的民主制度的反击。”②

1938 年 1 月，借美国的炮舰“帕莱”号在中国南京江面被日本炸沉之机，罗斯福向国会提出扩建海军的咨文。之后，国会通过《文森海军扩军法》，决定建造 24 艘主力舰只和相应增加小型舰只。1939 年初，他宣布组建大西洋舰队，并在慕尼黑协定签订之后拨款 3 亿美元扩充军备，同时极力修改中立法。战争爆发之后，美国政府制定《租借法》，向参战的英、法、中等国提供实质性援助。1940 年 5 月，罗斯福以行政命令的形式设立国防咨询委员会，6 月在法国投降前夕，他撤掉了持孤立主义观点的陆军部长哈里 · H · 伍德林，任命主张援英抗德的亨利 · 史汀生为陆军部长，威廉 · F · 诺克斯为海军部长。与此同时，美国大力扩

① 《无所畏惧——富兰克林 · D · 罗斯福 1932 年至 1945 年的演说选》，纽约 1946 年版，第 114—115 页。

② 同上书，第 165—166 页。

军，将陆军从28万人扩为37.5万人，提出建设一支拥有5万架飞机的空军，增加军费17亿美元，下令研制原子弹等。

在美国做战争准备时，欧亚大陆的另一个大国苏联则先后与德国和日本签订了《互不侵犯条约》和《中立条约》。法西斯德国的军队于1940年5月席卷了西欧和北欧，英国只是由于海峡相隔，才得以苟延残喘；亚洲的日本推行南下战略，不仅占领了中国中东部广大地区，而且侵占了几乎全部的东南亚国家。无论是在欧洲，还是在亚洲，反法西斯力量都难以抵抗德日法西斯的疯狂侵略。美国一直“等待德国人制造一起事件”，[①] 以介入战争。1941年12月7日，日本偷袭美国的“珍珠港”，击沉、击毁包括8艘战列舰在内的19艘军舰，使2409名军人和68名平民丧生，1178名官兵受伤。于是，美国迅速对日本、德国和意大利宣战。美国的加入，极大增加了反法西斯国家的力量，扭转了第二次世界大战的轨迹。

二、确立先欧后亚战略，控制枢纽地区

日本偷袭珍珠港，是美国直接参战的导火索。那么，究竟是先击败日本，还是先消灭德国呢？美国面临着重大的战略选择，即如果两线作战，付出的代价太大，效果未必显著。经反复斟酌，权衡利弊之后，美国决定采取先欧后亚的战略。先与欧洲的盟国的合作，击败法西斯德国。一方面，德国已占领欧洲大陆的主要地区，控制着远比日本多得多的工业基础、掌握雄厚的科学技术、拥有庞大的人力资源。另一方面，当时的欧洲居于世界的政治、经济中心，美国一旦在欧洲打败了德国，也就控制了欧

① 刘绪贻、李存训：《美国通史·富兰克林·D·罗斯福时代》，人民出版社，2002年版，第329页。

洲，而控制了欧洲，也就意味着控制了世界。于是，美国确立了“先欧后亚，先大西洋后太平洋”的战略。

在这一战略的指导下，美国首先派兵在北非登陆，与英军联合，实施“火炬计划”，消灭德、意两国在北非的军事力量，进而夺占西西里岛，再攻入意大利，摧毁墨索里尼政府，铲除纳粹德国的一翼。在德国发动侵苏战争之后，苏联迅即加入反法西斯联盟。这样，德国就面临着美、英、苏三面夹击的态势。经过三年的艰苦作战，美国与英国、苏联一道终于在1945年5月彻底打败德国。美国在欧洲与德国作战的同时，在亚洲战场上加强对中国的援助力度，使日本陷于中国的战场而无暇他顾。1945年2月，在欧洲已胜利在望之际，美、英、苏在雅尔塔召开会议，一是决定战后秩序重建问题；二是商讨欧洲战争结束后盟国的对日作战问题。8月，美国从东南亚海上方向、苏联从中国东北的陆上方向，中国则在广袤的战场上，向日本发动了总攻，使其于8月15日宣布无条件投降。9月2日，日本派出外相重光葵代表政府在停泊在东京湾的美国“密苏里”号战舰上与盟国代表签署投降书。

美国正是由于在欧亚两个战场上都做出了杰出的贡献，遂成为战后秩序的主要缔造者。战争结束时，德、意、日三个国家被彻底击溃，英法等国则受到了严重的削弱，沦落为二、三流国家。唯有美国，虽然付出了一些代价，但国家实力不仅未受到削弱，反而得到了显著的提升，一举成为世界上最强大的国家，成为西方世界的霸主，其利益触角也真正地延伸到世界各个角落。

三、制定世界蓝图，主导战后重建

第二次世界大战还在进行时，美国总统罗斯福就抛出了世界蓝图。1944年10月21日，罗斯福在美国外交政策协会上发表演说，勾勒了美国的战后世界构想。他声称，美国在战后既有能力也有责任领导世界，美国不应也不能放弃这样的机会。他指出：在政治上，要建立联合国，通过大国合作，建立集体安全机制，防止世界大战，维护世界和平；在经济上，要实行门户开放和自由贸易，建立自由化的国际货币和贸易体系，防止大萧条，促进各国经济繁荣和社会进步。此外，他还主张推行公开外交、相互信任、惩罚战犯等措施。罗斯福提出的“重建战后世界秩序”，被美国历史学家小阿瑟·施莱辛格称之为“世界主义”的设想与做法。[①] 以罗斯福为代表的美国统治当局认为，战争已使欧洲传统的均势结构遭到破坏，世界秩序的维持必须靠美国、英国和苏联三大国不可。后来，考虑到亚洲国家的作用和自身利益的需求，美国又建议把中国纳入联合国安理会常任理事国。

根据罗斯福的世界蓝图，在美国的主导下，联合国、国际货币基金组织、世界银行、国际关税及贸易总协定（构想中的世界贸易组织，由于苏联的反对，这一组织没有成立，临时以此协定代替，直到1995年，苏联解体后的第5年，世界贸易组织才得以成立，取代1947年以来的关税及贸易总协定）等相继成立。联合国与国际货币基金组织是奠定战后国际秩序的两块基石。迄今为止，这些组织仍是当前国际社会最具影响力的国际机构。

罗斯福曾设想，为避免人类再次遭受战争的祸害，国际社会应采取“大国一致”的原则，在联合国建立安全理事会。在安全理事会下，成立联合国的军队，以干预世界各地发生的可能危及国际和平与安全的事务，从而维持世界的和平与稳定。只是由于大国之间存在着重大的利益分歧，联合国安理会虽然成立了，参谋军官团也产生了，但却没有建立起一支真正属于安理会指挥与

① ［美］小阿瑟·施莱辛格：《世界强权动力学：美国外交政策发展文献(1845—1973)》序言，译文见《美国研究参考资料》1987年第7期。

控制的军队。

从实质上看，罗斯福的世界蓝图，就是以美国的优势地位为基础，建立一个由其主导的、大国共同控制的世界。第二次世界大战结束后不久，由于社会制度不同，意识形态迥异，国家利益相去甚远，美苏两国迅速从盟友转变成对手，两国关系进入冷战时期。罗斯福所构想的世界秩序只在一定范围内得以实现。如何使世界按照美国的预期发展，战后美国的历届政府一直在持续不断地努力。

四、实施遏制战略，巩固势力范围

罗斯福还没有来得及将其世界蓝图付诸实践就去世了，1945年4月其总统职位由副总统哈里·杜鲁门继任。欧洲战事结束后，美苏两国在德国和东欧问题的处理上产生了冲突。于是，美国政府对于苏联的意图以及对苏政策进行了辩论，到1946年初，形成了基本的共识。因此，美国着手调整对外政策，放弃了罗斯福的大国合作的做法，试图以美国超强的实力建立以其为主导的国际秩序。杜鲁门政府认为，“苏联已从战时盟友变为争夺世界霸权的对手，已不是合作的伙伴而是加以遏制的对象。”① 美国有能力领导世界，而苏联的军事能力与意识形态观念对美国构成了严峻的挑战，必须以强硬的措施阻止苏联的扩张。

1946年2月9日，斯大林在莫斯科选区选民大会上发表演说，提出两次世界大战均起源于资本主义世界经济危机。他说，过去三个“五年计划”为苏联卫国战争的胜利奠定了物质基础，今后实行新的“五年计划”仍要优先发展重工业。对于斯大林的

① 王绳祖主编：《国际关系史》第七卷，世界知识出版社，1995年12月版，第103页。

演说，美国政府极为关注，有人认为这是“第三次世界大战的宣言”。[①] 为了进一步了解苏联的战略企图，美国国务院指示其驻苏代办乔治·凯南对斯大林的演说进行评论。于是，凯南写了一份题为《苏联行为的根源》的报告，并以电报的形式（Long Telegram）发给国务院。他认为，苏联的势力在世界强国的夹缝中到处钻，不断地进行扩张。对于这种扩张，美国必须做好强硬的回击准备，因为苏联对于理智的逻辑无动于衷，而对于武力的逻辑则十分敏感。1947 年 3 月，凯南又以 X 的名义，在《外交季刊》上发表了《苏联行为的根源》一文，正式提出了对苏进行遏制的战略。与此同时，杜鲁门总统就希腊、土耳其问题发表演说，指出美国要反对极权式的“共产主义”，在全球范围内推广美国的民主制度。杜鲁门演说中所体现的精神被称之“杜鲁门主义”。1954 年，美国国家安全委员会在总结战后美国对苏政策的基础上，制定了 NSC / 68 号系列文件，进一步明确了遏制战略与政策的内涵、推行的方式以及要达到的目标。美国虽然制定了遏制苏联的战略，但并没有试图改变以划分势力范围为基础的雅尔塔体系。

为了推行遏制战略，防止苏联势力向外扩展、威胁雅尔塔体系，美国决定利用第二次世界大战中形成的军事优势，进行全球力量布局。

首先，建立联盟体系。从 20 世纪的 40 年代末到 50 年代中期，美国构建了大西洋联盟，凝聚了西方国家的共识与力量，确立了西方世界的国际秩序。第二次世界大战中，欧洲特别是西欧国家是主战场，无论是人力和物力都遭到了巨大的损失。为防止西欧国家的崩溃，筑牢遏制苏联的战线，1947 年 6 月，美国国务卿马歇尔在哈佛大学的毕业典礼上发表演讲，提出对欧洲进行援

① ［美］沃尔特·米尔斯编：《福莱斯特尔日记》，伦敦 1952 年版，第 141 页。

助的计划。美国通过这一计划，成功地将西欧国家从战后的废墟中解救出来，奠定了大西洋联盟的政治和经济基础。

为了使西欧国家成为阻止苏联扩张的屏障，美国还倡导美欧间的军事合作。1949 年 9 月，北美地区的美国和加拿大，以及西欧诸国在华盛顿签署了《北大西洋公约》，并依据条约成立了北大西洋公约组织。北约组织的建立，标志着大西洋联盟的正式形成。之后，美国利用大西洋联盟，在世界范围内反对共产主义，强化其世界主导地位。

1951 年 9 月，美国与澳大利亚、新西兰签订《澳新美条约》；1954 年，美国与一些国家成立东南亚条约组织；1958 年还与英国、巴基斯坦、伊朗、土耳其等国成立中央条约组织等。此外，美国还与一些国家或地区如日本、韩国、菲律宾、中国台湾等国家和地区签订双边的共同防御条约。

美国通过建立以其为首的全球联盟体系，对苏联及其领导的社会主义阵营进行遏制，使世界进入两极格局。为了实现称霸世界的目标，美国一直采用软硬两手，政治上对抗，经济上制裁，军事上封锁。同时又利用各种手段对苏联及其他社会主义国家进行和平演变。

其次，扶持亲美势力。为推行遏制战略，美国深知，除了依靠其联盟体系的力量外，它还必须争取其他国家，一方面可以扩大自身的势力与影响，同时又可防止它们加入苏联国家集团。于是，1949 年 1 月 20 日，杜鲁门总统在他的就职演说中提到其任内的第四点外交政策目标是："……我们必须启动一项新的计划，以充分利用我们已有的先进科技和工业优势，帮助欠发达地区来实现进步和发展。世界上有超过一半的人身处水深火热之中，他们深受各种疾病之害，他们的经济生活既原始又缺乏发展的动力。他们所遭受的贫困，既是他们自身、也是更多较繁荣地区发展的障碍和威胁。幸而人类有史以来第一次掌握了救人于水火之中的知识与技术，而在所有国家中，美国又是工业和科技发展领域内的佼佼者。尽管我们所能承担的、用以援助他人的物质资源是有限的，但我们的科技和知识资源，却正处于不断的增长之中，这也是取之不尽用之不竭的。"[①] 为赢取发展中国家和地区的全心支持，杜鲁门政府提出了实施对外技术援助方案的计划。通过分享美国多个领域内，尤其是农业、工业、卫生等领域的专业技术，美国就可以援助贫穷与落后国家的发展，提高这些国家民众的生活水平，进而表明所谓民主制度和资本主义能够为个人提供福利，从而赢得与苏联展开的冷战。

再次，进行全球军力部署。第二次世界大战期间，美军远赴欧洲和亚洲各地作战。战争结束后，驻在战败国的美军行使占领军的职能，驻扎在战胜国的美军则扮演维护所在国安全的角色。随着国际形势的变化，为了满足国家战略的需要，美军并没有及时撤回本土，而是与驻在国签订协议，建立军事基地，以便能够迅速地应对国际性的危机，遏制所谓苏联势力的扩张。因此，美军在世界各地建立了800多个基地。不仅如此，美军还于1947年分别建立了太平洋司令部和欧洲司令部。太平洋司令部下辖包括整个太平洋地区的大洋洲、东亚、南亚、东南亚、太平洋诸岛国、印度洋、俄罗斯的远东地区和南极洲，辖区总面积达到2.7亿多平方公里，占地球表面积的50%以上。辖区内涵盖的国家和地区有40余个，占全球人口总数的60%以上。欧洲司令部辖区包括欧洲大陆、地中海地区、俄罗斯本土、格陵兰岛和北极地区的92个国家。这样，美国以其本土为核心，将太平洋和大西洋两岸的主要国家和地区都置于其海外战区的管控之下。

美国遏制战略形成的初期，基本的意图是巩固以雅尔塔体系为特征的势力范围。无论是在欧洲，还是在亚太，美国所采取的

---

① Text of the Speech in Department of State Bulletin, January 30, 1949, p. 123.

措施主要是威慑与遏制。但是，由于过于自负，且戴着有色眼镜看世界，扩张的本性很快就又显露出来。

五、调整遏制战略，谋求世界霸权

利用其在第二次世界大战中取得的军事优势，美国在世界范围内，特别是与欧亚两陆两端的国家和地区建立了多边和双边军事、政治联盟，对苏联及其盟友进行包围和遏制。其最终的目的就是瓦解苏联及其控制下的国家集团，从而获得世界霸权。在整个冷战时期，美国所采取的一以贯之的手段是威慑与遏制，必要时不惜诉诸武力。同时，它也根据国内外形势的变化，对遏制战略做某些方面的微调，尝试和平演变。到了20世纪90年代，美国的遏制战略终于显出成效，东欧国家剧变，华约组织瓦解，苏联解体。

杜鲁门政府提出的遏制战略，并没有随领导人的更替而被彻底地改变。其继任者，从艾森豪威尔到老布什，一直都奉行对苏遏制的政策，只是根据各自执政时期的国内外环境的变化，进行了调整和完善。如艾森豪威尔时期，美国政府在坚持对苏实施遏制战略的同时，在手段的运用上有了变化，即优先发展经济，提高国家实力，主张以遏制战争为主，通过建立更多的联盟，对苏联集团进行包围。为了防止苏联冒险，艾森豪威尔政府在军事上采取“大规模报复”战略。同时，美国还强调以“和平演变”的方式，使苏联及其盟友改变国家的性质。

艾森豪威尔政府以“大规模报复”为支撑的全球战略根本无法应对世界各地出现的小型冲突与局部战争。肯尼迪上台后，迅即进行了调整，确定“灵活反应”的军事战略，明确“核威慑”的内涵，主张与苏联进行军控谈判，发起越南战争。古巴导弹危机之后，为防止中南美洲出现威胁美国安全的局面，美国政府于1963年建立南方司令部，总部设在佛罗里达州的迈阿密，辖区包括美国“后院”的中南美洲和墨西哥南部、加勒比海地区南部。

肯尼迪时期挑起的越南战争，成了美国政府难以摆脱的梦魇。到了20世纪60年代末，美国已陷入了严重的经济和社会危机。于是，尼克松上台伊始，就决定在全球范围内进行战略收缩，结束越南战争，缓和对苏关系，打开通向中国的大门，提出世界“五大力量中心”说。其目的就是以均势为主导，减轻战略压力，为美国走出越战阴影、恢复实力创造条件。

卡特上台后，面对苏联咄咄逼人的攻势，采取了相应的反击措施：第一，利用美国的所谓制度优势，在世界范围内展开“人权外交”，以争取第三世界国家的民心，使苏联的扩张受到抵制；第二，与苏联进行战略武器限制谈判，以技术优势阻遏苏联的攻势；第三，加强美、日、欧的三边合作，提升美国对苏的战略优势，同时积极推动国际热点问题的解决，改善美国的国际形象；第四，创建快速反应部队，以应对苏联在南亚和波斯湾的行动。

经过尼克松、福特和卡特几届总统的努力，美国已从越南战争的泥潭中渐渐地抽出身来。经济上的困难时期已经过去，社会危机也基本化解，国家综合实力发展的基础也已奠定。因此，里根上台后，一改其前任几届总统对苏软弱和缓和的做法，不仅与苏联展开军备竞赛，而且还以低强度冲突的方法，在世界各地加大了遏制苏联的力度。他强硬地表示，要将苏联和苏维埃的制度一起扫进“历史的垃圾堆”。[①] 为了与苏联展开全面的斗争，美国政府从第四次中东战争中阿拉伯国家使用“石油武器”的行动中

---

① 参见周桂银、葛腾飞主编：《当代国际关系史1945—2005》，解放军出版社，2008年8月版，第374页。

得到启示，决定加强对中东的控制，一方面可以防止苏联扩大对中东国家的渗透，另一方面使中东国家的石油为美国的全球战略服务。1983 年，美国成立中央司令部，其辖区就是中东地区。中央司令部辖区内原油储量占世界总量的 57%。不仅如此，霍尔木兹海峡、苏伊士运河和红海出海口三个咽喉要道也位于这一司令部的辖区之内。美国通过对中东石油资源和运输通道的控制，操纵国际油价，从经济上打击以石油出口为国际资金来源的苏联。

20 世纪 80 年代末，美国经过几任总统的努力，国力大幅上升。相比之下，苏联及其控制之下的东欧国家，却遇到了严重的经济、政治和社会危机。老布什上台伊始，即指定其国家安全事务副助理罗伯特·盖茨组织国务院、国防部、中央情报局和国家安全委员会的专家成立专门小组，就美国对苏政策进行全面的审查和评估。经过三个月的努力，小组提交了《对苏政策审查的报告》。根据这一报告，1989 年 5 月 12 日，老布什总统在得克萨斯农业大学毕业典礼上发表讲话，提出了“超越遏制”战略。这一战略是“美国战后对苏政策的彻底改变”，标志着“美国外交政策哲学思想的变革”。它的主旨就是积极同苏联发展关系，加强美苏合作，促使苏联逐渐实现“自由化”，把苏联拉进“国际大家庭”，使其融合到国际社会中来。

“超越遏制”是鉴于国际格局发生新变化而做出的政策调整。这一战略强调，今后美国和北约组织对苏政策的主要重点将转向更多地同苏联的公开性和经济改革打交道。在对苏保持警惕的同时，充分利用国际形势的缓和，发挥美国的相对优势，抓住戈尔巴乔夫的“新思维”所提供的历史机遇，运用经济、政治、文化和意识形态等手段，特别是以经济援助为诱饵，用“和平演变”的方式，最终改变苏联制度的基础，使苏联同过去的政策彻底决裂。

从杜鲁门提出遏制战略开始，历经艾森豪威尔、肯尼迪、约翰逊、尼克松、福特、卡特、里根和老布什等数任总统，终于使苏联集团轰然倒塌，以两极为特征的雅尔塔体系崩溃，冷战走到了尽头。苏联集团的瓦解，标志着美国二战以来塑造世界努力的成功。此后，美国又开始新一轮的塑造行动，企图构建由其主导的单极世界。

第四节 塑造美国主导的世界

第二次世界大战后的秩序，是以雅尔塔体系为基础的，美国遏制战略的初衷，首先是维护雅尔塔体系，防止苏联势力范围的扩张对美国的利益构成威胁。同时，它又对苏联等社会主义国家进行和平演变，把颠覆社会主义国家的希望寄托在他们第三代和第四代人的身上。由于各种因素的共同作用，20 世纪 90 年代初，东欧国家剧变，华约集团瓦解，苏联行将解体，即雅尔塔体系崩溃之际，美国着实要重新构建世界新秩序了。

一、主张“超越遏制”，构建新的世界秩序

1990 年 9 月 11 日，美国总统乔治·赫伯特·沃克·布什（以下称老布什）在国会两院联席会议上正式提出了建立世界新秩序（New World Order）的构想。他表示要建立一个“稳定而安全”的世界。一方面，美国要巩固遏制的成果，保持同苏联抗衡的军事力量；另一方面要有效地应对地区冲突以及诸如环境污染、武器扩散、毒品走私、恐怖主义、全球经济等超越国界的问题。

在应对安全与稳定问题时，美国应按照其价值观，在全球推进“自由”与“民主”，促进“政治多元化”和“自由市场经济

国家”。为实现以上目标，美国要充当世界领导角色；以联盟为基础，协调联盟各国的集体行动，共同分担责任；以军事力量为后盾，确保美国在世界各地的利益；维护地区稳定；发挥国际组织，特别是联合国的作用；强调解决全球经济问题对建立世界新秩序的重要性。

从“超越遏制”到“世界新秩序”战略的提出，是老布什政府针对世界形势的变化所做出的反应。1989 年 5 月，美国已经觉察到世界巨变的端倪，强调要以更灵活的手段，将苏联融入到西方社会。但对于苏联的解体和雅尔塔体制的坍塌尚未预见。到了 1990 年 9 月，随着东欧剧变和华约的解散，美国已充分意识到了国际格局的重大变化，以雅尔塔体系为基础的世界秩序已难以为继，构建新的世界秩序再所难免。作为当时世界上综合实力最为强大的美国，又开始把建构世界新秩序视为自己理所当然要承担起的重任了。

二、实施“参与扩展”，谋求世界领导地位

1993 年，民主党人克林顿入主白宫，其时的世界形势已经明朗：苏联解体了，雅尔塔体系不复存在了，冷战也随着对手的消失而结束了。老布什时期，就已经提出了构建世界新秩序的构想，苏联仍是世界新秩序中的重要一员。后来，又因海湾战争的爆发，老布什政府根本来不及修正和实施其构想，就黯然下台。克林顿就任总统后，美国所面临的重大战略选择就是如何构建一个符合其利益的世界新秩序。

经过近一年半的观察、评估与论证，1994 年 7 月，克林顿政府提出了“参与和扩展”的安全战略，主张要建立了一个由美国发挥领导作用的世界。报告指出：“过去的半个世纪对安全的主要挑战是共产主义扩张的威胁，这个威胁现在已经消失。”然而，

随着新的世纪临近，仍然有一系列复杂的“新老安全威胁”。“这是一个既充满希望但又很不稳定的时期。”[①] 在这个时期，“我们（美国）不能充当世界警察，这是很明显的；但是我们必须在全球发挥领导作用，这同样是显而易见的”。[②] “美国在世界上的领导作用从来没有像现在这样重要。倘若我们在国外发挥领导作用……美国将会更加安全和繁荣昌盛。”但是，这需要“美国人民和国会愿意以美元和政治力量以及有时美国人付出生命的代价”。[③]

美国的“领导作用以预防性外交为主”。所谓“预防性外交”，是指“支持民主、提供经济援助、在海外驻军、军队对军队的接触和参加中东及其他地区的多边谈判”[④] 等。预防性外交对国家安全是“明智的投资”，可“以最小的人力和物力代价解决问题”。当然，美国对国际事务的参与“是有选择的”，目的是“集中力量于我们能产生最大影响的地方”。因此，“当我们直接的国家利益遇到最大危险时，我们愿意单方面采取行动；当我们的利益与别人共有时，愿意结成联盟和伙伴关系采取行动；当我们的利益更加普遍、最好通过国际社会来解决时，采取多边行动”。[⑤]

而要实现这一目标，首先要“加强美国安全”——以保持牢固的盟友关系和强大的防务能力为核心。保持与盟友的牢固和持久的关系。这对加强美国安全至关重要。“我们能否处于安全状态的一个重要因素是取决于我们盟国和其他友好国家的关系是否持久。因此，我们的参与战略的中心任务是保持和适应我们与世

① White House, *The National Security Strategy of United States*, July 1994, p. 1.

② Ibid, p. 5.

③ Ibid, pp. 1 – 2.

④ Ibid, p. 5.

⑤ Ibid, p. 5.

界主要国家的安全关系。”[①] 其次是“增强美国经济”——以加强经济竞争力和扩大国外市场为重点，即通过在国内外的努力促进美国的繁荣。再次是“促进国外民主”——以俄罗斯、新兴民主国家和亚太地区为主要目标。“扩大民主社会和自由市场经济国家大家庭”有利于美国所有的战略利益—从在国内促进繁荣到在国外遏制全球威胁。“美国必须抓住由于冷战结束而出现的机会”，支持全球向民主发展。美国的长远目标是实现这样的一种世界，即“每一个大国都是民主国家，而且其他许多国家加入市场经济民主国家大家庭”。[②]

由此可见，克林顿的“参与和扩展”，战略，就是通过直接或间接的手段，在世界上推广民主；通过经济全球化，将其他国家纳入美国的战略轨道，从而提高美国操控国际事务的能力，以塑造世界，主导全球。

三、进行“先发制人”，力图建构单极世界

小布什竞选总统期间和上台初期，是美国历史上实力最强的时期。从里根政府开始，经过20年的发展，美国的经济规模进一步增大，远远超过其后的各大经济体，在克林顿政府届满之时，美国的财政收支有了节余。经过20年的军事革命与转型，美军的联合作战能力大幅提升，能够在全球范围内进行兵力投送和实施军事行动。经过几十年的经营，美国的国际影响力也达到了顶峰，在反恐战争的初期，不仅美国的盟国，而且其他大多数国家都对其给予有力的支持。

---

① The White House, *The National Security Strategy of the United States*, Washington D. C. , July 1994, p. 6.

② Ibid. , p. 19.

然而，美国并没有把国际社会的支持转化成国家的战略优势。相反，它却走向了另一极端。2002 年 9 月，小布什政府发表了第一份国家安全战略报告中，正式提出了“先发制人”的对外用兵原则，主张在全球范围内对恐怖分子和支持恐怖分子的国家实施“先发制人”的打击。这标志着美国对长期奉行的以“遏制”和“威慑”为核心内容的战略进行了重大调整。

美国要运用强大的国家力量促进有利于自由的全球均势的建立。“在构建有利于自由的均势的过程中，美国遵循这样的信念：所有的国家都负有责任。享有自由的国家都必须积极反恐。依赖国际稳定的国家必须协助避免大规模杀伤性武器的扩散。寻求国际援助的国家必须正确治理，使援助用得其所。为了自由的兴盛，每个国家都应当是也必须是责无旁贷的。”[①] 实际上，美国就是要把反恐、反大规模杀伤性武器的扩散和对“新兴民主国家”的援助等都纳入其“建立有利于自由的均势”的战略之中。所以，“建立有利于自由的均势”是美国小布什政府时期国家战略的目标与要旨。当然，所谓的“均势”是美国“主导（领导）下的均势”；是美国所代表的“自由”的力量占压倒优势，而其他力量则处于无所作为或被迫忍气吞声地位的“均势”。

为实现这一战略意图，美国借反恐战争之机，采取了一系列行动措施，进行布局。首先是打赢反恐战争，“运用国家和国际的全部力量发起直接和持续的行动”，“瓦解和摧毁全球范围的恐怖主义组织，并攻击它们的领导机构、指挥、控制和通信系统、物资保障系统和财政体系，这将使恐怖分子的计划与行动瘫痪。”其次是防止大规模杀伤性武器的扩散，“采取积极的反扩散行动”、“强化不扩散措施”、“建立有效的后果管理机制”。再次是

① The White House, *The National Security Strategy of the United States*, Washington D. C., Sept. 2002, p. vi.

采取“先发制人”的用兵方针，“建立一个更完整、更统一的情报系统，以便及时、准确地提供有关任何威胁的情报。四是要主导大国间的合作，“通过组成尽可能广泛的国家联合体实施其战略，这些国家愿意并能够推动有利于自由的均势。有效的联合体领导者需要有明确的优先任务，考虑其它国家的利益，并以谦卑的精神在合作伙伴间进行不断的协商”。[①] 五是推进美军转型，“必须建设和保持无可匹敌的防卫力量，以保卫美国”。最后是调整美军战区布局，先后于2002年10月和2007年10月，设立了北方司令部与非洲司令部，前者下辖包括美国本土、加拿大、墨西哥北部和加勒比海北部的地区，后者则主要负责非洲地区的安全与反恐等事务。

一句话，小布什政府制定了“先发制人”的战略，推行“单边主义”政策，在全球范围内进行反恐战争，使美国居于绝对安全的地位，着力打造一个由美国称霸的单极世界。奥巴马政府上台以后，面对国际战略环境的新变化，迅速调整了美国的全球战略，决定“重返亚洲”，推行亚太“再平衡”战略，实施战略重心转移，企图再次塑造世界，以维护美国的领导地位。

① The White House, *The National Security Strategy of the United States*, Washington D. C., Sept. 2002, p. 25.

第三章

制定亚太“再平衡”战略

奥巴马政府上台以来，根据世界战略形势的变化和美国国家利益的需要，推出了亚太“再平衡”战略。之所以称之为“再平衡”，而不是冠以“新遏制”战略之名，是因为其指向完全不同。“遏制”战略的指向是明确的，即何方为其敌手。“平衡”战略指向是模糊的，即不明确何为对手。所谓亚太“再平衡”战略，就是根据世界战略力量的消长，亚太地区国际环境的变化和自身利益的需求，对美国全球战略布局进行调整，将更多的资源投向亚太地区，以保持和扩大其在这一地区的优势，防止因其他国家力量的急剧上升使其被边缘化的危险。2009 年，奥巴马政府上台不久，就提出了“重返亚洲”的概念；同年 11 月，奥巴马访问日本时宣称，自己是美国第一个太平洋总统（America’s First Pacific President）；2011 年 11 月，时任国务卿的希拉里·克林顿在《外交政策》杂志上发表《美国的太平洋世纪》一文，强调亚太地区对美国的重要性；2012 年 1 月，美国国防部发布《维持美国全球领导地位：21 世纪国防的优先任务》报告，正式将美国“重返亚洲”的战略定名为亚太“再平衡”战略。美国之所以强力推出亚太“再平衡”战略，其根本目的无非是塑造对美国有利的国际环境，通过主导未来地缘战略的枢纽——亚太地区，进而维护其世界领导地位。与第二次世界大战后美国通过控制当时世界地缘中心地区——欧洲，进而领导世界如出一辙。2014 年 6 月奥巴马在西点军校毕业典礼上的演说中表示，“我的底线是：美国必须在世界范围保持领导力。如果我们不能，没人能”。[①] 2015 年 2 月，奥巴马政府的国家安全报告指出，“任何一项旨在维护美国人民安全和促进国家安全利益的战略，都要基于这样一种事实，即美国必须领导世界”[②]。因此，美国这一次的战略调整，有着全局性重点转变的蕴含，更带重塑国际秩序的性质。

第一节 亚太“再平衡”战略出台的动因

第二次世界大战以来，美国把对外战略提升至无以复加的高度，以国家安全委员会以依托，动员全国的智库力量，不断地对国际战略问题进行研究，力图持久地占据国际战略博弈的制高点。政府在实施战略的过程中，也根据形势的变化，及时地进行调整和完善。几乎每一届政府上台后，都会提出自己的国家安全战略和军事战略。但总起来看，从杜鲁门到老布什，历届总统基本上都秉承了“遏制战略”的核心内容，目标指向都是遏制苏联或应对其他大国对美国的挑战，即使做一些调整，大多都属于修补性的，并无实质性的改变。可以说，“遏制战略”是战后美国第一个具有长远影响和全球意义的国家战略。进入 21 世纪，小布什政府上台初期，也曾主张推行“遏制战略”，矛头直接指向中国。然而，“9·11”事件的发生，改变了美国政府的初衷。之后，美国迅即将反恐战争作为其国家战略的核心内容，推行单边主义政策，企图借反恐战争之机，建立由美国主导的“单极世界”。小布什总统第二任期开始后，已认识到了国际环境发生的

---

① 《奥巴马在西点军校 2014 年毕业典礼上的演讲》，中国日报网，2014 年 5 月 29 日，http：//world. Chinadaily. com. cn/2014 – 05/29/content_ 17549353. htm。

② The White House，*The National Security Strategy*，Washington D. C.，Feb 15，2015.

变化，开始酝酿战略调整，只是由于各种因素的制约，特别是金融危机的发生，小布什政府无法将其付诸实施。奥巴马政府上台后，迅速做出了战略调整的决策。其显著的表现有三：一是缩小反恐战争的规模，以特种作战作为应对恐怖主义的重要手段；二是果断地结束在伊、阿两国的军事行动并撤军，以节约资源重振经济；三是制定和推行亚太“再平衡”战略，力求在新一轮国际秩序的构建中谋取优势。实际上，前两个改变是为第三个调整做准备的。也就是说，在这三个战略变化中，亚太“再平衡”战略是美国战略调整的重中之重。

一、国际力量的对比发生变化

21 世纪以来，随着世界主要国家综合实力的消长变化，国际战略格局继续向着多极化深度发展。2008 年国际金融危机以来，以美国为代表的西方世界，无论是政治控制力，经济牵引力，还是军事影响力，都出现了严重下降的局面。因此，总体来看，国际战略格局的变化正朝着不利于西方世界特别是美国的方向发展。2014 年 11 月 12 日，在 APEC 北京非正式首脑会议期间中美两国举行的“习奥会”上，美国总统奥巴马首次承认，国际关系正朝着多极化的方向发展。

首先，在国际政治领域，美国“一超”的战略地位面临挑战。20 世纪 80 年代末和 90 年代初，随着东欧剧变和苏联的解体，主导战后国际秩序近 50 年、以两极世界为特征的雅尔塔体系轰然倒塌。通过海湾战争和世界贸易组织的建立，美国取得了世界上“一超”的国际地位。

然而，进入 21 世纪，特别是“9・11”事件后，美国迅速地转移了国家的战略重点，从构建世界新秩序，转向打赢反恐战争。2002 年，美国先后制定了新的国家安全战略和军事战略，出台了一系列反恐和反大规模杀伤性武器扩散的法律与战略，并在全球范围内开展反恐战争。先是在阿富汗发动反恐战争，推翻了塔利班的政权。接着，又在伊拉克大动干戈，使萨达姆政权发生更迭。2011 年，北约国家又对利比亚进行军事打击，使卡扎菲政权倒台。不仅如此，它还在其他地区和领域进行反恐行动。

在长达 10 余年的反恐战争中，美国消耗了巨大的战略资源，但并未取得预期的成效。目前，国际恐怖主义势力依然十分猖獗，其得以滋生的土壤依然存在。2014 年 6 月，极端恐怖主义组织在伊拉克和叙利亚两国肆虐，并宣称建立“伊斯兰黎凡特国”（ISIS）。于是，美国不得不再次兵临中东，从海上与空中对 ISIS 进行打击。不仅如此，美国长期的反恐战争，不仅使受害较深的许多伊斯兰国家不满，而且其战争意图也遭到甚多其他国家的质疑。因此，世界上许多国家对美国产生了较强的防范和敌视心态，从而使其国际影响力大为下降。美国在海湾战争和阿富汗反恐战争中那种一呼百应的局面已一去不复返了。

其次，在国际经济方面，美国的世界引擎地位受到削弱。美国在反恐战争中消耗巨大，国力严重受损。从 2002 年以来的《国防授权法》可以看出，除去其他方面的支出，美国仅为阿富汗战争和伊拉克战争的开销就达一万多亿美元之巨。连年高额的国防开支，导致经济失去资源，增长乏力，进而大幅衰退。2008 年金融危机之后，尽管美国政府采取了许多重大刺激措施，经济发展依然处于低迷状态，并没有达到预期的效果。因此，美国对于世界经济发展的贡献率大为降低，火车头作用不再。

更有甚者，深受美国金融危机的影响，其欧洲盟国的经济也受到重创，陷入停滞，复兴无期。西欧国家的经济也一落千丈。希腊、西班牙等欧盟国家的债务危机不断恶化，法国、英国的经济增长基本停滞，一向稳健的德国经济也面临重重困难。2015 年 7 月，希腊经济的恶化，导致债务危机进一步上升，甚至出现了脱出欧盟的危险。身在亚洲的日本，早就陷入经济的滞胀困境，这一次金融危机更使其雪上加霜。2012 年上台的安倍政府使出浑身解数，也不见成效。昔日辉煌一时的“七国集团”再也不能开出拯救西方世界经济的妙方。

与此形成鲜明对照的是，世界上一些其他国家则迅速地发展。例如，自本世纪初，中国紧紧抓住历史上难得的战略机遇期，聚精会神谋发展，一心一意搞建设，全力以赴地进行和谐社会的构建，因而国家的政治、经济、文化、生态和社会的建设都取得了举世瞩目的进展。2012 年，中国共产党第十八次代表大会以后，中国提出了“四个全面”的战略布局，致力于实现“中国梦”的追求。在 2011 年时，中国的国民生产总值先后超越英、德、日等国，一举成为世界上第二大经济体。据一些权威专家预测，在不远的未来，中国的经济总量将超过美国，成为世界上最大的经济体；俄罗斯、巴西和印度等国的经济强劲增长，南非经济发展也引人注目。因此，上述五国被称为“金砖五国”。这五国的经济总量和对世界经济发展的贡献已达到甚至超过“G－7”集团。因此近年来，原先代表发达国家的“G－7”会议，逐渐被“G－20”会议所取代。

再次，在世界军事方面，美国全球干预能力受到了严重制约。自上个世纪 90 年代以来，美国以维护人权和打击恐怖主义等为名，利用其强大的军事力量，拓展自己的利益边界，对一些阻碍其战略实施的国家进行打击。在小布什政府时期，美国更是将“政权更迭”作为其对外军事干预的重要目标，先后推翻了阿富汗塔利班政权和伊拉克萨达姆政权。

随着金融危机导致的经济衰退，美国的军事力量发展失去了强有力的支撑，不得不进行收缩。自 2009 年以来，美国的军事预算逐年减少，因而其对外干预能力有所下降。正因为如此，2011 年发生的利比亚事件中，美国显示出力不从心的状况。随后的叙利亚事件中，美国及其盟友更是难以决定其形势的发展。由此可知，美国在中东的地位和作用大为下降。甚至有专家认为，在不远的将来，美国的势力有被从中东挤出的可能。

在亚太地区，美国也是处于心劳力拙的状态。冷战结束以来，亚太地区战略力量消长的变化更大。前苏联解体后，其后继者俄罗斯在亚太地区的影响力急剧下降。日本经济处于停滞状态已达二十年余年。2011 年，中国的经济总量超过日本。不仅如此，中国军事力量也随着经济力量的增长获得了长足的发展，特别是武器装备的水平已有了极大的提高。这样，亚太地区的国际战略格局已打破了原有的平衡，以美国主导的亚太秩序有着被倾覆的危险。基于此，2012 年 6 月，时任美国国防部长的帕内塔表示，在 2020 年前，美国将其海外驻扎的海、空军力量的 60% 部署到亚太地区，并通过构建防务合作网络的方法应对该地区可能发生的挑战。

由于中东和中亚等地的形势不稳，加之恐怖主义的威胁远未消除，又由于自身军力的限制，在目前和未来相当长的一段时期内，美国将无法通过直接的军事行动塑造对其有利的战略环境。

二、十年反恐战争的教训深刻

“9・11”事件发生后，美国迅速调整国家的战略重点，将重新构建国际秩序转为打赢反恐战争。十年的反恐战争，不仅未使美国在战略利益上有所增进，反而耗费了大量的国力，使美国在世界上的影响力和控制力受到了严重的削弱。

首先，十年的反恐战争，使美国的国家实力严重消耗。自 2002 年以来，美国不仅先后发起了阿富汗反恐战争和伊拉克战争，而且还在反大规模杀伤性武器的扩散等领域开辟了多条战线。小布什政府在反恐战争期间，提出了“邪恶轴心”的概念，将一些所谓的“流氓国家”和“失败国家”作为恐怖主义滋生的基地，并威胁通过“更迭政权”的方式改变这些国家的现状。由于全线出击，美国政府一方面使其军队疲于奔命，长期在海外执行作战任务；另一方面，又使包括国土安全部在内的许多部门高速运转，一直以反恐战争作为国家的工作重心。于是，国家的主要力量都用于反恐战争，消耗巨大，从而使美国的相对实力与本世纪初期相比已不可同日而语。正由于如此，近年来，美国的国际影响力和干预力都已式微，塑造国际环境的能力大为下降。

其次，十年的反恐战争，使美国的军事转型基本停滞。上个世纪 80 年代至本世纪初，美国所推进的军事革命取得了长足的进步。克林顿政府后期，为进一步深化军事革命，提出了军事转型的概念，以使美军成为世界上一支战无不胜的军队。小布什政府上台后，提出了美军全面转型的理念，把“基于能力”而不是“基于威胁”作为军队建设的主导思想，以便建成一支在世界上占据绝对优势的军队。自上个世纪 90 年代初的海湾战争，到伊拉克战争，美军打赢局部战争的能力得到了实践的验证。然而，伊拉克战争后，由于深陷反恐战争的泥潭，美国已无力将军事转型进行下去。奥巴马政府上台后，虽然也表示继续推进美军转型，然而，其所采取的政策与措施均乏善可陈。从某种意义上说，在过去的几年里，美军的转型基本上处于停滞状态。从奥巴马上台以来美国政府颁布的有关国家安全与军事战略文件和所采取的军队建设的举措来看，美军在转型方面将采取何种措施，并没有明确的主张与宣示，2014 年的《四年防务评估报告》和 2015 年的《21 世纪海上力量合作战略》与《军事战略》，均未提及军事转型问题。

再次，十年的反恐战争，使美国的经济增长难以持续。第二次世界大战后美国对外干涉的历史证明，每一次重大的战争行动之后，美国的经济发展都面临严重的困境。朝鲜战争、越南战争之后，美国都发生了重大的经济危机。冷战结束后，美国发起和参与多场局部战争和武装冲突，由于其许多盟国承担了战争的负担，美国的经济没有发生明显的危机，但却以衰退的形式表现出来。尽管美国在过去曾多次提出“两个半战争”或“一个半战争”的战略，但真正同时进行“两场战争”的时期，却发生在小布什政府时期。由于美国进行的伊拉克战争，受到国际社会的普遍反对，即使其传统盟国也有异议，因此，美国的战争负担极其沉重。长期的战争消耗，终于超出美国经济的承受力，不仅导致其增长难以持续，而且还引发了金融危机，并不断地向世界其他地区扩散。从表面上看，它由房地产次贷危机所造成，实质上则是美国的实体经济因战争消耗巨大所致。

总之，“9·11”事件后，美国将反恐战争列为国家的战略重心，全力以赴地应对非传统安全的威胁。当美国为此消耗巨大战略资源而未有太大成效时，传统的国家安全威胁又浮出水面，而且这种挑战是美国历史上最为艰巨的。因此，美国不得不重新认识自身的战略环境，并调整战略重心。一方面，它要继续进行反恐等非常规战争，以赢得低强度冲突的胜利；另一方面，它还要做好应对传统威胁，特别是来自大国的挑战的准备。正是在这种情况下，美国对未来可预见时期内的战略环境和安全问题进行系统全面的评估，试图找出一种全新的方法进行“再平衡”。

三、亚太的战略态势引起关注

由于亚太地区经济增长迅速，在世界经济中地位不断上升，美国认为，它必须充分利用亚太经济发展的契机，为其经济增长注入活力。另一方面，又由于亚太地区的安全机制还未完全建立起来，加之各国之间力量消长变化迅速，地区战略平衡的基础已被动摇，而且出现了不利于美国期待的变化。因此，美国不得不将其战略关注点向该地区转移。

首先，亚太经济的迅猛增长。2008 年全球金融危机发生之后，亚太地区成为世界经济的亮点。伦敦、法兰克福的金融中心地位，也随之逊色于东京、上海、香港、新加坡了。欧美的伦敦—纽约—苏黎世—法兰克福世界经济带地位，逐渐受到以制造业见长的亚太地区挑战。世界能源消费、原料市场、产品交易，也逐渐向该地区集中。约瑟夫·奈认为，早在 1750 年，亚洲人口就约占世界的五分之三，总产出占全球的 3/4。20 世纪初，即西方工业革命之后，亚洲在世界总产出中的贡献缩减到五分之一。预计，到 2050 年，亚洲的经济水平可能重回其在 300 年前的水平。随着亚太地区逐渐成为 21 世纪全球战略与经济重心，东亚又将成为美国外交战略的重心。因此，美国必须要控制该地区。因为只有传统意义上的欧亚大陆主要大国，才能够对海洋霸权国家经济命脉和成长方式构成真正的挑战。以美国为首的海洋国家的必然选择就是防止中国和俄国等欧亚大陆国家完全主导亚太事务。

在美国与欧洲国家为摆脱 2008 年发生的国际金融危机长期挣扎之时，亚太地区特别是西太地区已成为世界上经济发展最快的地区，而且潜力巨大，前景广阔。于是，希拉里表示，随着伊拉克战争走向结束，美军在阿富汗开始向阿方转交安全职责，美国的外交重心正在发生变化。而随着亚太地区逐渐成为 21 世纪全球战略与经济重心，这里也将成为美国外交战略的重心。“美国外交在未来十年最重要的任务就是在亚太地区增大投入。亚太地区将是美国今后外交战略的重心，21 世纪将是美国的太平洋世纪”。利用亚洲的增长和活力对于美国的安全和战略利益是极为重要的，也是奥巴马总统的优先考虑。希拉里特别强调：“21 世纪美国的外交和经济防线并不在中东和欧洲，而在亚洲”。美国 2015 年的《国家安全战略》报告也认为，“在未来的 5 年，推进美国经济增长的外部动力，将近一半来自亚太地区。”①

所以，不论21世纪是否成为“美国世纪”，但有一个事实确凿无疑，那就是21世纪将成为“亚太世纪”，而不论“亚太世纪”以何种形式出现。把自己视为世界领导地位的美国，同时又作为一个亚太国家，在该过程中必然扮演重要的甚至核心的角色，全力控制该地区的演变。

其次，亚太地区安全机制的缺失。在美国的战略规划中，欧亚大陆是最为重要的对弈棋盘，位于大陆东西两端的北大西洋地区和亚太特别是西太平洋地区则为关键区域。为了控制这两个地区，美国几乎倾注了全部的资源。任何一个地区出现颠覆性变化，都将使美国前功尽弃。经过两次世界大战和战后的长期经营，北大西洋地区已经稳定，美欧国家间的北约组织和欧洲内部的安全会议已囊括北大西洋地区和欧洲大陆全部国家，成了维护地区安全的重要机制。但是在亚太地区，美国虽然与许多国家建立了同盟或伙伴关系，地区内的一些国际组织如东盟也从经济合作扩展到安全和防务合作，但并没有一个涵盖全部国家或主要大国的安全机制。

近年来，由于美国的十年反恐战争，美国对亚太地区关注不够，投入甚少，传统盟国离心倾向严重，因而影响大为下降，有着被边缘化的可能。于是，美国随即产生了强烈的战略焦躁。经过反复评估与酝酿，无论是白宫还是五角大楼都认为，美国应当在亚太地区有所作为，否则就有失去世界领导地位之危险。美国副总统拜登在一次公开演讲中指出：“当研究如何前进时，我们问自己两个问题：应当在什么地方聚焦更多注意力和各种资源，从而使我们能在国内建立更多机会并在世界上产生更大经济增

---

① The White House, *The National Security Strategy*Washington D. C. , Feb 15, 2015, p. 24.

长？而我们又必须在什么地方进行所需要的战略投资，以不仅增加我们的安全而且提高全球的稳定？”“两者……都指向了亚太地区。”①

总之，从欧亚大陆的两端对其进行渗透和控制是美国地缘战略的核心内容。当欧洲地区在国际事务中居于中心地位时，美国就将其战略重心置于欧洲。当亚太地区在国际事务中成为中心地区时，美国就实施战略转移。从 2009 年“重返亚洲”概念的提出、近年来政策原则的制定、以及实际的运作来看，美国战略重心东移的框架已基本清晰，即“重振美国、主导亚太、维系世界领导地位”。

第二节　亚太“再平衡”战略决策的过程

奥巴马政府自 2009 年执政以来，开始调整美国的亚太政策，加大对亚太地区的关注和投入。虽然美国政府并没有发布专门的、明确的亚太战略报告，也没有在已发布的各类战略报告中提出完整系统的亚太战略，但美国总统奥巴马以及众多政府高级官员通过公开讲话、发表文章、发布报告等不断阐述美国的亚太政策。经过几年的发展变化，奥巴马政府的亚太政策由重返亚太、转身亚太，逐渐明确为亚太“再平衡”战略。在奥巴马的第二任期开始后，美国政府继续实施其亚太“再平衡”战略，但由于国际形势不断变化，国内问题亟待解决，美国的亚太政策仍处于动态变化之中，亚太“再平衡”战略不断地得到充实和完善。

---

① The White House, Office of the Vice President, “Remarks by Vice President Joe Biden on Asia-Pacific Policy,” at the George Washington University (Center for American Progress), July 18, 2013.

一、重返亚太战略的提出

2009年7月，时任美国国务卿希拉里·克林顿赴泰国参加东盟外长会议和东盟地区论坛外长会议。她在7月22日举行的新闻发布会上表示：美国已经回到东南亚（The United States is back in Southeast Asia），该地区对全球进步、和平与繁荣至关重要[1]。这被外界普遍认为是美国重返亚太的第一个明确信号。

2009年11月，美国总统奥巴马对日本、新加坡、中国和韩国进行了访问。11月14日，奥巴马在日本东京就美国的亚洲政策发表了演讲。他在演讲中指出："美国虽然发源于大西洋沿岸的一系列港口和城市，但我们世世代代始终是一个太平洋国家。美国和亚太地区的命运比以往更加紧密地联系在一起。为了应对共同的挑战，美国寻求与本地区国家巩固已有的同盟并建立新的伙伴关系。作为一个亚太国家，美国期待参与事关本地区未来的讨论，并随着有关组织的建立和发展全力参与其中。作为美国首位心系太平洋的总统，我向你们承诺，这个太平洋国家将加强并保持我们在这个世界关键地区的主导地位"[2]。

2010年1月12日，美国国务卿希拉里在夏威夷"东西方中心"发表题为《亚洲的地区性架构：原则与重点》的演讲。她在演讲中指出："美国的前途与亚太地区的前途紧密相连，而这个地区的前途有赖于美国。美国十分愿意继续发挥其传统的经济与战略领导作用，而亚洲也十分愿意看到美国继续作为一个充满活

---

① Hillary Rodham Clinton, Press Availability at the ASEAN Summit, July 22, 2009, http: //www. state. gov/secretary/20092013clinton/rm/2009a/july/126320. htm.

② Barack Obama, Remarks by President Barack Obama at Suntory Hall, November 14, 2009, http: //www. whitehouse. gov/the-press-office/remarks-president-barack-obama-suntory-hall.

力的经济伙伴和起稳定作用的军事影响力。”她还阐述了美国进行地区接触和发挥领导作用的原则：以同盟关系为基石，加强与其他主要国家的关系；地区性机制应该推进共同的安全与经济目标；地区性机制必须注重效率和实效；加强多边合作的灵活性和创造性；亚太地区具有决定意义的机制应包括所有的重要利益攸关方。最后希拉里强调：“美国在亚太各机制中的参与和领导作用可以让各方受益。美国的主动和积极参与对这些机制的成功至关重要。美国已经重返亚洲（The United States is back in Asia），而且会长驻于此（we are back to stay）”。[①]

2010 年 10 月 28 日，希拉里在前往亚洲参加东盟外长论坛的途中，再次在夏威夷就美国的亚太政策发表题为《美国与亚太的接触》的演讲。她在演讲中指出：美国亚太政策的总体目标是“保持和加强美国在亚太地区的领导能力，改善安全态势，扩大繁荣，促进我们的价值观”；美国与亚太的接触的主要方式是“前沿部署外交”；美国与亚太接触的主要手段是加强与盟国的关系、建立新型伙伴关系、参与地区多边机制；美国在亚太地区发挥领导作用的三个领域是“经济增长、地区安全和持久的价值观。”[②]

2009 年—2010 年，奥巴马政府不断增加对亚太地区的投入，积极参与地区事务。通过总统奥巴马与国务卿希拉里的政策阐述，美国形成了新亚太政策的基本雏形，我们称之为重返亚太战略。

---

① Hillary Rodham Clinton, Regional Architecture in Asia: Principles and Priorities, January 12, 2010, http://www.state.gov/secretary/20092013clinton/rm/2010/01/135090.htm.

② Hillary Rodham Clinton, On America's Engagement in the Asia-Pacific, October 28, 2010, http://www.state.gov/secretary/20092013clinton/rm/2010/10/150141.htm.

二、转身亚太行动的实施

2011年10月，美国国务卿希拉里在10月11日出版的《外交政策》杂志上发表了题为《美国的太平洋世纪》的评论文章，该文章对美国今后如何参与亚太地区事务进行了系统的阐述。文章开篇表明了美国积极参与亚太事务的决心，它指出："今后10年，美国治国方略最重要的一项使命就是把大幅增加的投入——在外交、经济、战略和其他方面——锁定于亚太地区"；接着重新界定了亚太的地理范围，指出：亚太地区"从印度次大陆一直延伸到美洲西海岸，横跨太平洋和印度洋两个大洋"；然后论述了美国的未来与亚太地区的未来紧密相连，并指出从战略上转向亚太地区（strategic turn to the Asia-Pacific）符合保持美国全球领导力的总体努力；之后文章提出美国参与地区事务的行动方针是"加强双边安全同盟，深化我们与新兴大国的工作关系，参与地区多边机制，扩大贸易和投资，打造基础广泛的军事存在，促进民主和人权"；文章最后强调美国将这次战略转向视为最重要的外交工作之一，美国致力于完成这次战略转向。①

2011年11月10日，国务卿希拉里又在夏威夷东西方中心发表题为《美国的太平洋世纪》的演讲。虽然该演讲的内容与希拉里在《外交政策》杂志上发表的《美国的太平洋世纪》内容基本一致，但这次演讲也提出了一些新的说法。希拉里在演讲中指出："21世纪世界的战略和经济重心将在亚太地区"；美国要以跨大西洋体系为模板，建立"一个更富有活力和更持久的跨太平洋体系"；"21世纪将是美国的太平洋世纪，将成为美国在这个充满

---

① Hillary Rodham Clinton, America's Pacific Century, October 11, 2011, http://www.state.gov/secretary/20092013clinton/rm/2011/11/176999.htm.

活力、复杂和意义重大的地区前所未有地发展交往和伙伴关系的时期”；鉴于亚太地区的重要性以及亚太地区需要美国的领导作用，美国将“转身亚太”（pivot toward the Asia-Pacific）。[1]

美国国务卿希拉里发表《美国的太平洋世纪》的文章和演讲，是美国亚太政策形成过程中的一个标志性事件。结合美国政府高官在以前提出的政策构想，美国初步提出了亚太政策的总体目标、方式方法、行动原则等基本要素，也使得美国的新亚太政策具有了更多的实质性内容。而根据希拉里在演讲中的说法，我们称美国在这一阶段的亚太政策为转身亚太战略。由此，美国的亚太政策也由重返亚太发展为转身亚太，为战略重心的转移做好了铺垫。

三、亚太“再平衡”战略的形成

2011 年 11 月，美国总统奥巴马对澳大利亚进行了访问。11 月 17 日，奥巴马在澳大利亚议会发表演讲，他在演讲中指出，在十年反恐战争之后，“美国正在把关注点转向具有巨大潜力的亚太地区”；“作为一个太平洋国家，美国将通过维护核心原则和与盟国密切合作，在塑造地区及其未来方面发挥重大和长期的作用”；“美国是一个太平洋大国，我们将长驻于此”。奥巴马在演讲中表示，美国将在三个领域发挥领导作用：“安全、繁荣和尊严。”在安全领域，美国将通过加强联盟和伙伴网络、参与地区机制、与中国建立合作关系来实现地区安全；在繁荣领域，美国致力于推进共同繁荣，寻求开放透明的经济、自由公平的贸易和世界各国都遵守明确规则的国际经济体系；在尊严领域，美国支

① Hillary Rodham Clinton, America's Pacific Century, October 11, 2011, http://www.state.gov/secretary/20092013clinton/rm/2011/11/176999.htm.

持基本人权，将通过与民主国家合作、鼓励开放政府、加强公民社会等方式来推进基本人权。最后，奥巴马强调，“在21世纪的亚太地区，美国将全力以赴”。虽然奥巴马在此次演讲中没有明确提出亚太“再平衡”的说法，但美国政府[①]和智库学者[②]普遍认为这次演讲是阐述亚太“再平衡”战略的重要事件之一。[③]

2012年1月5日，美国国防部公布了题为《维持美国的全球领导地位：21世纪国防的优先任务》的报告，又称为《防务战略指南》。该文件指出，“美国的经济和安全利益与一条弧形地带的发展状况息息相关，该地带从西太平洋和东亚延伸至印度洋地区和南亚，这条弧形地带孕育着不断演变的挑战与机遇。因此，虽然美军将继续推动全球安全，但我们必须实施面向亚太地区的再平衡（rebalance toward the Asia-Pacific region）”；“美国将与盟友和伙伴密切合作，继续推动建立基于规则的国际秩序，以确保基本稳定，鼓励新兴力量和平崛起，增强经济活力，促进建设性的防务合作”。[④] 在该战略文件中，美国首次明确提出亚太“再平衡”的概念。

2012年6月2日，时任美国国防部长帕内塔在新加坡举行的

---

① Tom Donilon, Security Adviser on Policy Toward Asia, Obama Trip, November 15, 2012, http: //www. whitehouse. gov/the-press-office/2012/11/15/remarks-national-security-advisor-tom-donilon-prepared-delivery. Tom Donilon, The United States and the Asia-Pacific in 2013, March 11, 2013, http: //www. whitehouse. gov/the-press-office/2013/03/11/remarks-tom-donilon-national-security-advisory-president-united-states-a.

② Richard Bush, United States Policy towards Northeast Asia, April 2013, SERI Quarterly.

③ Barack Obama, Remarks By President Obama to the Australian Parliament, November 17, 2011, http: //www. whitehouse. gov/the-press-office/2011/11/17/remarks-president-obama-australian-parliament.

④ U. S. Department of Defense, Sustaining U. S. Global Leadership: Priorities for 21st Century Defense, January 2012, http: //www. defense. gov/news/Defense_ Strategic_ Guidance. pdf.

第11届香格里拉对话会上发表演讲，阐述了美国的新防务战略和亚太政策。他在演讲中首先指出：美国从19世纪开始就是一个太平洋国家；在21世纪，美国的繁荣与安全将更加依赖于亚太地区。他在谈论新防务战略时表示：虽然美军仍将是一支维护安全与稳定的全球力量，但必须实施面向亚太地区的“再平衡”；美军各军种都在重点落实总统的指示，即把在亚太地区的部署作为一项首要任务。他在阐述美国的亚太政策时强调：美国的行动将坚持一些共同原则，即提倡国际规则和秩序以促进亚太地区的和平与安全，加深并扩大双边和多边伙伴关系，增强并调整美国在亚太地区的持久军事存在，进行新的投资以建设在亚太地区投送力量和展开行动的能力。①

2012年11月15日，奥巴马的国家安全事务助理托马斯·多尼隆（Thomas Donilon）在战略与国际研究中心（CSIS）发表了演讲。他主要论述了美国的亚太政策和奥巴马总统即将开始的亚洲之行。他在演讲中指出，美国的行动基于一个简单的观念：“美国是一个太平洋大国，其利益与亚洲的经济、安全和政治秩序密不可分，美国在21世纪的成功与亚洲的成功紧密相连”；美国在亚太的总体目标是“维持一个稳定的安全环境和一个基于经济开放、和平解决争端、民主治理和政治自由的地区秩序”；美国不仅会实施面向亚太地区的“再平衡”（rebalance toward the Asia Pacific），而且将在亚太地区内部实施“再平衡”（rebalance within the Asia Pacific）。多尼隆在论述战略手段时表示，亚太“再平衡”战略不止是一个军事战略，而是一个“持续的多方面战略”；实施亚太“再平衡”需要利用国家力量的各个方面；美

① Leon Panetta, Remarks by Secretary Panetta at the Shangri-La Dialogue in Singapore, June 2, 2012, http://www.defense.gov/transcripts/transcript.aspx?transcriptid=5049.

国的行动方针是“加强和更新安全联盟、深化与新兴大国的伙伴关系、深入参与全球和地区机制、寻求与中国建立稳定和建设性的关系、推动建立地区经济架构”。多尼隆在最后指出，“总统的亚洲之行标志着‘再平衡’工作的第二阶段开始，这包括面向亚太地区的‘再平衡’和在亚太地区内部的‘再平衡’”；“我们的‘再平衡’战略不是一项短期行动，它是一项需要关注和坚持的长期任务”。在此次演讲中，多尼隆扩展了亚太“再平衡”战略的内容，即亚太“再平衡”战略不止是一个军事战略，而是一个综合性的战略；亚太“再平衡”不仅包括面向亚太地区的“再平衡”，而且包括在亚太地区内部的“再平衡”。这次演讲是当时对亚太“再平衡”战略最全面系统的阐述，也是亚太“再平衡”战略形成的标志。①

美国的防务战略指南正式提出亚太“再平衡”战略，奥巴马的国家安全事务助理多尼隆则扩展了亚太“再平衡”战略的内容，并对其进行了系统的阐述。经过三年多的发展，到奥巴马第一任期即将结束的时候，美国的亚太政策形成了较完备的战略框架和较完整的内容体系，由此，奥巴马政府的亚太政策从重返亚太、转身亚太到最终明确为亚太“再平衡”战略。

四、亚太“再平衡”战略的进一步发展

2012 年 11 月 6 日，奥巴马成功地竞选连任美国总统。2013 年 1 月 20 日，奥巴马正式开始第二个总统任期。此后，美国政府高官在多个场合阐释了业已形成的亚太“再平衡”战略，该战略

① Tom Donilon, White House Security Adviser on Policy Toward Asia, Obama Trip, November 15, 2012, http://www.whitehouse.gov/the-press-office/2012/11/15/remarks-national-security-advisor-tom-donilon-prepared-delivery.

得到了进一步的丰富和发展。

2013 年 3 月 11 日，奥巴马的国家安全事务助理多尼隆在亚洲协会（The Asia Society）发表了题为《2013 年的美国与亚太》的演讲。他的演讲分为三个部分：“为何要实施亚洲再平衡、再平衡所包含（与不包含）的内容、结语”。演讲从宏观角度概述了亚太“再平衡”战略的总体框架，从微观角度提出了解决具体问题的方法和原则，其主要内容如下图所示。此外，多尼隆还在此次演讲中指出，朝鲜破坏稳定的行为是亚太地区“最紧迫的威胁”，美国的对朝政策遵循四个重要原则：“美国将与日本和韩国展开密切和更广泛的合作，美国绝不会向朝鲜的恶劣行径报以恩惠，美国将坚决保卫国土和盟国，美国将继续鼓励朝鲜选择更好的道路”；美国和中国需要“构建一种新型关系”；美国经济再平衡的核心是“跨太平洋伙伴关系”。

多尼隆的此次演讲并没有提出新的政策内容，只是对前期的政策进行了系统的总结与阐释。由此，美国的亚太政策形成了完整的战略体系，多尼隆在亚洲协会的演讲标志着亚太“再平衡”战略走向成熟。[①]

2013 年 6 月 1 日，美国国防部长哈格尔在新加坡举行的第 12 届香格里拉对话会上发表演讲。他主要阐述了美国落实亚太“再平衡”战略的具体军事举措，并指出：亚太“再平衡”不应该被曲解，亚太“再平衡”不意味着退出世界其他地区；亚太“再平衡”战略主要是一项外交、经济和文化战略。[②]

2013 年 7 月 18 日，美国副总统拜登在乔治华盛顿大学就美

① Tom Donilon, The United States and the Asia-Pacific in 2013, March 11, 2013, http://www.whitehouse.gov/the-press-office/2013/03/11/remarks-tom-donilon-national-security-advisory-president-united-states-a.

② Chuck Hagel, Secretary of Defense Speech International Institute for Strategic Studies, June 01, 2013.

国的亚太政策发表了演讲。他的讲话没有提出新的政策内容，只是论述了美国亚太接触政策的原因、行动方式和走向，并表明坚决实施亚太“再平衡”战略的决心。值得注意的是，拜登的演讲扩大了亚太的地理范围，他指出亚太国家包括“从印度到美洲太平洋沿岸的国家”；而且拜登也表示，美国在实施亚太“再平衡”战略的同时，会“密切注视中东局势”，也不会“丢下欧洲”。[①]

2013 年 11 月 20 日，奥巴马的国家安全事务助理苏珊·赖斯在乔治城大学发表了题为《美国的未来在亚洲》的演讲。她指出，亚太“再平衡”仍然是奥巴马政府外交政策的一个基石；美国在亚太地区的目标是建立一个更加稳定的安全环境，一个开放和透明的经济环境，一个尊重所有人普世权利和自由的政治环境；美国将在四个关键领域继续努力：加强安全、扩大繁荣、推进民主价值观、促进人类尊严。[②]

2014 年 3 月 4 日，美国国防部公布了 2014 版《四年防务评估报告》。该报告把推进亚太“再平衡”列入美国的 21 世纪防务优先事项，并表示美国防部将采取一系列措施强化在亚太的军事布局。

2014 年 5 月 31 日，美国国防部长哈格尔在新加坡举行的第 13 届香格里拉对话会上发表演讲。他指出：外交、经济和发展计划是“再平衡”的中心内容，但美国国防部将在再平衡的过程中发挥关键作用；为了确保“再平衡”战略能够全面实施，美国国防开支的减少将不会削弱美国在亚太地区的承诺。他也提出了美

① Joe Biden, On Asia-Pacific Policy, July 18, 2013, http://www.whitehouse.gov/the-press-office/2013/07/19/remarks-vice-president-joe-biden-asia-pacific-policy.

② Susan E. Rice, America's Future in Asia, November 20, 2013, http://www.whitehouse.gov/the-press-office/2013/11/21/remarks-prepared-delivery-national-security-advisor-susan-e-rice.

国在亚太安全领域的优先事务：一、鼓励和平解决争端，维护原则，坚决反对胁迫、恐吓与侵犯行为；二、建立一个合作性的地区架构；三、加强盟国和伙伴的能力；四、强化美国的地区防务能力。[①]

此外，在亚太“再平衡”战略的发展与形成过程中，美国国务院负责东亚和太平洋事务的助理国务卿坎贝尔（时任）、代理助理国务卿约瑟夫·云（时任）、助理国务卿首席帮办马希尔、助理国务卿拉塞尔、美国国防部常务副部长卡特（时任）等政府高官也通过演讲、国会作证和发表文章的方式不断阐释美国的亚太“再平衡”战略，他们主要论述了美国亚太“再平衡”战略的政策内容和具体措施，这不仅有力地支撑了美国国家领导人阐述的战略框架，而且二者一起构成了亚太“再平衡”战略的完整内容。

第三节　亚太“再平衡”战略蕴含的意图

奥巴马任职伊始，就将美国定位为“太平洋国家”，并宣称自己是美国“第一位太平洋总统”，视“驾驭亚洲的增长与活力为美国经济和战略利益的核心”和“总统的关键要务。”[②] 为此，奥巴马“领导了一个跨越整个美国政府的多层面、持续的努力，以全面实现美国在太平洋地区不可替代的角色。”[③] 那么，美国的亚太“再平衡”战略到底意欲何为呢？正如《维护美国的领导地位：21 世纪国防建设的优先任务》中所说的那样，亚太“再平

① Chuck Hagel, Secretary of Defense Speech IISS Shangri-La Dialogue, May 31, 2014, http://www.defense.gov/Speeches/Speech.aspx? SpeechID = 1857.

② Hillary Clinton: America 's Pacific Century (Foreign Policy, Nov. 2011).

③ Ibid.

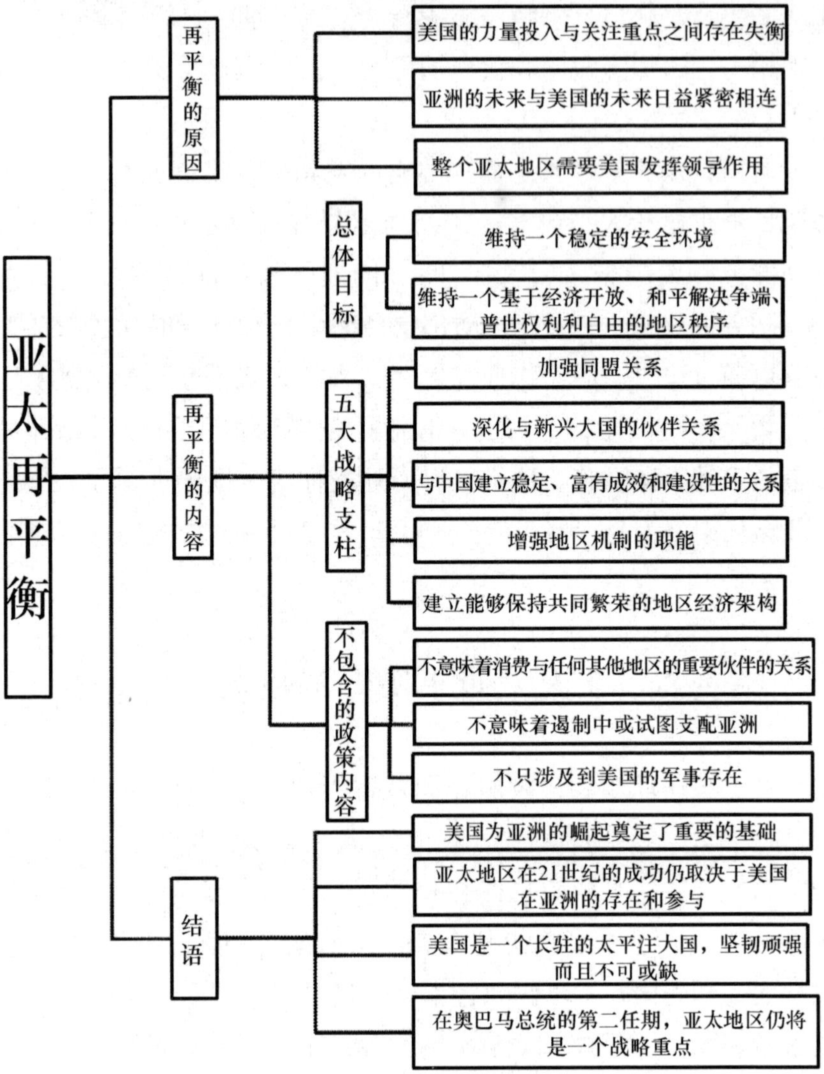

2013 年 3 月 11 日多尼隆在亚洲协会讲话的主要内容

衡”战略的意图是极为复杂的。[①] 奥巴马第一任期时的国家安全

① U. S. Department of Defense: *U. S. Defense Strategic Guidance-Sustaining U. S. Global Leadership-Priorities for 21 Century Defense*, January 5, 2012.

事务助理多尼隆认为，亚太“再平衡”战略所包含五项战略要点，首要是重新恢复美国与其亚洲盟友的关系。第二层战略意图，是注重发展与亚洲发展中国家的关系。以发展的眼光看待美国在亚洲的伙伴国，如发展与印度、印度尼西亚的关系。第三层战略意图，是加强亚洲的制度建设。奥巴马自上任以来，多次与东盟国家领导人举行会晤，致力于将其打造成亚洲安全和外交讨论的首要机制。第四层战略意图，是建立经济机制。跨太平洋伙伴关系协定（TPP）对美国及其伙伴设置高质量、高标准的经济发展思路极为重要。最后一项就是与中国发展建设性和富有成果的双边关系，不需要让亚洲国家选边站。① 所以，从美国领导人的言论、政府文件和现实表现看，它至少带有三个意图：即维护美国的世界领导地位，重新塑造对其有利的国际秩序，为振兴经济寻求路径。

一、维护世界领导地位

第二次世界大战以来，美国在国际事务中一直发挥着极为重要的影响。它是西方世界的领袖，组建了以它为中心的许多双边和多边的军事或政治、经济联盟。冷战结束后，它成了世界上唯一的超级大国。2008 年国际金融危机之后，尽管美国仍然居于世界最强国家之列，但其整体实力有所下降，面临的挑战更加严峻。因此，如何维护其世界领导地位，一直是萦绕美国战略决策者脑际的核心问题。

从战后美国全球战略的推行看，维持其世界领导地位是核心内容。奥巴马是在美国金融危机爆发期间登上总统宝座的，也是美国在冷战后国力最衰微的时刻入主白宫的。他深知美国的处

① 参见 2013 年 3 月 11 日多尼隆在亚洲协会的讲话。

境，因而在2010年1月28日国情咨文中强调："在我总统任内，美国绝不当老二"[①]。为了不做老二，美国就要防止任何一国在世界主要地区取其而代之。从地缘政治上来说，它的主要目标就是不容许在欧亚大陆出现一个能够挑战其地位的大国或国家集团。它不仅将其注意力聚焦于与其在意识形态和社会制度迥异的国家或国家集团，即使是盟国，它也不掉以轻心。对于欧洲一体化，特别是政治、军事一体化，美国处心积虑地使其不脱离它的全球战略的框架。对于日本，它更是施展各种手段，时而压制，时而扶持。在冷战时期及其后一个时段里，美国认为，欧洲地区是其战略重心。因而，它将主要的战略资源投放在欧洲。2008年国际金融危机之后，它又认为，亚太地区将决定着美国未来的国际地位。因此，美国长期以欧洲为重心的全球战略必须有所改变，那就是转到亚太地区来，力争通过全力一搏，既要摆脱危机，又要在战略、经济、政治、军事和外交等诸方面有所收益。

二、重新塑造国际秩序

为了维护其世界领导地位，美国一贯注重国际秩序的设计与塑造。无论是遏制战略，还是扩展战略，抑或是先发制人的战略，都是美国为实现其领导世界的目标而设计和推行的。在新的历史条件下，美国又将如何达成这一战略目的呢？

北京航空航天大学战略问题研究中心主任王湘穗教授认为，目前美国对未来世界秩序的设计，是希望巩固并维持以它为核心的"两洋格局"。也就是，以北美自贸区为核心，一边是跨大西

① Barrak Obama, *2010 The State of the Union*, Jan. 17, 2010, http://www.huffingtonpost.com/2010/01/27/state-of-the-union-2010-full-text-transcript_n_439459.html.

洋的TTIP，把欧洲整合起来；一边是跨太平洋的TPP，把西太、东亚整合起来。从世界地图上俯视，有点像一只巨大的蝴蝶：北美那个长带为蝴蝶的中间部分，左边一个翅膀，右边一个翅膀，形成两洋格局。这两洋不是平均布局，据美国的判断，亚太这边分量更大、更重要——这就是希拉里说，要缔造美国的太平洋世纪的原因。①

美国从其走向世界开始，就着眼于从欧亚大陆的两端进行渗透。起先偏重于太平洋。由于第一次世界大战的爆发，美国才将重点转向大西洋。在欧洲碰壁后，又转向了太平洋。第二次世界大战的爆发，又使美国的战略重心转向大西洋。此后，一直到冷战结束，美国都偏重于大西洋。冷战结束后，美国经过一个短暂的战略犹豫期，便又决定将战略重心向太平洋地区转移，推出了亚太“再平衡”战略，其核心是通过控制全球核心地区，塑造对其有利的国际秩序，从而维护美国领导世界的地位。

从美国应对国际战略环境的变局看，它善于利用危机与困境，动员国内的力量，整合国际力量，最后实现有利于已的力量平衡，从而赢得战略优势。20世纪30年代世界经济大萧条时，罗斯福总统推行“新政”，将美国从危机中拯救出来；当德意日发动第二次世界大战时，美国积极进行战争准备，并因“珍珠港事件”投入战争，成为战后世界上最强大的国家；五六十年代因苏联卫星上天引发美苏两国航天竞争“危机”，肯尼迪总统随后宣布“阿波罗登月计划”，在太空争夺中反败为胜；70年代与苏联争霸处于劣势时，尼克松总统迅速结束越南战争，改善对华关系，在国际事务中赢得了主动；80年代里根政府则通过包括“星球大战”在内的军备竞赛和全面对抗扭转与苏联争霸中的颓势，

① 参见王湘穗：《“后美国时代”的中国大战略》，《观察与交流》第139期。

将苏联推向孤立与衰退；90年代以来美日经济竞争中，通过广场协议，导致日本从“争当第一”（Japan will be No. 1）变成20年一蹶不振。

阿富汗反恐战争和伊拉克战争，严重地消耗了美国的实力，2008年由次贷危机引发的金融危机，又使美国的经济雪上加霜。如何摆脱这样的战略困境，美国战略决策者苦思冥想，最后推出了亚太“再平衡”战略，通过集中和动员美国的国家意志、各方面优势和各种资源，重新塑造国际秩序，以重振美国在全球和亚太地区的“领导地位”与主导权。

三、寻求振兴经济途径

经济力量是国家实力的核心。作为全球最大的资本主义国家，美国一直对经济的发展极为关注。在历届总统的国家安全报告中，经济发展都被视为国家安全的重要支柱。那么，如何发展经济呢？在不同的历史时期，美国所采取的方式是不同的。但是，充分利用国际资源是美国经常使用的方法。无论是建国初期的西进运动，还是其后的面向世界的扩展，其根本目的就是为了利用国外的资源发展本国的经济。所以，从美国的对外战略的实践可以看出，凡是世界上经济活跃的地方，就必然有美国的身影。如果它不能通过和平手段跻身那里，就运用军事力量。正因为如此，自其诞生以来世界历史中，美国是海外用兵最多的国家。

美国在推行其全球战略的进程中，经济因素始终占据最为重要的地位。在冷战时期推行的遏制战略中，美国的基本做法就是在维护西方资本主义制度和价值观的前提下，为本国资本开辟市场，获取高额利润，保持国家的经济安全与繁荣。在推行遏制战略时，美国通过“马歇尔计划”，将西欧国家从战争的废墟中拯救出来，美国为其工商业和资本找到了去向。

冷战后，美国在其国家安全战略中，大大提升了经济因素的地位。克林顿在其“参与和扩展”的安全战略中，把经济安全作为三大支柱之一。“我们安全战略的中心目标之一就是从国内外两个方面促进美国的经济繁荣。我们的经济与安全利益是密不可分的。国内的经济繁荣依靠美国在国外的参与活动。我们的外交力量、无与伦比的军事能力的维持和美国价值观在国外的吸引力，都取决于我们经济力量是否强大。”[①] 因此，美国要采取一切可行的措施如提升经济竞争力、与其他国家缔结贸易协定、加强宏观经济政策协调、在亚太地区开展经济合作、与世界贸易组织进行谈判等，以促进美国的经济增长。奥巴马政府在其 2010 年 5 月公布的国家安全战略报告中，更是强调经济是美国的“实力源泉”。“我们必须加强国内经济，因为那是我们在全世界保持强大的基础。”[②] 奥巴马政府认为，经济上的成功对于美国保持海外影响力至关重要，必须把推动经济增长和扭转财政乱象当作国家安全的优先任务。

在追逐经济发展的过程中，根据各区域不同的情况，美国的投入和关注是不同的。第二次世界大战后，除了遏制苏联以外，西欧地区成为美国主要的投资场所和商品市场。美欧的贸易大力发展，不仅使欧洲经济迅速复兴，而且也为美国经济的繁荣提供了重要源泉。然而，进入 21 世纪，由于各种因素的作用，包括美国本身在内的西方国家，经济增长乏力，特别是 2008 年经济危机以来，更是面临诸多的困难。相反，亚太国家的经济展现出了强大的活力。因此，欧洲国家已经难以为美国的经济增长提供动力，亚太国家在美国经济发展中的地位迅速提升。于是，美国就

① The White House, National Security Strategy of Engagement and Enlargement, Feb. 1995, p. 21.

② 参见：《美军公布新军事战略　美国总统奥巴马讲话全文》，新华网 2012 年 1 月 6 日，http://news.xinhuanet.com/world/2012-01/06/c_111384582.htm.

将其对外战略的重点转向亚太地区。

为了推行亚太“再平衡”战略，美国从2009年底开始，着手战略布局。在安全上，美国在亚太地区变得更加活跃，参加东盟首脑会议、国防部长与外交部长论坛、亚洲安全论坛（香格里拉会议）；在军事上，构建防务合作网络、增加军力部署、提出应对“反介入/区域拒止”战略；经济贸易方面，构筑“跨太平洋伙伴关系”、与一些国家签订自由贸易协定。作为策应，还倡导建立“跨大西洋贸易与投资伙伴关系”谈判；外交上，重新构建与中国的战略关系。等等。

第四章

构建亚太地区防务合作网络

第二次世界大战后，为了实施遏制战略，美国建立一系列国家联盟，在世界各地建立军事基地，进行布局造势。在欧洲地区，它组建了北大西洋公约组织。在亚太地区，它与韩国、日本、菲律宾、中国台湾等国家和地区签订了双边共同防御条约，与澳大利亚、新西兰签订同盟条约。为了加固在亚太地区的包围圈，它还拉拢一些国家签订“马尼拉条约”成立了“东南亚条约组织”。在中东地区，它主导建立了“中央条约组织”。此外，为了强化遏制战略的实施，美国有时还诉诸武力，朝鲜战争和越南战争就为此而发。

那么，美国现今如何推行亚太“再平衡”战略？从目前看，联盟战略依然是它着重运用的手段。奥巴马政府的2010年防务评估报告认为，维持亚太地区的稳定与和平，越来越多的要依靠关键盟国和伙伴国的力量。[①] 美国2011年发表的《军事战略报告》也重申将加强与新加坡以及菲律宾、泰国、越南、马来西亚、巴基斯坦和印度尼西亚等国的军事关系。五角大楼也表示，“在未来几年里，美国将增加军舰停靠亚洲港口的次数和在该区域的海上活动，与地区伙伴国举行更多的多边联合训练。这一系列活动不仅会巩固和深化美国与伙伴和盟友的关系，也是为了帮助伙伴

① Department of Defense, *Quadrennial Defense Review*, Feb. 2010, p. iii.

国建立应对区域挑战的能力。”2014 年《四年防务评估报告》指出，美国政府“推动落实亚太‘再平衡’战略的核心，仍是努力强化与澳大利亚、日本、韩国、菲律宾和泰国等国的安全联盟，并加速其现代化进程”，同时“深化与该地区重要伙伴国，如新加坡、马来西亚、越南等国的防务关系”，通过这些同盟关系和伙伴关系，着力提高合作伙伴应对不断增长的地区性挑战的能力。“美国支持印度崛起成为该地区的一个能力日益强大的行为体，我们也正在深化与印度的战略合作伙伴关系。”① 2015 年的国家安全战略报告强调，为了推行亚太“再平衡”战略，美国将“提升与日本、韩国、澳大利亚和菲律宾的联盟关系，并推进与他们之间的互动，使他们具备应对地区和全球性挑战的能力。”②（We are modernizing our alliances with Japan，South Korea，Australia，and the Philippines and enhancing the interactions among them to ensure they are fully capable of responding to regional and global challenges.）美国通过对原有联盟体系的集成和变革，并与其他相关国家通过军事、防务或安全合作等方式，搭建一个囊括亚太地区众多国家的合作框架，构建起一个以美国为核心的防务合作网络，从而阻止其竞争对手在这一地区获取重大影响力。

第一节 加强传统军事联盟关系

无论是在冷战时期还是在其之后，美国亚太战略中的联盟战略贯穿始终，“无论是战略纵深、前沿存在，还是预防危机、快速反应都离不开联盟这一组织形式……联盟战略是美国‘营造有

① 参见 Quadrennial Defense Review 2014，Department of Defense of the United States of America.

② White House，The National Security Strategy，Feb. 2015，p. 24.

利于美国的安全环境’必不可少的要素，只要美国仍然坚持全球称霸战略，就不会放弃联盟体系。”① 为了推行亚太“再平衡”战略，美国加强了与日本、韩国、澳大利亚、菲律宾和新西兰等国军事联盟关系，构建起美国主导的亚太军事联盟体系，并通过这样一个体系保持其在该地区的实力优势，以维护其在亚太地区的主导地位。

一、深化与日本的全面合作

美日同盟一直被美国当作介入亚太地区的基石。近年来，美国推出战略重心东移，更是把美日同盟摆在了突出位置。在亚太构建防务合作网络的问题上，首先需要完善现有的美日同盟关系。冷战后，随着苏联解体，美、日两国在亚太地区面临的威胁基本消失，因而同盟关系有所淡化，日本企图在同盟之外寻求更大的独立空间。在这样的背景下，两国在美军驻扎、费用分担、基地调整等问题上产生龃龉，纷争多年。然而，随着亚太战略力量的消长造成的安全环境变化，美、日在安全领域又产生新的合作共识。为此，美日双方决定调整原有的双边同盟体系，一方面，使日本承担更多的防务责任，以弥补美国在全球范围内因反恐和维护世界领导地位所带来的力量不足。另一方面，则使美国在亚太地区投入更多的战略资源，减轻日本的安全疑虑，进而提升美日同盟在亚太地区的地位和作用。

为了加强双方安全与战略合作，美日两国于2005年成立安全磋商委员会（SCC），由防长和外长共同参加，因而又称“2+2”部长会议，每年举行一次。第一次会议召开时，曾将台湾地区视

① 王帆：《美国的亚太联盟》，世界知识出版社，2007年版，第8页。

为双方共同关切的战略目标。在次年举行的会议上，又将这一说法删除。2010年“2+2”部长会议，就普天间基地的搬迁问题达成共识，即美国海军陆战3师8000人将在2014年前从冲绳迁往关岛，从而消除了当时两国关系间的主要障碍。为配合美国完善日美同盟的意图，2010年4月，日本首相野田佳彦在访问华盛顿时，与美国总统共同发表题为《面向未来的共同蓝图》声明，呼吁“深化美日同盟以维护亚太地区的稳定与繁荣”。2011年以来，美日两国就亚太地区热点问题及两国关系问题进行了密切地对话与协调，“2+2”部长会议在讨论双方共同的战略与利益关切问题上，更是发挥了重大作用。

为推进军事一体化，以应对中国军事实力增强和朝鲜导弹及核武器开发计划，2012年11月9日，日本防卫省副大臣长岛昭久访问华盛顿时，与美国国防部常务副部长阿什顿·卡特、美国国务院助理国务卿坎贝尔分别举行会谈，双方就启动有关修订《日美防卫合作指针》的磋商达成一致。所谓《日美防卫合作指针》，是美日两国针对远东地区美国整体实力的衰弱以及苏联军事力量增强的状况于1978年制定的，就防止侵略、日本遭到武力攻击以及远东地区发生对日本产生重要影响的事态时作了具体的规定。1998年，双方根据情况的变化曾进行了修订。2013年10月3日，美日“2+2”会议在东京举行，这是美日两国7年以来首次在日本举行该会议，决定将于2014年底前完成《指针》的修订。2014年10月8日，两国发表了修改《日美防卫合作指针》中期报告，其中最值得关注的变化是删除了当时版本中限定自卫队支持美军“周边事态”的提法，代之以“全球范围支持美军”。由于各种因素的制约，2014年9月的“2+2”部长，决定将于2015年上半年完成修改《日美防卫合作指针》最终报告。2015年4月27日，日本首相安倍晋三访问美国时，两国在华盛顿正式签署了新的《日美防卫合作指针》。

总之，美国要实现其在亚太地区，特别是西太地区的战略目标，日本是其主要的合作伙伴。因此，美国千方百计地强化美日同盟，从而夯实其亚太防务合作网络的关键一环。

二、巩固与韩国的安全关系

美国在构建亚太防务合作网络的过程中，一直把巩固美韩同盟作为重要手段。2009 年 6 月 16 日的韩美峰会上，两国“通过发表《韩美同盟未来发展蓝图》重新修复了过去 10 多年里出现裂痕的韩美关系，并确定了韩美同盟的未来发展蓝图”。[①] 2010 年 3 月 26 日，韩国军舰“天安号”沉没事件发生后，美韩关系再次得到加强，双方就应对朝核问题的六方会谈所持立场重新达成高度统一，强调在朝鲜作出实质性的放弃核武器措施、或者公开道歉前，美韩都将保持一致，不会重新恢复参加六方会谈。

由两国防长参加的安保会议是美韩之间安全与防务合作的重要磋商机构，每年举行一次，迄今已召开 46 届。2010 年 10 月 8 日，美韩防长举行第 42 届年度安保会议，正式签署《国防合作指南》、《战略计划方针》、《战略同盟 2015》等文件，构筑两国“21 世纪全面战略同盟”。[②] 2014 年 10 月 23 日，美国国防部长哈格尔和韩国国防部长韩民求举行第 46 次韩美安保会议，争取就再次延长战时作战指挥权交接时间达成协议。

为了进一步加强磋商，美韩也参照美日安全磋商的模式，于

① 【朝】朱庸中：《韩美峰会：恢复血盟关系确立未来发展蓝图》，载《朝鲜日报》中文网络版，http：//chn. chosun. com/site/data/html _ dir/2009/06/17/20090617000008. html。

② 季慧、王玉华：《美国亚太战略的联盟因素》，载《战略与外交（第 1 辑）》，时事出版社，2012 年版，第 225 页。

2010年7月建立了“2+2”部长会议机制。21日，双方首次防长与外长共同参加的“2+2”会议中，美方不仅有盖茨、希拉里这样的关键性人物参加，还派出了美军参谋长联席会议主席穆伦、负责亚太事务的助理国务卿坎贝尔、白宫首席亚洲事务顾问贝德和美军太平洋司令部司令罗伯特·乌伊拉德等重量级官员。美国国防部长盖茨在会后评价说，“会谈为巩固美韩同盟关系做出了极大的贡献……加强同盟关系是我们一同迈出的重要步伐。”[①] 2014年10月举行的第五次“2+2”部长会议上，双方将就加强美韩同盟和安全合作的方案、朝鲜及朝核问题、全球性合作事宜深入交换意见，着重讨论了近来朝鲜的挑衅、朝核问题、再次推迟美向韩移交战时作战指挥权的时间问题、联合防卫态势、加强“全球伙伴关系”方案等。在此过程中，双方还就两国在“伊斯兰国”事态、埃博拉疫情、乌克兰局势等问题上的合作方案进行了磋商。

为了应对朝鲜研发核武器造成的半岛的动荡局势，两国提升了军事演习的规模。2010年7月25日至28日美韩两国在黄海举行了1976年以来的最大规模联合演习。在此之后，美韩保持了密切的军事互动，年度联合演习投入也居高不下。2012年2月27日，美韩举行多达20余万人的“关键决心”军演，2013年3月的年度“关键决心”演习同样保持了这一规模。

总之，密切的安全合作磋商，及时针对朝方动态联合做出军事反应，并且保持经常性的两军年度互动，体现了美国在朝鲜半岛巩固美韩同盟的战略企图。通过加强与韩国的联盟关系，美国借以巩固其亚太防务合作网络的北部桥头堡。

---

① 《美防长称美韩2+2会谈进行了全面对话　巩固同盟》，中国新闻网，2010年7月22日，http：//www.chinanews.com/gj/2010/07－22/2420052.shtml。

三、密切与澳大利亚的军事同盟

加强美日同盟和巩固美韩同盟，目的都是通过强化传统同盟关系，推进防务合作网络建设，使美国在亚太的影响力更加稳固。因此，密切同澳大利亚之间的盟友关系同样成为必不可少的组成部分。

美国与澳大利亚的联盟关系已有60余年的历史，部长理事会曾是两国联盟的决策机构。后来，由于形势的变化，美澳联盟名存实亡，部长理事会也中断工作。然而，随着亚太地区形势的变化，特别是美国亚太“再平衡”战略的推行，美国又强化与澳大利亚的联盟关系。

首先，美澳之间也建立了由防长和外长参加的“2 +2”部长会议（AUSMIN），每年举行一次。AUSMIN是澳大利亚及美国在外交政策、国防以及战略事务方面，加强双边合作的高等级论坛，其目的就是促进美、澳两国的关系，推进两国在印度洋—太平洋地区、乃至全球的共享的安全利益。2012年11月14日美国国务卿希拉里、国防部长帕内塔与澳大利亚外长卡尔和国防部长史密斯展开“2 +2”会谈。双方讨论了增强两国军事合作，并重申了两国“数十年来亲密的盟友关系”。2013年11月20日，澳大利亚外长毕晓普（Julie Bishop）和国防部长约翰逊（David Johnston）参加在华盛顿举行的澳美部长级对话（AUSMIN），讨论了美国在澳北部驻扎训练、作战能力、国防科技发展等方面的合作。通过两国防长和外长间的互动，美澳建立起稳固的年度安全战略对话机制。

其次，加强军事合作。2010年1月7日至8日，美、澳防长举行第24届年度磋商，双方强调美澳同盟是美“亚太战略之锚”，两国承诺进一步加强军事基地共享和在亚太及国际事务中的协调。[①] 2011 年 11 月 16 日，美国总统奥巴马访问澳大利亚，与澳大利亚总理吉拉德共同出席新闻发布会，宣布美国将增加在澳驻军，从 2012 年年中开始，在达尔文逐步部署 2500 名海军陆战队员。同时，美国将分步实施，逐步扩大在澳军事活动，包括与澳军的联合训练和演习。奥巴马评价“这一部署意义重要，可以让美国的伙伴国意识到美国提供的军事培训和安全支持”。通过此番访澳，奥巴马在这个太平洋国家清晰宣示了美国战略重心东移的规划，体现出进一步密切美澳同盟的意图。

再次，美国将加大在澳大利亚的军事存在。美澳两国正在考虑扩大双边军事合作关系，包括在印度洋迪戈加西亚岛东部的澳大利亚海外领地科科斯群岛上部署无人机，对中国南海海区实施全方位监控。2014 年 8 月，美澳两国缔结了《美军驻澳协定》，该协定是澳大利亚总理阿博特 6 月访问美国时和美国总统奥巴马共同商定的，将为澳美之间的军事合作提供有力的政策和法律框架。在协议中，双方就在澳大利亚达尔文地区增加美国海军陆战队轮驻军队的规模达成共识，计划将美国在该地区的驻军由目前的 1150 人于 2017 年扩大到 2500 人。该协议还确定，增强美澳特种兵间的协作能力，以应对亚太地区安全威胁；承诺通过建立一个双边工作小组来继续双方在弹道导弹防御系统方面的合作；双方肯定了代号为“护身军刀”的年度联合军演在同盟防务合作上的重要意义。

美国通过强化与澳大利亚的联盟关系，密切了双方的合作，这就使得美国在其构建的亚太防务合作网络在南太地区有了战略支点。

---

① 季慧、王玉华：《美国亚太战略的联盟因素》，载《战略与外交（第 1 辑）》，时事出版社，2012 年版，第 225 页。

四、重启与菲律宾的军事合作

美菲之间也是传统的盟国关系。1951 年，两国签订了共同防御条约，其主要内容包括：缔约双方将以“自助和互助”的方式保持并发展“抵抗武装进攻”的能力；缔约任何一方遭到“武装进攻”时，缔约双方进行协商，采取行动“对付共同的危险”。条约无限期有效。1986 年 10 月，菲律宾通过新宪法，其中第十八章第二十五条规定：菲律宾共和国和美利坚合众国有关军事基地的协定于 1991 年期满后，不允许在菲律宾设立外国军事基地、驻扎外国军队或部署外国军事设施，但根据参议院正式同意，并在国会要求举行的公民投票中获得多数票通过，同时得到另一个签约国承认的某项条约的规定者除外。因此，在 20 世纪 90 年代，美国结束了在菲律宾苏比克和克拉克军事基地的驻防。从一定意义上讲，美菲之间的军事同盟已极其淡化了。但随着美国战略重心的东移以及菲律宾与中国岛屿争端的升级，两国又产生了相互需求。于是，双方近年来又重启军事合作。2010 年 7 月 30 日，在美菲峰会上，两国签署了包括延续共同防御条约和共同防御援助协议等一系列涉及安全问题的协议。①

首先，美菲之间建立了“2 + 2”部长会议磋商机制。2012 年 4 月 30 日，美国国务卿希拉里、国防部长帕内塔及菲律宾外长罗萨里奥、国防部长加斯明在华盛顿举行会议。这是美菲历史上首次举行“2 + 2”级别的高层磋商。会后，两国发表的联合声明强调，两国举行“2 + 2”会谈的目的在于构建“强有力、灵巧和反应灵敏的”同盟关系，以应对不断变化中的国际和地区形势，并

① 季慧、王玉华：《美国亚太战略的联盟因素》，载《战略与外交（第 1 辑）》，第 226 页。

为此明确了共同战略目标；两国于1951年8月签署的共同防御条约仍是美菲安全关系的基础：两国寻求加强双边安全合作，途径之一是提升菲律宾的防务能力，帮助菲律宾建立起“最低限度的可靠防务态势”。对于此次会议，美国国务院发言人科尔比表示，美菲关系是美国亚太战略不可分割的重要组成部分，美国希望深化这一关系，在菲律宾驻军并训练菲律宾的军队，但“无意在菲律宾建立永久性的军事基地”。国务卿希拉里也强调，菲律宾在美国亚太新战略中处于“中心”位置。美方在本轮会谈中重申了共同防务条约规定的对菲方的承诺和义务，双方对南海事态发展感到严重担忧，虽然美方在南海主权争端中不偏袒任何一方，但是确保航行自由、维护和平与稳定、尊重国际法、保障合法贸易无阻符合美国的国家利益。此后，会议每年举行一次，就双方共同关心的安全问题及采取的相关措施进行磋商。

其次，美国寻求在菲律宾的军事存在。其实，早在1998年，菲美两国就签署了《访问部队协议》，允许美国军队与菲军举行联合演习、准许美国战舰停靠菲港口，并让美国军队上岸访问等。自2002年开始，美国以“反恐”为名陆续向菲律宾南部棉兰老地区派驻数百名海军陆战队官兵。奥巴马上台后，随着美国将战略重点转向亚太地区，美菲防务关系日益紧密。因而近两年来，美军以“轮换”驻扎的方式大幅扩大在菲律宾的军事存在。从2013年8月开始，菲美两国正式就扩大美军在菲“轮换部署”事宜展开谈判。2014年4月28日，在美国总统奥巴马到达菲律宾访问前的几小时，菲律宾国防部长加斯明和美国驻菲律宾大使古德博格代表两国政府签署了《美菲加强防务合作协议》。协议内容主要是：菲律宾允许美国军队使用菲律宾军事基地，允许美军增加在菲律宾的轮换部署，有效期10年。

再次，美国与菲律宾进行联合军事演习。从1991年开始，美菲两国就开展了“肩并肩”联合军事演习。1995年时曾一度中断，1999 年又重新恢复。但是，从 2012 年开始，规模变得更大，项目也有所增多，还邀请了一些盟国参与讨论。同时，菲律宾还受邀参加“金色眼镜蛇”演习。

可以说，美国与菲律宾重启军事合作，加深同盟关系，其目的就是使其亚太防务合作网络更加紧密。菲民间团体“新爱国联盟”秘书长雷纳托·雷耶斯认为，美国借联合军演及菲美《加强防务合作协议》把菲律宾变成其在本地区投送军力的平台，“目的在于遏制中国”。[①]

五、提升与泰国的防务合作水平

美国与泰国之间其实也是传统的盟国关系。这种安全防卫同盟关系的确立基于两个文件：一是 1954 年两国都签署《东南亚集体防御条约》（又称《马尼拉条约》）；二是 1962 发表的《泰美两国外长声明》。《东南亚集体防御条约》是冷战的产物，由美国国务卿杜勒斯策划，澳大利亚、新西兰、法国、英国、巴基斯坦、菲律宾、泰国和美国共 8 个国家于 1954 年 9 月签订，并据此成立了《东南亚条约组织》（SEATO），总部设在曼谷。该条约主要针对中国和北越的反共集体防御条约，目的就是防止共产主义在东南亚的扩张，遏制共产主义在亚洲的发展。由于历史条件的变化和同盟内部的矛盾，该组织于 1977 年解散。1962 年，泰国外长与美国国务卿在华盛顿发表了《泰美两国外长声明》。声明强调，缔约双方在其中一方遭到外来攻击时，另一方给予军事援助。此后，美国开始在泰国各地建立军事设施和开展军事培训。始于 1982 年的两国“金色眼镜蛇”年度联合军事演习，标志着

---

① 《菲律宾与美国“肩并肩－2014”联合军演开幕》，中国新闻网 2014 年 05 月 05 日，http：//www. chinanews. com/gj/2014/05－05/6135391. shtml.

美国在东南亚地区的军事实力的存在。这项演习已发展成为美国加强盟国关系、拓展军事合作的重要途径，突显了美国在亚太传统军事合作中泰国的重要地位。泰国也在国际安全事务中与美国相呼应，如“9·11”事件发生后，泰国加强了与美国在非传统安全领域的合作；2003年伊拉克战争爆发时，泰国明确地给予支持，并派兵驻防伊拉克；共同遏制大规模杀伤性武器的扩散；参与以美国为主导的地区性救援行动；向达尔富尔派出维和部队等。所以，尽管美泰关系也出现过波折，防务合作方面也存在着许多的分歧，但总的来说，大体上依然保持着较为正常的状态。

然而，随着亚太“再平衡”战略的推出，美国需要进一步提升与泰国的防务合作水平。2012年11月15日，美国国防部长帕内塔和泰国国防部长泰坤蓬·素旺那达在曼谷签署了《2012年泰美防务联盟共同愿景声明》。帕内塔表示，这份声明规划了美泰军事合作的四个重要领域，致力于全面提升美泰军事合作：“正如这份愿景声明中所列出的，美泰军事合作的将主要集中在四个领域：一是维护东南亚地区和平；二是维护亚太及其他地区稳定；三是加强双方军队共同行动能力；最后，全方位加强美泰双边军事合作关系。”①

根据《2012年泰美防务联盟共同愿景声明》，美国和泰国的军事盟友关系已经保持了超过50年，通过分享安全关切、加强双边合作，提升了这一地区的稳定。美泰的军事同盟关系支持泰国在包括东盟及其它地区组织中的领导者地位，这一同盟关系也为维持美国在亚太地区的存在发挥了重要作用。帕内塔强调，美国将继续加强同泰国的军事合作，帮助泰国提升其军事行动能力。美国和泰国的军事同盟关系将继续有力的保持下去，并一如既往

---

① 柳青：《帕内塔表示美国将继续加强同泰国的军事同盟关系》，《国际在线》2012年11月15日，http：//gb. cri. cn/27824/2012/11/16/2625s3927745. htm.

地作为两国在该地区的重要同盟。

2012 年 11 月 18 日，奥巴马再次当选总统后不久，就出访泰国。他与总理英拉会谈后表示："亚洲是我赢得连任之后首次出访的目的地，泰国是这次访问的第一站，这不是一个意外。就像我重复过很多次的，美国一直是一个亚太国家。作为全球发展最快的地区，在接下来的一个世纪里，亚太将会在很大程度上决定我们的安全和繁荣，而这对于给美国人创造就业和机会来说，是非常关键的。这也是我作为总统，将参与亚太事务提升到历史性的战略高度的原因。"① 他还强调，美国将巩固美泰同盟的关系，而加强军事同盟是首要措施。

2014 年 5 月 22 日，泰国军方宣布全面接管国家政权，并由陆军总司令巴育担任代理总理。泰国的这一政局变动引发了美国的高度关注。美国国务院随即于 23 日宣布，美方中止 350 万美元对泰军事援助资金。紧接着，美国国防部 25 日宣布，取消原定于本周在泰国举行的美泰联合海上训练以及两国军方高层的互访。美泰两国的军事合作前景面临前所未有的挑战。然而，2014 年底，美国依然决定与泰国继续进行 2015 年度的"金色眼镜蛇"（Cobra Gold）演习。这表明，美国仍然视泰国为其关键盟友。美国《星条旗报》称，"泰国是美国在亚洲地区历史最为悠久、且能力最强的安全盟友之一；近年来双方在反恐和救灾方面合作广泛"。② 美国国会研究服务处的报告也指出，"美国战略规划者认为，泰国提供给美方的军事设施，尤其是设备完善的战略要地乌

① 柳青：《奥巴马表示将全面加强美泰关系》，《国际在线》2012 年 11 月 19 日，http://gb.cri.cn/27824/2012/11/19/5951s3930432.htm.

② 转引自马丁·斯夫（Martin Sieff）：《美泰两国继续策划"金色眼镜蛇"2015 演习》，《亚太防务论坛》（APDF）2014 年 11 月 11 日。

塔保（Utapao）空军基地，对美国极为珍贵。”[①] 2014 年 11 月 1 日的《经济学人》（The Economist）杂志写道，继续举行年度演习符合美泰两国稳健和长期战略合作关系的需要，并指出两国关系经受住了多届政府更替的考验。

鉴于泰国的地缘作用和实力，美国曾视其为“非北约主要盟国”，将来仍会不遗余力地与泰国展开防务合作，从而使其精心构建的亚太防务合作网络严密扎实。

六、推进盟国间的多样化合作

美国不仅强调与这些传统盟国的双边关系，同时还以利益论为基调加强与各盟国间的关系，分担安全责任，通过“借力”手段及强化自身在联盟体系中的主导地位，引导各国按美国的战略目标重塑地区秩序，从而弥补自身力量不足。[②]

近年来，在美国的主导下，美国在亚太地区的几个小多边合作开展得如火如荼，美日韩、美日澳的三边军演频繁，美日印自 2011 年启动对话后，不到一年时间就已进行了三次三边对话。美国主导的这些小多边合作不仅仅是过去双边合作的叠加，更是遵循机制形成的有机整体。这一合作机制目前主要在对话层面开展。在 2011 年 6 月美日“2 + 2”部长会议上通过的共同战略目标，提出要同时加强美日澳、美日韩三边关系，促进“美日印三边对话”。

① 季慧、王玉华：《美国亚太战略的联盟因素》，《战略与外交（第 1 辑）》，第 229 页。

② “Joint Statement of The U. S. -Japan Security Consultative Committee”, Washington, DC, May 1, 2007, http://www.state.gov/r/pa/prs/ps/2007/may/84084.htm.; “Joint Statement of the U. S. -Japan Security Consulative Committee”, Washington, DC, June 21, 2011, http://www.state.gov/r/pa/prs/ps/2011/06/166597.htm.

美日韩的合作源自朝核危机。朝鲜一直被看做是影响美日韩合作的主要变量。[①] 1999 年 6 月，美日韩建立对朝政策协调机制“三边协调与监督小组”，并在此框架下磋商对朝政策。[②] 2009 年，美日韩举行了首次防长会议，并于 2012 年决定将三边防长会定期化。[③] 美日韩通过三边合作以维护“亚太和全球的安全稳定作为共同的事业和责任”。[④]

美日澳的合作源自 2002 年启动的副外长级高官会。2006 年 3 月升级为外长级三边战略对话。2007 年举行了首次三边防长会和三边峰会。目前美日澳三边战略对话框架下的定期磋商主要就共同关心的地区和全球议题协调立场，强调“三国的共同事业是维护全球稳定与安全，关注焦点是亚太”。[⑤] 美日澳的安全合作重点覆盖非传统安全，但其中的传统军事合作成分增多，定期举行反恐磋商、共享情报，并协助菲律宾等国开展反恐行动。

美国认为印度将在“东亚战略平衡中发挥更大作用”，因而提出加强美日印合作。[⑥] 在美日印三方对话中，三国就共同感兴

---

① Victor Cha, *Alignment Despite Antagonism: The U. S. -Korea-Japan Security Triangle*, Stanford: Stanford University Press, 1999.

② James L. Schoff, Tools for Trilateralism: Improving U. S. -Japan-Korea Cooperation to Manage Comples Contingencies, Virgina: Potomac Books, Inc. , 2005.

③ 王刚：“美日韩防长将定期会晤”，人民网，2012 年 6 月 4 日，http://world.people.com.cn/GB/1029/42354/18068958.html.

④ “Trilateral Statement”, Washington, DC, Dec. 6, 2010, http://www.state.gov/r/pa/prs/ps/2010/12/152431.htm.

⑤ “Trilateral Strategic Dialogue Joint Statement”, Sydney, March 18, 2006, http://www.foreignminister.gov.au/releases/2006/joint_statement-aus-japan_usa_180306.html.

⑥ Richard Armitage and Joseph Nye, “The U. S. -Japan Alliance: Getting Asia Right through 2020”, CSIS Report, Feb. 2007, p. 6.; p. 23.

趣的亚太和全球议题进行了“坦率和全面的”讨论。①

日本、韩国、澳大利亚虽然都是美国忠实的盟国，但过去相互之间的联系并不多。美国此番推出的防务合作网络建设，除了强调几个三边框架内的互动外，还推动盟国之间的相互联系，努力实现防务合作的网络化。

由此可见，在经历过反恐战争和金融危机后，面对世界，特别是亚太地区力量对比发生的巨大变化，美国适时调整战略，通过巩固传统的同盟关系，来弥补美国在这一地区的实力缺失，从而维护和巩固美国主导的亚太秩序。

第二节　扩展防务合作战略伙伴

虽然在美国战略重心东移的规划中，巩固传统同盟关系是核心内容，而拓展防务合作伙伴、编制更多的“三边安全组合”则是重要手段。因为在亚太新兴国家整体影响力上升，美国权力资源相对下降的情况下，只有构筑尽可能多的伙伴关系和合作网络，才能保持整体优势，维系和强化美国的亚太主导地位。2011年10月，时任美国国防部长帕内塔在出席东盟各国与美国“10+1”国防部长论坛时表示要与东盟各国建立更加强大、更为有效的防务伙伴关系。②

① “U. S. -Japan-India Trilateral, Media Note”, Washington, DC, Dec. 19, 2011, http: //www. state. gov/r/pa/prs/ps/2011/12/179172. htm.

② Leon Panetta, “Secretary Recaps Recent Asia-Pacific Trip,” American Force Press Service, Nov. 4, 2011, http: //www. defense. gov/news/newsarticle. aspx? id = 65970.

一、拓展与印度防务合作的领域

美国国防部2010年版《四年防务评估报告》（Quadrennial Defense Review Report）是奥巴马政府第一份重要的国家安全政策报告。《报告》强调，“世界上最大的民主国家印度的崛起将继续重塑国际体系……美国要维护稳定与和平，就必须越来越多地依靠重要的盟国和伙伴国。”① “印度享有与美国相同的民主价值观，开放的政治制度，维持全球稳定的承诺，两国之间有广泛合作的空间。”② 在政府报告中给予印度如此高的评价尚属首次，反映出在美国政府把战略重心转向亚太后，将印度看作是至关重要的地区大国，同时强调共同民主背景的价值观，意味着美国抱有与印度携手建立良好双边关系，共同应对地区事务的期待。美国对印度军事力量所表达的支持与期许不乏有利用印度来平衡中国的考虑。

印度曾是英国的殖民地，与美国的关系并不密切，甚至还对美国相当反感。上个世纪50年代，它与中国构建了良好的关系，共同倡导“和平共处五项原则”，主张建立新型的国际关系，提议召开“万隆会议”。60年代初，它又在国际社会发起不结盟运动。70年代初，它又向苏联靠拢，与其签订了带有军事同盟性质的和平友好合作条约，即《苏维埃社会主义共和国联盟和印度共和国和平友好合作条约》（Treaty of Peace Friendship and Cooperation between the Union of Soviet Socialist Republics and the Republic of India），有效期20年，后于1990年延期5年。在美国人的眼

---

① Department of Defense, *Quadrennial Defense Review Report*, February 2010, www. Defense. gov/QDR.

② Ibid.

中，印度是一个桀骜不驯的地区大国，不易相处；冷战时期一直站在苏联一边；与邻国频繁发生战争；无视国际核不扩散条约；运用武力解决殖民时代留下的果阿问题；无视克什米尔地区的人权；在世界贸易组织中无端地吵闹；等等。[①]

冷战结束以后，美国对印度的态度发生了改变，认为它是南亚地区无可争议的大国，且有巨大的发展潜力。于是，2000 年 3 月，克林顿总统访问印度，并与印度总理签署《印美关系：21 世纪展望》等重要文件，双方同意建立“持久的、政治上有成果的新型大国关系”。小布什上台后，延续了其前任的政策，主张加强与印度的关系，并将这种关系扩展到了安全与防务领域。美国向印度出售先进的武器装备，与其签署太空合作计划，协助其在核反应加速装置和高能粒子探测器方面的科学研究，承认其战略伙伴地位等。2005 年 7 月，两国正式签署了“美印防务关系新框架”的合作协议。协议内容的范围从技术转让和武器销售到导弹防御合作和联合训练。

虽然印度不是美国的盟国，但是出于对印度在印太地区重要地位的重视，美国丝毫没有放松对于印度的拉拢，在军事上的合作亦是如此。奥巴马政府上台以后，为推行其亚太“再平衡”战略，进一步密切了与印度的防务合作关系。奥巴马在一系列关乎美国国家安全的议题上和印度进行了广泛的合作。在 2010 年 6 月，奥巴马正式发起了一个每年都会举行的美印战略对话，目的是让双方的高级领导人就一系列的国际议题可以进行直接的讨论。这些议题包括：反恐怖主义合作、防核武器扩散、网络安全和全球气候变化等议题。这些高端的对话反映了两国在安全领域不断加深的合作关系。2014 年 9 月，上任不久的印度总理纳伦德

---

① 孙晋忠：《美国对印度的政策与美印关系》，《国际问题研究》2003 年第 4 期，第 30 页。

拉·莫迪就访问华盛顿。在莫迪和美国总统奥巴马会见后发表的联合声明中，两国同意从 2015 年起延长印美防务合作框架协议，并在印度共同发展和制造先进的美国武器系统。双方还决定在两国军方之间开展更频繁的对话，扩大联合演习规模，尤其是海上演习，实施“更宏大的（防务）计划和活动”。2010 年 11 月和 2015 年 1 月，奥巴马两次访问印度。特别是 2015 年的访问，美国所取得的最显著的成就，就是进一步加深了两国的防务合作。具体的表现主要有如下三个方面：

第一，完善防务对话与交流机制。印美已经建立了两国军队高层互访机制、联训联演机制、人员培训机制、情报共享机制、海上合作机制等。目前，美印两国国防部长、参谋长委员会主席/参谋长联席会议主席已经实现了双向定期互动，两国还建立了“国防工作小组”“陆军指导小组”“海军指导小组”等机制，定期就陆军发展、反恐、海上通道安全、打击海盗和海上安全等问题进行交流。同时美印一致同意进一步就双方关切的领域加强情报交流，美国可以利用其先进的空间侦察与监视系统，向印度提供周边其他国家的军事部署动态等情报，印度则能利用其在印度洋地区和安达曼海地区的地理优势，向美国提供其他国家军队在上述地区的活动情报，这将进一步提高双方对这一地区安全态势的了解程度和反应速度。

第二，进行联训联演。印度已经成为与美国举行联训联演活动最多的非军事联盟国家之一，定期举行的年度联合军事演习涉及各个军种，内容也很丰富。仅在 2011 年，美国和印度就共同举行了 56 次军事演习，演习内容涵盖各个方面的内容，而这比同期印度和其他任何国家举行的演习都要多。其中，美印海军举行的年度“马拉巴尔”联合军演始于 1992 年，已经发展为全球著名的多边联合军演，内容包括反潜、防空和反水面战等；两国空军定期举行的年度“对抗印度”和“红旗”系列联合军演，旨在促进双方飞行员的技战术交流，加强两国空中联合作战能力；两国陆军定期举行的年度“准备战争”联合演习，演习地区通常靠近中印或印巴边境地区，旨在交流双方在特殊地带作战的经验和技能；两国特种部队定期举行的“瓦吉拉·普拉哈尔”联合演习，演习课目包括战术演练、远程监视技能、直升机空降作战、作战生存、射击技巧和联合跳伞，以加强双方联合反恐能力。随着印美防务合作的深入，未来两国联合军演或将更加频繁，更富实质性内容。

第三，加强军贸与军事技术合作。印美加强双边防务合作，印度最看重的还是美国先进的武器装备和军事技术。2005 年以来，印度已从美国购买了近 90 亿美元的军事装备。2013 年，美国还超过俄罗斯成为印度最大的军火供应方。美国已经和准备向印度提供的先进武器装备，如 C－130J“大力神”战术运输机、C－17Ⅲ“环球霸王”战略运输机、P－8I 海上反潜巡逻机、“奥斯汀”级“特伦顿”号船坞登陆舰、“鱼叉Ⅱ”型反舰导弹、“支奴干”重型运输直升机、“阿帕奇”武装直升机、M－777 超轻型榴弹炮等。两国此次就未来十年防务合作达成新的协议，为美向印提供先进的进攻性武器装备开启了绿灯。

美印防务合作的深化，对于美国实施亚太“再平衡”战略，特别是在亚太地区的防务网络的构建，具有重要意义。也就是说，从始于东北亚，终于南亚的弧线上，一张锁住欧亚大陆前往太平洋和印度洋的网络已基本成型。

二、恢复与印度尼西亚的军事互动

印度尼西亚在东南亚地区是一个大国，其战略辐射的地域东南可至澳大利亚，西北可至马六甲海峡和中南半岛，东北可至菲律宾。从地缘关系来说，印度尼西亚是美国第一岛链防御的重要关节点。印度尼西亚前国防部长尤沃诺·苏达索诺（Juwono Sudarsono）曾经指出，印度尼西亚位于印度洋和太平洋之间，因此具有特殊的地缘政治意义："印度尼西亚位于美国通往日本、中国和韩国的重要海上贸易通道的交叉口，这里也是来自中东的石油运输的必经之路。印度尼西亚与马来西亚之间的马六甲海峡是海上交通要道。对美国及其在亚太地区的伙伴，尤其是日本和韩国来说，这些贸易通道的安全十分重要。因此美国希望继续保持在印度尼西亚的存在。"① 正是由于在东南亚地区重要的战略位置，印度尼西亚在美国的对外政策中占据重要地位。

在20世纪70—90年代中期，美国和印度尼西亚一直是传统的合作伙伴。90年代末，东帝汶举行独立公决后，美国国会通过决议对印度尼西亚实施军事制裁，自此美国与印度尼西亚的军事合作中断。美国对印度尼西亚实行武器禁运并中止了大部分军事合作，两国经贸关系也随之下降。进入21世纪，两国关系虽有所好转，但许多军事合作项目仍处于被搁置的状态。但自从"9·11"事件后，出于全球反恐战略的需要，美国逐步放松了对印度尼西亚的压力。2004年底，印度洋地区发生特大海啸灾害，借参与救灾的机会，美国将"林肯"号航母派往印度尼西亚受灾严重的亚齐省。自此两国军方展开接触，着手恢复军事合作。

美国需要印度尼西亚这个最大的穆斯林国家提供反恐支持，而印度尼西亚也期待借助与美国的军事合作提升军事实力，提高地区战略地位，因而双方军事合作关系回暖。凭借美国对印度尼西亚结束军售禁令，印度尼西亚重新获得武器进口渠道，军事困境大幅缓解，双方军事互动也日渐频繁。为了构建亚太防务合作

① 参见《美国寻求与印尼发展关系》，International Business Times（中国版），Nov. 18，2011.

网络，奥巴马政府在其前任努力的基础上，于2010年与印度尼西亚签署了《防务合作框架协议》，恢复了与印度尼西亚特种部队中断12年之久的合作关系。是年11月，奥巴马访问了印度尼西亚，其目的之一就是与这个东南亚大国热络关系，提升美国在亚洲的影响力。访问期间，两国领导人签署了一份旨在提升双边合作的“全面”伙伴关系协议。据此协议，美国和印度尼西亚将在贸易、投资、教育、能源、环境、国家安全等领域展开全方位合作。2011年11月，奥巴马借出席东亚峰会之机，再次访问印度尼西亚。美国决定完全恢复对印度尼西亚军售及国防合作关系，其中最重要项目是捐赠二十四架经过翻新的F－16型战斗机。2014年10月20日，美国国务卿克里高调出席了印度尼西亚第七任总统佐科·维多多的就职典礼。美国国务院高官称，这凸显了印度尼西亚作为正在崛起的大国的重大作用，体现了美国对亚太特别是东南亚地区的高度重视。由此可见，美国极力希望把印度尼西亚变成美国在东南亚地区可信的政治伙伴。

奥巴马访问印度尼西亚之后，两国的军事互动频繁起来，仅在2011年度，美军和印度尼西亚军方就进行了150多次共同活动、交流和访问。[①] 2013年9月，美国国防部长哈格尔访问印度尼西亚，宣布将出售八架阿帕奇AH－64E型攻击直升机，供印度尼西亚军方使用，这笔军备交易共值5亿美元，为近年来所仅见。2015年1月，美国与印度尼西亚又签署了为期5年的防务合作协议。美国与印度尼西亚军事互动的展开，使其在亚太地区构建的防务合作网络变得更加完整。

---

① 数据采集自人民网，2011年10月25日，http：//military. people. com. cn/GB/42967/16009381. html.

三、重视与新加坡的防务合作

新加坡地处马来半岛的南端，扼守连接太平洋与印度洋的马六甲海峡，是多条海空航线的中继站，也是中东石油运往东亚航程最短的通道。按照美国的全球战略，马六甲海峡是美国必须控制的世界16大咽喉水道之一，美国一直就有向马六甲海峡沿岸国家派驻军队的考虑。而在印度尼西亚和马来西亚都明确表示反对美国派兵进驻马六甲海峡的情况下，获准驻军新加坡对美国而言更是难得的机遇。同时，对于美国亚太防务合作网络的构建，新加坡也是必不可少的一环。

美国与新加坡的防务合作可以追溯到1965年新加坡独立之时。当时正值美苏冷战期间，新加坡选择了在两大军事集团之间扮演相对中立的角色。但与此同时，在越南战争中，新加坡却同意成为美军战争物资的重要供应地。在冷战结束后，两国的军事关系日益密切，新加坡逐渐演变成美国的"前哨阵地"。

首先，美国在新加坡获得了军事基地。20世纪90年代初，当菲律宾政府拒绝向美国提供军事基地之后，新加坡的樟宜以其独特而重要的地理位置就成了美军在东南亚建立新基地的首选目标。通过谈判，美国很快就与新加坡政府达成协议，获得了使用新加坡军事设施的权利。此后，经过几年的扩建改造，樟宜海军基地已成为深水良港，可供包括航空母舰、巡洋舰等在内的大型舰艇编队进泊，平均每年约有100艘美国海军军舰停靠新加坡休整，解决了美国在日本与中东之间缺乏航空母舰维修和后勤补给基地的问题。《华盛顿时报》撰文称，美军在樟宜建立基地，大大拓展了美海军第7舰队的控制范围。1990年11月13日，新加坡总理李光耀与美国副总统奎尔在东京签署"谅解备忘录"，准许美国使用新加坡巴耶利达机场，美国第497空军训练中队进驻该机场。同时，新加坡还向美国海军开放三巴望港口。此后，巴耶利达机场曾为美国在索马里的军事行动提供后勤保障，而美军也曾多次派遣战机到新加坡进行训练。

其次，美国向新加坡提供各种武器装备。自20世纪90年代中期至今，美国对新加坡的武器输出始终保持着稳定性和连续性。其中，海空军武器装备一直是美国对新加坡军事销售的重点，包括F－16C/D战机、导航及目标获取吊舱、KC－135R空中加油机、远程空射“鱼叉”反舰导弹等，以帮助新加坡提高空中预警能力、空中侦察与反击能力、海空后勤补给能力和军事投送能力。F－35联合攻击战斗机是21世纪初美新军事合作的重要合作项目。早在2004年3月16日，新加坡国防部就宣称，新已正式签署参与美国开发F－35联合攻击战斗机计划的协议，从而成为参与该项计划的唯一一个亚洲国家。美国国防部2013年4月1日公开表示，新加坡向美国订购F－35战机的相关事宜已进入“最后的评估阶段”，将很快向美国发出订单。

再次，美新两国进行联合军事训练与演习。联合训练与演习，也是美新军事合作的重要内容。自1981年以来，新加坡陆军已与美国太平洋陆军举行过多次联合演习。从1995年起，根据美新“海上战备合作与训练计划”，新加坡海军与美国海军第7舰队每年都要进行联合演习，并且定期举办论坛。新加坡还选送海空军军官到美国接受培训，新加坡空军的许多飞行员也曾在美国亚利桑纳州的鲁克空军基地受过训。此外，新加坡军队曾多次在美军基地进行实弹射击演练，对使用的F－16战斗机、AH－64D“阿帕奇”攻击直升机、火炮和无人机的联合攻击能力进行检验。经过30余年的发展，美新联合军演机制不断完善。目前，美国与新加坡举行的例行性联合军事演习包括：美新“突击吊索”年度空中联合演习，在靠近新加坡与马来西亚东南方国际海域举行的“鱼尾狮”海空军联合演习；“虎豹”师旅级联合指挥警戒演习；

“马自达”联合排雷演习；以保证马六甲海峡航运安全为目标的海上通信合作“交汇演习”等等。从2000年起，新加坡还开始参加美泰“金色眼镜蛇”联合军事演习。在2012年4月新加坡国防部长黄永宏访美期间，双方一致同意将进一步提高联合军事演习的难度，以加强双方部队协同性、促进双方军队合作，并利用新加坡慕莱城市战训练中心等设施加强城市战联合演练。

通过加深与新加坡的防务合作，美国一方面可以巩固其对东南亚战略要地的控制。新加坡对于美国海军联接亚洲盟军和控制战略要地而言尤为重要。在美国海军看来，部署于新加坡周边海域的美航母编队向西可以驶往印度洋和阿拉伯海增援驻海湾美军，东进则可以随时监控南海以及台海周边局势，并使亚太美军在日本本土—韩国—冲绳—台湾岛—菲律宾—新加坡一线构筑的链式围堵态势更趋完整。美国智库“新美国安全中心”出台的一份报告指出：从航程来看，从新加坡北上航行至千岛群岛或向西航行至阿拉伯海，最多只需一个星期便可抵达，而航行至冲绳及台湾海峡周边海域只需要4天，深入南海中部则仅需2天，部署在新加坡的战舰在必要时可以在24小时内控制整个马六甲海峡。美军近海战斗舰部署新加坡，将进一步加强美军对该地区战略要地的控制。与驱逐舰、巡洋舰和航空母舰相比，近海战斗舰的作战范围相对较小，但速度更快，从而将大大提高美国海军对该地区安全态势的反应速度。

另一方面，美国还可以加强其亚太防务合作网络的节点。美国与新加坡军事合作关系的发展，无疑使美国在东南亚地区的军事联盟体系和军事存在得到巩固和加强。在美国眼中，新加坡是其“紧密的安全伙伴”，是其在东南亚军事存在的拥护者。美国前国防部长科恩曾表示：“美国与新加坡拥有共同的战略前景，即伙伴、驻军、和平与繁荣。美国要与新加坡保持牢固的安全伙伴关系，两国的军事合作关系将为美国在东南亚地区的军事存在提供保障。”[①] 美国“全球战略与变革咨询公司”董事长保罗·贾拉也认为，“美国在亚太地区的同盟关系其实比较松散。但是，一个以樟宜为中心的新的美军基地群正在东南亚形成，日本的横须贺、佐世堡海军基地与关岛和新加坡成犄角之势，这无疑将给东南亚的战略形势带来深远的影响。”发展美新军事关系，是美国加强双边安全机制为主、多边安全合作为辅的亚太安全合作机制的重要内容。

四、改善与越南的安全关系

美国与越南之间曾长期处于敌对状态，从 1962 年到 1971 年进行过长达 10 年的战争。直到 1995 年，两国才建立外交关系。之后，两国于由存在着难以逾越的矛盾。越南对于美国来说，始终停留在一场战争上，而那场战争对于美国，却绝对不仅仅是一场战争。越战带来的反战与反思，改变了一代美国人，也改变了美国的外交路线，甚至影响到它的价值观念。美国过去百年最深刻的思想革命就发生在越战前后。所以，两国关系的发展也并不顺利。2000 年 11 月美国总统克林顿访问越南时，还与时任越南总书记黎可漂因民主、人权等问题相互批驳，最终不欢而散。2005 年以后，双方的关系逐渐升温。2007 年越南国家主席阮明哲访美，又使两国关系上了一个新台阶。对于两国关系的发展，越南曾长期极力推动，美国则是不温不火。但是，为了推行亚太“再平衡”战略，奥巴马政府开始抛开历史瓜葛，积极同越南改善关系。2013 年 7 月 25 日，自从美国和越南在 18 年前实现两国关系正常化以来，越南国家元首张晋创访问华盛顿，与美国总统

① 参见王飞：《新加坡与美国的军事合作关系》，《东南亚研究》2004 年第 3 期，第 52 页。

奥巴马会面。随后发表联合声明，宣布越南与美国建立全面伙伴关系，强调致力于在互相尊重和基于共同利益基础上开创两国关系“新阶段”。2015 年 7 月，越南共产党总书记阮仲富借越南战争结束 40 周年和美越关系正常化 20 周年之际应邀访问美国，并与奥巴马进行了会谈，围绕深入两国的全面战略伙伴关系进行了讨论。这是越南最高领导人首次访问美国。美国之所以邀请阮仲富前去访问，其主要原因就是奥巴马政府为了推行亚太“再平衡”战略寻找战略支点。

美越之间防务与安全合作，起步很晚，且曾在相当长的一段时期里进展极为缓慢。2000 年美国国防部长科恩访问越南，议题却主要集中在经济领域，形式大于内容；2003 年，越南国防部长范文茶访美，之后不久，美军“范德格里夫特”号导弹护卫舰访问胡志明市，这是双边国防军事往来的开始，开启了越美之间的军舰互访机制；2005 年越南总理潘文凯访美，奠定了两国情报、军事等合作的基础；2006 年 6 月，美国国防部长拉姆斯菲尔德访越，他在河内对新闻记者说，美越两国正在考虑加强和扩大军事关系的途径；2008 年越南总理阮晋勇访美，使越美关系进一步加强。双方不仅一致同意提升两国间关于政治、国防、安全问题高级官员对话机制，而且美国总统小布什明确表示了支持越南的主权、安全和领土完整；2008 年 10 月，越美首次政治安全与国防对话在河内举行，此后每年轮流在越美首都举办，至今已举办了六次；2009 年 12 月，越南国防部长冯光青访美，探讨加强双边军事关系以及美国向越南出售先进武器的可能。

随着美国亚太“再平衡”战略的推出，美国对于加强与越南的关系方面的态度变得积极起来，使双方防务合作迅速升温。2010 年，两国开启国防部副部长级对话机制，即国防政策对话会议，形成经常性的高层对话机制，就涉及两国国防安全的国际和区域问题交换意见，增强两国间的了解与信任，开展两国间的国防合作等。2010年开始，越美海军交流也频繁起来：6月，“仁慈”号医疗船访越；8月，“乔治·华盛顿”号航母、“约翰·麦凯恩”号驱逐舰分别访越南岘港，后者还与越南首次开展了海军联合演习；9月，两艘美军运输指挥船在越南接受维修服务。同年，应越南的邀请，美国国防部长盖茨参加了在河内举办的首届东盟防长扩大会议（即东盟10+8防长会，ADMM+），越美军事合作又增加了一个多边合作机制。2011年8月1日，美国驻河内大使馆发表声明称，越南和美国的军方代表就两国间建立起正式军事医学伙伴关系达成协议。这是两国自1995年邦交正常化以来首次签署涉及军事合作的正式协议。2011年8月23日，越南外交部长范平明接见美国参议院议员吉米·韦伯（美国参议院对外委员会东亚—太平洋小组主席）时称，越南继续重视与美国关系，视美国为一个具有战略意义的重要伙伴。2012年6月，美国国防部长帕内塔访越，并且访问了曾作为美国海军空军基地的金兰湾，这体现了越南承认美国在维持地区安全中的正当性，并且对此持欢迎和尊重态度。2013年以来，美国与越南的军事交往更加频繁。随着中美两国在南海问题上对立的升级，美国对越南的扶持力度不断增大。

美国改善对越南的安全态度，开辟军事合作关系，体现了其实现在整个亚太范围内扩大军事存在，并设置战略节点来防范与制衡中国影响力上升的战略企图。①

五、探索与缅甸安全合作的可能

历史上，缅甸军队一度与美国军方联系密切。1980—1988

① 朱锋：《奥巴马政府“转身亚洲”战略与中美关系》，《现代国际关系》2012年第4期，第7页。

年，有 250 多名缅甸军官参加了美国资助的国际军事教育和训练计划。1988 年，缅甸采取军事手段镇压民主抗议活动，随后由军政府接管政权。美国迅速宣布制裁缅甸，从而使两国的关系长期处于冰冻状态。美国在缅甸的影响力基本上不再存在。然而，随着美国亚太“再平衡”战略的推行和缅甸政局的变化，两国关系开始改善。

2010 年 11 月，缅甸首次举行多党制全国大选，释放了长期被软禁的全国民主联盟领导人昂山素季。美国于 2011 年 9 月 27 日派特使与缅甸外交部长会谈，释放了对缅甸的好意。11 月，奥巴马在白宫与昂山素季通话后，确认有了“民主”的对话条件，决定派遣国务卿希拉里访缅。2011 年 11 月 30 日，希拉里·克林顿到访缅甸，成为 50 多年来第一位到访的美国国务卿。2012 年 1 月，美国宣布与缅甸互派大使，“以行动对行动”进一步改善与缅甸的关系。10 月五角大楼又宣布，同意邀请缅甸观摩 2013 年“金色眼镜蛇”亚太多国联合军演。11 月，美国总统奥巴马对缅甸展开了历史性访问，成为首位在位期间出访缅甸的美国总统。不仅如此，美国与缅甸的经济关系也有进展。2013 年 2 月 22 日，美国财政部宣布解除对缅甸四家银行——缅甸经济银行、缅甸投资和商业银行、亚洲绿色发展银行以及伊洛瓦底银行的制裁，这是美国进一步放松对缅甸制裁的最新举措。2013 年 2 月 24 日至 28 日，由美国主管经济商务事务的助理国务卿何塞·费尔南德斯率领的包括 50 名美国企业高管组成的代表团对缅甸进行访问，这是 2012 年美国总统奥巴马访缅后到访缅甸的第一个大型美国商务代表团。代表团涵盖了从百胜餐饮集团（肯德基和必胜客的所有者）、通用汽车公司、康菲石油公司、卡特彼勒公司等美国众多大公司。2013 年 2 月 25 日，美国商会和缅甸工商联合会在仰光签署了一个谅解备忘录，旨在促进两国的双边贸易和投资。这一系列举动表明，美国确已改变了对缅政策，使两国的关系步入了新轨道。

按照美国外交行动的基本逻辑，它与其他国家发展时，往往是政治、经济先行，军事或防务合作往往随之而来。缅甸在东南亚地区战略地位重要，对于把重返亚太作为重要目标的奥巴马政府来说，增强对缅甸的影响力显然也是美国在亚太战略的一环。[①]通过政治上的接触和施加影响，促进缅甸的民主化改革，发展双方的经贸关系，进而建立防务合作关系，最终把缅甸改造成亲西方的国家，是美国的如意算盘。2012 年，美国智库——战略与国际问题研究中心在一份报告中敦促美国与缅甸军方接触。其实，对于与缅甸发展军事关系，美国一直怀有兴趣。美国驻缅甸大使馆是在缅甸遭到制裁的岁月里仍保留武官的少数几个西方使馆之一。6 月份，美国国防部长利昂·帕内塔在新加坡举行的一个防务论坛上说，随着双边关系的改善，他会与缅甸官员讨论建立安全关系。[②] 10 月，包括数名高级文职官员和军方官员在内的美国政府代表团对缅甸进行了访问，双方就重启军事培训项目和两国军方交流的可能性举行了会谈。2013 年 9 月，美国五角大楼着手准备同缅甸建立“最初步”的军事关系，即美国为缅甸军人提供人道援助、军事技术和国防改革方面的“非致命性”的培训。

总之，美国对缅甸的重返，或多或少透露出有对缅甸增加影响并将其拉入美国亚太防务合作网络的远期意图。鉴于缅甸的地缘战略位置，通过削弱和制约中国在缅甸的影响力，达到在战略上牵制中国的目的。虽然从目前来看还障碍重重，但这种平衡和分化中国在该地区的影响的企图确实昭然若揭。

---

① 廉德瑰:《日本对缅甸的政策调整及其特点》,《东北亚学刊》, 2012 年 11 月第 5 期，第 10 页。

② 释清仁:《美缅军事关系的新转向》,《中国青年报》2013 年 01 月 04 日第 9 版。

六、打开与蒙古国的防务合作之门

蒙古国是东亚的一个内陆国家，东、南、西与中国接壤，北与俄罗斯相邻。它的原称为外蒙古或喀尔喀蒙古。1911 年 12 月蒙古王公在沙俄支持下宣布“自治”。1921 年蒙古人民革命党领导的人民革命胜利，同年 7 月建立君主立宪政府。1924 年 11 月 26 日废除君主立宪，成立蒙古人民共和国。1945 年 2 月，苏、美、英三国首脑签订雅尔塔协定，规定“外蒙古（蒙古人民共和国）的现状须予维持”，并以此作为苏联参加对日作战的条件之一。1946 年 1 月 5 日，当时的中国政府根据外蒙古公民投票的结果，承认其独立地位。1992 年 2 月改国名为“蒙古国”。

蒙古国从其“自治”到“独立”后很长的时期里，在外交上都与苏联保持高度的一致，因而与美国几无往来。随着戈尔巴乔夫推行改革与新思维，蒙古的政治生态也发生了变化。1987 年，蒙古国和美国建交。美蒙关系不是在真空中发展的，两国有互补性的政治利益。在蒙古国看来，作为只有两大邻国的内陆国家，出于安全和发展的考虑，与美国等西方大国发展密切和政经关系十分必要。而美国则希望蒙古国能够成为拥有和美国同样价值观的稳定而开放的民主国家。蒙古国 90 年代初期开始民主改革的时候，美国曾积极表示支持，并把蒙古看成亚洲民主化的重要进展。在此后的十多年中，两国政经关系稳步发展。蒙古国在 1994 年制定的国家安全构想中宣布，美国是俄罗斯和中国以外的第三个重要国家。

“9・11”事件给美国和蒙古国带来建立更密切关系的机遇。随后，国防领域合作在两国关系中的地位不断上升。蒙古国一贯支持美国在阿富汗的反恐战争和在伊拉克的军事行动，并派军队参与阿富汗和伊拉克的重建。美国则为蒙古国培训军方人士，帮助和支持军方以及安全领域的人士参与地区多边交流以及国际维和行动。2004 年，美国参谋长联席会议主席迈尔斯和美国副国务卿阿米蒂奇先后对蒙古国进行了访问。阿米蒂奇在访问期间对蒙古国政府派军队参与伊拉克重建表达谢意，并强调了两国在双边和多边领域合作以及训练蒙古国军队参与国际维和行动的重要性。2005 年美国防部长拉姆斯菲尔德和总统小布什也对蒙古国进行了访问。小布什在访问期间宣布，美国向蒙古国提供 1100 万美元的军事援助，以帮助蒙古国提高反恐能力。

奥巴政府上台后，美国与蒙古国的防务合作得到了进一步加强。2011 年 3 月 29 日，蒙古国国防部长包勒德应邀访问美国，会见了美国国防部长盖茨，双方就蒙美关系和加强双方在防务领域的合作交换了意见。会谈中，盖茨对蒙古国对在伊拉克和阿富汗的美军提供的支持表示感谢，并表示支持蒙古国深化防务部门改革的努力，支持蒙古国增强其空军力量，帮助蒙古国提高其维和行动的能力。2012 年，北约与蒙古签署了合作伙伴协议。该协议的重点将是增强蒙古国的军力，提升它与北约部队的协同作战能力。北约强调，它“高度重视与蒙古国的伙伴关系”。该协议有很重要的象征意义，因为它是北约自 2011 年修改外部合作伙伴关系政策后签署的第一份正式伙伴关系协议。2014 年 4 月，美国国防部长哈格尔访问蒙古国，寻求加强与蒙古国的军事合作关系。哈格尔和蒙古国国防部长达希登贝尔勒·巴特-额尔德尼在乌兰巴托发表联合声明，表示将通过联合训练和援助，扩大两国的军事合作。哈格尔表示：“美国与蒙古国加强防务关系，对于美国在亚太‘再平衡’战略中具有重要意义。”

美国与蒙古国的防务合作，是其推行亚太“再平衡”战略的步骤之一，也是其为构建亚太防务合作网络而布下的一枚边缘性的“棋子”。毕竟，蒙古国处于中俄两国包围之中，无论美国怎样经营，从地缘上说，蒙古国很难发挥它所期待的作用。

第三节　构建集体安全机制

所谓安全机制，就是“国家集团通过心照不宣地探索解决安全困境自我行为或者通过对其他行为体行动的假设，进而解决他们的争端或避免战争。”[①] 安全机制有如下特点：第一，它通常是行为体的利益既不完全协调、又不根本对立的产物；第二，它可以在其参与成员存在敌对关系和利益冲突的情况下建构，旨在通过相互沟通、交流缓解敌意，并通过均势或相互威慑阻止以武力解决利益分歧；第三，它可以抑制冲突，并为最终解决冲突做铺垫，但它难以完全、立即化解以及解决全部冲突。因此，它的安全作用是初步的，有条件的。[②] 第二次世界大战后，为防止人类再次遭受战争的浩劫，反法西斯联盟国家成立了联合国，设立安全理事会，构建集体安全机制。冷战时期，两大阵营严重对立，为避免战争灾难的发生，欧洲国家通过召开“欧洲安全与合作会议”，建立区域安全机制。新世纪以来，亚太地区成长为全球经济中心和地缘政治中心。虽然这里没有形成完全对立的两大阵营，但国家之间存在着各种矛盾，弄得不好，就可能演变成剧烈的国际冲突，甚至战争。这就要求亚太地区能够建立一个能有效覆盖全区域的安全机制，以求抑制亚太国家间的矛盾与冲突，适应亚太崛起为全球经济、政治中心现实。

第二次世界大战后，美国改变了传统的孤立主义做法，不仅在和平时期保留一支强大的军事力量，而且奉行联盟战略，通过建立集体安全的机制，以维护战后的胜利成果和应对各种安全挑

① Barry Buzan, People, Status and Fear: An Agenda for International Security Studies in the Post-Cold War Era (New York, Harvester Wheatsheaf, p. 218.

② 参见林利民：《亚太安全机制的“缺位”与“补位”》，《当代世界》2012年7期。

战。所以，美国与许多国家建立了同盟或防务合作关系。在亚太地区，美国曾主导建立了“东南亚条约组织”，由于遭到许多国家的反对，后被解散。于是，美国在构建亚太集体安全机制方面另辟蹊径，通过双边合作的方式，与诸多亚太国家签订了共同防御条约或防务合作协定等。奥巴马上台以来，作为推行亚太“再平衡”战略的一部分，美国政府通过巩固已经存在的同盟关系、拓展新的合作伙伴等方式构建防务合作网络，尝试构建符合美国利益的集体安全机制。

一、主张“寻求合作”预防危机

海湾战争中伊拉克成功突袭科威特的行动使得美国发现，地区性大国在远离美国本土的利益攸关地区发起的攻击只有很短的预警时间，[①] 常规的应对程序往往来不及反应。而预防性防务强调对事态发展全过程的控制，争取把对美国国家安全的潜在不利因素消除在萌芽状态。在美国政府看来，“一盎司的预防，要比一吨的事后干预强得多”。[②] 因此，特别是海湾战争以后，美国战争预警的重点就转向对付地区战争和防范敌国使用大规模毁伤性武器对美国本土及美国海外军事力量进行有限打击。战争预警的目标选择首先就是在美国眼中具有实施大规模打击能力和远程打击能力的地区性大国，不管这样的国家是否具有与美国为敌的意图和发动攻击的可能，只要具备了相应的能力，就会被美国视为潜在的预警目标。

亚太地区是世界各大战略力量的汇聚地。中国因为不断增长

① 【美】莱斯·阿斯平：《财政年度国防报告》，军事科学出版社，1995 年版，第 14 页。

② Werner Bauwens, *The Art of Conflict Prevention*, 1994, p. 2.

的国力水平和在地区舞台上的利益诉求就可能引发美国的这种战略怀疑。因此美国的预防性防务理念在美国对华政策中占有十分重要的特殊地位。美国前国防部长佩里和哈佛大学教授卡特在其合著的《预防性防御：一项美国新安全战略》一书中指出，中国的崛起是美国以西发生的最重要的地缘战略变化，“预防性防务战略的主要用途之一，就是指导美国与中国的关系。”[①]

通过合作，使当事方相互了解，从而避免因为误读对方的意图而造成冲突，是预防性防务的重要内涵。预防性防务政策不同于遏制政策，因为预防性防务政策鼓励中国的参与，展开合作，而遏制政策则是设法拒绝中国的参与，进行孤立。从美国的实际行动看，美国在亚太地区构建防务合作网络，并没有完全将中国排除在外。奥巴马第二任期开始以来，美国政府多次表示，其“亚太‘再平衡’战略”并不是要遏制中国，而是要与中国进行合作。2013 年 2 月，中美两国首脑在美国加利福尼亚的安纳伯格山庄举行私人会晤时，就表示要在两国之间构建新型的大国关系。2013 年 6 月，美国国防部长哈格尔在香格里拉亚太安全论坛上表示，美国在亚太地区部署更多的军力，并不是针对中国。国务卿克里也曾宣称，美国亚太“再平衡”战略考虑到中国的合作因素。2013 年 9 月，中国海军还应美国之邀，赴夏威夷与美国海军进行海上演习[②]等等。

当然，美国推行预防性防务战略的核心在于采取综合手段经营和塑造对美国安全与发展有利的地区和国际环境。它所允许中

---

① 【美】艾什顿·卡特，詹姆斯·佩里：《预防性防御：一项美国新安全战略》，前言，上海人民出版社，2000 年版。

② 据新华网报道，2013 年 9 月 9 日，美国夏威夷瓦胡岛附近太平洋海面上，中国人民解放军海军青岛号驱逐舰（DDG113），临沂号导弹护卫舰（FFG547），美国海军导弹巡洋舰“伊利湖”号（CG70）三艘战舰编队进行搜索及救援演习。参见 http：//news. xinhuanet. com/mil/2013－09/11/c_ 125366165. htm。

国的参与也只限于是在保证这个大前提下的参与，美国始终要求主导权掌握在自己手中。

二、谋求“应对危机”阻止冲突

任何危机，都有可能升级为战争。美国预防性防务的核心内容就是阻止危机，将冲突的隐患消灭在萌芽状态，而不使其演变为战争。美国这样的做的原因是基于它对历史经验的认识。20 世纪的两次世界大战的经验证明，用实战方式消除威胁的做法反而会促进危机的升级，可能引发灾难性的全面冲突，造成巨大损失，这一点随着战争破坏力的增加而变得更加明显。即使局部战争，也往往得不偿失。第二次世界大战后至冷战结束，美国从事的两场主要局部战争，虽然付出巨大的代价，但结果都以失败而告终。即使在冷战结束后，美国作为唯一的超级大国，在军事上打赢了几场局部战争，但依旧没有达到预期的深层目标。

另外，冷战时长期奉行的威慑战略也被证明消耗了巨额资源，实现这样的军事战略反而成了经济发展的沉重负担，并且随着当今世界威胁的多样化，面对诸如恐怖袭击和极端宗教民族问题引发的危机，以及多次被美国《国防报告》列为首要威胁的大规模杀伤性武器扩散，都无法再通过传统的威慑战略进行控制。当美国已经具备在全球范围内打赢任何一场战争的能力时，提出预防性防务思想，就在于强调通过合理使用力量来避免战争的发生和控制战争的走势，而非单纯地追求打赢战争。预防性防务使得美国军事战略与国家安全战略更好地衔接起来。预防性防务突破了使用或威胁使用武力的传统军事战略，成为一种干涉手段。[①]

---

① 翟晓敏：《冷战后美国预防性防务评析》，《南京大学学报》，2000 年第 6 期第 37 卷，第 97 页。

亚太地区存在着许多争端和国家间矛盾，处置不当，就可能引发重大的危机，甚至进入战争。这是美国不愿看到的。亚太国家间的争端或矛盾一旦引发了危机，美国都可能被卷入其中，因为这里有它的核心利益，几乎所有当事国的一方或双方都是美国的盟国或盟友。

对于亚太国家间存在的多种矛盾，美国的态度是明确的。一方面，它希望亚太国家之间存在矛盾，否则它就没有理由在相关国家驻军，建立同盟关系，进而成为这一地区事务的主导者。也就是说，因为相关国家之间有矛盾，需要借助外力，而美国就是提供这一外力的主要源泉。另一方面，它又不希望亚太存在矛盾的国家通过战争解决它们之间的争端，否则它就不得不直接介入。一旦介入，它就必然会受到拖累，付出巨大的代价。所以，美国最好的选择就是保持这些矛盾或争端的存在，同时在必要的时候又使相关国家就这些矛盾或争端产生一些冲突和摩擦，但不能进入危机状态，即使出现了危机，也不能失控。基于此，美国构建亚太防务合作网络，有着这样的双重打算：既要控制自己的盟国或盟友，又要威慑另一方不要采取冒险的行动。

三、着力“遏制冲突”防止战争

防止战争是美国预防性防务的重要内涵，美国构建亚太防务合作网络当然也有防止战争的考虑。要防止战争，一是要化解矛盾，使战争的策源地消失；二是具有先胜的能力，使对方因为不能从战争中获利而放弃战争意图。由于美国既不愿意在亚太国家间的争端中选边站，也不愿意看到这些矛盾或争端的解决，因而就不可能通过矛盾化解的方法去防止战争。那么，为防止战争，美国的唯一选择就是通过构建防务合作网络，使其及盟国或盟友一方具有先胜的能力，从而使对方不敢贸然行事。

从近年美国构建亚太防务合作网络的实践看，这一意图是明显的。在中日钓鱼岛争端、中菲黄岩岛争端和日韩竹岛争端的问题上，美国的立场都是一样的，即对这些争端不持立场，但希望当事国和平解决矛盾。从预防性防务思想的具体贯彻实施来看，美国政府广泛寻求与对美国安全具有重要意义的国家建立防务合作关系，以便施加影响，防范美国与潜在敌对大国间可能发生的冲突。为了控制地区局势，防止危机的出现和升级，美国通过前沿驻扎或部署部队、开展安全合作和安全援助以及与盟友共同训练和演习，以显示军事力量来控制地区局势。从亚太地区的现实情况看这些实施方法符合多年来美国开展的各项涉及军事和安全领域的合作活动，事实证明，长久以来美国在这一地区开展的防务合作活动就是其预防性防务思想的具体实践。

四、通过“安全焦点”凝聚战略共识

美国崛起的历史始终伴随对欧洲事务的介入，利用欧洲各国间矛盾扩大自己的外交空间并最终取代欧洲成为世界性的大国。[①]那么，要把欧洲各国特别是西欧老牌帝国主义国家纳入其战略轨道，美国必须首先凝聚这些国家的战略共识。而凝聚共识的最简捷的方法，莫过于找到共同的安全威胁。于是，美国通过渲染苏联的威胁，使西欧国家与美国很快在战略上达成共识，建立了北大西洋公约组织。之后，通过与欧洲国家展开各种方式的合作，形成了欧洲集体安全的机制。

美国人深知，共识能凝聚力量，而要凝聚力量，必先凝聚共识。美国在欧洲拥有建立安全机制的成功经验，也试图将其运用

① 张文木：《全球视野中的中国国家安全战略（上卷）》，山东人民出版社，2011年第2版，第15页。

到亚太地区，通过突出共同的安全焦点，凝聚广大亚太国家同美国的战略共识，扩大对美依赖，从而使美国牢牢地居于地区霸权的地位，比如与一些亚太国家建立“东南亚条约组织”等。但是，亚太国家对安全威胁从未达成过共识。有的国家惧怕俄罗斯，有些不放心中国，有些担忧崛起的日本，有的东南亚国家认为越南是威胁。[①] 因此，在安全焦点问题上的不统一，使美国在亚太地区开展防务合作网络建设面临重重困难。不仅如此，由于美国承担众多同盟义务，还无谓地被不同国家间纠纷消耗战略资源。所以，美国若要构建亚太集体安全机制，必须为亚太地区制造一个统一的安全焦点，以利于凝聚战略共识。

历史的发展为美国带来了机遇。中国的国力提升和国防现代化建设的斐然成就，为美日等国制造所谓“中国威胁论”提供了借口。特别是随着近年来中国与周边邻国的领土主权与海洋权益的争端日益显现，引起一些周边国家的战略焦虑，防范中国的心理加重。加之中国与周边国家的政治、经济体制存在着本质性差别，因而使中国容易成为周边国家关注的安全焦点。

在20世纪70年代后，包括日本、韩国等美国传统盟国在内的亚太国家，纷纷提出要求，修改与美国签订的安全保障或共同防御条约，减少或撤走驻军，压缩或关闭军事基地。至20世纪末，美国削减了驻日、韩的部队规模，从菲律宾撤走了驻军，并关闭了苏比克湾海军基地和克拉克空军基地。然而，21世纪初开始不久，亚太的战略环境发生了重大变化。一些亚太国家主动要求加强与美国的防务合作，并愿意提供基地甚至经费，希望美军返回驻扎。同时，出于维护自身领导地位的需要，美国也希望加强与这些国家的防务合作。尤其值得注意的是，为了达到自己的

---

① 【美】亨利·基辛格：《美国的全球战略》，海南出版社，2012年版，第103页。

目的，美国还渲染亚太国家面临的威胁，使这些国家与其形成战略共识。这样，它就可以打着“保护传统盟友”和“维持地区稳定”的旗号获取广泛支持，进而开展各种军事合作。这样，美国一方面取得亚太国家对其主导构建的防务合作网络的外部支持；另一方面又利用其国内民众对中国崛起的担忧情绪，获得对政府战略重心调整的内部支持。

综上所述，美国推行亚太新战略，组建亚太防务合作网络，以制造共同安全焦点的方式聚焦战略共识，从而增强同盟体系的凝聚力，并企图借构建防务合作网络对中国等国家施加外部安全压力。

五、突出“伙伴聚集”发挥集群效应

生物学研究表明，大型动物只论个体强弱没有意义，因为个体的强悍难以强过种群，通过合作形成的集群效应，可以占据资源丰富的生存环境，集群本身就是一种强大的能力。同时，用于维持过于强悍个体所需的资源消耗反而是个负担。与此类似的情况是，形成集群化的国际组织赢得的是更加广阔的安全空间和生存环境，而美国作为一个过于强大的个体需要庞大的国力支撑，因其过去主张的“轴辐式”同盟体系所带来过多的同盟义务逐渐使美国力量透支，其所需的庞大国力资源在金融危机面前也已成为负担。尤其在美国经济走低而亚太经济向好时，让亚太盟国间加强合作、分摊更多的防务责任和成本就成了美国战略调整的必然选择。

经济学上的研究也显示，集群效应是一种高效率的产业运行方式。其典型例子如美国的硅谷高科技产业集群和中国的浙江小商品产业集群。通过集聚作用实现相关个体和资源的整合，有利于更高效率地达成共同目的。在亚太地区的防务问题上，实现地区安全就是各国追求的共同目的。在亚太地区，出于历史原因造成的相互担忧和不信任，伴随任何一个国家的实力增强，周边的其他国家都要对此做出调整，从而保障自己的安全。而在这种安全困境下，若单独一国的国力不足以保障它自身的安全，那么更容易出现多个小国因为共同安全威胁而形成“防务抱团”的趋势。美国利用各国对安全问题的共同关注形成集聚作用，借由对以美国为核心的传统“轴辐式”同盟体系加以改进，增加相关国家间的联系和互动，进而实现达到最大效能的防务集群效应。但同时应当强调的是，美国构建的亚太防务合作网络实现的集群效应是整合亚太国家防务资源的整体效果，但所体现的依旧是防务主体——也就是美国的个体意志，换句话说，这个防务合作网络达成的安全，是美国需要的安全。

六、利用“集群效应”强化集体安全

20世纪50年代，美国以北约组织为蓝本，试图在亚太地区构建集体安全机制，先后拼凑了“东南亚条约组织”和“中央条约组织”，但由于亚太国家“水土不服”，终告失败。之后，美国就以双边合作的方式，建立军事联盟，如与日本、韩国、菲律宾、泰国、澳大利亚等国签订了共同防御条约和同盟条约。在此基础上，从本世纪初开始，美国着手在亚太地区构建集体安全机制。前太平洋总部司令布莱尔曾提出“亚太安全共同体”的构想，内容是以军事合作为基础，通过维和及海上搜救等多边军演形式将亚太所有国家纳入“集体安全网”。

尽管美国在其官方文件中，没有明确表示要建立亚太集体安全机制，但早在1998年，国防部发表的《东亚战略》报告就指出，美国应象改造北约那样改造亚太地区的五对双边军事联盟，特别是美日同盟，使之为整个地区以至全球的安全与稳定服务。

时任副国务卿塔尔波特甚至称，日美防务合作新指针是“北约东扩的自然归宿和北约东扩的亚洲版”。[①] 实际上从小布什政府时起，美国在推动其与亚太国家安全与防务合作方面，就有所改变，力求在传统的双边合作基础上，进行多层次的多边合作。

奥巴马上台后，亚太地区的战略环境发生了重大的变化。一方面，中国与亚太邻国关系发展迅速。例如，中、日、韩启动了自由贸易区谈判，过去10年，中国与东盟关系快速升温，建立了比较稳定和有效的合作机制。但另一方面，随着中国力量的上升，一些与中国存在着海洋争端的亚太国家，对中国“威胁”的担忧有所上升。为了维护亚太地区的主导地位，美国便利用这些国家的心理，对其进行诱导和拉拢，将它们纳入自己的战略轨道，形成一种集群效应。因此，美国在推动双边合作的同时，也广泛推动盟国之间的互动。在这种情况下，美日澳战略对话机制、美日韩情报合作机制、美日印战略对话机制、日越菲互动机制等都已经建立或有所进展。这样，原来以双边合作为主体的松散的集体安全机制得以强化，进而形成一种成型的较为密切的集体安全机制。

从历史上看，弱国在面对自身无法消除或对抗来自强国的威胁和压力时，便寻求盟国来平衡强国的优势。[②] 正是基于这一原理，美国制造了“中国威胁”这一亚太共同安全焦点，介入亚太地区事务，构建亚太地区防务合作网络，企图以自己为主导，借助其他亚太国家的力量，强行推广自己的地区安排框架。不过，根据国际关系的发展经验，“统治国际体系的企图将招致一个会

---

① 参见中国现代国际关系研究院：《反恐背景下美国全球战略》，时事出版社，2004年4月版，第141页。

② 王伟伟：《中国合纵连横思想——一种均势的解读》，载《战略与外交（第1辑）》，时事出版社，2012年版，第203页。

制约该国的制衡性联盟”。[1] 而目前美国的举动正是在进行这样的危险尝试。

由此可见，美国利用一些亚太国家，特别是那些与中国存在领土、领海和海洋权益争端国家对中国崛起的担忧，在欧亚大陆的东端，从东北到西南的濒海地带构建起一个庞大、复杂的防务合作网络。一方面可防止欧亚大陆国家挑战美国的海上霸权，另一方面又以海洋和盟国为依托，伺机介入欧亚大陆的事务。

总之，美国历来重视联盟的作用。冷战时期，美国在亚太逐渐构筑了以双边联盟为基础的联盟体系。冷战结束之后，这一体系通过结构功能的调整、加强联系和协调之后，得到了进一步的强化。[2] 美国认为，亚太联盟体系“是亚太地区安全的基石和繁荣的基础。我们将继续深化和加强联盟，以体现该地区的活力和21 世纪的发展趋势。”[3] 其中，美日同盟的地位尤为重要，美国将这一双边关系视作亚太安全的“奠基石”[4]。美国“重返亚太”的脚步必然伴随着加强和巩固与盟友之间的关系。

---

① Robert Jervis, “A Political Science Perspective on the Balance of Power and Concert,” *The American Historical Review*, Vol. 97 (1992), p. 717. 转引自时殷弘：《制衡的困难——关于均势自动生成论及其重大缺陷》，《太平洋学报》，1998 年第 4 期，第 49 页。

② 参见王帆：《美国的亚太联盟》，世界知识出版社，2007 年 1 月版，第 80 页。

③ White House, *National Security Strategy*, Washington D. C., May 2010, p. 42.

④ Statement of Admiral Robert. F. Willard, Navy Commander of U. S. Pacific Command before the House Armed Services Committee on U. S. Pacific Command Posture, p. 35.

第五章

增强亚太地区军事力量

美国在构建亚太地区防务合作网络的同时，还动用自身的战略资源，增强军事力量，以确保地区的军事优势。无论是2012年的《防务战略指南》，还是2014年的《四年防务评估报告》都表明，为了推行亚太“再平衡”战略，美国着手在全球范围内调整军事力量的部署，以便将多的军事资源移向亚太地区。2015年的《国家安全战略报告》强调：“美国一直是，并将永远是一个亚太国家……，我们将与亚太国家建立广泛的安全关系，增强防御态势和与军事存在。”① 其实，从2009年“重返亚洲”战略提出不久，美国就开始优化亚太地区军力布局，完善基地设施与配置，投入先进的装备，加强训练演习，以提高军事能力。

第一节　增大战略资源投入

战略的实施，必须依靠资源。从美国战后的战略实践可以看出，军事资源的投入往往决定于国家的战略重心。第二次世界大战后，遏制苏联是美国全球战略的核心，因而在整个冷战时期，其军事资源也主要投向欧洲。20世纪70年代，由于越南战争和

① White House, *National Security Strategy*, Washington D. C., Feb 15, 2015, p. 24.

经济危机的打击，美国的实力大为下降。为此，美国决定从亚洲收缩兵力，但对于其欧洲的军事力量不仅未削减，反而有所加强。20 世纪 80 年代中期，美苏争霸高峰时，美国在欧洲部署 35 万余人，占驻海外兵力总数的 60% 以上。冷战结束后，随着国家安全环境的变化，美国在欧洲的驻军逐步减少，至奥巴马上台时，仅有 6 万余人。而在亚太地区，美军的兵力却在不断增长，而且根据现已公布的计划，更多的兵力将向这一地区转移，它将占其驻海外的海、空力量的 60% 。

从 2012 年以来，尽管美国在执行“自动减支计划”，军费的开支曾一度大幅下跌，但对于亚太地区的军事投资却未降反升。根据 2014 年的《国防授权法》，该法案将对美军“重返亚太”作重点投资。该法案提出，为确保实现这一战略，美军将修缮亚太地区的机场跑道，将关岛建成战略运转中心，确保 B－2、F－22 战机等关键打击能力所需的经费，并加强与亚太盟友的关系。此外，美智库研究报告披露，2014 财年美军在亚太地区还将采取以下措施：推进在澳大利亚的“关键存在计划”，从而建立一支更有弹性的海军陆战队存在；增加 EA－18GS 电子攻击机以抵消 EA－6B 飞行中队退役的影响；为提升应对反介入/区域拒止能力，增大对联合打击战斗机、“弗吉尼亚”级核潜艇及新型轰炸机项目的投资。

一、增加海空力量

随着科技的发展，海军和空军成为大国的利器。远程打击能力和兵力投送能力是一个国家战略威慑和赢得现代战争的必要条件。早在 20 世纪 50 年代，美国就把局部战争作为主要战争形态，到了 80 年代，更是提出了低强度（烈度）冲突的概念。后来，在总结越南战争经验的基础上，美国着手进行军事变革，创新作战理论，调整体制编制，压缩陆军规模，增加海、空军的比重，强调远程打击系统和战略投送能力的建设。在其后的20余年里，美军以全新的方式投入到多场局部战争中，海军和空军的作用都得到了充分的发挥。从海湾战争到北约空袭利比亚的“奥德赛”黎明行动，美国都充分发挥了海军和空军远程打击和兵力投送的特长。特别是1999年的科索沃战争，以美国为首的北约国家，仅仅运用空军和海军的力量，以“零伤亡”的代价，就将对手击溃。

为了控制欧亚大陆，美军的海外部署基本围绕着大陆的两端展开。在冷战时期，由于战略重心在欧洲，美国的海军和空军力量部署以欧洲为重。随着华约和苏联的解体，美国的安全威胁变得多元，开始逐步减少在欧洲的驻军。为了及时消除隐患，美国依然采取前沿部署的方法。在海、空军力量的配置上，大体上保持大西洋和太平洋地区平衡，即各部署50%的力量。2009年，随着美国“重返亚洲”，特别是2012年正式提出亚太“再平衡”战略之后，美国着手调整全球性军力部署。海军作战部长乔纳森·格林纳特（Jonathan Greenert）上任伊始就宣称亚太地区是美国海军的最高战略重点。曾任美国国防部长的利昂·帕内塔（Leon E. Panetta）也高调宣称强化美军在亚太地区的前沿存在，重点加强海空军事力量部署。[①] 2012年6月，他参加第十一届“亚洲安全论坛”时表示，美国要在2020年以前，将其驻扎在海外的60%海、空军部署到亚太地区。2013年6月，美国国防部长哈格尔在香格里拉对话会上发表演讲，声称，“要确保美国的国防企业能更好地应对21世纪包括亚洲崛起在内的安全挑战”。他重申

① Leon E. Panetta, Statement to ASEAN Defense Minilters, Bali, Indonesia, Sunday, Oct. 23, 2011, http://www. Defense. Gov/speeches/speech. Aspx? Speechid =1624.

了其前任的立场，并进而指出，将在2013年年内在亚太增加7%的额外资金投入。2014年的香格里拉对话会上，哈格尔再次强调，“到2020年，我们会实现我们的目标，我们在海外的海军和空军的60%部署在太平洋”。

从实际行动看，2012年美军在太平洋地区部署了14.54万人，2013年增至15.41万人，兵力规模增加约6%，占全部海外兵力的56%。其中，陆军减少900人，海军（含陆战队）增加8800人，空军增加800人。

2014年8月20日，美国海军作战部长、海军上将乔纳森·格林纳特公布了一项5年海军作战计划，以执行奥巴马政府实施的亚太“再平衡”战略。根据这项计划，到2020年前，美国海军部署在前沿基地的舰艇将由现在的97艘增加到120艘，而部署在太平洋地区的舰艇将由现在的50艘增加到65艘。这项作战计划写道：美国海军“最强大的平台将在西太平洋执行军事行动”。特别要强调的是，美国于2012年开始在澳大利亚部署海军陆战队，现已达1000人。在未来的几年里，美军还将增加到2500人。根据2015年2月国防部公布的计划，美国将大力压缩在欧洲的军事基地数量，降低驻军的规模，以便进一步充实亚太的兵力。

美军还构筑海底反潜设施。基于两次世界大战的经验教训，美军对建立和保持水下优势极为重视。冷战时期，美国就建立了固定式水声监视系统，这种沿着海床、海底岩石和大陆架全面铺设的声学传感器阵列，以相互联结的体系，构成了完整的水下监听系统。目前位于太平洋海区的固定式水声监视系统共有3道：一是“海龙”系统，布设于第一岛链的千岛群岛、日本列岛、琉球群岛、菲律宾至巴布亚新几内亚，并含冲绳、千岛群岛两端；二是“海蜘蛛”系统，从美国阿拉斯加沿阿留申群岛向西布设至库页岛以东，向南至夏威夷群岛以南，覆盖白令海和美国本土以西3000海里；三是“巨人”系统，布设于太平洋中部北纬38度附近，西起日本以东，东至西经150度，与“海蜘蛛”系统相切，主要覆盖太平洋中部。2008年和2012年，美国又分别在宫古海峡、台湾岛、经巴士海峡至菲律宾之间海域建成水下监视系统，加强了对第一岛链海峡、水道的水下警戒。

这些固定式水声监视系统与美军反潜飞机、攻击型核潜艇和水面舰艇一道能对各主要海峡、通道实施实时监控，对中国潜艇进出岛链遂行作战行动构成极大威胁。①

军事力量是国家战略实施的重要工具，它的部署与建设随着国家的战略重心、主要战略方向变化而调整。当美国的战略重心移向亚太后，它的军事力量建设与部署重点也随之转向亚太地区。

二、调整兵力布局

鉴于中国军力的发展，特别是远程打击武器的部署，美军在亚太地区除增加兵力以外，还对其布局进行了调整，以求处于有利的战略态势。一方面，美国对部署在前沿地区，主要是韩国和日本的兵力进行缩减，以避免遭到中国中近程武器的打击，因为这些地域已处在中国的常规火力覆盖范围。另一方面美国可以利用其军事技术优势，在中国常规的火力圈外，对西太地区的军事态势进行干预。如果与中国或其他国家发生军事冲突，美军可以利用其远程火力对中国或其他国家的军事目标进行灵活而有力的攻击。

其实，进入21世纪不久，美国根据其反恐战争的需要和亚太

① 参见闫嘉琪：《美日3道水下系统监视中国潜艇，中国如何突防?》，人民网2015年2月15日，http://military.people.com.cn/n/2015/0215/c1011－26570265.html.

地区的形势发展，就着手调整军力部署，先后从韩国和日本撤走大量兵力。伊拉克战争期间，美国从韩国调走2.8万人的兵力赴伊拉克作战。随后，这些部队奉命进驻美国本土，未再返回韩国。与此同时，美国与日本进行谈判，重新部署美军在日本的驻军。2006年，美日“2+2”部长会议达成协议，美国将从日本撤走8000名海军陆战队员，移驻关岛。2012年2月8日，美日双方决定修订2006年的协议。根据新的协议，原定驻冲绳美海军陆战队中的8000人转移关岛的计划，现在调整为4700人，而其余的3300人将暂时转移至夏威夷、澳大利亚和菲律宾等地的轮流驻扎。协议同时规定，将原本捆绑在一起的部队转移与普天间基地的搬迁计划松绑，即在基地搬迁之前首先进行部队转移。

美国从日本和韩国撤走部分军队，其根本原因之一就是防范中国弹道导弹和巡航导弹的攻击。2014年3月，美国国防部一位高级官员在一次军事研讨会上透露，美国国防部的决策者们担心，部署在亚太前沿基地的美国军队，处在他国弹道导弹和巡航导弹威胁的范围内，容易遭受沉重打击。美国《防务新闻》周刊4月披露，美国国防部正在考虑分散美军在亚太地区的前沿部署，使美军在亚太的军事部署多样化。第一岛链沿线的地理特点提供了许多战略要地，可用于建造能给敌方海军制造混乱的小型导弹基地，部署潜艇和鱼雷，增加对敌方行动的威慑效应。正因为如此，美军与菲律宾签署协定，取得了临时驻军权利。在新加坡部署海军和空军。当然，美军兵力分散部署，并未减少对中国的压力。诚如中国社会科学院美国研究所军控与防扩散中心秘书长洪源在接受《世界新闻报》采访时所说的那样：“对于中国来讲，美军旨在围堵中国的基地一个也没有减少，兵力也一个没有减少，只不过是兵力进行了一些调动而已。”他举例说：美军此举“就像一个人坐在椅子上，手和脚可以动，椅子就像这个基地，手可以挥到左边也可以挥到右边，兵力的变动并不意味着整个战略格局的变化。"[①] 早在2010年6月，美国国防部长罗伯特·盖茨就在新加坡宣布，美国将在亚太地区寻求建立一种"地理上更加分散、行动上更加灵活、政治上更可持续（The U. S. defense posture in Asia ia shifting to one that is more geographically distributed, operationally resilient, and politically sustainable.）"[②] 的部署态势。其继任者里昂·帕内塔2012年6月在"亚洲安全论坛"上又重申了上述的观点。据此，美国军力布局的重点就放在制空权和空中机动、远程打击、核威慑、海上进入、太空与网络空间，以及情报、监视与侦察能力上。

美军除了正在加强第一岛链和第二岛链的军事部署之外，还越来越重视在美国太平洋东部沿岸的军事部署。2014年5月，美国太平洋舰队司令哈里·哈里斯上将首次访问了美国太平洋沿岸西北部的两个军事基地，这两个军事基地部署有航空母舰、其他类型的军舰、潜艇、先进的战斗机。哈里斯说，在实现美国亚太"再平衡"战略中，"华盛顿州将发挥重要作用"。美国海军战争学院的两位教授也几乎在同一时间联合发表一篇文章说，美国在夏威夷和阿拉斯加都部署有大量军事力量，这两个地方今后很可能成为加强美国驻军的候选地，"作为奥巴马政府关注亚洲的战略调整的一部分，夏威夷是因为其核心地理位置，阿拉斯加是因为其战略上无可比拟的纵深"。[③] 目前，夏威夷是美国最大联合司

---

① 参见《驻日美军撤离日本背后的多重玄机》，新华网，2012年2月14日。

② "Remarks as dilivered by Secretary of Defense, Robert M. Gates, Shangri-la Hotel, Singapore", Saturday, June 05, 2010," http://www.defense.gov/Speeches/speech.aspx? SpeechID = 1483.

③ 参见徐长银：《美亚太"再平衡"战略部署今年又上新台阶》，新华网2014年11月28日，http://news.xinhuanet.com/world/3014-11/28/c_127259275_2.htm.

令部——太平洋司令部的所在地；阿拉斯加部署有美国第一代陆基弹道导弹防御系统以及多个空军军事基地。阿拉斯加在太平洋的军事布局中将发挥越来越重要的作用。

总之，美国在亚太地区的军力布局呈现三大特点：一是总兵力庞大。2014 年 4 月，美国防部长哈格尔在他启程第四次亚太行之前，接受记者采访时说，美国的“再平衡”战略不会动摇，“我们在亚太地区部署了 33 万多名官兵、180 艘舰船，以及 2000 多架战机。这是我们在世界上部署的规模最大的作战司令部。”① 二是部分军事力量从靠近中国的区域撤离。近几年来，美国已从日本和韩国基地撤走大批军事人员和装备，部署于中国的常规火力射程以外的关岛和夏威夷等地。三是将前沿部署进一步分散化。与冷战时期及其后的一段时间相比，美国在亚太地区的兵力部署更加分散化，减少了在日本和韩国的兵力，在新加坡和澳大利亚新增了兵力，重新获取在菲律宾的临时驻兵权。这样，美国在亚太的军事力量一方面可以规避风险，另一方面又可以利用其军事技术的优势集中火力打击对手。

三、投放最新装备

为了提升常规威慑能力，美军将在亚太地区部署更先进的武器装备。2012 年以来，美国在亚太地区已经部署和根据计划即将部署许多先进武器装备，包括最新的 DDG 级导弹驱逐舰、联合高速船、“海神”侦察机、“咆哮者”电子战飞机，以及 F－35C 联合攻击战斗机等升级版飞机。

2013 年，美海军“夏洛特”号攻击型核潜艇进驻关岛，2014

① 参见查克·哈格尔：《重返亚洲仍在进行》，《洛杉矶时报》网站 2014 年 3 月 30 日。

年1月中旬起，美军于日本冲绳嘉手纳基地部署12架F－22“猛禽”隐身战机。在海上力量方面，美军在日本和关岛更换部署了最先进的核潜艇、导弹巡洋舰和两栖攻击舰，2014财年又向关岛部署了“洛杉矶”级“托皮卡”号核动力攻击潜艇。10月17日，美国海军舰队司令部宣布，作为美国海军重返亚洲战略的一部分，今后3年将有3艘驱逐舰从美国本土派往日本，这3艘驱逐舰都将装备最新式的作战系统，包括最新的防空、弹道导弹防御、水面战和水下战能力。美国海军舰队司令部发言人表示，这些调整是美国海军把最先进、最有能力的军舰转移到太平洋地区计划的一部分。2015年2月，海军最新锐的两栖运输舰“格林贝”号抵达日本长崎县的佐世保海军基地，开始在日本部署，以替换去年秋天退役的“丹佛”号两栖船坞运输舰。“格林贝”号两栖运输舰于2009年服役，是美国海军第四艘“圣安东尼奥”级大型两栖船坞运输舰，全长210米，排水量为25300吨，主要以运送海军陆战队和支持海陆作战为主要任务。这艘运输舰可以搭载2架“鱼鹰”转旋翼运输机，运送800人，并且还可以同时起降4架直升机。2015年8月，美国“里根”号航母将取代回国养护的“华盛顿”号航母进驻日本。“里根”号是美国“尼米兹级”航母中最先进的一艘，排水量近10万吨，配备可使用20年的两座核反应堆，载有85架各种型号的飞机。

空军方面，2011年2月，在日本冲绳的嘉手纳空军基地临时部署了12架F－22“猛禽”战斗机，这是美国首次在海外部署这种技术最先进的飞机，[①] 2014年3月又进行为期3个月的部署，以后可能进行常态化部署；2012年，又在日本部署了24架MV－22型偏转翼飞机、6架P－8A新型反舰巡逻机和部分MH－60R/

① 李大光：《看美军如何在亚太布局》，《世界军事》2011年第18期，第18页。

S 型直升机；从 2012 年到 2014 年，美国已为“华盛顿号”航母编配了最先进的 E/A－18G“咆哮者”电子战飞机；并计划在 2017 财年在日本部署 F－35 战斗机。截止到 2014 年，美国空军已在夏威夷和阿拉斯加部署了 60 架 F－22 战斗机。机载超高速 X－51“驱波者”导弹计划随 B－52 战略轰炸机部署至关岛。X－47B 无人机也将在“福特”号服役时投放到亚太地区。不仅如此，美国在军费开支方面还向亚太地区倾斜。2012 年初美国国防部提交国会的 2013 年度财政预算中，美军一方面宣布要削减军队规模和军费以达到国会削减军费开支的要求，另一方面，却又表示要增加对亚太地区空军实力的财政投入，光是在武器装备一项上的预算就达 28 亿美元。此外，五角大楼还计划来 5 年中投入 63 亿美元发展可携带核弹头的远程轰炸机，并在亚太地区部署 80 至 100 架可携带核弹头的远程战略轰炸机。

为加强美国在太平洋地区的战略防御能力，美国在其西海岸、关岛和东南亚一些国家进行了反导能力部署。2013 年 10 月 15 日，英国《简氏防务周刊》报道，美国陆军多种导弹防御系统，如末端高空区域防御系统（Thaad），已调往关岛，日本境内也在使用一些陆军导弹防御装备。美国国防部还有意在韩国部署末端高空区域防御系统。根据相关计划，美国陆军最终将部署六套末端高空区域防御系统。“全球鹰”战略无人机已部署日本和关岛，具有高分辨率和远程预警能力 2 部 X 波段雷达部署日本的南部和北部。通过部署先进的防御系统，以防范敌对国家的弹道导弹攻击美国领土及盟国。

美军耗费巨资研制的新型战舰—濒海战斗舰将部署到亚太。根据国防部的计划，其中的 4 艘将部署到新加坡，其中第一艘“自由号”已经和第二艘“沃思堡”号已抵达，另外 2 艘也将于 2017 年部署到位。新加坡扼守着沟通太平洋和印度洋的战略水道—马六甲海峡，同时濒临南海，其重要性不言而喻。未来一旦将濒海战斗舰常驻新加坡，它北可到日本的佐世保、横须贺，也可以到韩国的釜山，往南可到菲律宾马尼拉，更可以方便进出南海海域。①

由此可见，自推行亚太“再平衡”战略以来，美国已经并将继续把其最新研制的武器装备，包括侦察、预警、指挥装备，电子战飞机、隐形战斗机、远程轰炸机等空中力量，导弹巡洋舰、导弹驱逐舰、濒海战斗舰和攻击型核潜艇等海上力量以及太空和网络战系统都部署到亚太地区。

第二节　完善军事基地网络

第二次世界大战后，美国在世界各地，特别是欧亚大陆的两端建立了众多的军事基地，以实现其通过前沿部署达到遏制与威慑对手的目标。在欧洲，英国和德国是其军事基地最多的国家。在亚太地区，沿着第一岛链的许多国家和地区都有美国军事基地的存在。冷战结束以后，美国先后数次大规模地调整军事基地，关闭和压缩了大量的位于西欧国家的基地，开辟了在东欧国家的一些军事基地。在亚太地区，美国也随着安全环境的变化，根据国家的战略需求，对基地的布局进行了调整。关闭了一些已无存在价值的基地，加强了一些地位变得更为重要的基地，新建了一些亟需的基地。相比于冷战时期而言，进入新世纪以来，美国在亚太地区军事基地的数量虽然减少了，但布局却得到了优化，网络更加完善，效用也大为提升。

---

① 张晓林、李大光：《美国驻亚太兵力部署的重大调整》，《国防科技工业》2012 年第 8 期，第 89 页。

一、强化关岛基地的枢纽地位

美国是一个两洋国家，其势力以本土为中心，分别向大西洋和太平洋两翼展开。它向东跨过大西洋，覆盖了欧洲，特别是西欧；向西则到达太平洋西岸，以控制西太平洋地区、特别是西太地区诸多岛国或半岛国家。为了操控世界，美国在上述地区相关国家和地区或自己的领地建立众多的军事基地。主要基地之间相互衔接，彼此呼应。关岛基地就是美国全球军事力量部署中最重要的战略据点之一。

关岛（北纬 13°26′，东经 144°43′）位于太平洋西部，是马里亚纳群岛中最大、最南端岛屿。关岛南北长 48 公里，宽 6—13 公里，面积 541 平方公里。1521 年麦哲伦在环球旅行中发现关岛，1565 年西班牙占领该岛。1873 年，美国海军开始在关岛附近活动。[①] 1898 年美西战争后，西班牙将关岛割让给美国。1899 年，美海军在关岛建立了海军站，1901 年兴建了海军陆战队兵营。1905 年，美国海军在关岛设立加煤站。1921 年，美国海军陆战队的水上飞机进驻关岛。[②] 1941 年，关岛被日本占领。美国在 1944 年夺回关岛后，在岛上开设多个机场，以关岛为基地对日本本土进行战略轰炸，并修建了规模庞大的物资储备仓库。1950 年，美国通过《关岛组织法》，宣布关岛为“未合并领土”。

关岛东距火奴鲁鲁 5500 公里，北距东京 2170 公里，西距马尼拉 2502 公里，距台湾岛 2000 公里，距北京 3600 公里，距上海

① Thomas B. McGrath, “Records of the American Naval Period on Guam 1898 – 1950,” *the Journal of Pacific History*, Vol. 16, No. 1 (Jan., 1981), pp. 42 – 53.

② Gordon. L. Rottman, *Guam 1941&1944 Loss and Reconquest*, (Osprey Publishing Ltd, 2004), p. 13.

3000公里，扼控西太平洋，是重要的海、空交通要冲。关岛是美国在亚太地区的重要军事堡垒，“是美国在西太平洋地区最大的海空军基地[①]，也是美国与远东、东南亚和澳大利亚间跨洋的海空交通枢纽”[②]。关岛在朝鲜战争、越南战争、海湾战争、科索沃战争以及伊拉克战争中均发挥过重要作用。2012年时，关岛上有美国军事设施41处，占全岛陆地面积的29%，驻扎美军3000余人。[③] 根据美国国防部计划和美日达成的兵力搬迁协议，美国驻日本的海军陆战队的4700人迁至关岛。自2012年至今，随着海军舰艇和空军战机部署的增加，关岛地区的美军将达万人的规模。

21世纪以来，美国对关岛基地的建设投入显着增加（见下图）。随着美国军事战略的调整，关岛的战略地位进一步提升。2009年，奥巴马入主白宫后，为了推行其“重返亚洲”战略，美国在关岛基地建设上更投入大量人力物力，着力把关岛打造成美国在亚太地区的战略枢纽。2009年，美国国防部成立了一个机构—马里亚纳群岛联合区，负责监管所有关岛基地。仅在2014年，美国就为关岛基地基础设施的建设投资约2亿美元，如耗资8800万美元重新整修的两座码头，投资7000万美元扩建西拉、坦戈、统一和胜利码头的设备和场地，耗费巨资改建X射线码头，同时还投资3970万美元用于其他项目的建设。[④]

---

① 本书中的“西太平洋”包括第二岛链以西的太平洋地区以及亚洲东海岸的滨海地带，既包括某些国家，也包括一些国家和地区的部分地区或者地方（含陆地和海洋），还包括国际法所规定的公海领域。载：刘新华：《西太平洋地区的海洋安全形势与中国的地区性海权》，《太平洋学报》，2011年2月。

② 朱竟成、张治宇：《关岛——美军经略亚太的桥头堡》，《国防科技》2005年第9期，第48页。

③ 参见：Guam，http：//en. wikipedia. org/wiki/Guam#Geography.

④ 参见《简氏称美国为应对中国加紧扩建关岛基地》，环球网2014年8月24日，http：//mil. huanqiu. con/observation/2014 – 08/5115851. html.

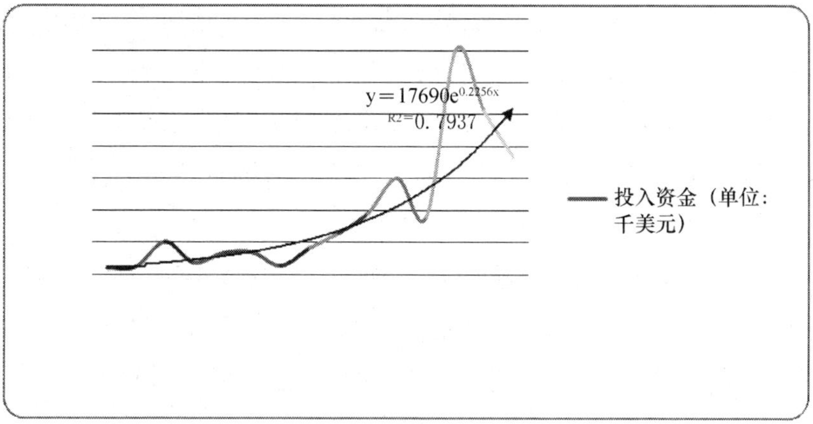

美国 1998—2012 财年对关岛的资金投入①

美国之所以将关岛打造成它在亚太地区乃至全球战略枢纽基地，就在于它卓越的地理位置、特殊的政治属性和强大的威慑能力。

（一）应对“反介入/区域拒止”的关键基地

美国所谓的“反介入/区域拒止”威胁，实质上主要是指亚太地区一些国家军事力量的增长对其兵力投送和进入作战区域的挑战。美军认为，“中国一直在寻求一系列空、海、水下、太空、反太空、信息战系统，并探索相关作战概念，以达到‘反介入/区域拒止’能力。这样就可具备在中国海岸到西太平洋的地域范围内发起多重攻势的能力。”② 美国在西太平洋地区不仅要面临最强大的”反介入/区域拒止”体系，也要面临着最为恶劣的战场

① 本图数据整理自美国防部每年公布的《建设项目（C－1）》（*Military Construction C－1*）。该文件每年由国防部向国会提交，涵盖了每个财年所有公开的军事建设计划，参见 http：//www. dod. mil/comptroller.

② Office of the Secretary of Defense，*ANNUAL REPORT TO CONGRESS Military and Security Developments Involving the People' s Republic of China 2011*，2011，p. 28.

自然环境。因此，美国应对“反介入/区域拒止”威胁，主要就是准备在亚太进行一场联合作战进入行动。在这类军事行动中，美军的作战目的是向战区顺利投送作战部队，在战区内获得自由行动权，为更高层次的政治目的奠定军事优势。关岛在西太平洋这类军事行动中的力量投送、远程作战、后勤补给等环节中均发挥重要作用。

在维护国家安全问题上，美国一直坚定地声称，它重视联盟的作用，但在必要的情况下，即使没有盟友的支持，也会单独地采取行动。为了达到这一目的，它在战争力量的构建上，首先依托的是自身的力量。美国在建设关岛基地时，就是着眼与此。在亚太地区，美国的夏威夷、阿拉斯加和关岛构成一个战略三角，而关岛就是就处于这个战略三角中的矛尖地位，在战争或其他的军事行动中，美国可以通过夏威夷和阿拉斯加对关岛地区进行增援，使其成为美国向西太地区前进的重要基地。

一是投送联合力量。“力量投送”（power projection）是指“根据军事行动的需要，从美国本土或其他战区投放国家力量中的军事工具”。联合作战进入行动，本质上就是通过各种方式将美军力量投送到战区。美军在未来军事行动中，空中、海上和陆地力量投送的依托。下面从三个方面对关岛基地的力量投送能力进行考察。

空中力量。兰德公司、战略预算评估中心等美研究机构曾就力量投送能力、空中力量和军事基地的关系进行过较为详细的量化研究，依据兰德公司提供的计算方法和成果，考察关岛基地容纳空中力量的能力，以及对特定地区战机出动的架次数。美空军在关岛的主要军事设施是安德森空军基地，该基地最多可容纳250架作战飞机。如果作为单纯的战略轰炸机机场，安德森空军基地可容纳整个美军现役战略轰炸机机群。[①] 战略轰炸机从关岛出发，不经空中加油可覆盖亚太所有热点地区。如果作为单纯的战术战斗机基地，该基地最多可保障 4 个中队约 96 架 F－22 战机。这些飞机以台湾海峡为目标区，每天最多能出动 115 架次[②]，可将亚太地区美空军向台海投送的制空战斗机架次数提升 76.7%—95.8%。[③] 若以南海黄岩岛为目标区，则 96 架 F－22 可每日出动 105 架次，能将美空军向该地区的日制空战斗机出动架次数提升 175%—218%。

在未来的军事行动中，美军可能主要将关岛战略轰炸机基地，配属少量战斗机（F－22A）。除了执行突破任务的 B－2 外，大多数美非隐形战略轰炸机可在台湾海峡东侧投放防区外弹药。

海上力量。联合作战进入行动引入“低特征力量”的概念，认为美军潜艇识别特征小，不易被发现，是可以利用的非对称优势。关岛目前是美军重要的潜艇基地，美海军在阿普拉港常驻有 3 艘核动力攻击潜艇，极大地提高了美军水下部队在亚太地区的力量投送能力，“部署在关岛的潜艇每年可在战区巡逻 88—123 天，而部署在美国本土的潜艇每年仅可在战区巡逻 36 天，因此，

① 根据美空军 2010 年年鉴，美军目前拥有现役 B－1 轰炸机 66 架、B－52 轰炸机 68 架、B－2 轰炸机 20 架，合计 154 架，其中 112 架随时可投入战斗。而关岛安德森空军基地在越战时期曾容纳 150 架 B－52 轰炸机。

② 计算方式详见 John Stillion and David Orletsky, Airbase Vulnerability to Conventional Cruise-Missileand Ballistic-Missile Attacks: Technology, Scenarios, and US Air Force Responses, Rand, 1999, pp. 81－84.

③ 除了关岛基地外，美空军在冲绳嘉手纳空军基地部署了 2 个中队 48—54 架 F－15C/D 战斗机遂行制空任务。根据兰德公司提供的计算方式，这两个中队的每天可出动 120—150 架次至台湾海峡上空执行制空任务。48—60 架次至南海地区遂行制空任务。

部署在关岛的潜艇作战效率要比在本土的潜艇高出3倍。”[①] 另外，美军还曾经在阿普拉港短期部署过3艘巡航导弹核潜艇[②]，这类潜艇每艘装备有154枚战斧巡航导弹，可打击远达2500公里以外的目标。阿普拉港目前尚不具备保障航母战斗群长期作战的能力，但可保障一个航母战斗群进行短期停靠。[③] 以美军新一代“福特”级航空母舰为例，其舰载机联队可在5—7昼夜内每天出动220架次（高强度作战），或者30昼夜内每天出动180架次，毁伤1500个目标（中等强度作战）。[④]

舰船从不同出发地前往马尼拉的时间对比[⑤]

以马尼拉为目的地	路程（英里）	时间（单位：天，设定时速20节）	时间（单位：天，设定时速30节）
关岛	1724	3. 1	2. 1
火奴鲁鲁	5482	9. 9	6. 6
西雅图	6853	12. 4	8. 3
圣迭戈	7595	13. 8	9. 2

陆上力量。联合作战进入行动不排除投入地面部队的可能性，美军已将海军陆战队纳入“空海一体战”构想。《联合作战

① Justin Mikolay, “Anchoring American Asia Asset: Why Washington Must Strengthen Guam,” US Naval War College, 2005, p. 157.

② “Navy Basing Subs in Guam,” *Defense Week*, October 1, 2002; Navy Newsstand, July 12, 2007.

③ 目前阿普拉港可保障1个航母战斗群在港区内作为期3周的短期停靠，资料来自 Nelson Daranciang, “Senators Hope Naval Presence Will Grow,” Honolulu Star-Bulletin, March 31, 2007; Navy Secretary Donald Winter, *Report on Department of Defense Planning Efforts for Guam*, September 15, 2008.

④ 陈青：《脱毛换羽：“大洋猛禽”在进化》，《解放军报》，2012年10月8日，第8版。

⑤ Shirley A. Kan: Guam: U. S. Defense Deployments, CRS, March, 2012, p. 7.

进入概念》要求地面部队能以更小的编制、更快的速度、更致命的手段进行部署。[①] 美海军陆战队就曾在夏威夷山地进行过寻歼机动导弹发射车的演习。美军在关岛和塞班岛机动部署有第3预置中队的6艘预置舰，这些预置舰上装有可供一个陆战队远征旅连续30天作战所需的装备。[②] 根据美日最新达成的协议，美军第3陆战远征旅司令部、第4陆战团和一些航空、地面和支持单位约5000人将在2014年前移驻关岛。[③] 美海军也正积极筹划在关岛部署一个两栖戒备大队。这样，未来关岛基地可具备向战区投送旅级地面力量的能力。

二是支援远程作战。“反介入/区域拒止”战略强调通过联合火力打击瘫痪美军的前沿基地，因此美军将不得不从更远的地方发起攻势。远程兵器航程远、有效载荷大、执行任务效率高，是遂行联合作战进入行动的重要装备。在阿富汗战争中，战略轰炸机出动架次仅占全部作战飞机出动架次的15%，但投弹量却占到了参战飞机总投弹量的70%，摧毁目标数量占总摧毁目标数量的83%。[④] 战略预算与评估中心认为，远程兵器在“空海一体战”的“侦察战”、反潜战、通讯保障、打击效果评估等方面都扮演重要角色。美2010年《四年防务评估报告》明确提出要发展远程打击力量。

关岛正是在联合作战进入行动中部署远程打击力量的理想地点。它距离亚洲的热点地区—朝鲜半岛和台湾海峡足够近—

---

① Department of Defense, *Joint Operational Access Concept* (JOAC) Version 1.0, January, 2012, p. 25.

② Maritime Prepositioning Ships (MPS), http://www.globalsecurity.org/military/systems/ship/sealift-mps.htm.

③ Joint Statement of the Security Consultative Committee, http://www.defense.gov/releases/release.aspx? releaseid = 15220.

④ 中国人民解放军总参谋部军训和兵种部：《阿富汗战争研究》，解放军出版社，2004年6月版，第55页。

对介入冲突至关重要，而距离亚洲大陆也足够远—可以避免除弹道导弹外的其他袭击。敌手针对关岛的打击手段目前还很有限，预警时间也相对充裕，美军的远程作战装备可利用关岛基地充分发挥战斗力。关岛距离台北 1083 海里，距离首尔 1731 海里，距离马六甲海峡 2550 海里，作战飞机可在 2—5 小时内抵达战区内各要点。[①] 美智库在其研究中指出，B－2 等战略轰炸机的最佳部署距离是离目标 1500—3000 海里。[②] 关岛正好处于这一理想区间之内。自二战时期开始，美军就在关岛部署战略轰炸机，积累了丰富的基地使用经验。美军已在关岛建立了战略轰炸机轮换部署制度，将 B－52、B－1B 和 B－2 轰炸机轮流部署到关岛，正是考虑了远程兵器的作战特点。

三是进行后勤补给。未来亚太地区的联合作战进入行动是一场高强度、高消耗的大规模战争，对后勤保障提出了很高的要求。战区地域辽阔，可用基地少的现状无疑加重了美军后勤负担。后勤补给线本身也会是“反介入/区域拒止”战略重点攻击的目标。在有关“空海一体战”的设想中，维持后勤供应将是重要组成部分[③]，而关岛则是美国军事行动的主要后勤枢纽。[④]

关岛拥有规模庞大、设施完备的弹药储备仓库，可凭借本身储备保障一定数量部队的长期作战。美空军在关岛建有全军第二大的燃料储备基地，容量 3 万吨，可在没有补充的情况下保障 4

---

① Shirley A. Kan, Larry A. Niksch, *Guam: U. S. Defense Deployments*, Congressional Research Service, 2010, p. 4.

② Andrew Krepinevich, with Barry Watt, Robert Work, “Meeting Anti-access and Area-denial Challenge,” CSBA, 2003, p. 17.

③ Jan van Tol, with Mark Gunzinger, Andrew Krepinevich, and Jim Thomas, *AirSea Battle: A Point-of-Departure Operational Concept*, CSBA, May 2010, p. 53.

④ Ibid, p. 12.

个中队的96架F-22的连续作战。[①] 美海军在关岛的油库储量为16万吨，可保障大型舰艇编队的燃油供应。安德森空军基地的弹药储备量为1700吨，海军在关岛建有其在海外最大的弹药库。

除了本身的储备以外，关岛上完善的基础设施使其可作为本土重要的后勤中转站。阿普拉港港区内的物资装载设施齐全，平时港口每年停泊的船只中有80%属于美军军事海运司令部。安德森空军基地可保障美军现役所有型号的运输机起降。战时，美军可通过关岛由本土向战区输送后勤补给物资。在海湾战争时期，美军就通过关岛向迪戈加西亚空军基地转运了大批弹药和物资。[②]

（二）不受他国约束的海外军事基地

关岛是美国属地，是美国领地的一部分。这一政治属性使关岛在“空海一体战”中拥有独特优势，极大增加了美国在兵力部署和运用方面的灵活性。

一是美军在关岛部署部队和装备时不受政治因素限制。首先，海空部队是联合作战进入行动的主力，而部署这些部队往往多有掣肘，比如一些国家不允许美国在其领土上部署核潜艇和核动力航母。关岛作为美国领土，美军在部署敏感武器装备时不存在此类顾虑。其次，美军在战时使用关岛基地设施不受政治因素限制。历史上，美国盟友曾多次限制美军使用其领土上的基地，严重影响美军作战行动。例如，2003年伊拉克战争中，土耳其以国会投票表决的方式否决了美国要求其提供领土和领空开辟北方战线的议案，迫使美第4步兵师取道科威特参战，延误了战机。在联合作战介入行动中，美军面临的对手是所谓拥有强大”反介

① 预设战场为台湾海峡，每架飞机每天出动1.23架次，见Eric Stephen Gons, “Access Challenges and Implications for Airpower in the Western Pacific,” RAND, 2011 p. 82.

② Dr. Eliot A. Cohen, *Gulf War Air Power Survey: Logistics and Support*, Volume III, 1991.

入/区域拒止”能力的地区大国，美国的某些盟友可能会因种种原因不愿卷入这样一场战争。美军或许无法完全利用其盟友的军事基地。而美军在关岛的作战行动则不受盟友政治态度的制约，可以完全“自由”地实施作战行动。

二是巩固美国亚太传统联盟伙伴关系的纽带。美国军事存在是维系联盟的重要基础。《四年防务评估报告》指出，“美国部队在海外的长期存在能够确保有关我们对盟国和伙伴国之间对相互安全关系的承诺。”[①]。军事基地是美国前沿存在力量的重要承载平台，也是美国力量的直观象征。关岛是美国在西太地区唯一没有设在盟国领土内的军事基地，在美国巩固和扩大其亚太联盟体系，特别是处理美日联盟关系中发挥着独特的作用。

美国可借助关岛履行安全义务。美国在亚太的驻军主要位于不同盟友境内，因此力量使用多有不便。关岛可容纳较多部队，使用时没有政治因素限制。美军可根据需要向关岛部署部队，改变地区力量对比，向盟友传达美国准备履行安全义务的清晰信息。此外，美国通过关岛基地安抚盟友的不满情绪。例如，近年来，驻日美军与当地居民的矛盾日趋尖锐，严重影响美日同盟关系。美日达成协议将部分驻冲绳的美军部队转移到关岛，以“降低矛盾，抵消日本国内的反美情绪，以巩固日美军事同盟。”[②]

三是在一定意义上发挥约束盟友的作用。美国一直在警惕以日本为代表的亚太盟国出现自我武装趋势。美国著名学者布热津斯基将日本比作“远东之锚”，指出“日本迷失方向，或走上重新武装的道路，或者单独同中国搞妥协，都会导致美国在亚太地

---

① Department of defense, *Quadrennial Defense Review Report*, February 2010, p. 63.

② 曹琳琳、王运祥：《美国加强关岛军事基地建设的战略解读》，《广东外语外贸大学学报》，2010年1月。

区的作用寿终正寝。”① 因此，美军在关岛上的力量既表达了美国支持盟友的姿态，也在起到威慑和戒备盟友的潜在作用。而从历史的角度看，正是从关岛等地起飞的美军远程轰炸机群毁灭了二战时期日本的工业能力，加速了日本的无条件投降。美军在关岛上部署的战略轰炸机也许在无声地警示其盟友勿忘历史。

（三）威慑亚太地区战略敌手

“威慑”是美国战略中的一个传统概念，美国军语将其定义为“以不可接受的反击为威胁，或使敌人相信其行为将失大于得，来避免敌人采取某种行动。”冷战后，美国的威慑战略的重点由核威慑转变为核常兼备的威慑，依托前沿存在、军力投送、军事联盟等因素构成的综合性威慑体系。奥巴马政府高度重视威慑概念在安全战略中的运用。《国家安全战略》指出，要“防御和威慑那些针对美国、美国国家利益、盟友和伙伴的威胁”。②2010 年的《四年防务评估报告》将“预防、威慑和阻止冲突”作为美国国防战略的四大优先目标之一，并将“独立战区长时间的威慑行动”作为未来行动组合的重要成分。《军事战略报告》提供了美国运用威慑工具的具体方法，即“综合运用经济、外交和军事工具来威慑影响对手的行为。拒止侵略者通过报复威胁的行为来实现目标，同时可通过有效的报复威胁来改变对手庙算。最有效的威慑方法就是发挥这两种方法的作用，同时也提供了潜在对手易接受、可供选择的路线。”③

美国部署在前沿地区的军事基地是美威慑能力的重要构成。二战结束后，美国在全球范围建立起军事基地网的动因就是对苏

---

① 兹比格纽·布热津斯基：《大棋局——美国的首要地位及其地缘战略》，上海人民出版社，1998 年 2 月版，第 249 页。

② White House, *National Security Strategy*, May 2010, p. 14.

③ Joint Chiefs of Staff, *the National military strategy for the United States of America 2011*, February 2011, p. 8.

联形成有效的威慑。美军《联合作战概念——威慑行动》将前沿存在作为威慑手段之一，认为前沿存在力量可以减少敌方行动所得利益，提高敌人要付出的代价，增加其行动的限制，从而达到威慑的目的。[①] 关岛基地作为美国在亚太的重要军事基地，将在威慑战略对手方面发挥重要作用。

在亚太地区，朝鲜和中国一直是美国的战略关切的国家。"朝鲜的核能力……对地区稳定构成了威胁……只要朝鲜还存在扩张性威胁，我们对韩国的安全承诺就不会动摇。"[②] 美国对朝威慑行动的主要目的，是防止朝鲜拥有核武器和进行战争冒险。中国综合国力的迅猛发展和影响力的扩展正在改变亚太力量对比。美国将中国视作"影响力中心"，认为中国军事现代化的"动机"模糊，对美国及盟国的安全和战略目的的实现构成挑战。"我们对中国军事现代化的规模和战略意图，以及其在太空、网络空间、黄海、东海和南海的过分自信表示关注。为了保卫美国及其盟友的利益，我们将展示意志，调拨必要资源，反对任何国家危及我们进入和使用全球公共领域，或是威胁盟友安全的行为。"[③] 美国对华威慑的主要目的，是防止中国在台海、东海、南海等地区热点中使用武力，危及美国利益。

美军部署在关岛的战略轰炸机可在3—5小时内抵达台湾海峡或朝鲜半岛。根据美《联合作战概念——威慑行动》中针对"国家/流氓国家行为体"的威慑行动，关岛基地将在威慑行动中发挥多重作用。首先，美国可通过驻扎在关岛基地的"全球鹰"无

---

① Department of Defense, *Deterrence Operation Joint Operation Concept*, Version2.0, December 2006, p. 34.

② Joint Chiefs of Staff, *The National Military Strategy of the United States of America*, Febrary 2011, p. 3.

③ Joint Chiefs of Staff, *The National Military Strategy of the United States of America*, Febrary 2011, p. 14.

人机对热点地区进行长时间监视，展示美国对动态情况的掌控能力，消除敌手侥幸心理。其次，美国可通过临时增加在关岛的远征打击力量部署，提升区域内美军实力，增加应对局面的筹码。最后，美国可组织驻关岛部队进行以远程奔袭作战为主题军事演习，炫耀武力。[①] 美国通过这些方式展示力量，表明决心，以达到威慑的效果。

（四）监控“全球公共领域”

美国政府视“全球公共领域”为“在任何国家主权和管辖范围以外，为所有国家的共同利益而存在的区域，并且它的利用会影响到地球上的整个人类。”[②]《四年防务评估报告》中称，“全球安全和繁荣寄予货物通过海路和空中自由流通，也得益于信息从太空或海底电缆的传递。”[③] 美国要实现这一点，就要对“全球公共领域”建立起有效的控制。在世界经济前景不容乐观，美国全球影响力下降之际，美国更为重视其对“全球公共领域”的控制。《美国安全战略》把“保卫全球公共领域”作为美国战略的重要组成部分。

美国通过关岛加强对亚太“全球公共区域”的掌控。关岛对美国控制横跨太平洋的海上航线意义重大。横越太平洋的主要航线有 3 条，包括美国和加拿大西海岸经白令海峡进入太平洋北部到达中、日等国的北太平洋航线，美国西海岸经夏威夷群岛和关岛到中、日等国和东南亚各地的中太平洋航线，以及南美洲西岸经新西兰和澳大利亚等地延伸至东南亚的南太平洋航线。此外，西太平洋地区还分布数条自北而南（主要沿亚洲东部海域）的航

---

① Department of Defense, *Deterrence Operation Joint Operation Concept* Version2. 0, December 2006, pp. 63 – 64.

② 袁兆红、王子刚：《“全球公域”及美军在亚太地区的新举措》，《领航》2010 年第 4 期。

③ Department of defense, *Quadrennial Defense Review Report*, February 2010 p. 8.

线（其中一条经白令海峡与北冰洋相连），这些航线与太平洋的三条横越航线相接，包括东亚—北美，东亚—关岛—巴拿马运河，东亚—东南亚—巴拿马运河航线。[①]

关岛位于美国——印度洋航线和日澳航线的交叉点（见下图）。从太平洋地区的航路图上看，关岛北可控制美国到亚洲大陆的各条航线，南可控制亚洲到大洋洲的各条航线，东可控制亚洲大陆沿海的各条航线。美国在关岛部署了具备持续作战能力的攻击核潜艇部队，这支力量在平时可对周边航道建立起有效控制，战时则可封锁敌方商船和军用船只的航行。

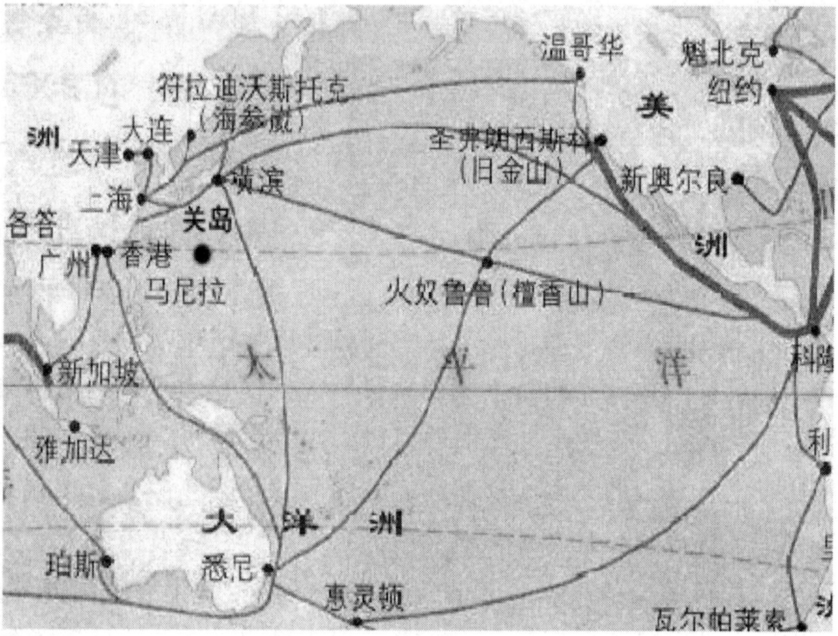

关岛与太平洋航线的地理关系

① 史春林：《太平洋航线安全和中国的战略对策》，《太平洋学报》，2011 年 8 月。

关岛对于美国控制南海的“公共区域”也发挥着相当大的作用。南海扼控连接太平洋与印度洋的交通要道，美军要实现全球范围内的机动，必须通过该海域。自撤出位于菲律宾的海空基地以后，美国对南海的控制力大大下降。以空中力量为例，以黄岩岛为目标区，美撤离前空军战斗机出动能力为264—276架次/日；而目前这一数据仅为48—60架次/日，下降78.3%—81.8%。[①]

奥巴马政府上台以来，南海一直作为其“重返亚太”的突破口之一。2010年7月，美国国务卿希拉里访问越南时声称，同其他国家一样，美国享有遵守国际法前提下在南中国海航行自由和开放进入的国家利益。目前，关岛是美国加强对南海地区“公共领域”控制的一张王牌。美空军的战术飞机只有从冲绳嘉手纳空军基地或是关岛安德森空军基地起飞，才有可能抵达南海上空执行任务。以黄岩岛为目标区，关岛最大战斗机出动能力为105架次/日，可将美在南海的战斗机投送能力提高275%—318.6%，达到153—165架次/日，一定程度上弥补了美国撤出菲律宾后出现的力量投送空白（达到当时能力的58%—60%）。2009年，美军在关岛正式部署了3架“全球鹰”远程无人侦察机。[②] 该型无人机可在距发射区5500公里的目标区上空停留24小时进行连续侦察监视，覆盖范围超过10万平方公里[③]，极大地增强了美国对

① 美军1992年撤离前在克拉克空军基地部署有1个战斗机联队，装备有72架F-4战斗机。美国驻扎在日本冲绳的2个中队48架F-15。美军未在关岛安德森空军基地常驻战斗机部队。作战飞机架次计算方法见John Stillion and David Orletsky, Airbase Vulnerability to Conventional Cruise-Missile and Ballistic-Missile Attacks: Technology, Scenarios, and US Air Force ResponsesRand, 1999, pp. 81-84.

② 根据美空军的工程项目书，安德森空军基地的全球鹰力量可扩充至6架，从而将远程侦察能力提升一倍，见Department of the Air Force, *Military Construction Program Fiscal Year 2007 Budget Estimates*, February 2006, p. 236.

③ 袁飞、杨波、刚中贺：《浅析关岛部署“全球鹰”对亚太地区构成的威胁》，《无人机》2015年第3期。

南海“公共领域”的监控能力。

二、注重军事基地网络构建

在西太平洋地区的“岛链”概念是由冷战时期的西方国家提出的，旨在太平洋海域的军事基地部署力量，形成扼杀、封锁前苏联和中国的基地圈。美国在亚太地区的基地群大致上构成三条岛链：“第一岛链”北起日本列岛、琉球群岛，经过台湾岛，南至菲律宾，涵盖中国黄海、东海和南海，是美国在亚太地区军事存在的前沿地带；“第二岛链”是以关岛为中心，由驻扎在澳大利亚、新西兰等国的基地群组成，是第一岛链的战略依托，关岛作为这一岛链的核心，其驻扎的海空军力量可以覆盖整个西太平洋。“第三岛链”指设在以夏威夷为中心的诸群岛至中途岛及阿拉斯加、阿留申群岛的基地组成，是太平洋战区的中枢。

美国在亚太地区的军事基地网络主要就是在“三个岛链”上部署。阿拉斯加基地群扼守欧亚大陆距美国最近的东北角，是美国国家导弹防御系统的主要作战区。东北亚基地群包括日本本土、佐世保、冲绳等80余个基地，以及韩国龙山、乌山、群山、镇海等40多个基地。这个基地群规模大、数量多，一直以来是美国在远东地区海、空兵力的主要集结地和保障中心，可以在朝鲜半岛实施陆上作战，在西太平洋实施海上作战，加之驻守的装备等级较高，从核动力航空母舰战斗群到最新的战区导弹防御系统，因此一直以来被看作是美国构筑“太平洋锁链”的首要环节。

目前，美国在三个岛链上拥有的基地，构成七个基地群，即阿拉斯加基地群、东北亚基地群、关岛基地群、东南亚基地群、印度洋基地群、澳洲基地群和夏威夷群岛基地群。[①] 这样，远隔太平洋的美国，之所以能在西太平洋地区安全事务中发挥作用，不仅因为具备一流的投送能力，更是由于它在“三个岛链”上的众多军事基地。美国通过建立各大基地群，将欧亚大陆的东端从北到南包围起来。欧亚大陆的任何国家，要想走向远洋，都处于美国的严密监控，甚至围堵之中。如美国在东北亚的军事基地部署了50多架F－15战斗机，是美国空军在海外最大的联队。在情况紧急的情况下，美国还可能临时部署F－22战斗机。仅在冲绳基地的战机，1个小时就可到达台湾海峡，2个小时到达朝鲜半岛，能够对朝鲜海峡、大隅海峡和津轻海峡以及经过琉球群岛的诸水道进行有效地控制。驻东南亚基地和关岛基地的战机可以扼控西太地区南部的水上通道。不仅如此，美国在这一地区还驻扎着强大的海军力量。海、空军联合，基本上控制了西太平洋地区的海域和空域。

这些基地群，与美国在印度洋的迪戈加西亚基地遥相呼应，再加上太平洋东岸本土的军事设施，已构成美国在太平洋地区的军事网络，既可用于攻击对手，又能用于防御本土。任何一个国家，若要在军事上打败美国，必须要撕破这一网络。

三、调整现有军事基地布局

在中国的国力和军力得到大幅提升后，美国构筑的“第一岛链”在防范中国的海空力量方面，已经显得苍白无力。于是伴随战略重心东移，美国着手对亚太地区的军事基地进行调整，适当压缩“第一岛链”的基地，减少驻军，加紧对以关岛为核心的

① 以上内容来自《美国旧“岛链战略”，指向新目标》，《社会观察》2012年第8期，第36—37页。

“第二岛链”的经营，同时着眼增强“第三岛链”的力量。

美国智库兰德公司2010年5月20日发表题为《中国空天战力对美国空军行动的潜在影响》的报告，就中国各种战术弹道导弹及巡航导弹对美空军基地目标的攻击力进行了研究。评估报告指出，中国使用30至50枚战术导弹即可完全瘫痪一处美空军基地，位于日韩的6处美军机场均面临威胁。通过发展空射巡航导弹，中国可将威胁范围扩展到关岛。报告称，美军在太平洋的军事行动面临挑战，但可以采取措施缓和这种挑战，提升基地群的防御性和稳定性。因此，美国需要调整它在亚太地区以岛链为依托的军事基地网络。美国这样做的目的：一是通过分散原先较为集中的部署方式来增加生存能力；二是为灵活使用和实现更大的区域控制力创造条件；三是防止因为基地驻在国的政治因素而造成美军行动受限的被动情况。

其实，早在2003年，美国就已着手调整全球军事基地布局，亚太地区正是调整的重点。美国缩减了驻韩国基地规模。2005年以来，美国又启动了与日本的谈判，将驻扎在日本的海军陆战队迁移至关岛，并对一些空军基地进行调整。近年来，美军大力建设关岛基地群，意在使之成为亚太基地网络的中枢。

奥巴马政府上任后，继续扩建关岛和印度洋迪戈加西亚岛海军基地。美国已经决定把11艘航母中的6艘部署到太平洋地区，将其五支舰队中的三支调至这里，驻守该地区的潜艇数量也从282艘增加到345艘。这样做的目的就是将关岛建设成为亚太地区军事投放的中心基地。2015年初，美国决定根据国家安全的现实需要和发展趋势，再次压缩欧洲的军事基地，其中一部分人员和设施将移向亚太。

四、寻求开辟新的军事基地

尽管在当前的国际环境中爆发武装冲突的可能性很低，但美国希望继续维持其在亚太地区的主导地位，必须有效地对中、俄这样的地区大国的现代化进程作出反应，在任何应对行动中，都必须既考虑威慑作用，又照顾战时实际需要，因此在亚太地区巩固军事基地质量，扩大数量是维护美国地区霸权，应对军事挑战的有效手段。

为了避免出现“把鸡蛋装在一个篮子”的情况，发挥美军的技术优势，美国在压缩驻韩国和日本的基地的同时，又致力于开辟新的军事基地。由于中美双方建立了外交关系，按照双方的约定，美军于 1980 年从台湾地区撤走了军队；又由于菲律宾于 20 世纪 90 年代初制定法律，禁止向外国军队提供军事基地，美军随后关闭了在菲律宾苏比克湾的海军基地和克拉克空军基地。为了弥补失去在台湾地区和菲律宾军事基地的缺陷，美军随后寻求在相近或相邻地区开辟新的军事基地。

1992 年 11 月，美海军从菲律宾苏比克湾撤走后，就把第七舰队后勤供应司令部迁到新加坡。新加坡位于东南亚的马来半岛最南端，扼守着沟通两大洋的战略枢纽马六甲海峡。在建设樟宜海军基地时，新加坡提出了让美国军舰使用，并与美国签订了《谅解备忘录补充协定》。2000 年 4 月 20 日，美国和新加坡两国海军签署了一项协议，以便让美国海军使用樟宜海军基地。根据新美协议，樟宜海军基地为美军舰只提供后勤补给和维修服务。由此，樟宜也成为美国海军自撤出苏比克湾以来在东南亚开辟的第一处航母驻泊基地。根据美军规划，樟宜基地今后将成为美海军监控南海局势和进出印度洋的“桥头堡”，是美军目前新的全球战略的“前沿”。近年来，美国大力扩建了樟宜基地，以便使更多的军舰能在这里停泊、保养。

美军进驻新加坡无疑将对东南亚的战略形势带来深远的影响，同时提高了美军前沿部署的能力，大大拓展美海军第7舰队的控制范围。美海军舰队可以在24小时内穿过马六甲海峡，进入印度洋、阿拉伯海，到达海湾地区，向东则可以直接进入南海海域。一个以樟宜为中心的新的美军基地群正在东南亚形成，这无疑将极大地改变了东南亚的军事态势。

尽管美军从菲律宾撤出后，两国于1998年签订了《访问部队协定》，但毕竟使美军无法在菲律宾长期执行任务。2014年4月28日，美国总统奥马巴访问菲律宾前，菲律宾国防部长和美国驻菲大使签署了《菲美加强防务合作协定》，允许美国增加在菲律宾的驻军。按照菲律宾宪法规定，外国不得在其领土上设立军事基地。然而，根据这一协定，美军可以轮换部署至菲律宾。因此，国际社会普遍认为，美军可能重返菲律宾。这样，20世纪90年代美军撤出菲律宾时留下的空白，现又在一定程度上得到了恢复。

为了扩展其岛屿防御战略，进一步完善基地的网络，美国还在澳大利亚建立军事基地。虽然澳大利亚是美国的传统盟国，20世纪50年代澳新美联盟就已建立，但是，美国却从未在澳大利亚驻军。随着亚太“再平衡”战略的推行，美国与澳大利亚达成协议，在达尔文部署海军陆战队。现已有1000余人进驻。预计到2017年，美军在澳大利亚的驻军将达2500人的规模。同时，美国还计划在澳大利亚建立空军基地，以部署B－1战略轰炸机。

关岛是美军在亚太地区的“矛尖”，但由于离第三岛链较远，缺乏就近支持的基地。于是，美国政府考虑，在离关岛北侧不远的天宁岛设立军事基地，以部署海军陆战队，与关岛相响应。万一在关岛遭到打击时，天宁岛的美军可以提供支持和掩护。

冷战后，美国一直强调保持军事力量的前沿部署。美军在新加坡的存在使美军在东南亚地区的前沿部署理想化，使亚太美军在日本本土、韩国、冲绳、菲律宾、新加坡一线构筑的链式结构更趋完整。值得注意的是，美国军方的目光不仅仅局限于新加坡的樟宜基地。近年来，美国海军先后和马来西亚、菲律宾、文莱、印度尼西亚、泰国等东南亚国家以及澳大利亚达成协议，使美军舰、机可以进入上述国家的基地和港口进行维修、补给，从而逐步丰富和完善了美国海军在亚太地区的军事基地体系。

第三节　加大联合演习力度

军事演习体现国家的意志与战略意图，展示军队的训练与作战能力，发挥震慑对手、凝聚盟友的作用。为了提升美国军的实战能力，加强与盟军联合作战的水平，展示遏制对手的力量和决心，美军一向重视与盟国和伙伴的联合演习。在亚太地区，美国主导和参与的各类军事演习众多，既有常规的年度演习，也有临时性的演习；既有一般的训练性的演习，也有特殊的针对性演习。2011 年，美国在亚太地区进行的军事演习达到 172 次。其后每年都在 100 次以上，2014 年，美国国防部长哈格尔在香格里拉对话会上表示，“美国要通过每年 130 场军事演习与军事交流活动，以及近 700 次港口访问等活动来加强与亚太盟友及伙伴之间的合作。”[①] 通过联合军事演习的方法，表明推进亚太“再平衡”战略的决心。

---

① Chuck Hagel, “The United States’ Contribution to Regional Stability,” Shangri-la 2014 First Plenary Session, Secretary of Defense, US. May 31st, 2014.

一、美军单边举行的军事演习

为了显示美国在亚太地区的军事力量，提升部队的联合作战能力，“向盟军证明美军地区责任”，履行国家安全战略和军事战略中“必要时，美军将单独使用武力维护国家核心利益”的规定，2006年开始，美国驻西太平洋地区的海、空军在关岛附近进行代号为“勇敢之盾”联合军事演习。之后，“勇敢之盾”军演于2007、2010、2012、2014年举行过四次，规模逐步扩大，到了2014年就升级扩大为美军规模最大的诸军种共同参与的联合演习。

2014年9月15至23日，美军四大军种在关岛及马里亚纳群岛附近海域举行了“勇敢之盾－2014”联合演习。第70特遣部队和第73特遣部队的“文森”号航母、“华盛顿”号航母、4艘导弹巡洋舰、8艘导弹驱逐舰、“埃里克森”号加油船等19艘水面舰艇，空军、海军、海军陆战队200多架飞机和18000余名官兵参加了演习。驻关岛安德森空军基地陆军第94航空与导弹防御司令部（AAMDC）负责“战区高空区域防御系统”（THAAD）的“利爪（Talon）特遣部队”和驻日本冲绳嘉手纳空军基地第1防空炮兵营的“爱国者”导弹也加入进去，以检验了陆基反弹道导弹能力、快速部署和军种联合作战能力。

美军第70特遣部队指挥官马克·蒙哥马利海军少将在“华盛顿”号航母上表示：2014年度“勇敢之盾”演习是美军举行的重要单边联合演习，目的是积极推进亚太“再平衡”战略，“构建联合部队在海上、空中和网络空间探测、跟踪和打击目标的综合作战能力，保护美军在亚太的主要军事设施，确保华盛顿的快速兵力投送能力。”[①] 演习科目突出了四大重点：一是锤炼以舰对舰和舰对空为主的远程海上火力打击行动，增强制空权、制海权控制能力；二是演练航母战斗群反潜战，打造应对作战对手的“联合作战进入”能力；三是演练兵力快速投送行动，加强海空联合输送能力；四是测试最新的武备系统，加快新装备的作战能力生成。

2014 年度“勇敢之盾”演习进一步强化了遏制中国的岛链战略。美军近年来一直瞄准中国的“反介入/区域拒止”能力。从此次演习的目的、规模、内容和特点来看，美国海军 60% 的兵力重返亚太的重组计划正在实施。美军的亚太“再平衡”战略正向深层次发展，其剑指中国的特征日益明显。

二、美军主导的多边联合演习

为了加强与盟国和伙伴的合作，展现美国的领导地位，凝聚盟友与伙伴的力量，美国在亚太地区主办了多边联合军事演习，其中影响最大的就是“环太平洋”军事演习和“对抗北方”联合军事演习。

（一）“环太平洋”（Rim of the Pacific，RIMPAC）军事演习

美国在亚太地区进行的全球最大规模的军事演习，莫过于“环太平洋”军事演习。“环太平洋”军事演习始于 1971 年，由美国第三舰队倡议发起，多国海军被邀请参加，演习区域设在夏威夷，主要目的在于保障太平洋沿岸国家海上通道的安全以及联合反恐，在苏联解体前，每年举行一次，苏联解体后，

① Kelvin Wong，“Valiant Shield 2014'demonstrates US joint force capabilities in the Asia Pacific，” IHS Jane's Defence Weekly，September 28，2014.

则每两年举行一次，至今已经举行了22次。

苏联的太平洋舰队曾是主要的针对目标。随着国际战略的变化，“环太平洋”军事演习的针对目标也发生了改变。2010年演习方案的设计主管卡尔·贝克尔表示，演习必须注入新的内容，即“守卫美国及其盟国在商业以及通信海道方面的安全，展示美国的力量，维护美国的国家利益，并确保美国在太平洋上航行自由的权力”。[①] 由此不难看出，本次“环太平洋”军事演习除了规模惊人之外，演习目的也非常清晰——防备中国等亚太地区的新兴军事力量，有着明显的战略威慑的意图。

21世纪以来，“环太平洋”军事演习的规模越来越大，参与的国家不断增多，投入的人力与装备不断增加，演练的科目不断扩充，延续时间也有所加长。2004年只有8个国家参加，大约有35艘舰艇、90架作战飞机和超过11000名海军、空军、陆战队和海岸警卫队作战人员参加演习。此次演习的训练科目包括：战术训练、非战斗人员撤运、两栖攻击、反潜作战和人道主义援助等，为期27天。2006年有8个国家参加，参加演习的共有40多艘军舰、6艘潜艇、160架飞机和约1.9万名军人。演练的科目在原有的基础上，增加侦测敌方潜艇、对海空目标进行射击等，为期33天。2008年有10个国家参加，动用约35艘舰只、6艘潜水艇、150多架飞机，兵力约达2万人，演练项目包括侦察、扫雷、海上拦截、两栖作战、防空、反舰、反潜攻击等，为期35天。2010年有14个国家参加，投入了34艘战舰、5艘潜艇、上百架军机和2万多人。演习的科目包括反潜战、水雷战、实弹射击以及登陆演习等，为期40天。2012年22个国家、2.5万名军人参加，演练科目比以前更多，时间比

① 参见《“环太平洋”军演炫耀武力明显》，香港《大公报》2010年7月8日。

上一年减少了4天。2014年有23个国家、2.5万军人、47艘舰船和6艘潜艇、200余架飞机参与。演习分为航渡、港岸训练、海上实施、总结撤收4个阶段，为期37天。中国首次参加这一演习。

通过“环太平洋”军事演习，美国展示了其在亚太地区的军事主导地位，表明了维护亚太地区秩序的决心与意志。

（二）“对抗北方”（Cope North）联合演习

“对抗北方”系列演习，始于20世纪70年代，当初的假想敌是苏联。冷战结束后，美国并没有终止这一演习，而是继续进行。21世纪特别是奥巴马执政以来，“对抗北方”演习的规模越来越大，针对中国的趋势不断增强。

2014年2月17日至28日，美国、澳大利亚空军和日本航空自卫队在关岛安德森空军基地举行了三边联合军演，有89架飞机和1900名人员参加。战斗机、轰炸机、运输机、空中加油机以及预警机等机型都参与了演习。韩国空军首次派遣一架飞机参与了人道主义救助和灾难救援部分，新西兰和菲律宾作为人道主义救助和灾难救援部分的观察国参与。

2015年2月15日至27日，“对抗北方－关岛2015”演习的规模更大，美国的海、空军、澳大利亚和新西兰的皇家空军、韩国和菲律宾的空军以及日本航空自卫队也都加入。美国空军主办的这种演习，与海军主办的“环太平洋军事演习”相呼应，明显地带有遏制中国发展军力的性质。

（三）“卡拉特”(Carat) 海上联合演习

“卡拉特”海上联合演习，由美国海军西太平洋后勤补给群（第73任务特遣队）统筹，分别同新加坡、泰国、菲律宾、马来西亚和文莱等东南亚国家在南中国海举行的系列双边联合军事演习。“卡拉特”海上联合演习始于1995年，每年举办一次，一般从5月底开始，8月底结束。

“卡拉特”海上联合演习的背景是南中国海冲突。自上个世纪90年代起，在南中国海，以东南亚一些南海海洋权益和岛礁声索国为一方，以中国为一方在南海问题上产生分歧。美国应东南亚国家的请求，同时从自身的战略利益考虑出发，对东南亚国家进行军事和所谓“人道主义”援助，以遏制所谓的“潜在的地区性威胁”，维护“地区安全和海上航行自由”。

美国此举的目的，一方面促进了与东南亚国家的防务合作，提高军队之间的协同能力，增强东南亚国家军队，特别是海军的战斗力，另一方面又使东南亚国家在防务领域加深了对美国依赖性，从而既显示了美国的威慑力量，表明其在东南亚军事存在的决心，又服务其全球战略，达到遏制中国的目的。

三、与盟国共同主办的联合军事演习

为了显示对盟国的支持，也为了表明美国对盟国的特殊责任或强调对某一区域安全事务的特别关注，美国还与其盟国举行许多双边性质或共同举办带有多边性质的联合军事演习。

（一）与韩国进行“关键决断”、“秃鹫”和“超级雷霆”演习

美国和韩国的联合演习比较频繁，既有例行的年度演习，也有即时的威慑演习。例行性的联合军演主要有“关键决断”和“秃鹫”，即时性的演习往往带有威慑性，就朝鲜半岛或周边安全角势的重大事件做出反应，表明态度。

“关键决断”属于指挥所演习，始于1994年，原名为“阿索伊（RSOI）”，2008年改为“关键决断（Key Resolve）”。“秃鹫（foal eagle）”属于野外实兵演习，始于1961年。2001年时，

“秃鹫”与“阿索伊”演习合并，因而现在两场演习一般都放在一起，每年春天举行。最近一次的“关键决断”演习始于2015年2月24日，结束于3月6日。演习的目的是为了确保美韩联军准备应对朝鲜的攻击，同时训练联军部队对半岛潜在的任何突发事件作出反应，其主要以计算机模拟对抗演习的方式进行，大约1万名韩军和5200名美军参加，其中大约1100名美军来自韩国以外美军基地。“秃鹫”军演是世界最大型军演之一，其主要目的是展示美韩军队遏止韩半岛战争的决心，并且增强联军的联合作战能力，保持共同遏制朝鲜的战备水平和战略态势，着重演练信息化指挥等内容。接着，2015“秃鹫”军演从3月2日开始，4月24日结束，大约有20万韩军和来自海外的3700名美军参加。演习先后在韩国的南部、东部和西部海域进行。此次军演中，美军派出了“迈克·墨菲”号驱逐舰、最新的排水量为3450吨的“沃斯堡”号濒海战斗舰以及多架“海鹰”直升机参与，演习内容与2014年度基本一致，着眼于实战。

“超级雷霆”（Max Thunder）演习是美韩两国空军之间的联合演习，始于2008年，每年举行两次。2014年11月14日至22日，美韩两国空军投入103架飞机和1400余名飞行员，在韩国领空举行大规模空中联合作战演习，以提高战时双方空中力量的联合作战能力。美韩双方在这次军事演习中，韩国方面出动了F－15K、KF－16等型号的战斗机，美国方面则出动了F－15、F－6以及空中预警和指挥系统（AWACS）侦察机。科目包括4至8架战机协同进行空战以及在战争全面爆发的情况下摧毁敌方防空系统。这次演习是近年来规模最大的韩美联合空中演习。

美韩之间也常常举行的即时性联合演习。从2011年至2014年，为显示维护朝鲜半岛稳定，特别韩国安全的决心，以应对朝鲜试射导弹、“天安号”被击沉以及炮击延坪岛等事件的发生，2012 年、2013 年秋季，美韩在黄海和日本海都举行大规模的演习。美韩军事演习力度的扩大，既有应对朝鲜半岛局势的考虑，也有美国推进亚太“再平衡”战略的因素。

（二）与日本举行“利剑”（Keen Sword）演习

从 1986 年开始，美日两国进行代号“利剑”军事演习，每两年举办一次，迄今共进行了 12 次，属于实战类演习。新世纪以来，“利剑”演习的侧重方向和内容设置几经变化。但近年来，随着美国亚太“再平衡”战略的推进，规模不断扩大，投入装备日益先进，针对性也日趋明显。

2014 年 11 月 8 日至 19 日，“利剑”演习在日本九州岛的奄美大岛举行。日本投入 3 万余自卫队员、30 艘舰船和 260 架飞机，美国则投入 1 万人的兵力、20 艘舰船和 150 架飞机展开演练。演练的内容包括：“离岛夺还”、反潜、反水雷、联合防空、基地防御、搜救和空对海攻击等科目。回顾过往，美国驻日本的第七舰队的航空母舰与日本的大型驱逐舰几乎每年都参加该项演习。“利剑”演习对于巩固美日联盟，提升两军的联合作战能力发挥重大的作用。

（三）与菲律宾举办“肩并肩”（Shoulder to Shoulder）演习

美菲之间的“肩并肩”演习始于 1991 年，是例行性的年度演习。1995 年一度中断，1999 年重新恢复。“肩并肩”演习的规模以前都比较小，也没有具体的指向，基本上属于常规性的演练。然而，随着美国亚太“再平衡”战略的推行，特别是中菲之间在南海发生了岛礁和海洋权益之争后，演习的规模不断增大，指向性也日渐清晰起来。

2012 年，美菲双方投入了总数约 6800 人的部队参加“肩并肩”演习，2012年则达到8000人，2014年为5500人。“肩并肩”是菲美年度常规联合军演，旨在加强两国在应对恐怖主义、海盗、走私以及自然灾害等方面的合作。2014年的两国联合军事演习进行了2周，着眼于锻炼菲律宾军队在危机应对中的能力，提高部队反恐行动的效率以及与美军合作的协调性。本次演习是菲美两国在日前签署《加强防务合作协议》后首度举行大规模双边联合演习。

美国与菲律宾进行大型联合军演，其目的就是实现长期在菲律宾的军事存在，从而达到“遏制中国”的目的。

（四）与泰国共同举办“金色眼镜蛇”（Golden Cobra）演习

“金色眼镜蛇”演习是美国和泰国联合主办的多国演习，自1981年以来每年举行一次，是东南亚地区最大的多国和多军种演习。2014年的演习从2月11日持续到2月21日，韩国、美国、泰国、日本、新加坡、马来西亚、印度尼西亚和中国等8个国家派遣10艘舰艇和7800多名兵力参加演习。

此次演习分为指挥所演练、野战实兵演练、人道主义和民事支持3个部分。此次演习以东南亚某国因种族冲突导致内战，同时因遭受强台风袭击引发人道主义危机为背景展开。其中，野战实兵演练科目包括联合实弹射击、两栖登陆、战略空降、医疗、补给支持以及多样化地形中实施的多国联合行动科目，如丛林生存等。

美军重视与泰国等国的演习，希望通过演习更好应对诸如灾区救援和其他安全领域的挑战，深化与有关各方的互信。美国参演军官表示，“金色眼镜蛇”演习旨在增强合成联合行动的计划和实施能力、建设和加强伙伴国关系，通过统一协议和流程等促进军事行动领域内的互操作。美军认为，与盟国或伙伴进行联合演习对于未来美军在可能采取的联合行动极为有利。当需要和当地军队合作时，美军可以有所准备地以既定的方式展开行动，进而完成任务。

此外，美国还在亚太地区与其他国家开展或以实战，或以各种救援、反恐等为指向的名目众多的演习。

总之，美国通过加大战略资源投入，调整军力布局，建设和完善基地网络，与盟国和合作伙伴进行联演联训，增加军事力量，提高作战能力，建立对其有利的军事态势，为推行亚太“再平衡”战略，塑造世界进行布局造势。

第六章

强化应对“反介入/区域拒止”的战略

为了推行亚太“再平衡”战略，美国在军事方面的举措除了构建防务合作网络，增强军事力量之外，还提出了要强化应对所谓“反介入/区域拒止”（Anti-Access/Area Denial，A2/AD）的战略构想。其实，“‘反介入/区域拒止’威胁进入美军研究视野已近20年，被列为美军的作战目标已有10年。”① 但是，由于对冷战后面临威胁的判断处于摇摆之中，加之其他国家的军力与美国相差极大，美军并没有制定出一套完备的应对战略。只是在近年来，随着中国的经济迅猛发展和随之而来的军事力量的快速提升，美国认为它在亚太地区军事行动的自由受到了严重威胁，而且一旦失去了军事上优势和主动权，就必然面临被边缘化的危险。因此，美国把应对“反介入/区域拒止”战略提到前所未有的高度。

第一节　应对“反介入/区域拒止”战略的提出

“9·11”事件后，美国军事战略的重点是打赢反恐战争。十年

① 叶建军：《美军应对“反介入/区域拒止”战略的形成过程及背景探析》，《解放军国际关系学报》2012年第1期，第12页。

的反恐战争使美国的实力受到极大地削弱，国际影响力严重下降，而国际恐怖主义的活动依然十分猖獗。与此同时，世界上其他各大战略力量都致力于经济发展，推进区域性合作，构建新型国际合作组织。在这种情况下，美国政府清楚地认识到，通过战争无法消灭国际恐怖主义，反而消耗自己的大量战略资源，使其在国际竞争中处于不利的地位，因而应当进行军事战略方面的调整，缩小反恐战争的规模。尽管非传统安全威胁是美国不得不认真对待的问题，但也没有必要将国家的主要军事力量都用于反恐战争或其他的非战争军事行动上，因为它不会动摇美国的根基。而传统国家的挑战则威胁着美国的国家安全及世界领导地位。如果继续采取类似于解决传统安全问题的方法去处理非传统安全问题，美国就犯了本末倒置的错误。因此，像伊拉克战争和阿富汗战争那样大规模地面战争将渐行渐远，美国要应对的是区域性大国“反介入/区域拒止”的威胁。所以，美国战略筹划的重心又转到应对欧亚大陆大国崛起的挑战上来。美国认为，无论是从其自身的情况，还是从其面临的可能对手看，亚太地区已成为其决定命运的地区。美国若要保持在亚洲，尤其是西太平洋地区的存在，就必须首先在军事上稳住阵脚。因此，一方面它要提高军事能力，另一方面又要做好实战的准备。为了做到未雨绸缪，占领下一次战争的制高点，奥巴马政府上台后，便把应对“反介入/区域拒止”威胁视为美军的首要任务。

一、“反介入/区域拒止”的概念

如前文所述，“反介入/区域拒止”这一概念并非近年来的创新。冷战刚结束不久，一些美国军事专家就注意到，在美国面临的未来战争中，一些地区性大国可能并不寻求歼灭战，而是企图通过破坏美军力量投送系统，阻止或者迟滞美军进入战区空间或前沿基地，以赢得战争的胜利。

1992 年，美国国防部净评估办公室官员安德鲁·克雷皮内维奇在其撰写的《军事技术革命：初步评估》报告中指出：“在与美国军事竞争中，许多安于做地区强国的竞争对手可能不会像美国那样谋求全球性的控制力与主宰力，而可能会把对信息、太空、海上和空中的阻绝作为发展目标。”① “我们的目的是控制或主宰空、海、天等领域，而许多对手可能想阻止我们做到这一点”。② 他在报告里所使用的“阻绝”，其含义与后来使用的“反介入/区域拒止”基本相同。可以说，这是美军关于“反介入/区域拒止”概念的最早期的探讨。

1994 年，美国兰德公司出版了《国际规划新挑战》研究报告，对克雷皮内维奇的观点做了进一步的阐释，认为美军的对手可能会利用政治、经济等手段阻止美军从相关国家获得军力投送的通道，或者直接攻击海、空交通的要害节点以迟滞美军的部署。③ 1997 年，美国海军作战部长杰伊·约翰逊对美军未来所面临的威胁发表了看法。他认为：“下一个世纪，美国的敌人可能将攻击对准集结于海岸的部队和装备，在海上和空中攻击我军。这不仅仅是一种海上拒止威胁，也不仅仅是海军面临的问题，而是一个区域拒止威胁。挫败这一威胁将是美国向所有需要的地方投送和维持军力时的唯一关键要素。”④ 这是美军高级官员第一次

---

① Andrew F. Krepinevich, *The Military-Technical Revolution: A Preliminary Assessment*, Washington D. C. CSBA, 2003, p. 44.

② Roger Cliff, with Mark Burles, Michael S. Chase, Derek Eaton, Kevin L. Pollpeter, *Entering the Dragon' s Lair: The Implications of Chinese Antiaccess Strategies*, RAND, 2007, p. 1.

③ Paul K. Davis, ed., *New Challenges for Defense Planning: Rethinking How Much Is Enough*, RAND, 1994, pp. 387 – 388.

④ Admiral Jay Johnson, "Anytime, Anywhere: A Navy for the 21 Century," November 1997. As quoted from Andrew F. Krepinevich, Why AirSea Battle? Washington D. C. CSBA, 2010, p. 9.

使用“区域拒止”的概念。

同年，美国国防部发布的《四年防务评估报告》认为，美国的对手在对美国的常规战争中，可能运用非对称手段，如迟缓或阻止美国运用重要设施，干扰美军的指挥、控制、通信和情报网络，威慑美国的盟友和伙伴等，[①] 使美军输掉战争。年底，美国国会授权成立的负责评阅《四年防务评估报告》的国防专家小组发表了《国防转型：21 世纪的国家安全》的报告。该报告认为，美军的持续优势，在于有能力快速而无障碍地将作战力量投送到世界各地，这一能力在很大程度上取决于美国拥有持续的通道进入关切地区。然而，美国面临前沿基地无法进入的威胁是现实的，未来这种威胁几乎毫无疑问地会增加。更为严重的是，美军目前的结构、指导思想和战略不足以应对包括前沿基地无法进入在内的新型挑战。为此，报告建议，美军要“急速改变军力投送的方式”。[②] 1998 年，美国《空军》杂志发表的《进入的问题》一文认为，对美军而言，不在于是否存在反介入的威胁，而是在于这样威胁已达到什么样的危险程度。1999 年夏，美国助理国防部长宣称：“其他国家的战略逐渐会把目标围绕在防止美国介入的反介入/区域拒止这点上。”[③] 这是美国高级防务官员首次使用“反介入/区域拒止”这一术语。

2000 年底，美国国防大学 2001 年四年防务评估小组完成了题为《2001 年四年防务评估—安全驱动的战略选择》研究报告。该报告对未来威胁分析的第 13 条明确地指出：“地区性大国将采

① U. S. Department of *Defense*, *Report of the Quadrennial Defense Review*, 1997, http: www. Dod. Gov/pubs/qdr/sec 2. html.

② National Defense Panel, Tranforming Defense: National Security in the 21st Century, Washington D. C. US Governmrnt Printing Office, Dec. 1997, pp. 12 – 13, 21, 33.

③ 上海科学院国际战略研究中心编译：《2001 年四年防务评估——安全驱动的战略选择》，国防大学出版社，2003 年版，第 48 页。

取反介入/区域拒止战略”，“因而美国战略力量的投送可能会在一场主战区战争中面对这样的对抗”，“假如这样一场主战区战争爆发，一种反介入战略似乎将是减弱美军力量最佳的—也许是唯——办法。”[①] 这样，2001 年 9 月发布的《四年防务评估报告》正式将“向远距离的反介入或区域拒止环境投送和维持美国力量，挫败反介入/区域拒止威胁”列为美军六大作战目标之一。这是美国官方第一次正式使用“反介入/区域拒止”的名称。

随着研究的深入，美国官方和智囊机构赋予“反介入”概念以更清晰和明确的定义。依据战略与预算评估中心的说法，“反介入”是指“阻止美军力量进入其行动区域”。[②] 兰德公司在《深入龙潭——中国“反介入”战略及其对美国的影响》一文中，将“反介入”表述为“任何旨在迟滞美军及其盟友进入战区的行动，包括剥夺美军在战区内特定地域的行动权，或者迫使美军从远离冲突中心的地方发起打击”。

2004 年，兰德公司出版了《确保关键地区的介入能力——长期战略》一书，对“反介入”战略做了较为详尽的阐述：那些旨在威慑、阻止、降低、拖延美军力量进行机动部署、进入战区、以及组织军事行动的战略，即为“反介入“战略。这些战略可以在和平、危机以及冲突阶段实施，也可以在战略、战役和战术层次实施。战略层面包括在军事、外交、政治、经济和心理等方面施加影响；战役层面包括迫使美国从恰当距离之外的地方发起行动；战术层面包括使用常规和非常规的方法阻止美国部署和前移力量。战区内外甚至美国本土的目标都会受到这些行动的威胁；“反介入”可能在范围更广的国家战略范畴下发挥作用。实施这

① 参见《2001 年四年防务评估—安全驱动的战略选择》，第 49 页。

② Andrew F. Krepinevich, with Barry Watt, Robert Work., *Meeting Anti-access and Area-denial Challenge*, CSBA, 2003, p. ii.

种战略的可能是敌人，也可能是敌人的代理人。[①]

为了更好地描述此类威胁的性质，美国官方及战略学界近年来经常把“反介入”（Anti Access）与“区域拒止”（Area Denial）一起使用。“如果说 A2（反介入）战略是指阻止美国力量进入战场，那么 AD（区域拒止）战略就是指在己方直接控制的区域内阻止美国力量的自由行动。”[②]《为什么要进行空海一体战》的作者认为，“区域拒止”是指敌手试图阻止海上力量在战区的自由行动。2012 年出台的《联合作战介入概念》（JOAC）指出，“反介入”是指使用远程手段阻止美军进入作战区域，而“区域拒止”则是限制美军在作战区域内行动自由。

2010 年，美国国防部在其《四年防务评估报告》中，正式把“反介入/区域拒止”确立美军未来要着重应对的战略问题，并将“在反介入环境中慑止和击败侵略”作为美军八大任务之一。并明确了“反进入”威胁主要来自实体国家。[③] 这些国家“试图拒止外部力量进入特定地区，以使得其‘侵略’或其他行动不受干预”。文件反复使用“反介入/区域拒止”概念达 20 余次，并将“反介入”定义为“在一切领域迟滞和拒止美国的力量投送”。[④] 2011 年 2 月发布的《国家军事战略》报告更是将“反进入”视作“试图阻止我们国家向地区投送和维持作战力量的战略”。[⑤] 2014 年 3 月，美国防部发布的《四年防务评估报告》指出，美国

① Eric. V. Larson, Derek Eaton, Paul Elrick, Theodore Karasik, with Robert Klein, Sherrill Lingel, Brian Nichiporuk, Robert Uy, John Zavadil. , *Assuring Access in Key Strategic Regions Toward a Long-Term Strategy*, RAND, 2004, p. 8

② Andrew Krepinevich, Barry Watt, Robert Work. , *Meeting Anti-access and Area-denial Challenge*, CSBA, 2003, p. 5.

③ Department of defense, *Quadrennial Defense Review Report*, February, 2010, p. 15.

④ Department of defense, *Quadrennial Defense Review Report*, February, 2010, p. 9.

⑤ The Joint Chiefs of Staff, *The National military strategy for the United States of America 2011*, Joint Chiefs of Staff, Febrary, 2011, p. 8.

所面临的“未来的冲突将包括从运用非对称手段的代理人制造的意外事件，到拥有大规模杀伤性武器或具备先进技术的反介入和区域拒止能力的国家引发的高端冲突。”[①]（Future conflicts could range from hybridcontingencies against proxy groups using asymmetric approaches，to a high-end conflict againsta state power armed with WMD or technologically advanced anti-access and area-denial（A2/AD）capabilities.）因此，美军战争准备的基点应从对付什么样的冲突转向全谱行动上来。2015 年 7 月发布的《国家军事战略》战略报告继续把“反介入/区域拒止”看作是美军面临的不断增长的威胁。[②]

其实，“反介入/区域拒止”并非新鲜事物，其核心内容是限制对手的行动空间和行动自由，而这点自古以来就是兵家孜孜追求的目标。在现代战争中，所谓“制海权”、“制空权”等概念，从本质上说，与“反介入/区域拒止”别无二致，都是为了剥夺敌人的行动自由，确保自己的行动自由。美军本身就擅长通过高强度空袭、电子战等高技术手段剥夺对手的行动自由。自二战结束以来，美军“介入”战区的能力基本没有受过太大的威胁，战区内海、空乃至太空、网络空间等“行动自由”也很少遭到干扰。这几年美国对“反介入/区域拒止”战略的重视，是因为一些对手掌握了原本只有美国“垄断”的“反介入”和“拒止”手段。随着诸如精确制导武器、远程武器等新型作战系统的发展及其在“反介入/区域拒止”行动中的运用，美军认为其所面临的危险大大地增加了。

综上所述，美军所谓的“反介入/区域拒止”战略，就是由于其他国家军事力量的提升和作战手段的改进，对其在一些地区进行兵力投送和作战行动展开构成了障碍，形成了威胁。换言

---

① The Department of Defense，*Quadrennial Defense Review Report*，2014，p. VII.

② The Joint Chiefs of Staff，*National Uilitary Strategy for the United States of America 2011*，Joint Chiefs of Staff，June，2015，p. 16.

之，就是在美国看来，“反介入/区域拒止”战略是实体国家综合运用军事和非军事手段，试图削弱美国对某些特定地区的介入能力，破坏美国在“全球公域”（Global Commons）的行动自由，从而达到维护或扩展其国家利益的目的。

二、“反介入/区域拒止”战略的构成

在美军看来，“反介入/区域拒止”是一个十分复杂的体系，远非几件先进武器的简单叠加。美国防部战略与预算评估中心在其《空海一体战——初始作战概念》一文中列出了“反介入/区域拒止”系统的具体组成：

（1）动能和非动能反卫星武器，空间监视系统，以及相应的发射保障设施；

（2）复杂的网络和电子战能力；

（3）远程侦察监视系统（包括空基平台和陆基超地平线雷达）；

（4）数以千计的机载、舰载和陆基常规导弹，能够精确打击各类海陆目标；

（5）装备超音速掠海反舰导弹和先进鱼雷的静音潜艇；

（6）弹道导弹核潜艇；

（7）成千上万枚高性能水雷；

（8）综合空防系统，包括大量现代化制空战斗机，攻击型航母，机动和固定的防空导弹系统；

（9）覆盖空、陆、海和水下的侦察—打击网络；

（10）加固或埋于地下的光纤指挥—控制系统，以及相应的作战网络系统。①

---

① Jan van Tol, with Mark Gunzinger, Andrew Krepinevich, and Jim Thomas., *Air-Sea Battle: A Point-of-Departure Operational Concept*, CSBA, May, 2010, pp. 18 – 19.

美军还对“反介入/区域拒止”战略的构成要素也做了较为详尽的分析，其认知变化见下表：

2003 年美国学者描述的”反介入/区域拒止”战略	2012 年美军作战概念中的”反介入/区域拒止”系统
·政治拒止 ·地理拒止（如将部队部署在美军打击范围之外的内陆地区） ·加固固定目标（包括大规模杀伤性武器的制造和贮藏地，指挥中心） ·庇护地区（比如将部队部署在未参战的邻国，或文化地标附近，部署 GPS 干扰器） ·机动和分散（部署机动弹道导弹或巡航导弹发射车；SA－10、SA－12、SA－20 等先进的防空导弹系统） ·隐形（柴电动力潜艇、低可探测性巡航导弹、反舰水雷） ·欺骗（将近岸战斗舰只伪装成商船，将恐怖分子扮成非战斗人员） ·针对美军网络的信息攻击 ·打击空、海装卸载地域的非常规战争	“反介入”能力包括： ·种类繁多的陆基、海基、空基和潜艇发射的弹道和巡航导弹，可准确打击超过 1000 海里范围内的美军前沿基地和部队，以及他们的后勤补给系统 ·包括卫星、飞机、陆基和舰载雷达的远程侦察和监视系统，可提供必要目标定位信息 ·可迫使美国太空系统失能的动能和非动能反卫星武器，这些太空系统对美国力量投送系统至关重要。 ·可破坏美国及其盟友海上通讯线的潜艇力量 ·破坏美国指挥控制系统以及军用、民用关键基础设施的网络攻击 ·袭击美国及其盟友基地和部署部队的恐怖分子 ·可在作战地域遂行直接攻击或非常规作战的特种部队 区域拒止能力包括： ·可拒止美军局部制空权的空军和防空系统 ·可在目标地域拒止美军制海权的短程反舰导弹和装备先进鱼雷的潜艇。 ·精确制导火箭、火炮、导弹和迫击炮 ·可拒止对手使用某些选定地区的化学和生物武器 ·可降级、压制和摧毁美国在作战地域指挥控制系统的计算机和电子攻击 ·在近岸和峡湾活动的武装小艇 ·地面机动部队 ·可在目标地域遂行直接攻击或非常规作战的特种部队 ·无人机、无人水下载具等无人系统，可在目标地域部署以搜集情报或进行火力支持。

上表反映了美军视角中“反介入/区域拒止”战略从 2003 年到 2012 年的发展。分析上表内容可知，对手的“反介入/区域拒止”作战体系已经覆盖了陆、海、空、天、网络五维作战领域；具备强大的 C^4ISR 能力、远程进攻能力、太空战能力、网络战能力、特种作战能力，并将重点打击美军作战方式的若干软肋；面对美军的传统打击手段有较高的防护水平。总体而言，对手与美军之间的技术差距大大缩小，已逼近“均势竞争”（Near Peer）的水平。从这里可以看出，美国把“反介入/区域拒止”威胁的来源归因于实体国家。2015 年的军事战略报告指出：“在过去的 10 年里，我们所从事的军事行动主要是针对暴力极端组织。但是今天以及可以预见的未来，我们要把更多的注意力放在应对实体国家所带来的挑战上。”① （For the past decade, our military campaigns primarily have consisted of operations against violent extremist networks. But today, and into the foreseeable future, we must pay greater attention to challenges posed by state actors.）

由此可见，美军对于所谓“反介入/区域拒止”威胁的认识是不断深化的，最终将其提升至国防战略的层面。2001 年的《四年防务评估报告》把应对“反介入/区域拒止”威胁列为仅次于本土防卫之后的美军作战目标。后来，由于“9·11”事件的冲击，美国全力以赴地进行反恐战争，应对“反介入/区域拒止”威胁的热情一度降温。然而，随着国际战略环境的变化，反恐战争已经不再是美国的主要战略任务，如何应对“反介入/区域拒止”威胁，如何应对传统国家对美国军事优势地位的挑战，再次上升为美国防务部门关注的首要战略问题。

① The Chiefs of Joint Staff, *The National Military Strategy of the United States of America*, June 2015, p. 3.

三、应对“反介入/区域拒止”战略的提出

为了维护其所谓的世界领导地位，捍卫遍及全球的国家利益，保持长期的军事优势，美国对于日益增长的“反介入/区域拒止”的威胁逐步重视起来，并将其上升到国家战略的层面。

首先，维护美国在全球利益的需要。美国是目前世界上唯一的超级大国，也是具备在世界范围内进行战争能力的大国，其国家利益遍及全球。2000 年《国家安全战略》报告将“重要经济利益或对盟国有重要义务的地区”列为美国的“重要利益”。近年来，美国战略文件中出现了“全球公域”一词，系指全球的海、空、天和网络与电磁等领域，特别是战略性海峡和海上运输线。2008 年公布的《国防战略》报告认为，美国“必须保护全球公域，以保持对全球市场和资源的介入”。[①] 而“反介入/区域拒止”战略正是挑战美国对某些地区的介入能力，威胁美国在“全球公域”的行动自由。因此，美国必须认真应对，以避免出现不利的局面。

其次，应对地区大国挑战的需要。美国认为，一些地区性大国，虽然其实力不足以和美国进行全面较量，但却可能通过“反介入/区域拒止”战略将美国排除在地区事务之外，进而达到自己的战略目的。随着这些国家实力的不断增长，美国越来越感到自己的地区存在受到了挑战。美国认为，中国是发展”反介入/区域拒止”战略的代表性国家，其“反介入/区域拒止”系统是最完备的。再经过一段时间的发展，这一系统的“拒止区域”很

---

① R. M. Gates. , *National Defense Strategy*, Department of Defense, June, 2008, p. 6.

有可能会延伸至1500海里以外，远远超出美海空军战术飞机的有效作战半径。如果坐视这一形势的发展，美国无疑会失去对西太平洋地区的控制。因此，美国接连抛出“空海一体战”等构想，以对抗地区性大国的”反介入/区域拒止”战略。

再次，保持美国军事优势的需要。美国一向重视保持自己的军事优势，甚至绝对优势，其传统中有“在与敌人竞争中保持绝对优势的强烈欲望；吸取以往战争经验教训，保持不可战胜的荣誉的强烈欲望；获得大批国防拨款，保持军队活力的强烈愿望。”① 冷战结束以后，美国军事力量在常规战争方面拥有绝对优势。目前，“反介入/区域拒止”战略在动摇美国这一领域的主宰地位。美国也将其作为提升自己军事实力的一个借口。通过发展新一代武器装备，研究在”反介入/区域拒止”环境下的战法，美国可以实现自身军事水平的又一次飞跃，确保在未来复杂的国际环境下更好地维护国家利益。

美国一直认为，控制欧亚大陆是其领导世界或称霸世界的基础，而控制欧亚大陆方法是从其东西两端向中心地区挤压。第二次世界大战后，它已通过建立北大西洋公约组织控制了欧亚大陆的西部，冷战后又把东欧诸国纳入了北约的版图，从而取得了相当的战略纵深，且基本上稳固下来。但是，在欧亚大陆的东端，它却尚无稳固的战略支点，只是控制了外围的一些岛国或地区，而且未来还充满变数，弄得不好，完全有可能被挤出亚洲。因此，为了防止这样的情况出现，保证自己军事行动的主动，美国便利用自己的优势，提出了应对“反介入/区域拒止”威胁的战略。

① 军事科学院世界军事研究部：《美国军事基本情况》，北京：军事科学出版社，2004年版，第137页。

第二节　应对“反介入/区域拒止”战略的构想

尽管在2001年《四年防务评估报告》中，美军已把应对“反介入/区域拒止”威胁作为其主要作战任务之一，但是由于长期致力于反恐战争，并没有提出具体的行动计划或方案。奥巴马政府上台后，根据变化了的国际环境，着手全球性战略调整，主张“重返亚洲”。为了支持政府“重返亚洲”战略，美国国防部对世界军事形势进行分析之后，认为中国、伊朗和朝鲜等濒海国家已具备了“反介入/区域拒止”能力，便着手开发应对“反介入/区域拒止”威胁的战略与作战构想。这样，“空海一体战”理论就应运而生了。

一、“空海一体战”理论的产生

其实，早在1992年，时任美国海军中校，后升任美国欧洲司令部司令兼北约欧洲盟军司令部最高司令的詹姆斯·斯塔夫里迪斯就提出了“空海一体战”的概念，核心思想是建设一支可以立即部署、能力突出的一体化打击力量。[①] 由于在当时的战略环境中，世界上并没有出现一个挑战其美国国际地位，特别是海上优势的国家，美国军方对这一概念没有重视起来。在随后的近20年里，“空海一体战”概念无人提及。然而，到了2009年，随着国际战略力量消长的变化，美国政府提出了“重返亚洲”战略。国防部在筹划支持政府“重返亚洲”战略时发现，美军在亚太地区面临着所谓严重的“反介入/区域拒止”威胁。于是，2010年2

---

① James Stavridis, “A New Air Sea Battle Concept: Integrated Strike Force”, (Washington D. C.: National Defense University National War College, 1992), p. 3.

月，美国防部在其《四年防务评估报告》中要求，空军和海军必须联合开发新的“空海一体战”概念，来击败位于军事行动频谱各个范围内的对手，特别是装备着先进的“反进入/区域拒止”武器的敌人，确保美国在空、海、天、电磁领域的控制权，挫败那些企图破坏美国行动自由的挑战。[①] 接着，国防部的智囊机构—战略与预算评估中心（Center of Strategic Budget Assessment，CSBA）着手开始研发“空海一体战”的概念（Joint Air-Sea Battle Concept，ASB），并先后公布了两份有关“空海一体战”的研究报告，即《空海一体战：初始作战概念》（AirSea Battle：A Point-of-Departure Operational Concept）和《为什么要空海一体战?》（Why AirSea Battle?）。2011 年 8 月，美国国防部正式成立“空海一体战”办公室；海军作战部长与空军参谋长联合发表了《空海一体战与地区稳定》文章；2012 年国防部又发布了《联合作战进入概念》1.0 版，等等。

这些报告与论文论证了“空海一体战”的概念，提出了“空海一体战”的基本战法，强化了应对“反进入/区域拒止”挑战的能力建设等思想。这些措施和构想表明，美国不仅着手开发“空海一体战”的概念，而且在行动上积极推进。经过几年的探索，美军认为，“空海一体战”的概念既引起其他国家的敏感，又造成自已各军种之间的矛盾。2013 年 7 月，美国著名智库兰德公司公布了一份研究报告—《美国陆军在应对“反介入/区域拒止”挑战中的作用》。报告指出，在应对“反介入/区域拒止”威胁时，需要采取联合措施，综合运用各军种的力量。也就是说，仅靠海军和空军一体化联合作战，还不足以应对“反介入/区域拒止”的挑战。不仅如此，由于“空海一体战”的对手指向明

① Department of Defense, *Quadrennial Defense Review Report*, February, 2010, p. 32.

确，有悖于美军“灵活反应”战略指导，同时易于遭到其他国家的反对，不利于战略的实施。为了模糊战略对手的指向，同时响应陆军与海军陆战队的修订该概念以增进联合的呼吁，2015 年 1 月 8 日，美国参谋长联席会议联合参谋部主任、空军中将大卫·高德费恩（Lt. Gen. David Goldfein）签发备忘录，正式将“空海一体战”更名为“全球公域介入与机动联合概念（JAM-GC）”。但具体什么时间向外部正式公布美军的决定，还未确定。不过，从本质上说，无论概念怎么变，其内涵都是一样的，就是利用美军的优势，打破或摧毁其他国家的“反进入/区域拒止”能力。

尽管美军官方声称，它提出的应对”反介入/区域拒止”战略的构想是对美军作战能力的一种塑造，而不是针对某个明确的对手，但实际上，从上述这些内容，可以清晰地提出，美国长期以来对中国“反介入/区域拒止”战略保持着高度警惕。美军认为“中国一直在寻求一系列空、海、水下、太空、反太空、信息战系统，并探索相关作战概念，以达到‘反进入/区域拒止’能力。这样就可具备在从中国海岸到西太平洋的地域范围内发起多重攻势的能力。”《联合作战介入概念》的正文虽未提及中国，但其参考文献中有多达 9 份描述中国“反介入/区域拒止”能力的文件。在 2014 年的《四年防务评估报告》中，美国防部认为，在未来的几年里，中国将通过发展“反介入/区域拒止”能力和网络与空间控制能力以反击美国的力量。此外，中国及其他一些国家致力于研发高级的一体化空防能力，为美国的介入以及海上和空间行动自由制造障碍。随着精确的常规弹道导弹和巡航导弹的发展，美国及其盟友的海上力量和陆上设施将面临着更大的和代价更高的严峻挑战。①

① The Department of Defense, *Quadrennial Defense Review Report*, 2014, pp. 6 – 7.

美国认为，它在西太平洋地区不仅要面临最强大的“反介入/区域拒止”体系，也要面临着最为恶劣的战场自然环境。因此，美军以“空海一体战”为主要特征的应对“反介入/区域拒止”战略的战法具备普适性的前提是在西太平洋地区战胜中国的“反介入/区域拒止”战略。这就是包括中国在内的世界上许多国家习惯将“空海一体战”同美国对华假想战争联系在一起的根本原因。

二、“空海一体战”理论的构想

任何一种作战理论都是基于现实的需要而产生的。“空海一体战”是近年来美国出台的应对“反介入/区域拒止”威胁的有力举措。它是美军继“网络中心战”和“空天一体战”等之后推出的又一新的作战理论。“空海一体战”理论的提出，必然会对美军未来力量建设及武力运用等产生重大而深远的影响，这一概念很容易让人联想起20世纪80年代的“空地一体战”。从这一角度上看，美国将“反介入/区域拒止”视作可以同苏联装甲集群相提并论的威胁。

从美国的官方文件、智库的研究报告以及近几年军方作战准备活动来看，美国应对“反介入/区域拒止”的主要方法，就是“空海一体战”。所谓“空海一体战”，就是一场由空军和海军联合主导，有传统盟友助力，在西太平洋地区或海湾地区进行的高端军事行动。它的战场将涵盖陆、海、空、天、网络空间等维度，目的是在强大的“反介入/区域拒止”挑战下维持美国力量投送能力，维护美国主导下的地区秩序。从这个意义上来说，“空海一体战”既是一种实战概念，也是一种警告潜在敌手的威慑概念。

CSBA的“空海一体战”假想了一场未来西太平洋的中美大

战。在“后发制人”、“不使用核武器”、“日澳作为盟友参战”等前提下，其将“空海一体战”大致分为了2个过程，8个相互联系的方面。而《联合作战进入概念》则列出了达成“进入”的11条训令。根据这两份文件，“空海一体战”的战法概括为以下5条：

第一，夺取“侦察战”优势。“空海一体战”的概念高度重视战场侦察与监视能力的争夺。CSBA在其报告中写道，“空海一体战的争夺核心可以用‘侦察战’（Scouting Battle）来概括，双方都不断地寻找并打击另一方的关键目标，同时保护己方的目标。”该报告认为，一方面敌方“反介入/区域拒止”体系的作战效率取决于其ISR系统（Intelligence，Surveillance，Reconnaissance，情报、监视和侦察系统）定位、跟踪和瞄准目标的能力；另一方面，美军自身的军事行动也高度依赖自身的ISR系统。因此，双方的ISR体系将是“侦察战”的焦点。《联合作战进入概念》也指出“联合部队需要为信息而战……同时寻求降级敌人的态势感知能力……”。①

为此，美军在“侦察战”中将发挥其在远程打击、电子战等方面的固有优势，使用天、海、空等多种平台对敌实施强有力的干扰，打击敌方重要的ISR节点。同时，美军也要从最坏的方面做准备，立足于“降级环境”（degraded environment）下进行作战行动。也就是说，美军着手训练部队在C^4ISR平台，特别是太空平台遭到破坏和压制，通信、侦察等系统效能下降，作战行动无法得到足够信息保障情况下的作战能力。

第二，掌握作战维度控制权。CSBA认为，“空海一体战”中美国将是后发制人的一方。“本文认为，敌方将握有战争开始时

① Department of Defense, *Joint Operational Access Concept* (*JOAC*), Jan. 17, 2012, p. 29.

的战略和战役主动权。即使预有警告，美军也不会得到先发制人的授权。”① 美军必须在战争开始阶段顶住对手的先期打击，而后寻找战机夺取并巩固各个作战维度的主动权。美军对控制权的理解是，“没有必要在某个作战域掌握永久的控制权……只需要在必要的作战域打开有限的时间窗口和空间走廊，以确保完成任务即可。”②《联合作战进入概念》强调，在争夺作战域主动权中，“低特征”（low signature）力量将是美军的倚重，因为水下力量、隐形飞机和陆上特种部队在投入作战时“队形分散”（Formation Dispersed），较少暴露在敌火力打击之下，是应对“反介入/区域拒止”系统的理想选择。在“空海一体战”中，美军将以“低特征”部队为尖刀，“从多个作战域发起彼此独立又相互呼应的作战行动”，以掌握陆、海、空、天、网络五维作战域的控制权。

第三，减煞敌军打击能力。“反介入/区域拒止”体系硬杀伤的主要手段是以弹道导弹为主体的远程打击武器。美军认为，敌方有能力给予其位于第一岛链的前沿部署力量以大量杀伤。美军位于日本、韩国境内的军事基地会被重创，甚至关岛基地也将受到影响。因此，“‘空海一体战’的一个主要方面是抗击和消减敌方的进攻型导弹威胁”。“压制或扰乱敌导弹攻势，消耗敌固定和移动导弹发射平台，最大程度上防止敌完成力量重建”。为达到这一目的，CSBA 在报告建议，首先要做好防御，即加强一线基地周边的防空反导力量部署，陆基、海基和空基平台相互配合，构成层层阻截网；强化某些基地的基础设施，将一些高价值的平台置入抗打击能力较强的飞机掩蔽库中；在主要基地周围开设备用基地，再辅以假目标，迷惑敌军，消耗其导弹。其次要积极出

① Jan van Tol, with Mark Gunzinger, Andrew Krepinevich, and Jim Thomas., *AirSea Battle: A Point-of-Departure Operational Concept*, *CSBA*, May, 2010, p. 50.

② Department of Defense, *Joint Operational Access Concept* (*JOAC*) *Version 1.0*, January, 2012, p. 23.

击，寻歼敌方远程打击部队。美军的攻势行动分为直接打击和致盲两个部分，先摧毁敌方固定导弹阵地和移动导弹发射车，接着致盲敌方太空平台，使其无法为导弹提供情报、制导和评估打击效果。

第四，削弱敌国战争潜力。CSBA 在其报告中认为，敌方的国家机器正常运转依赖于其海路贸易。因此，切断敌方的海上交通线，破坏其对外贸易往来，将削弱敌国战争潜力，甚至造成敌国内乱，从而动摇“反介入/区域拒止”战略的基础。美军认为，美国同敌方之间的贸易在开战后将中断，因此海上封锁应划分重点区域。除了切断敌海上交通线，海上封锁的任务还包括破坏敌方海底通信线、输油管道等。这样，从事“反介入/区域拒止”战略的国家因为外来资源被切断，战争的潜力大为削减。

第五，提高持久作战水平。“空海一体战”并不强调速战速决，“当美国及其盟友取得战役主动权时，他们也要为赢得持久战役做好准备。”[①] 而持久战的胜利需要充足的后勤物资保障和强劲的国防工业生产水平。因此，“空海一体战”的一项重要内容就是及时动员国内军工生产战争所需的高、精、尖武器，同时将这些武器安全地从美国本土运至前线。

CSBA 提出了以下几条提高持久作战能力的建议。在护航方面，首先，关岛等核心后勤节点要加强防御能力和抗毁能力，确保能够正常运转。其次，争取在战时能够取得盟国境内基地的使用权。在西太平洋地区，日本东部、澳大利亚、新加坡的基地十分重要。再次，确保美国本土到前沿基地的海上交通线畅通。战时，美国要同日本、澳大利亚等盟友配合，在海上交通线上投入强大的反潜力量，确保物资输送的畅通。最后，美国要提前在前

① Jan van Tol, with Mark Gunzinger, Andrew Krepinevich, and Jim Thomas, *AirSea Battle: A Point-of-Departure Operational Concept*, CSBA, May, 2010, p. 74.

沿基地内预制一定数量的作战物资。在国防工业生产方面，应当重点生产“空海一体战”急需的精确制导弹药。

三、“空海一体战”理论的特点

“空海一体战”作战思想的主要特点是把直接路线与间接路线相结合，战时与平时相衔接，并将胜利与失败两种结果都纳入战略考虑之中。

首先，强调直接路线和间接路线相结合。“空海一体战”是一场同强大对手的全面较量，其一方面强调以实力和科技优势的直接路线取胜，另一方面也充满了智取和巧胜的间接路线思想。直接路线方面，报告认为传统上美国军事思想中关于大规模地区战争的速胜论并不适合“空海一体战”，反而是对手试图速战速决。[①] 因此，持久战更符合美国的利益，因为这可以使得美国强大的国家实力有机会发挥出来。CSBA 的报告有多处提到了消耗战的思想。例如，在“侦察战”阶段，报告强调要不断消耗对手的海、空基 ISR 作战平台；[②] 在抗击对手远程打击时，要通过分散力量，加固基地等措施消耗对手打击力量；在反潜作战中，报告提到，削弱对手潜艇力量的消耗战可能要持续数月时间[③]。在强调以实力立于不败之地的同时，“空海一体战”十分注重间接路线的运用。第一，美军反复强调“空海一体战”的威慑性，认为其不仅是一种制胜理论，更具有威慑对手，维持力量平衡的作用。第二，“空海一体战”注重利用美军的非对称优势打击对手关键节点。例如，面对对手远程打击能力的威胁，美军最好的办

① Jan van Tol, with Mark Gunzinger, Andrew Krepinevich, and Jim Thomas, *AirSea Battle: A Point-of-Departure Operational Concept*, CSBA, May, 2010, p. 30.

② Ibid, p. 61.

③ Ibid, p. 43.

法是“杀死弓箭手，而不是弓箭”，利用隐形作战平台等攻击对手的指挥控制装置和发射装置，“即使不能摧毁全部目标，也可以打乱对手作战节奏，达到预定效果”。[①] 另外，“空海一体战”还提出通过运用“远程封锁”等做法，打击对手海上运输线，绞杀对手经济命脉，从而引起对手国内动乱，迫使其就范。

其次，强调和平时期的战争准备同冲突时期的战争实施相结合。“空海一体战”规模大，消耗高，持续时间长，因此必须做到平战结合，将和平时期的准备和冲突时期的行动结合起来。第一，美军要在和平时期做好战区基础设施建设，加强主要基地抗毁能力和预备基地的选址，以便能在冲突迫在眉睫的时候迅速疏散作战力量。第二，要在和平时期保持和提高国防工业的生产能力，特别是精确制导弹药的制造能力，以应付高强度战事的大量消耗。第三，和平时期要做好日本、澳大利亚等关键盟友的工作，签订一系列政治协议和联合作战计划，以确保战时这些国家能够坚定地站在美国一边，迅速投入到反潜战、封锁战等行动中。第四，美国相关军种要在和平时期加强组织编制、作战演习、装备开发等方面的协同联合，以便在战时能够迅速形成一体化的作战能力。

再次，强调要做好最坏的打算，争取最好的结果。“空海一体战”设想对手将先发制人，打击美国力量投送体系的各个节点。因此，对手可能会因此在战役初期占有较大的主动权。针对这种情况，“空海一体战”要求美军做好最坏的打算。近年来，“次级环境”（degraded environment）这一概念越来越多地出现在美国官方文件和智库报告中，意指作战网络，特别是太空平台遭到一定程度破坏后的作战环境。《四年防务评估报告》提到，美

① Jan van Tol, with Mark Gunzinger, Andrew Krepinevich, and Jim Thomas, *AirSea Battle: A Point-of-Departure Operational Concept*, CSBA, May, 2010, p. 38.

国要加强投资，使得部队能在广泛的冲突的领域中作战，包括在次级环境下有效地遂行任务。[①] 2011 年《国家军事战略》与之相呼应，“我们要通过在次级环境中保持战斗力来加强空、天、网络领域的威慑”。[②] 2011 年美国发表了第一份《国家安全太空战略》，其中专门一章提到要准备在次级环境中行动并击败对手。[③] 面对“空海一体战”中强大的对手，美军不再一味要求全面掌控战场形势，而是开始注重培养部队在不利态势下完成预定任务的能力。

总之，“空海一体战”的官方内容还没有完全公开，目前关于“空海一体战”的讨论大多集中在战略与预算评估中心于 2010 年 5 月出版的《空海一体战——初始作战概念》和《联合作战介入概念》上。这两个报告或明或暗地将中国列为“空海一体战”的作战对象，西太平洋战区是“空海一体战”的主战场，臆测未来中国“反介入/区域拒止”战略可能先发制人，使美军在战区的力量投送体系瘫痪，寻求速战速决。因此，美军必须作好充分的战前准备，承受必要的损失，充分发挥国防动员潜力，采用海空联合作战的形式，通过系统对抗夺取最后的胜利。2014 年的《四年防务评估报告》和 2015 年的《军事战略报告》中，没有出现“空海一体战”的概念，但从其提出的应对“反介入/区域拒止”的措施上，依然可见这一概念的蕴含。

---

① Department of Defense, *Quadrennial Defense Review Report*, February 2010, p. 38.

② Joint Chiefs of Staff, *The National Uilitary Strategy for the United States of America*, Feburary 2011, p. 8.

③ Department of Defense, National Security Space Strategy, Office of director of National Intelligence, Department of Defense, January 2011, p. 11.

第三节　应对“反介入/区域拒止”战略的举措

2010年与2014年的《四年防务评估报告》和2011年与2015年《军事战略》报告，以及2012年《防务战略指南》，都强调了力量和能力建设的中心就是应对“反介入和区域拒止”威胁。面对所谓“反介入/区域拒止”威胁，美军官方和研究机构都提出了许多应对措施。从美军近年来的主要做法看，主要有以下几个方面。

一、发展远程打击力量

美军认为，“反介入/区域拒止”系统的控制范围正逐渐增大。针对这一情况，美国有必要加强自己的远程打击力量。按照美国学者的估计，战略轰炸机能够在没有空中加油的情况下打击4000海里距离外的目标，而相似情况下航母战斗群的飞机仅具备200—450海里的作战半径，其优势显而易见。[①]

2009年，美国国防部长盖茨声称，“……反介入的威胁已经使得美国必须向远程打击系统方向转变……。”美军已在关岛储备了若干枚射程600海里的AGM-86C/D空射巡航导弹，以增强B-52H的远程打击能力。2010年《四年防务评估报告》已明确提出美国要扩展未来远程打击能力。美国战略与预算评估中心也发布了《保持美国战略优势—远程打击能力》报告。根据上述两个文件，未来美军远程打击系统（family of systems）由新型远程情报监视侦察和打击飞机（也称远程打击轰炸机，Long Range

① Mark Gunzinger, *Sustaining America's Strategic Advantage in Long-Range Strike*, Center for Strategic and Budgetary Assessments, September 2010, p. 3.

Strike-Bomber，LRS-B）、新型无人驾驶战斗机（N-UCAS）、新型联合巡航导弹、常规导弹快速打击系统（陆基、海基）、弗吉尼亚及攻击核潜艇（改装升级）等构成。[①] 它囊括了战术空中打击、远程空中打击、防区外导弹打击、渗透突防、全球打击、电子攻击和情报/监视/侦察（ISR）等各种能力。

首先，研制新型远程轰炸机。为了在全球范围内展开军事行动，减少对基地的依赖，美国着手研制新一代隐形远程轰炸机。按照美军的设想，新型轰炸机必须具备：途中不加油飞行4000海里的续航能力；在敌防空网覆盖范围内等高威胁环境下全波段高隐蔽性；满足打击众多大型重要目标的精确制导弹药和相关装备；具备先进的战场情报监视和侦察能力。2015 年 11 月 4 日，《华盛顿时报》报道，美国国防部将开发一款既可以载核武器，又能够载常规武器的新型隐形战略轰炸机。该项目被称为“远程打击轰炸机（LRS – B）”。诺斯罗普·格鲁曼公司获得了这个项目的研发合同。这种轰炸机将于 21 世纪 20 年代中期进行部署，届时可能会被命名为 B – 3。

其次，打造舰载无人机监视打击平台。为适应在“反介入/区域拒止”地区实施远程打击作战任务需求，研发舰载无人机监视打击平台，如 UCAS-D 项目和未来 X-47B 派生型号。这些新型舰载打击将具备：3000 海里的长航程，可在其母舰距岸1500 海里条件下起飞，或沿敌方海岸线构建 5 个巡逻航线，搜索机动目标或实施电子攻击；或在内陆 500 英里构建 2 个以上巡逻航线，遂行战场实时侦察、监视行动；[②] 先进防空环境中的全波段高隐蔽性，可在严密防控地区持久飞行、隐蔽生存

---

① Mark Gunzinger, *Sustaining America's Strategic Advantage in Long-Range Strike*, Center for Strategic and Budgetary Assessments, September 2010, p. 21.

② Robert P. Haffa Jr., and Michael W. Isherwood, *Long-range Conventional Strike-A Joint Family of Systems*, JFQ, 1st quarter 2011, p. 107.

能力；可执行战术攻击任务，有效载荷接近2吨，携带2枚900千克联合直接攻击弹药或8枚小直径炸弹；装备先进的战场情报监视、侦察、传输系统，可为其他作战飞机和水面/水下攻击平台提供实时的侦察和监视情报；可选择装备电子战系统。

再次，改进弗吉尼亚级攻击核潜艇。为达成“抗敌先期打击”行动、“致盲”作战、“导弹压制”作战、“远距离封锁”行动，弗吉尼亚级攻击核潜艇将通过改装实现火力更强、反应更灵敏、更基准的远程对岸打击能力。通过先进技术改装，以可搭载12枚常规弹头洲际弹道导弹的发射系统替换战斧式巡航导弹的垂直发射系统；[①] 保持独有的水下特种渗透作战能力；保持其在水下高隐蔽性能，能够实施水下远程渗透和机动至敌手的濒海区域。

第四，发展新型联合巡航导弹。该型巡航导弹系统可能包括多种类型巡航导弹（如X－51A“驭波者”超高声速巡航导弹），[②] 其中部分型号导弹将通过现役的F/A－18舰载攻击机、B－52和B－1B、水面舰艇和潜艇的垂直发射系统等平台实施发射。这些巡航导弹应具备3－6马赫的超高音速机动能力；具备卫星制导的射程达400—600海里的能力；具备在高威胁环境中的远距离渗透突防能力。2011年11月，美军试射了时速达6000公里以上、射程达4000公里以上的超音速导弹，2015年8月进行了第二次试射阶段，以应对“反介入/区域拒止”威胁，实现国防部规划的快速全球打击能力。

第五，开发常规导弹快速打击系统（陆基、海基）。为达成

① Robert P. Haffa Jr., and Michael W. Isherwood, *Long-range Conventional Strike-A Joint Family of Systems*, JFQ, 1st quarter 2011, p. 109.

② 杨静、杨争、刘建民：《美军“空海一体战理论”及武器装备发展走势》，载《长缨》，2011年第1期，第77页。

“抗敌先期打击”等行动，将实现针对移动目标、深埋加固目标、时间敏感目标等多种重要目标实施全球快速打击能力。其备选系统包括常规型“三叉戟－2/D5”导弹系统、“潜射全球打击导弹”、“常规打击导弹”、高超声速巡航导弹等。预计于2017—2020年开始全面部署。

在过去几年里，美国所采取的措施主要包括：赋予“弗吉尼亚”级攻击核潜艇远程打击能力，进行海军无人战斗机的试验，空军要更新整个战略轰炸机机队，增强隐形突防、远程奔袭以及防区外的主要打击能力。① 奥巴马政府递交国会2012财年国防基准预算中，决定投入20亿美元用于研制下一代远程攻击系统，9亿美元用于研制KC－X加油机。② 2014年的《四年防务评估报告》更是提出要加强全球范围内军事行动的能力。空军将改进多功能F－35战机，研发新的隐形、远程轰炸机，运用KC－46A加油机/运输机以取代传统的老式加油/运输机。③ 美军要发展远程反舰导弹，在2021财年要启动建造新一代战略核潜艇SSBN（X），发展攻击型反舰作战武器、新一代舰对岸打击武器、弗吉尼亚有效载荷模块、采购两栖作战舰等。④

二、加强太空平台防护

在近几次局部战争中，太空平台在侦察、通信、打击等环节

① Department of Defense, *Quadrennial Defense Review Report*, February 2010, p. 33.

② Department of Defense, *FISCAL YEAR 2012 BUDGET REQUEST*, february, 2011, p. 12.

③ Department of Defense, *Quadrennial Defense Review Report*, March 2014, p. 19.

④ Ibid, pp. 28－31.

中发挥着不可替代的作用，在对抗“反介入/区域拒止”的战争中，各种卫星更是不可或缺。2010 年《四年防务评估报告》指出，国防部要千方百计加强美军太空能力，加强空间平台和相应地面设施的抗毁能力。既要积极寻求同其它国家、商业组织的互利协作，也要保证敏感技术和手段的安全性。要加强空间平台的快速部署能力和重组能力，从而提高整个系统的灵活性。①

美军对空间系统的依赖程度远大于其他国家。为了谋求“太空领导权”，营造“以高制低”的威慑态势，2011 年美国制定了《国家安全太空战略》（National Security Space Strategy）。与此同时，美军加紧推进 X－37B 空天飞机的项目，试射 X－51A“驭波者”超音速巡航导弹，试飞 HTV－2“猎鹰”太空飞行器。2014 年的《四年防务评估报告》指出，“美国全球性通讯与军事行动依赖太空的行动自由，确保这一领域的安全对于我们在冲突中进行兵力投送和赢得战争至关重要。国防部将采取多层次防御的方法来威慑敌人对美国太空设施的攻击，如果失败，美国确保有进行反击的能力。这就要求美国要继续提升能力，制定计划，做出选择，在必要时击败敌人干扰或攻击美国及盟友太空系统的企图。”② 2015 年的《军事战略报告》强调，美军在重点投资应对“反介入/区域拒止”、太空、网络空间和混合威胁的能力建设。③

当然，美军在强调防护太空系统的同时，也着眼于必要时攻击敌方的太空系统。在《联合作战进入概念》中，美军明确提出要攻击对手的太空和网络战能力。以太空域为例，天基系统不仅

---

① M. R. Gates. , *Quadrennial Defense Review Report*, Department of Defense, February, 2010, p. 33.

② Department of Defense, *Quadrennial Defense Review Report*, March 2014, p. 20.

③ Joint Chiefs of Staff, *The National Military Strategy for the United States of America*, June 2015, p. 16.

是美军的软肋，更是“反介入/区域拒止”系统的软肋。CSBA 在其报告中明确指出美国空军应遂行“反太空行动”（Counter-space operation），袭击对手的太空平台。同时，要组织对与敌相关的地面控制系统、反卫星平台发起打击。2014 年的防务评估报告和 2015 年军事战略报告中，也含有必要时攻击敌方太空系统的内容。

值得注意的是，面对越来越严重的“反介入”威胁，特别是在太空领域遭到越来越多的挑战，美国正在研究空间系统遭到破坏后的“次级环境”（degraded environment）下如何进行作战，即太空平台和网络系统遭到打击，部分丧失功效后，美军仍要保持足够战斗力击败对手。2011 年《国家军事战略》提出，联合部队要加强在“次级”条件下的训练和演习，以适应未来严酷的“反介入”战场环境。[①] 一些学者甚至指出，海空军应当组织类似于“无太空一周”的缺少空间系统支持条件下的联合作战训练，这类做法有助于减少美军部队对于空间系统的依赖，也能检验后备系统的可靠性。[②]《国家军事战略》也对武装力量提出了加强在“次级环境”下训练、演习的要求。

2010 年《四年防务评估报告》中提到，鉴于空间系统的脆弱性，美军需要更加强大的空/海基通信、侦察和监视系统。这些系统必须具备强大的生存力，能在高危环境下工作，例如可以考虑使用续航力强的空中平台作为卫星通信链路的替代品。[③]

“反介入/区域拒止”的目的在于阻止美国的兵力投送和作战

---

① Joint Chiefs of Staff, *The National Military Strategy for the United States of America*, February, 2011, p. 18.

② Jan van Tol, with Mark Gunzinger, Andrew Krepinevich, and Jim Thomas. , *AirSea Battle: A Point-of-Departure Operational Concept*, CSBA, May, 2010, p. 87.

③ Department of Defense, *Quadrennial Defense Review Report*, February, 2010, p. 34.

行动的自由。而美国的全球性兵力投送和作战行动，则严重依赖其太空系统。因此，为了保持美军全球性干预的能力，美国高度重视太空系统的安全与正常运转。近年来，美国以攻防兼备的方式，采取了许多强化太空系统安全的措施。

三、提高基地抗毁能力

美军认为，关键地区的前沿基地网络和支持设施仍然不可或缺。随着形势的复杂化，美国必须同盟友一道加强一些战区的基地建设，比如加固设施，部署主动防御系统等等。美军还将重新考虑全球力量部署的态势，比如考虑将一些原来部署在本土的海军力量靠前部署等。[①] 同时，加强武器装备的机动性与无人化。

首先，加固装备防御能力。为了降低敌方的先期打击的效果，控制美国及盟友部队与基地的损失，使其最小化，美军认为，它必须以较强的防御能力作为支撑。根据“空海一体战”理论，美军在未来有可能遇到的最大的威胁是来自敌国远程精确制导武器的打击，包括弹道导弹、空地导弹、反舰导弹等等。因此，美军在提升装备防御能力方面，必须采取各种措施来摧毁敌国的精确制导武器的突袭，从而避免或减轻该类攻击造成的破坏。目前美军在提升装备防御能力方面的措施主要是改进其舰载“宙斯盾”防御系统，美军计划在2016年以后采购的“阿利·伯克”级导弹驱逐舰将主要以防御弹道导弹为主要任务。此外，美军还将进一步提高陆基“标准-3”拦截导弹的性能。

其次，提升武器装备的预警能力。美军在装备防御能力建设的另一方面就是提高其武器装备的预警能力，为此，美军将集中

---

① Department of Defense, *Quadrennial Defense Review Report*, Department of Defense, February, 2010, pp. 33 -34.

力量改进现有的预警雷达，改进后的预警雷达不仅能够探测弹道导弹的来袭，还能兼具对隐身飞机的预警能力。此外，专家还称，美军将配置积极和消极的基地防御体系，包括把高价值资产移入加固的掩体，把空基和海基的弹道导弹防御资产转移到预先设置好的阵地。美国在日本南部与北部地区还部署了远程预警雷达。

在西太平洋地区，美国重点经营的是关岛基地群。美军认为，随着所谓“反介入”威胁的增大，冲绳—乌山—岐阜一线已经暴露在对手的打击范围之下。关岛距东亚大陆约1600海里，又是美国属地，是美国西太平洋地区的重要战略棋子。美军已在关岛建成了容量2.16亿升的航空燃料库，“全球鹰”无人机的侦察指控中心也已建成。随着2014年海军陆战队第3师4700人从冲绳整体搬迁到关岛，关岛更将成为美军西太平洋对抗“反介入”的大本营。

再次，增强军事装备的机动性。美军自上世纪90年代后期开始推动其军事转型进程，军事转型的目的是将美军建设成为一支小型、快速、更敏捷、更精确、能够更快部署和在战场上维持的部队。“空海一体战”在某种意义上很好地继承了这种理念，美海、空军在建设武装力量时开始注重提高武器装备的机动性与实时性。

增强美军装备的机动性主要体现在对于快速打击能力的追求。近几次局部战争中，美军都展现了其强大的快速打击能力与高效的机动性。这就不得不提到美军的常规快速全球打击系统。该系统实际上是美国正在实施的一项战略计划，其目的是为了追求获得对移动目标，加固目标，时隐时现目标等多种目标的全球快速打击能力。这种全球快速打击能力既可以用来对付敌国的深埋固定目标，也可用来摧毁敌方固定或机动式导弹发射阵地。2012财年，美国国会已经批准为该系统拨款1.476亿美元，该计划于2014年至2020年形成该系统的初始作战能力。这种机动性超强的全球快速打击能力将大大提高美军在“反介入/区域拒止”作战中的作战效能。

第四，实现美军装备的无人化。在现代战争中，各国军队为了在战争中最大程度的减少己方伤亡绞尽脑汁，投入了大量人力物力致力于提高装备防护性的研究。现代无人机在这样的背景下应运而生，并且必将会成为未来战场上武器平台的一个重要发展方向。美国在无人机领域的发展一直处于世界领先地位，而在不久的将来，美军研发无人飞机的步伐只会加速，不会放缓。近年来，美国海军在无人机领域主要研发了X－47B项目。X－47B无人机主要是由诺·格公司设计，其载量可达4吨，能够携带近2吨的内部载荷，还可以携带各种大功率空中或地面传感器，不加油的情况下能够航行4000公里。该无人机可以保证美国航母即使部署在远离海岸的情况下也可以发挥作战能力，而这可以理解为是对付“反介入/区域拒止”环境的最有效办法。在战场上，X－47B无人机既可以执行侦察监视的任务，也可以执行一定强度的攻击任务。

最后，加强武器装备的信息能力。经过多年的努力，美军的武器装备的信息战能力有了很大幅度的提升。拿美军的“舒特”武器发展计划为例，该计划是美国空军实现从传感器到射击器的无缝一体化作战网络的计划之一。该系统是美国高度机密的“庞大旅行者计划”的一部分，是美军用来攻击敌人网络系统的机载网络攻击系统。该系统发展至今已经经历了几代，它极具代表性地体现了美军将信息化优势转化为战斗力生成的新型作战理念。

四、优化联合作战能力

联合作战是美军进行战争的核心内容。新世纪以来，美国发布的防务评估报告、国防战略报告和军事战略报告都强调，美国未来所从事的战争，必须是联合作战。在应对“反介入/区域拒止”的军事行动中，美国也必然采取联合作战的方式。2006年出版的《大规模作战行动——联合作战概念2.0版》中，“作战进入”就被视为美军的重要任务之一。随着“空海一体战”理论的提出，美军首先要改革的便是其体制编制，其最终就是要实现结构合理，系统优化，层次分明，机制完善，关系顺畅的目标，从而保证美军能够最大程度的发挥其总体效能。

首先，优化体制编制构成。为了有效地应对“反介入/区域拒止”威胁，顺利展开作战行动，美军着手打造九大作战系统，即全局预警监视系统、一体化指挥系统、战区反导系统、反卫星系统、网络攻击系统、联合反潜系统、全维全纵深打击系统、海上通道封锁系统、一体化支持保障系统。这九大作战系统无疑是在系统机制上对军队提出了较高的要求，如何优化这九大系统的配置并解决相互之间互联与沟通的能力成为美军优化体制编制的重要一步。从近年美军体制编制调整的实践看，它依然秉持继承与发扬“网络中心战”的思想，利用网络系统将其指挥单元与作战单元高度串联，同时增强各作战单元之间的互通与共享。

其次，融合美军联合作战体制。在优化体制编制构成的基础之上，美军又一重要改革便是融合其联合作战体制，比如合并空中作战中心和海上作战中心并建立一个双军种作战专业等等。美空、海军达成协议将其所属全部空中力量交由联合力量空中作战部队指挥官统一指挥，联合力量空中作战部队指挥官将依托设在夏威夷希卡姆空军基地的第13航空队所属第613航空航天作战中心对空海作战行动中的空中作战部分实施指挥控制；在中国沿海当面的作战行动，则由美军第7航空队或舰载作战中心承担。这样的联合作战指挥体制，看似分离，实则是多层次、分布式地管控模式，并且彼此之间已通过天基网络和通信卫星实现了高度的融合，真可谓是形散而神聚。

再次，改进联军作战指挥体制。在应对“反介入/区域拒止”威胁上，美国一直把与盟友联合作战视为主要途径。在亚太地区，美国把日本和澳大利亚作为着重依赖的重要依托。“基于重要的战略利益，美国努力加强与印－亚－太（the Indo-Asia-Pacific region）长期盟友日本、澳大利亚等国合作关系”。① 因此，改进联军作战指挥体制也是美军体制编制改革十分重要的一环。其一，以练促改，通过演习和训练改进联军作战指挥体制。2012年，美国海军就加大了双边/多边的联合军演的力度，如在太平洋西北部与日韩、在太平洋中南部与日澳、在太平洋西南部与菲、新、泰等国分别举行演习以及在太平洋中部例行的“环太平洋”多国海上联合演习。近年来美国在我国周边举行的大规模军事演习每年达50余次。大量的针对性和实战型更强的军演和训练可以有效地检验联军作战指挥体制的短板，从而将其改进的更为完善，减少战时联军作战指挥的失误率，避免实战中指挥失误导致的友军误伤。其二，增强联军作战指挥体制的互通、互操作性。在联盟作战中，互通互联是最为重要的内容。联军作战指挥体系内各国的军事指挥官通过加强彼此间的沟通交流，以使统一的指挥口令以及条令与准则等更加标准化。

五、提高作战保障水平

除了改革其体制编制和改进武器装备性能外，美军通过调整后勤体系，提高训练与作战保障水平。

首先，实现一体化支援保障能力。美军一直认为，在未来的

① U. S. Department of Navy, Marine Corps, Coast Guard, A Cooperative Strategy for 21st Century Seapower, Mar. 2015, p. 3.

战争中，要充分发挥各个作战装备的效能，就必须得重视发展与之配套的各种保障装备，使得后勤装备的整体保障能力与部队作战能力相适应。随着科学技术的发展，美军军事技术也日新月异，美军后勤装备呈现出了小型化的特点，后勤力量与作战力量的融合变得越发紧密起来。为了实现后勤保障能力的一体化，美国各军种开始注重后勤力量的通用化、模块化建设，其目的是为了减少后勤装备的种类、数量和维修零备件种类，从而减轻后勤保障的负担，并提高后勤保障的效能。同时，它还追求其后勤装备的多功能化。美军在后勤装备研究方面将众多功能集于一体，使得原本需要多种保障装备提供的功能集中在一套装备上，这就极大提高了美军装备的可部署能力。

其次，提高对物资装备的预储预置能力。1996 年，时任空军参谋长的罗纳德·福格曼上将曾经谈到：“对近岸部队、港口、机场、储藏设施和集结地区的饱和弹道导弹攻击，可以使美国在投送部队到一个有争议的战区时就要付出高昂的代价，更不用说在展开挫败一个装备精良的侵略者的行动时。仅仅敌人的导弹攻击威胁就可能阻止美国和联盟伙伴在第一时间对侵略做出反应。”美军认为，前沿部署的海军部队可以减轻未来前沿基地的负担，但只是部分地降低，而且很可能持续时间不长，在未来一旦美军投入到“反介入/区域拒止”条件下的作战行动。美军及其盟国的前沿基地必然将面对重重炮火的打击，此时，美军装备的预储预置能力建设情况将显得格外重要。

美军为了实现其全球范围内的战略目标以及提高其部队的快速反应能力，在世界各地的陆地和船舶上都储备与存贮了大量的军事预置装备和物资，以便能使其部署的部队快速投入战斗。预置的装备和补给物资主要包括战斗装备、备件和支持补给等，是一种战略资产，与海上补给和空运一样，是延伸的军事能力。在世界军控发展趋势的今天，随着兵力和物资库存的减少，装备和物资的预置能力已变得至关重要。在美军后勤体系的调整中，如何提高对物资装备的预储预置能力是一项重要内容。

美军现已通过其后勤改革提高了物资装备预置能力，例如建立了快捷的投送机制等等，建立了这种机制之后的美军可以对作战物资的需求做出科学预测和及时反映，从而为美军预置部队留出充足准备时间，大大提升了后勤部队的预储预置能力。

再次，维护并巩固盟军的支持与保障地位。由于受到“反介入/区域拒止”的干扰，美军认为，它在西太平洋地区的主要岛屿基地可能暂时或长期地不可用。因此，获得在日本东部、澳大利亚和其他合作伙伴国家（如印度、菲律宾、越南）的基地和设施的使用权，并把它们用于后勤和维修目的，将显得越来越重要。

日本一直是美国在亚太地区最为重要的盟友之一，但近年来，美军在日本惹出了很多问题，两国之间一直摩擦不断。美、日之间在现实利益上的纠纷已经使得两国在很多时候貌合神离。但是，美军在西太平洋地区的许多行动都需要以日本的前沿基地为依托，在后勤补给方面也对其有严重的依赖。因此，美国必须主动维护和巩固好与日本的关系。同时美国应在“空海一体战”框架下搞好和日本的军事合作，这些具体的合作事宜包括让日本购买美国的定向能武器以及第五代战机等等。如何想方设法保证日本对其的保障和支持将成为美国“借力发力”的如意算盘实现的关键一步。澳大利亚也是在“空海一体战”中提到的将对美国发挥作用的重要盟国之一。维护和巩固澳大利亚的支持和保障地位将为美军赢得较大的战略纵深和又一重要空中力量的支持。

第四，保障后勤网络的安全。随着“网络中心战”思想的逐渐深入，美军对网络的依赖性逐渐增强，因此美军也意识到了未来战争中网络安全的极端重要性。后勤网络的安全，也关系到美军后勤体系是否能正常运作。保障后勤交通线的安全将成为美军调整后勤体系的重要一步。“空海一体战”的研究报告提出：“国防部、各军种和可能的其他美国政府机构应该确定支持美国军事作战后勤的非保密网络是否能够有效防御网络攻击。”而如何有效防御网络攻击呢？该报告接着指出：“国防部与商业供应商的接口可能需要专门的网关，这个网关可能类似于目前美国和特定盟友使用的控制接口。同样，国防部应该考虑在信息系统中引进额外的防护措施和协议以验证身份和被传输信息的可靠性。”

第五，增强国防工业的突击生产能力。《“空海一体战”：初始作战概念》研究报告认为，在应对“反介入/区域拒止”的作战行动中，双方的精确弹药的消耗将几乎同样地高。双方的精确制导武器，不管是进攻性的还是防御性的，在冲突的相对早期就可能达到消耗殆尽的地步。这可能产生一段相当长的拉据战时期，在这段时期内双方都在开足马力生产重要的资产和武器。在这种情况下，哪一方的国防工业突击生产能力更强，哪一方就更容易获得战争的主动权，从而取得战争的胜利。只有保证充足的精确制导弹药的补充，其前沿作战部队才能更好地实施作战行动。所以，美国致力于改良国防工业体制，提高国防工业生产效率。从而提高本国国防工业的突击生产能力，在最大程度上保证其在战争相持阶段的主动权。

第四节　应对“反介入/区域拒止”战略的困境

21 世纪头十年，美国军事战略深受反恐战争的影响。2001 年版的《四年防务评估报告》成稿于“9·11”事件以前，全文共出现“反介入/区域拒止”字样 9 次。随后，美国将主要精力投入到反恐战争中，2006 年《四年防务评估报告》只有两处提及“反介入”威胁。2010 年 8 月，美国从伊拉克撤出了战斗部队，并为阿富汗战争划定了时间表。在 2010 年 2 月的《四年防务评估报告》中，“反介入/区域拒止”出现了20次。在2014年3月新版《四年防务评估报告》中，也只两处提及“反介入/区域拒止”。2015年发布的《军事战略报告》中，“反介入/区域拒止”只出现一次。尽管出现的次数减少了，但这并意味着美军将放弃应对“反介入/区域拒止”战略。种种迹象表明，美国正在进行新一轮战略调整，在确保打赢当下战争的同时，开始认真思考下一场战争的性质。但是，如何实施这一战略，依然面临着许多困境。

一、战略威胁判断的摇摆

2010年版的《四年防务评估报告》分析了美国面临的安全环境，认为美国未来将面临所谓“混合威胁”。在未来的安全环境中，美国既可能面对国家实体的挑战，也可能遭受来自非国家实体的袭击；既可能要继续进行大规模反暴乱、维稳和反恐怖行动，也要准备在“反介入”环境中进行一场高技术、高消耗的局部战争。2014年版的《四年防务评估报告》认为，国际安全环境变得既复杂，又充满不确定性，美国必须为应对各种威胁做好准备。

2010年《四年防务评估报告》，为美军划定了3类假想行动组合。第一类组合：一场大型维稳行动，遏制和击败一个强大的地区对手，同时帮助美国国内的民事部门应对一场灾难性事件；第二类组合：遏制和击败两个地区性侵略者，同时在美国国内和周边保持高度的警戒态势；第三种组合：一场大型维稳行动，一场在特定区域的持久威慑行动，一个中等规模的反暴乱任务，同时对美国的民事部门提供支持。[①] 2014年的《四年防务评估报

① 林志远：《全力打赢当前战争　准备应对未来挑战——评美国2010年版〈四年防务评估报告〉》，载《外国军事学术》，2010年第3期。

告》认为，2010年的《四年防务评估报告》所确定的战略是一个战时战略，而2014年报告则是在2012年《防务战略指南》指导下，为保护和促进美国国家利益，维护美国世界领导地位，发挥美国战略优势，构建的一种战略框架。为此，美国防务战略要致力解决的是：保护美国领土的安全，塑造全球安全环境，保障兵力投送并决定性击败侵略者。

由此可见，美军对于威胁的判断一直处于摇摆之中。美军虽然从伊拉克和阿富汗撤出了战斗部队，但两国的重建任务还很繁重；打击恐怖主义的军事尚未终止；全球部署的调整也正在进行之中。正如2011年《军事战略报告》中的观点，“我们低估了持续作战给人员和装备带来的压力，敌人也可能因此低估我们保护国家利益的能力”。[①] 美军与反美武装进行的是一场低烈度、非常规的反暴乱、维稳和反恐怖行动，是一种“低端”战争。而“反介入”的威胁要求美军必须具备打赢一场高强度、高技术含量的地区战争的能力，是一场“高端”战争。这两种战争处于冲突频谱的两端。正如美国学者萨拉·克雷普斯所说，“当下一场战争可能是常规冲突时，军队仍在准备反暴乱作战行动，而重新定位的军队发现自己尚未准备好开战”。[②]

二、军队建设方向的迷茫

美军要应对未来“反介入/区域拒止”战略的威胁，就必须加强海、空军建设，发展远程作战平台，建设一支能经得起大型作战行动高消耗的军队。由于美国所面临的威胁具有多元性，美

---

① Joint Chiefs of Staff, *The National Uilitary Strategy for the United States of America*, February, 2011, p. 2.

② 萨拉·克雷普斯：《伊拉克战争后的美国大战略》，载《外国军事学术》，2010年第5期。

军既要准备应对各种突发事件，又要防范实体国家带来安全上的挑战。这就要求美国既要拥有一支足够数量的地面力量，能够应付任务区内繁重的低强度作战任务，同时又要具备高强度的应对“反介入/区域拒止”作战的能力。

从装备建设方面说，一些武器装备能够很好地用于打击恐怖分子和其他低强度冲突，例如武装炮艇机、“收割者”无人机等，但却很难适应“反介入”系统威胁下严酷的战场环境，在现代空防系统下的生存力堪忧。下一代先进战略轰炸机、新型远程电子战武器等装备是应对“反介入”系统的利器，但用于反恐战场或其他低强度冲突则显得效费比不高，难以满足急迫的现实要求。

从编制体制方面说，美国陆军还将继续压缩规模，向轻装化方向发展，以满足应对低强度冲突的需要。在 2010 年《四年防务评估报告》中，国防部计划将一个遂行常规作战任务的重装旅改编为适合中低强度作战任务的“斯瑞特克”旅。另外还要增编一个现役战斗航空旅，一个预备役航空战斗旅，以增加旋转翼飞机在维稳、反暴乱和反恐行动中的运用。[①] 2011 年《军事战略》报告中没有对陆军提出关于应对“反介入”威胁的明确要求。2014 年的《防务评估报告》要求陆军继续裁减，其未来的主要任务除参加大规模的多国参加的多阶段的战斗任务外，还要参与战后的维护稳定行动，以及把军事上胜利转化为安全上的成果任务。虽然陆军的作用在这里有所提升，但仍然逊色于海军和空军。

海、空军作为“空海一体战”的主力，则要逐渐加强应对“反介入/区域拒止”准备工作。2011 年《军事战略》报告提出海上和空中的联合力量要为对抗“反介入”环境而作好准备。然

① Department of Defense, *Quadrennial Defense Review Report*, February, 2010, p. 22.

而，海空军前期提出的各个作战概念似乎都低估了“反介入”的威胁，需要进行大力的调整。例如“海上基地”概念，根据兰德的估算，该基地最大行动半径仅有110海里，很难在“反介入/区域拒止”威胁下靠近目标。这就迫切要求美国海空力量加紧开发新的作战概念，研究如何在更为复杂的环境下作战。

总之，美国各军种正在准备两种截然不同的战争，因此各军种在指导思想上存在不小的差异，给军队整体建设带来了一定的影响。

三、军队经费配置的艰难

目前，美军在军费使用问题上也面临着艰难的权衡。反恐战争的规模虽然大大缩小了，但防务部门依旧需要大量的经费支持。应对“反介入/区域拒止”战略，则需要在武器装备、编制体制、基础设施建设等方面投入人力物力。如果要实现“两手抓，两手都要硬”的目标，美军势必要承担极大的经费压力。

从2010年出版的几份战略文件看，美军目前首要的任务还是打赢反恐战争。2010年版《四年防务评估报告》中，美国防部宣布停止F－22和C－17的生产，推迟生产新的指挥舰，取消CG（X）计划等等，砍掉的都是与“反介入”威胁有关的项目。[①] 在2014年防务评估报告中，因经费减少而造成的国防发展困境被多次提及。2015年的军事战略报告也保持同一基调。一方面要准备“空海一体战”，以应对“反介入/区域拒止”威胁，另一方面又得不到充足的经费支持，美军面临的尴尬可想而知。例如，迫于F－22数量不足，美军在原计划由全隐形力量组成的“全球打击

① Department of Defense, *Quadrennial Defense Review Report*, February, 2010, p. 40.

特遣部队”中编入了F-15改进型战机作为补充，一定程度上降低了“全球打击特遣部队”的战斗力。

但也要注意到，美国国防部也反复强调，尽管美军面临经费减少带来的巨大压力，但是对于亚太“再平衡”战略的实施项目依然予以重点保障。从2012年到2016年的国防支出可以看出，美军对于亚太地区投资不仅没有减少，反而还有所增加。有学者认为，这预示着一个转折点。① 即，美国军队建设的重心可能发生变化，应对“反介入/区域拒止”的计划经费支持却只会增加而不会降低。

2014年2月的《四年防务评估报告》、2015年3月发布的《面向21世纪的海上合作战略》和2015年6月的《军事战略报告》，都无一例外地强调了应对“反介入/区域拒止”的威胁，把保持全球公域内的行动自由视美军的首要任务。从作战空间来说，美军未来的行动主要限于海上或空中，但陆地和岛屿也不能完全排除在外。因此，在应对“反介入/区域拒止”作战中，参与的力量不再局限于空军和海军之间，海军陆战队、陆军也要包括其中，从而使此种行动变成真正的联合行动。在上述三个最新的战略报告中，美国都反复强调，亚太地区是其战略重心区，也是其自由进入“全球公域”方面所面临的挑战最为严峻的地区，因而其应对“反介入/区域拒止”战略的指向目标毫无疑问也是这一地区。其实，“空海一体战”也罢，应对“反介入/区域拒止”作战也罢，实质都是“新形势下美国对华遏制手段的新调整、新发展，其核心是抵消战略，即抵销中国军队强大起来的影响力。”②

---

① T. Harrison., *FY 2012 Base Defense Budget Represents a Turning Point*, CSBA, February, 2011, p. 1.

② 林东、李瞰：《老虎还是纸老虎》，《世界军事》2010年第10期，第10页。

第七章

构筑跨太平洋伙伴关系

美国政府2015年公布的《国家安全战略》指出，它要领导世界，而要领导世界，就必须有强大的经济基础。历史上的世界霸权国家，无论是霸权地位的获取，还是维护，都需要强大的经济力量作为支撑。对此，美国是有清醒认识的。在美国的对外战略中，经济方面的考虑始终占据最为重要的地位。战后以来，无论是“马歇尔计划”的实施，“第四点计划”的制定，还是“北美安全与繁荣联盟”的建立，都是基于经济发展的需求；无论是推动“关税及贸易总协定（GATT)”的签署，还是20世纪90年代将“GATT”转换成“世界贸易组织（WTO)”的努力，都是着眼于有利其经济发展的贸易规则的制定。近年来，亚太地区经济发展迅猛，国际战略地位日益提高，而欧洲国家却老态龙钟，缺乏活力。在这种情况下，美国实施战略重点转移，制定了“亚太‘再平衡’战略”，不仅在外交和军事上着力，而且在经济上也积极作为。正由于如此，美国通过主导构建“跨太平洋伙伴关系协定”（Trans-Pacific Partnership Agreement）既为其经济发展寻找动力源泉，又为其谋取亚太地区乃至世界领导地位创造条件。

第一节　提出“太平洋世纪”战略构想

美国虽然居于北美一隅，且脱胎于欧洲，但随着经济发展的需求和领土的扩张，逐渐将太平洋地区纳入其战略视野，并千方百计地与太平洋国家，主要是亚洲国家建立广泛的联系。它建国以后，先是为了突破英国的封锁，打通与太平洋国家的贸易通道，以攫取商业利益，继而进行领土扩张，谋取政治影响，提出建立“太平洋帝国”、“太平洋伙伴关系”和“太平洋世纪”的构想，以获得在太平洋地区，特别是亚太地区的领导地位。

一、着力打通太平洋方向的通道

在立国之初，美国仅为一个大西洋国家，与太平洋并不存在地缘上的关联。只是为了摆脱经济上“资源匮乏、商业凋敝、对外贸易受到英国百般阻挠”的艰难局面，[①] 才不得不尝试与太平洋地区的国家建立贸易关系。作为一个大西洋西岸国家，美国不畏艰难，于1784年派遣其“中国皇后”（Empress of China）号商船首航广州，而且商务代表团也随船到达，打开了中美贸易往来的大门。东方的文明与富庶，进一步引起了美国政府对太平洋地区的关注与重视。19世纪初期登上总统宝座的托马斯·杰斐逊极力推行向太平洋地区“扩张”的政策，成为美国“挺进太平洋的先驱”。[②] 美国的第五任总统昆西·亚当斯继续贯彻这一方针。他们采取了一系列向太平洋地区扩张的举动，如1818年与英国就路易斯安娜与加拿大的边界达成协议，保留了美国未来向西北部太平洋沿岸进行开发的权利；1819年与西班牙签订了《横贯大陆条约》，第一次把边界线推到了太平洋地区；1823年与俄国在北太平洋划定分界线，限制了俄国势力在北太平洋的扩张；同年还派遣探险队向太平洋沿岸进行远征探险，被认为开创了美国“扩张

① 卿如楫：《美国侵华史》第一卷，三联书店，1952年版，第52页。

② Lionel E. Fredman：*The United States Enters The Pacific*，Sydney 1969，p. 121.

史上的新纪元”。[1]

与此同时，美国通过西进运动、战争掠夺、强行购买等手段，迅速将边界推进到太平洋东岸，使其从一个大西洋沿岸国家，变成了濒临两洋的国家。这样，美国对太平洋的地区觊觎之心更加高涨，企图将“整个太平洋地区商业霸权置于自己的控制之下”。[2] 1840 年，英国发动了侵华的鸦片战争，打开了中国的大门，逼迫中国签订了不平等的《南京条约》，获取许多重大利益。之后，美国也不甘落后，于 1842 年与中国签订《望厦条约》，取得了相应的权益。

随着在亚太地区利益的增大，美国军事力量也伴之而来。1832 年，美国的海员在苏门答腊被杀害，美国海军进行调查，在遇到阻力时，便对爪哇当局开火，拉开了军事介入亚太事务的序幕。[3] 1853 年，美国海军将领马休·卡尔佩斯·佩里率军至日本海岸，运用炮舰，迫使日本幕府接收美国总统菲尔莫尔要求日本开放港口、保护美国遇难船员、为美国船舶提供煤水补给站三条内容的国书，但对其细节则推迟到次年答复。1854 年 2 月，佩里率领舰队再次到达日本，逼迫日本签订了《日美神奈川条约》，两个月之后又追加了《下田条约》，使日本正式开放国门。

由此可见，通过贸易和炮舰外交，美国打开与太平洋国家的通道。随着国家经济力量的迅速发展，美国对太平洋地区的战略需求不断扩大，进一步加大了向太平洋地区扩张的力度。

---

① Dulles, *America in the Pacific*, p. 36.

② Graebner, *Empire on the Pacific*, p. 97.

③ 孔华润、沃伦.I. 科恩主编：《美国对外关系史》上卷，新华出版社，2004 年版，第 208 页。

二、提出“太平洋帝国”构想

19 世纪中叶，美国在北美的扩张已基本完成，经济的发展极为迅速，对海外市场的需求急剧扩大。在当时的国际环境下，美国拓展商业利益的主要目标唯有欧亚大陆。欧洲大陆列强并立，相互之间不断倾轧，既在大陆上争斗，又在海外抢夺，且处于资产阶级革命的风暴之中。孤立主义思想主导下的美国，显然不愿卷入其中。因此，面向太平洋，与亚洲国家扩展经济贸易关系，就成了重要的战略选择。正是在这种背景之下，美国林肯政府及其继任者约翰逊时期的国务卿威廉·亨利·西沃德提出了建立“太平洋帝国”的构想。

西沃德主张的“太平洋帝国”构想，只是商业性质的，而非传统意义上的军事或政治帝国。具体地说，他要美国成为一个以亚洲、太平洋为中心的商业帝国。在他看来，当美国在北美大陆完成领土扩张的任务之后，不宜再进行领土扩张，而要推进商业的扩张，扩张手段是贸易而非武力。因为“战舰决不是能被派往国外的最成功的使节。”① 他还进而认为，商业是“一个国家的主要组成部分之一”和“文明进步、帝国扩张的主要力量。”② 美国要想成为世界上最强大的国家，就必须控制世界的贸易，因为“政治霸权随着商业优势而来。”③ 作为一个处于欧洲和亚洲之间的国家，美国真正的目标应是“世界的商业”，而要实现这目标，美国人要为成为“最大的海洋帝国而奋斗。”④

---

① Ernest N. Paoino, “The Foundations of the Amenican Empire, William H. Seward and U. S. Foreign Policy”, Ithaca and London 1973, p. 11.

② Ibid, p. 26.

③ Ibid, p. 27.

④ Ibid, pp. 27 – 28.

在西沃德看来，美国要成为世界上最大的海洋国家和商业帝国，其中心就是亚太地区。美国竞争对手和竞争者既不是在北美大陆，也不是在欧洲地区，更不是在加勒比、波罗的海和地中海，而是在东方那些大陆和海洋上。美国一旦控制了亚洲的市场，就一定能够成为当时各国中最强大的国家。因此，美国扩张的场所是在太平洋，而不是在大西洋。作为一个商业帝国，贸易是中心，美国与亚洲是两个基本点，太平洋则是连接两个基本点的中轴线，目标是在亚洲获取商业利润。美国要建成这样一个商业帝国，必须坚持“与中国合作”的政策。① 此后，美国大抵就是按照西沃德所指引的方向进行扩张。

1853 年，美国海军准将马休·卡尔布莱斯·佩里打开日本的大门。1898 年，美西战争之后，美国从西班牙手中夺取了菲律宾、关岛，其后又兼并夏威夷，使美国在亚太地区拥有了立足点和桥头堡。第一次世界大战后，美国构建了华盛顿体系，进一步扩大了它在亚太地区的势力范围。第二次世界大战后，美国单独占领了日本，后来又介入朝鲜战争，驻军韩国。为防止东南亚国家发生共产主义革命，美国又发动越南战争。20 世纪 50 年代和 60 年代，美国分别与一些亚太国家签订一系列双边或多边的军事同盟条约，取得了对亚太地区事务至关重要的影响力。

三、倡导“太平洋共同体”建设

越南战争结束后，鉴于国家实力严重下降，美国政府在亚洲采取了全面收缩战略，以将更多的资源投入到欧洲，应对苏联的威胁。20 世纪 80 年代，里根政府上台后，又开始回归亚太。

① 参见张伟：《美国人为大清国当钦差》，人民网（www.people.com.cn）2003 年 1 月 27 日。

1981 年 3 月，时任国务卿的乔治·普拉特·舒尔茨发表了“太平洋的潮水日益高涨”的讲话，声称：“东亚太平洋地区对美国至关重要，美国仍是一个太平洋强国，并将在这一地区发挥更大的作用。”副国务卿伊格尔伯格更是强调，美国外交政策的重心正从欧洲转向亚太。此后，美国一方面向亚太地区部署了更多的兵力，另一方面推动“太平洋共同体”的建设，稳固美日同盟，改善对华关系，加强与东南亚国家的贸易往来，并使之制度化和规范化，为日后美国与这些国家的经济合作打下了良好的基础。

1989 年，老布什入主白宫。针对亚太地区形势的变化和美国的战略需求，美国政府提出了建立“新的太平洋伙伴关系”的政策。其主要内容包括三项原则，即美国的广泛参与、美日的全球伙伴关系和扩大的亚太经济合作。在这一思想的指导下，是年 11 月，美国响应澳大利亚和韩国的呼吁，参与并推动了“亚太经济合作组织”（APEC）的成立。1991 年，时任美国国务卿的詹姆斯·艾迪生·贝克在《外交》季刊上发表文章，提出建立“扇形”结构的“太平洋共同体”的战略构想，其核心是：以美国为基地，向西辐射；以美日同盟为基础，向北是美韩联盟，向南是东盟，再向南是澳大利亚和新西兰，以这几个联盟为扇骨，以亚太经济合作为扇面，把共同体各国联在一起。老布什政府还设想，逐步将这一结构推向中国、俄罗斯等国，最终将这些国家纳入共同体内。

布什政府虽然提出了战略构想，并采取相关的行动，但由于任期的限制，所取得的进展不是很显著。1993 年克林顿上台后，提出了“后冷战时期”美国亚太战略，并强调这一战略的三根支柱，即全面参与亚太经济发展与合作、建立美国主导下的亚太安全机制、促进亚太各国的民主化。克林顿在继承老布什政策的同时，又做了一些修正，更加突出了美国的主导作用。美国构建由其主导的“亚太共同体”的努力，遭到了亚洲国家的普遍反对。

1993 年在西雅图召开的亚太经合组织非正式首脑会议上，美国提议建立机制化的“亚太共同体”未被参会的其他国家接受，最后只得改为倡导“亚太大家庭”精神。[①] 1994 年召开的茂物 APEC 非正式首脑会议上，将亚太贸易自由化的时间表分为发达国家和发展中国家两个标准，并采取“协调、自主行动”的方式推进。这样，美国“亚太共同体”的经济合作构想并未得以实现。

四、着眼“太平洋世纪”的构建

进入 21 世纪以后，由于“9·11”事件的影响，美国致力于全球性反恐行动，先后发动了阿富汗反恐战争和入侵伊拉克战争，同时还在其他地区展开不同形式的打击恐怖主义的军事行动，因而对于亚太地区经济合作有所忽视，基本上维持了 APEC 框架下合作的现状。2008 年，美国经历了战后以来最严重的金融危机，加之长期的反恐战争的拖累，国家实力急剧下滑。2009 年，奥巴马政府上台后，迅速调整了美国的战略，提出要“重返亚太”，因而对亚太地区的军事安全与经济合作给予高度重视。2011 年 11 月 14 日，奥巴马访问日本期间在三得利音乐厅发表演讲，声称“作为美国首位太平洋总统，我承诺，这个太平洋国家（美国）将加强和维护我们在这个世界至关重要的一部分的领导”。时任国务卿希拉里也在当月出版的《外交政策》杂志上刊发《美国的太平洋世纪》，为“重返亚洲”战略造势。

从美国领导人的讲话、政府颁发的文件和对外战略的实施看，美国致力于亚太地区秩序的构建并非虚言。从 2009 年以来，尽管世界上其他地区发生许多牵制美国行动的事件，如叙利亚化

① 王嵎生：《要“共同体”还是要“大家庭精神”?》，《中国经济时报》2001 年 9 月 28 日。

学武器问题、乌克兰问题以及伊斯兰国（IS）在中东兴起问题等，但美国并未改变其战略重心向亚太地区转移的决心与做法。2015 年 4 月，上任不久的美国国防部长阿什顿·卡特访问日本时就强调，美国继续推进亚太“再平衡”战略。

总之，美国在太平洋地区有着重大的利益，在其建国的 200 多年里，一直着力加强它在这一地区的影响力。只是由于国际国内形势的变化，在做法上有所差异。按照国际关系的基本规律和美国对外战略的思维逻辑，哪一个地方经济繁荣，能给美国带来更多的现实和潜在利益，美国就将极力卷入，并谋求主导地位，通过确立地区主导地位，进而谋求世界领导地位。战后以来，美国虽然重视亚太地区，但从利益的层面看，其重要性曾长期逊于欧洲地区。那么，当亚太地区的经济总量和发展潜力不断上升，且胜于欧洲时，美国就必然调整国家战略，将其重心转移。从美国向亚太地区的扩张看，经济因素始终居于最重要的地位。因此，在推行亚太“再平衡”战略时，寻求经济主导的支点，就成为其必然的战略选择，而 TPP 恰好为美国提供了一个重要的平台。

第二节　加入“跨太平洋伙伴关系协定”

所谓 TPP，就是源于 2005 年新加坡、新西兰、智利和文莱四国在 APEC 框架内签订的小范围多边自由贸易协定，目的是构建一种在关税减免、知识产权保护、劳工标准、环境标准等方面较为彻底的自由贸易机制，其最初的名称为“跨太平洋战略经济伙伴关系协定”（Trans-Pacific Strategic Economic Partnership Agreement）。它刚成立时，美国虽然与其成员国保持密切的联系，但并没有给予太多的关注。2008 年，美国曾表示加入 TPP，也参加了三次预备性谈判，积极性并不是很高。直到 2009 年，奥巴马政府提出了“重返亚洲”战略之后，才对 TPP 高度重视起来。是年

9 月，奥巴马在新加坡出席 APEC 会议期间高调宣布，美国正式加入 TPP。美国加入以后，迅速反客为主，推动成员扩容，主导谈判进程，并将其重新定名为“跨太平洋伙伴关系协定”。

一、参与 TPP

第二次世界大战后，世界上形成了以美苏对抗为特征的雅尔塔体系。在两极格局下，曾居于世界政治经济中心的欧洲老牌帝国主义国家基本上失去了操控国际事务的能力，不得不仰仗美国。由于海外殖民地纷纷独立，本国领土面积狭小，经济规模有限，各老牌帝国主义国家靠自身的力量根本无法重振大国的雄风。为了在世界上获得独立的话语权，西欧各国决定走联合自强之路。20 世纪 50 年代，法国、联邦德国、意大利、荷兰、比利时、卢森堡先是成立煤钢共同体，接着又成立经济共同体和原子能共同体。1965 年，上述六国签订《罗马条约》，决定将三个共同体合并，建立“欧洲共同体”。欧共体的成立及随后的扩大，不仅推动了成员国经济的快速发展，而且提升了欧共体国家的地位，使其自上个世纪 70 年代开始成为世界上重要的战略力量之一。欧洲联合自强的发展模式，开启了国际经济区域合作的先河。随后，关税同盟、共同市场、经济共同体、自贸区在世界各地蔓延开来。亚太地区也不例外，日本曾提出了一系列关于太平洋和亚洲经济合作的构想，东南亚国家则成立了东南亚国家联盟（Association of South East Asian Nations，ASEAN）。

欧共体成立不久，日本外务大臣三木武夫就提出了构建“太平洋经济圈”的构想。其后，日本的一些著名政治家和学者如田中角荣、小岛清等相继提出了“亚洲—太平洋经济圈”、“亚洲各国协作”等设想，试图为日本的经济寻求可持续增长的源泉。1977 年，日本政府组织全国最有名望的几家智库如野村综合研究所、产业经济研究所等，对此问题进行深入研究。随后发表的《21世纪的战略》研究报告提出了“太平洋共同体”的设想。1979年，大平正芳上台后，在上述研究报告的基础上，推出了“环太平洋合作构想”的概念。1983年，中曾根担任首相后，进而提出“太平洋经济文化圈”的设想。但是，由于亚太国家经济水平不一，文化差异巨大，社会制度不同，特别是对日本怀有强烈的不信任感，这些构想没有得到共鸣，均胎死腹中。到了80年代末，随着欧共体合作范围的扩大，美国与加拿大双边自由贸易协定的签署，日本又不甘寂寞，竹下登政府又提出了建立包含日本、亚洲四小龙（韩国、新加坡、中国台湾和香港）和东盟在内的“东亚经济圈”设想。日本提出的这一构想，虽然响应者廖廖，但在客观上却营造了亚太地区经济合作的舆论，加强了东亚各国的经济联系。[①]

对于日本有关亚太经济合作的倡议，美国一直在关注。考虑到日本的影响力有限，亚太国家也未给予积极的回应，美国采取了袖手旁观的态度。但是，到了80年代末和90年代初，亚太地区的经济水平已大为提高，在世界GDP中所占的份额也大幅提升。为了促进经济发展，发挥区域性优势，一些亚太国家对构建区域性经济合作机制产生了浓厚的兴趣。1989年1月，澳大利亚总理霍克访问韩国时提出“汉城倡议”，建议召开部长级会议，以讨论加强亚太经济合作问题。对此，美国显示出积极的态度，响应澳大利亚总理的建议。是年11月，亚太经济合作部长会议在澳大利亚首都堪培拉召开，美国作为创始国参加，“亚太经济合作组织（Asia-Pacific Economic Cooperation，APEC）”正式成立。

然而，“亚太经济与合作会议”虽然是亚太地区级别最高、

① 奚方：《对“东亚经济圈”的几点看法》，《世界经济》1989年第2期，第49页。

影响最大的经济合作组织，但毕竟只是一个普遍的、松散的、开放的和自愿的“软”性合作的组织，作用十分有限。如前文所述，美国曾数度努力使 APEC 变成机制化的“经济共同体”，但却未见成效。不仅如此，其他的 APEC 成员国也认为，这一组织难以满足他们的要求。因此，APEC 的成员国试图在其框架下建立范围有限的合作组织或特殊的贸易安排。

20 世纪 90 年代末，为构筑连接亚太经济的“战略桥梁”，澳大利亚、新西兰、新加坡、智利、美国五国决定在亚太经合组织机制下非正式讨论缔结“优惠贸易安排”，亦称“太平洋五国”构想（P5）。新西兰外贸部长蒂姆·格罗索认为，这些国家之所以提出“太平洋五国”构想，其目的由易到难主要有三个：一是当时亚太经济体多以美国为最终出口目的地，但均未与美国建立自由贸易联系，“太平洋五国”构想的核心目的是组建包含美国在内的“自由贸易圈”；二是除美国外，“太平洋五国”分别来自大洋洲、拉丁美洲和东南亚地区，它们希望借此成为各自所在地区对外经济联系的门户，提升自身国际贸易枢纽地位；三是当时的澳大利亚与新西兰之间已签订《更紧密经济关系协定》（CER），东盟国家间已签订《东盟自由贸易协定》（AFTA），美国亦与加拿大、墨西哥签订《北美自由贸易协定》（NAFTA），“太平洋五国”构想的实现可将四大洲自贸协定联结起来，扩大国际经济合作的规模效应。

但由于其他四国体量较小，又在一些具体问题上与其他国家存在分歧，美国推进意愿不强，故该构想进展缓慢。2000 年后，美国将注意力进一步转向双边自由贸易协定（FTA），澳大利亚则更加关注世贸组织（WTO）多哈回合谈判进程，因而“太平洋五国”构想陷入半搁置状态。在这种情况下，只有新加坡与新西兰签订了双边自由贸易协定（ANZSCEP）。2002 年 10 月 APEC 领导人会议期间，智利、新西兰与新加坡启动“太平洋三国更紧密经济伙伴协定（P3）”谈判；2005 年 4 月，文莱参加了最后一轮谈判。7 月，智利、新西兰、新加坡与文莱四国正式签署“跨太平洋战略经济伙伴关系协定”，成为 TPP 创始国，该协定 2006 年 5 月生效。虽然这 4 个国家分散于三大洲，但都面临太平洋，故而就将它们的这种贸易优惠安排称之为“跨太平洋战略经济伙伴关系协定”。美国虽未正式加入，但仍与 TPP 的创始四国在 APEC 框架内保持密切的联系。

与此同时，1990 年 12 月，马来西亚总理马哈蒂尔也提出包括中日韩和东盟在内的“东亚经济集团（EAEG）”的构想。[①] 马哈蒂尔在其 EAEG 构想中指出，为了应对西方国家贸易集团的挑战，推动乌拉圭回合谈判，以推动东亚的经济发展，有必要联合东亚地区的国家，从而更好地维护发展中国家特别是东亚小国的利益。这样一个集团的成员应该包括东盟国家和中国、日本、韩国，而不包括澳大利亚、新西兰或者美国等区域外国家。对此，以美国为首的西方国家坚决抵制。[②] 时任国务卿詹姆斯·贝克（James Baker）指出，美国反对“沿太平洋中间画一条线”。随后，美国利用亚太经合组织（APEC）作为政策工具，将马哈蒂尔的该倡议改造成“东亚经济核心论坛”（EAEC），并将其并入亚太经合组织，利用亚太合作取代了潜在的东亚合作。美国也曾于 2006 年提出在 APEC 基础上建立“亚太自贸区”的倡议，但未被亚太多数国家所接受。

更有甚者，一些亚太国家也启动了自由贸易区的建设。东盟国家早就形成了关税同盟；中国与东盟于 2002 年 11 月签订了自由贸易区（China and Asian Free Trade Area，CAFTA）协议；“东

① 参见沈铭辉：《美国的区域合作战略：区域还是全球——美国推动 TPP 的行为逻辑》，《当代亚太》，2013 年第 6 期。

② ［日］林华生：《建造东亚经济圈的构想》，《开放导报》2005 年第 1 期，第 37—38 页。

盟10＋3”领导人于2004年底采纳了由东亚展望小组提出的以东亚自由贸易区（EAFTA）为路径，最终实现东亚共同体（EAC）的建议，[①] 并同意建立东亚峰会（EAS）机制；中、日、韩也启动了建立三国自由贸易区的谈判。

综上所述，在亚太地区特别是东亚区域经济合作取得了长足发展的情况下，美国被边缘化的危机感加剧了。2008年爆发的国际金融危机和2009年“重返亚洲”战略的提出，使美国产生了如何将经济发展充满活力的亚太地区纳入国家战略的构想。如果说，第二次世界大战后，美国是通过控制欧洲，进而取得世界领导地位的话，那么，在现今时代，它要通过控制亚太地区，来巩固其国际事务中的主导地位。

正由于如此，2008年2月美国宣布加入谈判，并于当年3月、6月和9月就金融服务和投资议题举行了3轮谈判。2009年11月美国正式加入“跨太平洋战略经济伙伴关系协定”。

二、推动TPP扩容

美国加入TPP谈判后，认为TPP创始国的经济规模有限，难以发挥它所预期的作用，成员国应进一步扩大，因而在其宣布加入之时，就与四个创始会员国一道发表联合声明，宣布开启TPP扩容谈判。之后，在美国的推动和感召之下，TPP成员国不断增加，现已有12个国家正式参与谈判，还有一些国家和地区启动内部谈判程序或着手加入谈判的准备。

2008年11月，在秘鲁召开的APEC峰会期间，澳大利亚、

① Masahiro Kawai and Ganeshan Wignaraja, “Regionalism as an Engine of Multilateralism: A Case for a Single East Asian FTA”, ADB Working Paper Series on Regional Economic Integration No. 14, February 2008, pp. 5－8.

秘鲁宣布加入 TPP 的谈判，并与新西兰、新加坡、智利、美国五国（P5）签署了谅解备忘录。2009 年 11 月，在新加坡 APEC 峰会前夕，美国宣布 TPP 谈判后，越南在其带动之下也决定以观察员的身份参与谈判，后又以正式成员身份进行谈判。

2010 年 10 月，马来西亚于第三轮谈判前加入，形成九国谈判格局。2011 年 APEC 领导人会议期间，日本、墨西哥、加拿大共同宣布将加入 TPP 谈判。2012 年 6 月，墨西哥和加拿大正式加入 TPP 并参加了 12 月举行的第十五轮谈判。2013 年 3 月，日本首相安倍晋三宣布日本将参与 TPP 谈判。7 月 23 日，日本正式加入在马来西亚举行的 TPP 第 18 轮谈判，使 TPP 成员国扩大为 12 个。

2012 年 11 月东亚峰会前，泰国宣布将启动加入 TPP 谈判的内部讨论程序。随后，菲律宾也宣称把加入 TPP 作为既定的国家政策，但 2015 年 3 月，又宣布退出谈判。2013 年 9 月，韩国副总理兼企划财政部长玄旿锡表示，韩国准备就加入 TPP 谈判展开调查研究，并向中国进行了通报并请求谅解。[①] 此后，韩国与 TPP 的 12 个成员国展开预备磋商，并于 2014 年 3 月完成。10 月，韩国派遣首席谈判专家赴澳大利亚进行加入 TPP 准备阶段的谈判。2015 年 4 月，韩国副总理兼企划财政部长表示，韩国将于 TPP 首轮磋商结束后正式加入谈判。因此，韩国有可能成为第 13 个成员国。早在 2012 年 7 月，“美国在台协会”理事长薄瑞光就表示，“美国支持台湾加入 TPP”。2013 年 6 月，美国商会发表《2013 年台湾白皮书》，督促美国政府协助台湾加入 TPP。台湾当局也做了极大努力。为早日加入 TPP，台湾当局积极地与 TPP 成员国签署自由贸易协定。2013 年 6 月 25 日，台湾地区领导人马英九在接

---

① 参见《韩国决定加入 TPP　已向中国通报并请求谅解》，环球网 2013 年 9 月 9 日，http://world.huanqiu.com/exclusive/2013-09/433720.html.

受台湾《联合报》专访时明确表示："与新西兰和新加坡签署经济合作协议是试水温，最终目标则是加入 TPP。"[①] 2015 年 2 月，台湾地区"经济部长"邓振中访问美国时表示，台湾亟盼获得参与第 2 轮谈判的入门票。

这样，TPP 的范围大为扩展，今后还会有更多的国家加入，使其成为名副其实的跨太平洋自由贸易组织。美国之所以能够迅速地将 TPP 范围做大，主要原因就是它能在超大型自由贸易区中发挥重要作用。TPP 的出现显示，传统的以地域为特征的自由贸易区正在发生变化，地理局限正在被打破，分布在世界上不同地域的国家可以通过价值链与核心国建立紧密的联系。在 TPP 中，美国就是核心国，其他国家对美国在贸易价值链上存在严重的依赖。例如：与美国同属北美自由贸易区的加拿大和墨西哥，其来自于美国的增加值分别占总出口的 9% 和 13%，南美洲的智利占 4%，大洋洲的澳大利亚和新西兰各占 2%，最后加入的日本占 2%。[②] 在未来的 TPP 国家中，其他成员国也对美国在价值链上有着高度的依赖。倘若中小国家与美国的经济合作中不能获益，TPP 势必很快就会瓦解。

三、主导 TPP 的谈判

为了既能为推行亚太"再平衡"战略奠定经济基础，又能为本国经济发展创造机遇，美国加入 TPP 之后，极力推进谈判进程。2010 年 3 月 15 日，TPP 的 8 个成员国在澳大利亚墨尔本举行首轮谈判以来，此后每年大约展开 5 轮，截止到 2015 年 3 月，共

① 参见钟厚涛：《美国极力拉拢台湾加入 TPP》，《法制周末》2013 年 9 月 24 日，http：//www. legalweekly. cn/index. php/Idex/articl/id/3626.

② 杨盼盼：《美国是怎样搞大 TPP 的?》，中国社会科学网，http：//www. cssn. cn/jjx/jjx－gzf/201502/t20150227_ 1526416. shtml.

进行了20多轮谈判。尽管美国多次表示要尽快完成谈判，但由于谈判内容广泛，各方在许多议题上存在着重大分歧，一直难以取得突破性进展。

2013年12月10日，TPP部长级会议在新加坡落幕后，并没有达成美国所预期的协议。于是，美国总统奥巴马于16日在白宫召集包括副总统拜登、财政部长杰克·卢、劳工部长托马斯·佩雷斯、商务部长佩尼·普利茨克和贸易代表迈克尔·弗罗曼在内的高级官员开会，以讨论美国在“跨太平洋战略经济伙伴协定”谈判中所取得的成就以及未来所要采取的行动。2014年，TPP谈判成员国多次召开谈判代表和部长级会议，紧锣密鼓地进行谈判。11月初，他们甚至利用在北京召开APEC峰会和部长级会议之机，在美国大使馆继续会谈，这时距他们10月28至11月2日在澳大利亚的谈判会议只有几天时间。

由于TPP协议对成员国创造就业机会和促进经济增长至关重要，因而尽管谈判十分地艰难，但是不会终止。又因为其议题广泛且深入，而各国经济发展程度不同，因此要全部达成共识需要相当长的时间。2015年3月，TPP谈判成员国的代表又聚集美国夏威夷，再次就化解分歧进行讨论。与此同时，美国与日本也加快谈判的进程，因为它们是参加TPP谈判的两个最大经济体，在双边市场准入谈判达成一致之前，其他成员都不愿过早作出让步的承诺。于是，美国不得不投入更大的精力，促成谈判的完成。

TPP谈判主要包括两大重点：一是市场准入谈判，涉及货物、服务贸易和投资；二是贸易和投资规则谈判，涉及知识产权、国有企业、环境保护、劳工保护、原产地规则等领域。过去的20多轮谈判，主要围绕以下5个方面的议题展开：

第一，货物市场准入。2006年5月，TPP正式生效后，成员国90%的货物关税即刻免除，并承诺所有产品关税将在12年内免除。美国加入谈判以后，提出的主张是：对于与美国存在双边自由贸易协定（FTA）的国家，继续执行原有的协定；对于与美国没有FTA协议的国家，则通过双边谈判的方式解决货物市场准入。而以新西兰、澳大利亚为代表的国家则主张用TPP协议取代所有双边FTA协议。在关税问题上，其他所有的成员国都主张实行100%零关税，只有日本强调实行较高度的自由化率（95%），坚持将大麦、小麦、牛猪肉、乳制品和甘蔗5类农产品视为“禁区”，要求维持这一类产品的关税。

第二，投资自由化。美国极力主张在TPP中建立一个全面、有效、高标准的投资协议，以区别于WTO松散的投资协议，要求谈判国在投资领域给予外资更高的国民待遇，特别是准入前国民待遇，以区别于WTO的准入后的国民待遇；在争端解决机制上，美国主张用“投资者—国家争端解决”机制，以替代WTO的国家间解决争端机制，引起其他国家，特别是发展中国家的歧议。

第三，国有企业。由于国有企业凭借政府的资金与信用支持，很容易形成强大的竞争优势与垄断，不利于建立公平的竞争环境，美国主张限制国有企业的活动，成员国对国有企业和外国企业应实行无差别待遇；关于国有企业的定义，主张采用澳大利亚提出的“政府拥有过半数的表决权”；对国有企业禁止免税，国有企业不得降低服务与产品的价格等。由于越南和新加坡拥有较多的国有企业，主张不急于限制国有企业活动，美国则要求相关国家对国有企业进行改革。

第四，服务贸易自由化。服务贸易是美国在TPP谈判中的重点之一，美国将其视为21世纪自由规则的制定。美国的构想是：在服务贸易市场准入上，倾向于采用“负面清单”的做法，即除了在清单上列明的保留措施，其他所有的部门一律对外开放。对此，参加谈判的发展中国家感到压力巨大；在服务贸易开放程度上，美国奉行高标准的自由主义，特别是金融与通讯服务两个领域。为此，美国要求这两个领域独立出来，以期可以达到美国所要求的最惠国待遇和国民待遇。

第五，知识产权。在 TPP 知识产权谈判中，美国主张的范围与标准远远高于 WTO 的《与贸易有关的知识产权协议》。美国的意图就是利用其技术和市场化优势，在 TPP 中谋取最大的利益。许多参与谈判的国家认为，如果对专利实施过度保护，将有可能对创新产生阻碍，不利于社会经济发展。

从 2015 年 3 月 9 日至 15 日，TPP 首席谈判代表会议在美国夏威夷举行的谈判看，目前存在的分歧主要表现在三方面：一是美国要求日本增加进口的食用大米，日本则以对国内农户影响较大为由不愿松口；二是日本要求美国立即取消汽车零部件关税，美国则希望暂时保留，双方均不肯让步；三是美国与日本、澳大利亚和墨西哥等在是否将有关汇率操纵的条款放入 TPP 协议存在分歧。

虽然存在许多问题要解决，但各国对于尽快完成 TPP 协议的谈判依然抱有乐观的态度。在谈判开始之前，美国常务副国务卿布林肯 2 月 13 日在东京发表演讲时仍说，“最后协议的轮廓已经明晰”，谈判已进入最后收尾阶段。澳大利亚贸易和投资部长安德鲁·罗伯曾表示，他希望各方能在 3 月中旬之前就 TPP 的主要部分达成一致。新西兰贸易部长提姆·格罗瑟也说，谈判必须在年中前完成。墨西哥也认为这是可行的。①

2015 年 5 月 22 日，美国参议院正式通过了《贸易促进法案》（Trade Promotion Authority，TPA），又称“快速通道”授权。6 月 26 日，众议院也通过了这一法案。获得该项授权是奥巴马政府达成 TPP 协定的先决条件。与此同时，参院还投票否决了一项包含

① 参见《TPP 谈判进入最后收尾阶段，汇率操纵条款难进议题》，《21 世纪经济报道》，2015 年 3 月 10 日。

汇率操纵的修正案。这将为解决美国与日本、墨西哥和澳大利亚等国在这一问题上的分歧扫清障碍。在此之前，TPP 其他 11 个成员国都表示，除非美国通过贸易促进授权，否则不会亮出最终的“底牌”来完成谈判。因此，当奥巴马政府获得国会的“快速通道”授权后，各国将会努力地解决分歧，历时 5 年的 TPP 谈判可能获得重大进展。2015 年 7 月，在美国夏威夷举行的部长会议上，各国并未如期完成谈判，但美国国务卿克里则表示，谈判已获得重大进展。2015 年 10 月 5 日，TPP 谈到终于取得实质性突破，美国、日本和其他 10 个太平洋国家就 TPP 达成一致，12 个参与国加起来所占全球经济的比重达到了 40%，TPP 将对近 18000 种类别的商品降低或减免关税。

第三节　构建“跨太平洋伙伴关系”的意图

美国加入 TPP 的目的，无非是借助这一平台推行其亚太“再平衡”战略。美国深知，亚太地区国家众多，各国差异巨大：政治制度不同，文化理念迥异，经济水平参差不齐，地缘跨度巨大，要建立一个覆盖全部国家的区域性经济贸易合作机构极为困难，甚至根本就不可能。因此，针对亚太地区的实际情况，美国应主导建立一个限制性的区域经贸组织。通过这样一个组织，美国既为维护其亚太地区主导地位构建了一个经济平台，拓展了经济增长的源泉，同时又对未来的国际贸易重新制定了规则。

一、谋求亚太主导地位

第二次世界大战以来，美国在亚太地区长期处于主导地位。然而，由于越南战争严重地消弱了国家实力，美国不得不进行全球性战略调整。为了保证欧洲战略重心的稳定，美国从亚太地区大规模地撤军。在其后的几十年里，亚太地区倒也相安无事。朝鲜半岛的局势几无波动；台海形势逐步缓和；越南完成了南北统一。在相对安全的国际环境下，亚太国家经济发展加速，韩国、日本、中国台湾地区和新加坡一度成为“四小龙”。在此期间，美国一方面注重修复越南战争的创伤，另一方面则设法巩固在欧洲的地位。冷战结束后，由于亚太地区安全稳定，美国将其关注的重点投向动乱纷扰的中东地区。“9·11”事件后，美国又进行了为期10年的反恐战争。但是，随着亚太地区经济的迅速发展，以及由此而带来的地区性乃至全球性力量格局的变化，美国认为“太平洋世纪”即将到来，它的战略重心必须移到亚太地区。按照美国的战略传统，要进行战略重心转移，先要布局造势。于是，美国在军事上和经济上几乎同时采取行动。因此，美国就通过加入TPP，进而扩展TPP，谋求经济上的主导地位。

首先，构建以其为核心的经济贸易平台。联盟战略一直是美国对外关系的重要支点。在政治、军事上如此，在经济上亦然。在北美地区，美国通过与墨西哥和加拿大 签订“安全与繁荣联盟”（Security and Prosperity Partnership of North America）、建立“北美自由贸易区”（North America Free Trade Agreement，NAFTA）实现了自由贸易，受益匪浅。在欧洲地区，美国通过“经济合作与发展组织”（Organization for Economic Co-operation and Development，OECD）和“七国集团”（Group of Seven）与欧洲展开合作，为其经济发展破解了许多的难题。为了进一步推动美欧之间的经济合作，2013年6月17—18日在爱尔兰召开的G-8首脑会议上，美国与欧盟共同宣布，双方将正式展开“跨大西洋投资与贸易伙伴关系”（Trans-Atlantic Trade and Investment Parrtnerspip，TTIP）谈判，截止到2015年7月，双方已进行了九轮谈判。在亚太地区，除了经济合作论坛外，美国尚未参与任何自由贸易组织或联盟，虽然也为建立类似于北美安全与繁荣联盟做过努力，但却未有任何实质性的进展。为了推行亚太“再平衡”战略，增强在亚太地区的影响力，美国认为它必须在区域经济合作上有所作为。在此背景下，美国着手重组 TPP，试图构建一个由其主导的经济贸易联盟。

战后以来，美国的战略重心一直在欧洲，因而逐步将欧洲的大部分国家纳入自己的联盟体系。在亚太地区，美国固然也有很多盟友，但却主要以双边关系为主，因而难以形成合力。在利益日趋多元化的条件下，不要说非盟国，即使是盟国之间也常常发生各种冲突，美国不仅难以协调盟国间的力量，形成合力，反而为弥合盟国内部的分歧要耗费很大的精力。因此，为了在亚太地区形成一个由自己主导的经济圈，确立自身领头羊的地位，进而扩展到其他领域，从而使其成为亚太地区的主导者，以展现其领导世界的意志。

其次，夺取重构亚太贸易版图的先机。第二次世界大战后，以美国为代表的西方国家，主导了国际贸易体系的建立。在这一体系中，西方国家是最大受益者，而其他的国家受益有限，甚至还不得不做出牺牲。为了规避这种贸易体系的损害，发挥区域性优势，一些地缘关系相近的国家建立了区域性的经济合作组织。如关税同盟、经济共同体、合作委员会等形式的合作在 20 世纪 60 年代后大量地涌现。对于一些地域合作，由于经济规模有限，或者排它性不强，美国大都不以为然。但对于经济规模庞大，且具有较强排它性的区域合作组织，美国就不得不高度重视了。1995 年欧盟发表《巴塞罗那宣言》，与约旦、摩洛哥、埃及等地中海沿岸国家达成了以双边自贸区为基础的欧盟—地中海自贸区倡议，推动了欧盟与中东地区的特惠安排向深层一体化方向发展。对此，美国迅即接受了约丹国王阿卜杜拉二世积极推动的美国—约旦自贸区倡议，并于 2000 年 10 月迅速签署协议。随后，美国又与摩洛哥、巴林、阿曼迅速签署了双边自贸协议，并希望通过这些双边自贸协议促进包括巴林、以色列、约旦、摩洛哥、阿曼和沙特等17国在内的美国—中东自贸区（MEFTA）谈判。

21世纪以来，亚太地区经济发展迅速，且在未来拥有无限增长潜力。不仅美国清晰地看到了，而且其它国家也意识到了。如何抓住机遇，使本国能够分享亚太地区的发展成果，亚太国家甚至域外的欧洲国家也千方百计地努力，谋求构建有利自身的经济合作机制。为了实现主导亚太地区经济合作的目标，进而为推行其亚太“再平衡”战略创造条件，美国便选择TPP作为突破口，以取得重构亚太经济贸易版图的先机。

再次，谋求地缘战略优势。从历史的发展和未来的潜力看，世界的政治经济中心非欧亚大陆莫属。美国早就清楚地表明，它要领导世界。美国要实现这一目的，就必须着眼于控制欧亚大陆。英国的地缘政治学家哈尔福德·约翰·麦金德曾说过：“谁统治了东欧，谁就主宰了心脏地带；谁统治了心脏地带，谁就主宰了世界岛；谁统治了世界岛，谁就主宰了全世界。”[①] 他所说的“世界岛”就是指欧亚大陆。美国著名的战略学家布热津斯基也认为，从里斯本到海参崴这片欧亚大陆构成了地缘战略大棋盘，它既决定了世界今后的繁荣与稳定，又决定美国保持世界主导地位的中心舞台。[②]

在过去的200多年里，美国不断向亚太地区扩展势力，1922年当华盛顿体系建立之后，美国在亚太地区的影响力已超过英、法等传统的帝国主义国家。第二次世界大战期间及战后，无论是从国家安全，还是从经济发展上看，欧洲地区的地位远远高于亚太地区，因而美国一直将其作为国家对外战略的重心。为了操控

① Halford Jhon Mackinder, Democratic Ideals and Reality: A Study of Politics in Reconstruction, London: Constable, 1919, p. 94.

② 参见朱听昌：《西方地缘战略理论》，陕西师范大学出版社，2005年3月版，第8页。

欧洲事务，美国与欧洲国家特别是西欧国家建立北大西洋公约组织、经济合作组织，召集七国集团会议，且拥有众多军事基地，部署强大军力。然而，进入21世纪后，欧洲国家尤其是西欧国家，经济先是滞胀，2008年国际金融危机之后，进而严重衰退。它们已难以为美国的经济发展注入更多的活力。相比之下，亚太地区经济增长强劲，在世界经济问题中的地位不断上升。在这种情况下，美国不得不将更多的精力投放在亚太地区来，一方面获取经济发展的红利，另一方面谋求这一地区经济事务的主导权。否则，美国就可能失去国家的发展机遇，继而丧失其所谓世界领导地位。

现在，欧亚大陆之所以重要，是因为“不仅它的西部周边—欧洲—依然是世界大部分政治和经济力量的所在地，而且在它的东部地区—亚洲—最近也成了经济增长和政治影响上升的极其重要的中心。”① 为此，美国必须对亚洲地区给予更多的关注。在布热津斯基看来，美国要领导世界，“在欧亚大陆上不出现能够统治欧亚大陆，从而也不能够对美国进行挑战的挑战者，也是绝对必要的。”② 其实，美国的全球战略就是着眼于控制欧亚大陆，只不过其方法与麦金德所言相反，是从欧亚大陆的两端入手而已。美国极力推进TPP的建立和扩大，其重要的战略考虑就是巩固和扩展它在亚洲的东端和南端的控制力与影响力，获取地缘战略优势。它只要控制了亚洲的东端和南端，欧亚大陆国家要走向太平洋，与美国进行分庭抗礼，就面临极大的挑战。正因为如此，美国推动TPP的发展对于欧亚大陆国家经济贸易及地缘政治影响十分巨大。

---

① 兹比格纽·布热津斯基:《大棋局》，上海人民出版社，1998年2月版，第2页。

② 同上，第3页。

二、拓展经济增长源泉

任何国家的生存与发展，都离不开经济繁荣。古今中外，没有一个国家的消亡或政权的崩溃不是由于经济破产而引起的。美国从其立国之时起，就把经济发展置于至高无上的地位，而且重视从对外贸易中获得利益。1796 年华盛顿在其告别演说（Farewell Address）中所提出的“孤立主义”思想，其本质就是要美国集中精力搞好经济发展。之后，美国历届政府都强调贸易往来在国家关系中的作用。无论 19 世纪末针对中国的“门户开放”政策的提出，还是第二次世界大战后援助欧洲的“马歇尔计划”，都是着眼于推动美国的经济增长。在向外部世界扩张势力的过程中，美国一直把经济利益的获取放在首位。第二次世界大战接近尾声时，美国就倡议召开布雷顿森林会议，建立国际贸易组织、国际货币基金组织和世界银行，将战时的优势转化成经济利益。冷战结束后，尽管美国在经济上十分强大，但依然把经济繁荣作为国家内外政策的出发点和落脚点。克林顿政府“参与和扩展”的国家安全战略中，把经济繁荣列为美国的三大战略支柱之一。为了使国际贸易更好地服务于经济增长，美国利用其优势地位，把战后临时性的国际贸易秩序的安排—“关税及贸易总协定”（GATT）变成常态化的国际贸易机构—“世界贸易组织”（WTO）。

美国认为，“不断增强的经济力量是国家安全的基础和对外影响的关键力量源泉”①（America’s growing economic strength is the foundation of our national security and a critical source of our influence abroad.）。从美国战略扩张的走向看，世界上哪里能给美国

① 参见 White House，*National Security Strategy*，Washington，Feb. 2015.

经济带来利益，它国家的战略重心就移向哪里。而且战略重心的区域一旦确定下来，就以军事力量加以保护。在战后很长时期里，欧洲国家经济发达，是其受益最大的地区，美国就将战略重心放在那里。但是如今，“欧洲到处都是老化的国家，它已经不如过去那样重要了。”[①] 与此形成鲜明对照的是，亚太地区由于中国的崛起而成为世界上经济最有活力的地区。“在未来的五年时间里，除美国之外的世界经济的增长，大约有50%都将来源于亚洲地区”[②]（The United States has been and will remain a Pacific power. Over the next 5 years，nearly half of all growth outside the United States is expected to come from Asia.）。历史上，美国对亚太地区就情有独钟，现在它就更加青睐。正由于如此，美国才强调，它“一直是，并将永远是一个太平洋国家”，[③] 将战略重心转向亚洲就势在必行了。因此，2009年以来，美国提出要“重返亚洲”，并为达到这一目的，制定了亚太“再平衡”战略。在实施这一战略的过程中，美国不仅在外交和军事上着力，而且在经济上也积极作为。

其实，在APEC成立后，美国曾经主张在其框架下建立“亚太经济共同体”，但由于遭到各方的反对，成效甚微。随后，它便将主要精力转向双边自贸区的建设上。2008年，遭受国际金融危机的严重打击之后，美国及其他西方国家虽然苦苦挣扎，却难以找到走出危机的妙方。与此同时，亚太国家经济合作如火如荼地开展起来，双边的、多边的自贸区建设与合作机制迅速推进，而且基本上都把美国排除在外。如果美国再不采取行动，就必然

---

① 美国著名国际关系学家约翰·米尔斯海默语，参见王文：《中美：准备战争，又想避免战争》，《观察者》网站，http：//www.guancha.cn/america/2012_05_25_75825.shtml.

② 参见 White House，*National Security Strategy*，Washington，Feb. 2015.

③ Ibid.

失去了亚太经济合作的话语权，即使将来被允许加入，那也只能遵守现有的规则。在这种情况下，美国已不可能重起炉灶，不得不在 APEC 框架下，利用原先并不引人注目的“跨太平洋战略经济伙伴关系”这一平台。

TPP 成立时，美国并没有给予太大的关注。但是，随着 2008 年国际金融危机的爆发，美国迅速意识到 TPP 的重要性，即通过它可以提振经济，减少失业。美国智库彼得森国际经济研究所估计，一个没有美国参与的亚太自贸区可能使美国公司的年出口至少损失 250 亿美元，或者约 20 万个高薪岗位。因此，奥巴马第一任期时国务卿希拉里一再声称经济是美国外交的“中心”，未来美国的“重心”要转向亚太。她表达的意思十分清楚，即美国欲在亚洲的增长繁荣盛宴中分得一杯羹。对于美国的企业来说，TPP 至关重要。美国商务部亚洲副会长塔米・奥弗比（Tami Overby）曾经说过，美国公司 95% 的消费者在国外，而经济不断融合的亚洲更是重点市场。[①] 所以，TPP 就成为美国企业进一步打开亚洲市场的法宝。美国总统奥巴马 2011 年 11 月 12 日在檀香山 APEC 峰会上表示，TPP 达成泛太平洋经济战略伙伴关系，有利于美国对外出口、创造就业机会。2013 年 5 月，日本宣布加入 TPP 会谈后，使 TPP 的 GDP 总量将达 27 万亿美元，占世界的 40% 左右，TPP 也将因此成为世界最大的自贸区。[②]

美国资源丰富，人才充沛，技术领先，产能巨大，依靠自身的市场难以满足发展的需求，因而一直重视对外贸易。正由于如此，美国政府一直把对外贸易作为国家发展战略的核心内容。为了获得投资场所、原料产地和商品市场，美国一方面注重世界贸

---

① 参见《TPP：撩拨美国“重返亚洲”心绪》，《新华网》2013 年 3 月 28 日，http：//news. xinhuanet. com/2013 -03/28/c_ 115185354_ 2. htm.

② 参见《日本正式宣布加入 TPP》，《新华网》2013 年 3 月 15 日，http：//news. xinhuanet. com/2013 -03/15/c_ 115045112. htm.

易规则的制定如通过世界贸易组织（WTO）推动东京、多哈和马德里等多个回合的贸易谈判，另一方面大力推进区域性经济合作如建立北美自由贸易区以及其他区域性经济合作组织等。第二次世界大战后，美国曾长期占据全球最大对外贸易国的地位，直到2012年才被中国超越。为了应对经济全球化时代的挑战，减少“产业空心化”的冲击，美国利用2008年国际金融危机所创造的条件，运用信息时代的技术优势，实施“再工业化”计划，进行产业升级，重振实体经济。与此同时，为改变在经济全球过程中的不利态势，美国倾力推进经济圈的建立。目前，美国在推进“跨太平洋伙伴关系协定”谈判的同时，又启动“跨大西洋贸易与投资伙伴关系协定”谈判，从而巩固传统的贸易伙伴关系，扩展新的区域经济伙伴。

2009年，美国推出“重返亚洲”战略，将其国家的战略重心从大西洋地区移向亚太地区，便决定重新改造TPP，并力求将其打造成一个“21世纪自由贸易协定范本”。[①] 这样，美国通过构筑“跨太平洋经济伙伴关系”，既分享了亚洲经济高速增长的红利，实现“出口倍增计划”，为其经济发展寻找动力源泉，又为其主导亚太地区贸易秩序的构建，谋取亚太地区乃至世界领导地位创造条件。

三、重建世界贸易规则

自从登上全球最强大国家的宝座以来，美国对外战略的基本目标就是维护其所谓的世界领导地位。2015年2月发布的国家安全战略报告指出：“众所周知，美国应懂得如何领导世界，而不

① Clinton H R. America's Pacific Century [EB/OL]. (2011-11-10) http://www.state.gov/secretary/rm/2011/11/176999.htm.

是要不要领导世界”。[①] 而要领导世界，就必须拥有强大的力量；而强大力量的来源，则是持续的经济增长；而持续的经济增长，必须依赖丰富的资源；而丰富资源的获取，则取决于国家力量的触角能够伸出国门的长度。如何充分利用全球性资源，取得世界领导地位恐怕是最为捷径的方法。怎样才能充分利用全球性资源，确保国家的可持续发展，以增强国家的经济实力呢？从历史上看，其途径只有两条，即通过战争和贸易往来。在当今时代条件下，战争虽然也是推行国家政策的工具，但其使用范围已严格受限，那种仰仗自己的军事优势在世界各地为所欲为地发动战争的时代已经一去不复返了。通过贸易和商业手段则是首要选择。如何在商贸活动中最大限度地获取利益，特别是垄断利益，制定相关的规则是最主要方法。所以在罗斯福制定的世界蓝图中，国际贸易组织、国际货币基金组织和世界银行是其最主要两大支柱之一。第二次世界大战后，尽管其他国家为国际秩序的建立也做出了极大的贡献，但相对而言，目前的国际规则主要是由美国主导确立的。因此，美国领导人反复强调，其他国家要遵守现行的国际规则。

奥巴马政府2015年版的《国家安全战略》明确地指出：“确保美国人民的安全和拓展国家安全利益的任何战略，都要基于这样一个不容否认的事实，即美国务必要领导世界。可持续的和强有力的美国的领导，对于构建基于规则的，能够促进全球安全与繁荣以及世界人民的尊严与权利的国际秩序是至关重要的”[②]（Any successful strategy to ensure the safety of the American people and advance our national security interests must begin with an undenia-

---

① Please refer to the National Security Strategy, White House, Washington, Feb. 2015.

② Please refer to the *National Security Strategy*, White House, Washington, Feb. 2015.

ble truth—America must lead. Strong and sustained American leadership is essential to a rules-based international order that promotes global security and prosperity as well as the dignity and human rights of all peoples.）。如果美国要想在亚太地区经济事务中发挥领导或主导作用，它就必须确立相应的规则。根据区域合作主义的理论，“一国推动或参与区域合作，除了可以获得传统经济收益外，还可以获得非传统收益，其中，影响国际经济规则的能力往往是大国更为看重的区域合作目标。”[①] TPP 在成立之初，已经有了一些规则，且与美国的期望大体上比较吻合。2009 年美国总统奥巴马正式提出了扩大跨太平洋伙伴关系计划，借助 TPP 已有协议，推行自己的贸易议题，并全方位主导 TPP 谈判。从 2009 年至今，美国已推动数轮 TPP 谈判。一方面，美国促成相关国家贸易代表进行谈判，另一方面，又利用 APEC 首脑会议之机，推动 TPP 的谈判进程。TPP 的谈判之所以在迄今为止的 6 年多的时间里未达成协议，是因为它提出的门槛较高，涉及到国家主权的让度。美国的意图就是通过 TPP 创造一个高水准的贸易协定，2015 年 1 月，美国总统奥巴马在其《国情咨文》中指出：“美国必须通过 TPP 设立亚太地区的贸易规则，否则就会被中国捷足先登”（But as we speak，China wants to write the rules for the world’s fastest-growing region.）。[②] 所以，作为谈判纪律，TPP 谈判人员不能直接与中国接触，直到完成谈判。对现有成员中推荐中国加入 TPP 谈判的，要求其承担责任。[③]

---

① 李向阳：《新区域主义与大国战略》，《国际经济评论》2003 年第 4 期，第 7 页。

② Obama’s 2015 State of the Union Address，White House，Washington D. C. Jan. 23，2015.

③ 李罗莎：《TPP 的影响与中国的战略选择》，《全球化》2014 年第 3 期，第 69 页。

美国加入 TPP，除了推动亚太“再平衡”的实施之外，还有更深远的战略考虑，那就是把通过 TPP 建立起来的贸易规则，应用到全世界。诚然，无论“GATT”，还是“WTO”，都是在美国主导下建立的。但是，美国认为，现有的国际贸易规则已难以适应美国经济发展的需求。WTO 实行的是一票否决机制，153 个成员国只要有一个不满意，投了反对票，任何事都进行不下去。在 153 个经济体、哪怕是 21 个经济体之间达成一致都是非常困难。多哈回合的谈判已进行了 10 余年，至今未就相关的协议达成共识。所以，美国已失去耐心，决定重辟蹊径，着手建立“自愿联盟”（coalition of willingness）或“自由贸易区”，以便更有效率，也更有利于美国的操控。因此，有人认为，美国通过 TPP，以更高的标准构建新的国际贸易规则，以架空 WTO、APEC 组织，并进一步打乱“10 + X”为主的亚洲区域合作进程。[①] 与推进 TPP 谈判相呼应，2013 年 6 月以来，美国还提出与欧洲国家就建立跨大西洋贸易与投资伙伴关系进行谈判。倘若美国的构想得以实现，那么，在其东西两翼分别建立了两大经济圈，再加上北美自由贸易区，基本上将现存的国际贸易体系置于无足轻重的地位。

在全球化和相互依存的时代，任何国家特别是大国，在国际关系中采取任何重大的战略措施都会对其他国家产生影响。跨太平洋伙伴关系协定（TPP）是美国亚太“再平衡”战略的重要组成部分，其动机既有经济上的打算，又有政治和安全方面的考虑。它的发展走向对于包括中国在内世界其他国家，特别是大国来说，必然产生重大的影响。它带有强烈的防范中国和“去中国化”的意味，试图减少中国在区域合作机制中的话语权和影响力。它与 TTIP 一起，在相当程度上收窄了中国未来的贸易空间。

---

① 参见张其佐：《美国加速推动建立 TPP 和 TTIP：动因何在？影响如何?》，《光明日报》2013 年 06 月 12。

它本质上虽是一项互利多赢的自由贸易协定，不存在排他性，对中国也保持开放的态度，但却提高了中国加入的门槛。不仅如此，它所重构的国际贸易体系，尽管其主要内容与中国改革开放并不矛盾，但是却使中国将来加入时不得不按其制定的规则行事。2015 年 6 月 3 日，美国总统奥巴马接受媒体访谈时再次强调，参与 TPP 的伙伴国将敦促中国遵循“更加公平”的贸易标准和实践，以保证贸易相关方和美国海外公司的利益。①

由此可见，美国在国际环境发生重大变化的情况下，及时地将国家战略重心移到亚太地区。通过构建“跨太平洋伙伴关系”，拓展经济增长的途径，夯实亚太“再平衡”战略的经济基础；通过主导亚太地区的贸易规则，重塑国际贸易秩序；谋取亚太地区领导权，进而巩固其所谓世界领导地位。一句话，美国构建 TPP，是其推行亚太“再平衡”战略，重塑世界的重要组成部分。

① 参见《奥巴马：中国或对最终加入美国主导的 TPP 持开放态度》，新华网 2015 年 6 月 4 日，http：//news. xinhuanet. com/world/2015 － 06/04/c_ 127878916. htm.

第八章

确立新型对华战略关系

美国制定亚太“再平衡”战略，与中国有密切的关联。没有中国的崛起以及由此而引发的亚太地区乃至世界战略态势的变化，美国亚太“再平衡”战略也就无从谈起。在冷战时期，苏联是世界上实力居于美国之后的第二大国，由于国家利益的冲突，美国明确地将苏联作为敌人，并对其实施遏制战略，直到20世纪80年代末，美国对苏联已占据绝对战略优势的情况下，老布什政府才考虑设法将苏联纳入由美国主导的国际社会中去，从而提出了“超越遏制”战略。进入21世纪，随着中国的崛起，亚太地区不仅成为世界上经济发展最快的地区，而且力量格局也发生了重大变化，美国便将其战略重心转向亚太地区。由于中美之间既存在着严重的矛盾分歧，又有着巨大的共同利益，同时又由于国际环境的的变化，中国的对外战略与当年的苏联又有着截然的不同，加之美国对华政策的逻辑惯性，美国战略决策者们在处理与中国的关系上，虽然难以抛却冷战思维的影响，但却与处理对苏关系有着根本的区别。奥巴马政府上台以来，试图重构与中国的战略关系，那就是，既防范、制衡，甚至带有一定的遏制成份，同时又接触、合作，避免把中国塑造成敌人。

第一节　美国对华战略的演变

历史是现实的镜子，可以照亮未来。尽管美国对华战略时常调整，而且充斥着相互矛盾的地方，但从其历史发展的脉络中，却可以发现一些带有规律性的特征。

一、扶持中国，构筑远东战略支柱

美国对华政策深深地打上“塑造”的烙印。早在近代时期，当其他列强在中国攫取经济利益时，美国则向中国派出了大量的传教士，意在从思想上改变中国；当世界列强在中国瓜分势力范围时，美国提出“门户开放”政策，主张维护中国“主权独立”，企图全面控制中国；当八国联军入侵中国，迫使中国签订《辛丑条约》，掠夺大量赔款时，美国却将其所得赔款的一部分用于在中国建立高等学校，旨在培育美国所期待的精英；第二次世界大战中，美国大力支持中国抗战，使中国成为其推行“先欧后亚”战略的重要支撑；在罗斯福筹划的世界蓝图中，中国成为美国所希望的一支在远东地区可以依托的战略力量。

第二次世界大战还在进行时，美国在协调反法西斯力量对德国和日本进行决定性作战和考虑战后世界秩序的安排时，就充分地考虑到中国未来的地位与作用。根据盟国间的计划，1943 年 12 月，美、英、苏三国在德黑兰召开会议。美国提议，作为反法西斯战争的主要参与者的中国，应被邀出席会议。由于斯大林认为不方便与蒋介石会面，美国便与英国协调，在召开德黑兰会议之前，于 1943 年 11 月 22 ~ 26 日在埃及首都开罗举行首脑会议，不仅可以使中国领导人表达对战争指导的意见，也显示中国的大国地位。会议结束后发表的《开罗宣言》中明确宣告：在战争结束后，日本必须将东北三省、台湾和澎湖列岛归还给中国，使朝鲜独立。从一定意义上说，开罗会议是对中国国际地位的认可。1945 年 7 月，在波茨坦召开的国际会议中重申，开罗宣言的条件必须实施，进一步肯定了中国的大国地位。

在联合国构建的谈判中，原先计划的安理会常任理事国只有美、英、苏三国。后来，美国提议，作为远东地区的大国，中国应成为常任理事国。英国认为自己的力量既不能与美国相比，也不能和苏联抗衡，为了最大限度地维护自己的利益，提议法国也应作为常任理事国。这样，最终的结果是，联合国安理会常任理事国由五国构成。这样，中国在战后就成了世界上名副其实的四大国之一。

美国之所以这样做，其基本的战略考虑就是使中国成为它在远东地区的战略支柱，因为一个强大的中国作为远东所必需的主要稳定因素，使中国成为美国在远东地区的战略支柱，有利于美国推行称霸世界的战略。后因中国的政局发生了剧变，美国的战略意图没有实现。

二、遏制中国，纳入冷战战略轨道

遏制战略起源于冷战期间美国对苏联的战略，是美国政府为了对抗、削弱并击溃苏联东欧集团，铲除所谓共产主义威胁，制订并实施的战略。遏制战略是 1946—1947 年在美苏同盟关系破裂、由合作转向冷战的大背景下，杜鲁门政府依据乔治·凯南的对苏遏制思想及政策建议制订的，并于 1950 年最终确立。美国推行遏制战略，其目的就是使“全世界应该采取美国制度”。但是，美国的政策与苏联的立场产生了严重的对立。美、苏出于各自不同的战略需要、不同的国家利益、不同的意识形态而爆发了相互对抗，即冷战。①

新中国的成立，使美国长期的对华战略陷入困境。无论是时任美国国务卿艾奇逊“等待尘埃落定”的“袖手政策”（hand-off policy），还是杜鲁门总统的1950年1月5日的《关于美国对台湾政策的声明》，都没有断绝与新中国建立联系的企图与渠道。杜鲁门在声明中指出：“美国对中国的传统政策以门户开放政策为例证，要求国际上尊重中国的领土完整。这项原则最近由联合国大会在1949年12月8日通过的决议中予以重申。该决议要求一切国家不得：1. 在中国领土内谋求势力范围或建立由外国控制的政权；2. 在中国领土内谋求取得特别权利或特惠。”关于台湾问题，“1943年12月1日的《开罗宣言》中，美国总统、英国首相和中国‘主席’曾声明，日本从中国夺去的领土如‘福摩萨’应当归还中华民国。美国是1945年7月26日《波茨坦公告》的签字国。《波茨坦公告》称，《开罗宣言》的条款应予执行。日本投降时也宣布履行该宣言的规定。为了实现这两项宣言，‘福摩萨’已归还给蒋委员长。过去的四年来，美国及其他盟国已承认中国对该岛行使权力。”“美国对‘福摩萨’或中国其他任何领土从无掠夺的野心。现在美国也无意在‘福摩萨’获取特别权利或建立军事基地。美国也不拟使用武装部队干预其现在的局势。美国政府将不采取任何足以使美国卷入中国内部冲突的行动。”②

但随后发生的朝鲜战争，使美国彻底改变了对华政策，将中国正式纳入冷战的轨道。1950年6月27日，即朝鲜战争爆发的第三天，杜鲁门总统便出尔反尔，命令美国第七舰队进入台湾海峡，同时发表了与其1月5日的声明相矛盾的声明，“‘福摩萨’

---

① 潘锐：《冷战后的美国外交政策——从老布什到小布什》，时事出版社，2004年12月第1版，第1页。

② 梅孜主编：《美台关系重要资料选编》，时事出版社，1997年1月第1版，第69页。

未来地位的决定，必须等待太平洋安全的恢复，对日和约的缔结，或联合国的考虑。”[①] 在朝鲜半岛，美中两国的军队进行了长达近三年的较量，使两国关系进入冰冻状态。朝鲜战争之后爆发的台海危机，又使两国关系雪上加霜。接着，两国又在越南战争中间接对抗了10余年。在此期间，美国将遏制战略适用于中国，对中国政治上孤立，经济上封锁，军事上包围。尽管双方曾在瑞士的日内瓦和波兰的华沙进行了接触和谈判，但由于分歧严重，只不过“聋子对话”[②] 而已。

三、接触中国，建立“抗苏”统一战线

20世纪70年代初，由于苏联的霸权主义对美国的国际地位和国家安全构成了严峻的挑战，对中国的安全也形成了严重的威胁，美中两国才正式开启重建关系的努力。中美两国先是接触，进而建交，虽然也出现一些波折，双方的关系迅速发展，直到1989年春夏之交发生的政治风波之后，才发生新的变化。

十年的越南战争，严重地消耗了美国的力量，接下来发生的经济危机和“水门事件”，更使美国雪上加霜，引发了严重的全面的政治与社会危机。与此同时，苏联的经济发展和军力建设都取得了长足的进展。早在赫鲁晓夫时期，苏联就开始了与美国争霸的斗争。勃列日涅夫上台后，苏联进一步利用美国败于印度支那战争和经济衰退的机会，大力扩军备战，从经济到军事，从常规武器到核武器，从地面到海洋，再到太空，全面加强了自己的实力。不仅缩短了与美国在经济力量上的差距，而且在军事力

① 梅孜主编：《美台关系重要资料选编》，时事出版社，1997年1月第1版，第72页。

② 张清敏：《中美大使级会谈：聋子的对话》，中国网2008年8月28日，http：//www.china.com.cn.23k.

量，特别是核力量对比上，苏联已从战略劣势转为均势，并有全面超过美国的趋势。实际上，从 1968 年 8 月悍然入侵捷克斯洛伐克开始，苏联就以咄咄逼人的攻势，与美国展开规模更大，范围更广的争霸行动了。

到了 70 年初，尼克松政府不得不接受严酷的现实，公开承认美国不再是“世界头号强国”，世界已形成“五大力量中心”，即美国、苏联、西欧共同体、日本和中国。美国应当根据变化了的国际环境，制定新的对外政策与战略：从对苏“遏制”到承认两国争霸；从实力地位出发，以谈判代替对抗；从对华军事包围到承认中国；从对西欧、日本的控制到建立“平等伙伴关系”。1971 年 7 月，尼克松在关岛发表演说，将上述内容融入其中，人们将其称之为“尼克松主义”。

尼克松主义的提出，标志着美国实力的衰落和霸权地位的式微。但是，美国并不甘心自己的衰退，仍要千方百计地维护既得利益。尼克松自己也说的很清楚：“我们决定继续在世界上发挥我们积极的领导作用”，“七十年代的新情况要求创造性地对美国的领导地位重下定义，而不是悲哀地放弃美国的领导。”① 为了达到这一目的，美国决定在外交上寻求突破，设法打开中国的大门，以借助中国的力量，加大与苏争霸的战略筹码。

与此同时，中国的安全环境也急剧地恶化。新中国成立后，曾奉行“一边倒”的政策，与苏联建立了密切的关系。1950 年 2 月，毛泽东主席在访问苏联期间，两国签订了《中苏友好同盟互助条约》。接下来爆发的朝鲜战争，进一步加强了两国的合作基础。然而，两国的“蜜月”期历时并不长。1956 年苏共召开“二十大”，提出了与美国等西方国家“和平共处、和平竞赛、和平

---

① 转引自王春良等著：《世界现代史》，山东出版社，1985 年 2 月第 1 版，第 528 页。

过渡”的“三和”路线，使两党在意识形态方面产生了严重的分歧。苏联提出了许多有损于中国主权的要求，也使中国领导人感到愤怒。到了60年代，两党的分歧上升到国家关系层面，双方关系急剧恶化。苏联在中苏和中蒙边界陈兵百万，全力封锁和孤立中国，并在地缘上推行“哑铃战略”，企图从东西两侧包围中国，对中国的国家安全构成了严重的威胁。

因此，面对共同的威胁，美中两国重新审视对方，调整政策。1971年7月，美国国家安全事务助理亨利·基辛格秘密访华。1972年2月21日至26日，尼克松总统率团访问中国。经过几年的努力，双方于1979年1月1日正式建立了外交关系。接着，中国领导人邓小平访问美国。他在与美国总统卡特会谈时指出：世界不安宁的主要危险来自苏联，中国愿与美国一起抗苏。他还进一步指出：苏联在世界各地扩张，支持越南侵略柬埔寨，与越南一起提出要在亚洲建立集体安全体系，这很危险。[①] 此后，一直到1989年，中美两国战略关系虽然也经历过风风雨雨，如1979年4月美国制定了“与台湾关系法”、里根政府决定向台湾出售武器等，但都没有使两国关系发生根本性逆转，以至于这十年的两国关系被国内外学者称为“蜜月期”[②]。

四、接触与遏制，“塑造”中国

东欧的剧变与苏联的解体，标志着冷战的结束。随着美国成为世界上唯一超级大国，对中国的战略倚重有所降低。于是，对于奉行何种对华政策，美国战略决策层在经过激烈的辩论之后，

---

① 《邓小平会见卡特时的谈话》，转引自宫力：《1979年中越边境冲突中的美苏中三角关系》，《国际观察》2004年第3期。

② 参见占豪：《苏联解体结束中美蜜月期》，载《中国经济与应对方略》，上海财经大学出版社，2011年12月版。

最终确立了接触与遏制并举的战略方针。可以说，从老布什到小布什，美国的三届政府一直坚持这一战略。通过接触，可以影响中国；利用遏制，可以约束中国；将接触与遏制结合起来，则可“塑造”中国，从而将中国纳入美国主导的国际体系中去。

坚持与中国进行接触是老布什政府的一项重要战略。1989 年春夏之交发生的政治风波后，布什总统宣布对中国施加一系列制裁措施。然而，美国的做法与其全球战略和长远利益是背道而驰的。因为当时在中、美、苏大三角关系中，中美两国在抗衡苏联方面进行了卓有成效的合作，为美国赢得了重要的战略机遇，使其在 80 年代能够摆脱与苏联争霸中的劣势，从而致力于国内经济发展。到老布什上台时，美苏的经济差距已完全拉开，美国的优势开始显现，而苏联的情形已发生逆转，出现了严重的颓势。为了进一步巩固和扩展美国的利益，美国政府决定继续其“接触战略”，稳定和恢复中美关系。当然，老布什政府的这一战略带有明显的两面性，即一方面，它开始突出与中国在社会制度和意识形态方面的矛盾，以民主、人权问题为由对中国进行施压，而且布什总统在竞选连任期间宣布将授权向台湾当局出售 150 架 F－16 战斗机，严重违反中美两国签订的《八・一七公报》。这表明，美国在苏联解体和冷战结束后，在战略上对中国的需求明显降低。不仅如此，美国还强调其“首要的目标就是防止新对手的重现”。① 另一方面，美国也不想在刚刚打败苏联这个对手之后，立刻树立一个新的敌人。因此，它根本不愿完全失去中国的战略合作，努力与中国保持接触，希望中国能在“建立世界新秩序”方面与美国进行合作。②

---

① Excerpts from Pentagon's Plan: “Prevent the Re-Emergence of a New Rival”, http://3. amazonaws. com/911timeline/1990s/nyt030892b. html.

② 夏立平：《美国对华战略及其内在矛盾》，《当代亚太》2004 年第 2 期。

克林顿政府上台后，虽然继承了其前任的“接触战略”，但内涵却发生了变化。美国决策层的相当一部分人认为，中国也会步苏东国家后尘，将很快走向崩溃。因此，美国强调通过接触和遏制迫使中国向美国希望的方向转变，而不是寻求与中国加强战略合作关系。然而，中国形势的发展完全出乎美国决策者的预料。在邓小平“南方讲话”的指导下，中国加大了改革与开放的力度，确立了社会主义市场经济的方向，以更快的速度发展壮大。1995 年中国对美国允许李登辉“访美”进行的坚决斗争，以及随后于 1995 年 7 月和 1996 年 3 月实施的两次大规模导弹发射演习，促使美国展开了关于对华政策的大辩论。美国认为在 2015 年之前，将不会出现能够挑战其国际地位的大国，因而要充分利用战略机遇期，巩固和扩展其利益和优势。“美两党主流派形成一个基本共识：中国的崛起和强大难以阻挡。‘孤立’和‘遏制’中国不是上策，而与中国保持‘接触’才符合美国的长远利益。”① 因此，美国提出了“一个繁荣、稳定、强大的中国符合其国家利益”的观点。

这种情况下，克林顿政府不得不调整对华战略。1996 年 5 月，克林顿总统在关于亚洲政策的讲话中宣称：“促使中国成为一个安全、稳定、开放和繁荣的国家，一个接受国际不扩散和贸易规则、在地区和全球安全倡议方面给予合作、越来越多地尊重自己公民基本权利的国家，这直接关系到美国的利益。”② 其后，克林顿政府由侧重强调对华施压的“接触战略”转向接触加防范、以接触为主的“全面接触战略”。1997 年中国国家主席江泽民访问美国，1998 年克林顿总统回访中国，双方确定

① 钱其琛：《外交十记》，世界知识出版社，2003 年 10 月版，第 309 页。

② U. S. President Bill Clinton's Speech on Asian Policy, May 23, 1996. http: // www. whitehouse. gov.

了建立建设性战略伙伴关系的框架。但是，1999 年，美国在科索沃战争中轰炸中国驻南斯拉夫大使馆，使中美关系又一度受挫。

克林顿政府对华“接触战略”是其“参与和扩展”国家安全战略的重要组成部分。克林顿政府对中国的定性是“非敌非友”，明确反对将中国视为冷战后美国的敌人，并强调与中国为敌的危害性。时任美国助理国防部长约瑟夫·奈说：“把中国视为敌人就会使中国成为敌人”。[①] 同时，美国对中国的迅速崛起也保持着高度的警惕。

进入 21 世纪后，随着中国国力的迅速提升，美国的对华认知发生了变化。小布什（George W. Bush）在竞选总统期间和就任总统初期，曾经宣称“中国已是美国的战略竞争者”，特别是中美“撞机事件”发生后，他试图把遏制中国作为其对外战略的重点，防止中国未来成为美国的对手。国防部长拉姆斯菲尔德就曾经表示，亚太地区在 21 世纪最有可能成为美国的主战场，因为在俄罗斯国力式微的情况下，“中国将取代俄国成为美国未来最主要的潜在敌人”。[②] 这促使布什政府在上台初期对中国采取强硬政策。2001 年 4 月 1 日，中美军机相撞事件发生后，小布什总统遂于 4 月下旬批准向台湾当局出售包括 4 艘“基德”级驱逐舰、8 艘柴油动力潜艇和 12 架 P－3C 反潜巡逻机在内的一大批先进武器，并公开宣称“美国将采取一切手段保卫台湾免遭中国大陆攻击”。[③] 但是，美国政府中也有一部分人认为，“中国目前正处于上升阶段，从经济的角度考虑这是好的因素：为了保持经济活

① 〔美国〕约瑟夫·奈：《与中国接触是美国的最明智之举》，《国际先驱论坛报》1997 年 9 月 15 日。

② David A. Shlapak，“Chinese Military Modernization and China vs. Taiwan Balance”，American Foreign Policy Interests，Volume 23，No. 3，June 2001，p. 15.

③ The Washington Post，April 30，2001，p. 1.

力，中国必须逐渐与世界经济接轨。”[1] 与中国保持良好的关系，美国可以获取巨大的经济利益。不仅如此，美国两党主流派还认识到，美中两国在保持地区稳定、防止大规模杀伤性武器扩散和解决许多跨国界问题方面有着许多共同利益，需要进行合作。于是，2001 年 7 月，美国国务卿鲍威尔访华，放弃称中国为“战略竞争者”的说法，提出中美致力于发展“建设性合作关系”。

“9·11”事件发生后，中美之间在反恐问题上形成了共同的战略利益。于是，布什政府决定，加快调整对华政策。2001 年 10 月 19 日，布什总统在上海参加亚太经合组织非正式首脑会议期间与中国领导人会谈时表示，中国不是美国的敌人，而是美国的朋友。两国领导人确定将“致力于发展建设性合作关系”作为中美关系的新框架。美国政府还把中国看作反恐战争中的战略伙伴。布什政府将反恐作为当时美国压倒一切的首要任务、国家安全战略的主要目标和对外政策的最优先事项，为此不得不寻求与中国、俄罗斯等国家的合作。布什总统将对华政策的重点转到争取与中国建立稳定与合作的关系方面。

2005 年，小布什继任后，美国调整了对华战略定位和政策，提出希望中国成为一个负责任的大国。为此，他主张：“要以建设性和坦诚的方式与中国接触。”国务卿康多莉扎·赖斯也指出，“希望中国成为全球伙伴，能够并愿意承担与其能力相称的国际责任”。2005 年 9 月 21 日，美国副国务卿佐立克开始提出要中国成为国际体制中“负责任的利益相关者”，鼓励中国在现行国际机制中发挥更大的作用，但前提是必须以美国的意愿行事。2006 年 5 月，美国《国家安全战略报告》提出希望中国成为“负责任的利益相关者”。9 月 27 日发表的反映美国各界精英主流意见、

---

① Condoleezza Rice, “For National Interests: The Reality of Post-Cold War”, Foreign Affairs, Spring Issue, February 2000.

旨在指导整个21世纪美国全球战略的《普林斯顿项目报告》称："美国的目标不应当是阻止或者遏制中国，而应当帮助它在目前的国际秩序范围内实现其合理的抱负，成为亚洲和国际政治生活中的一个负责任的利益相关者。"随后，世界其他国家和地区纷纷跟进，美国提出的"负责任的利益相关者"成为国际社会谈论中国时的一个重要用语。2007年3月，美国哈佛大学经济史学教授尼尔·弗格森在《洛杉矶时报》发表文章，提出"中美国（Chinamerica）"概念。2008年，美国著名经济学家伯格斯滕更提出"G-2"概念，提出由中、美两国组成一个集团（Group）来代替G-8（八国集团），其核心是中美结成政治结盟，共治世界。美国著名战略家基辛格、布热津斯基等也认为，中美两国有必要建立一种"命运共同体"。但是，由于美国保持"一超独霸"的总体战略目标没有变，对华合作加压力的两手政策没有变，防范中国的考虑也没有变，布什政府一方面与中国在反恐、解决朝核问题等领域进行合作；另一方面又在人权、武器扩散等方面向中国施加压力。

总之，从尼克松到老布什就职初期，美国一直把中国作为其反苏称霸的同盟，双方潜化意识形态的分歧而充分地展开合作。同时在此期间，中国的综合国力与美国差距巨大，对美国的国际地位构成不了任何挑战。所以，美国对华战略中，尚无遏制的意图。到了20世纪90年代中期以后，特别是进入21世纪以来，随着中国的迅速崛起，美国对华的安全担忧与日俱增，因而"中国威胁论"曾一度甚嚣尘上，但在政界和主流社会中，又认为"一个强大和繁荣的中国符合美国的利益"。正由于如此，美国对中国既存在重大的战略需求，又有着深深的战略疑虑。因而，在战略实践中，"接触"与"遏制"手段交互运用，在不同的时期，侧重点有所不同。无论运用何种手段，其目的都带有"塑造"的色彩，即从最低的目标来说，要"防止中国成为一个强大的敌对国家，同时促使中国成为美国可借重的‘负责任的利害相关者’，并走和平发展的道路”。[1] 从最高的目标来说，使中国接受其“普世价值”，纳入其主导的国际体系中去。

第二节 与中国合作的动力源泉

从20世纪70年代初至今，尽管美国在推行对华政策与战略时，常常自相矛盾，使得美中关系经历过许多的波折，但是在总体上，依然使两国关系不断向前发展，“已经建设成为一座摩天大厦”。[2] 之所以如此，就是因为美中之间存在着重大的利益融合。国家利益是一个国家制定和实施其对外战略的出发点与归宿点。新中国成立后，在长达20多年的时间里，美中关系严重对立，势如水火，是由于存在着严重的利益冲突。后来，双方能够改善关系，并能够不断地向前发展也是国家利益所使然。

一、维护世界秩序，巩固领导地位

现行的国际秩序是由美国主导构建的。维护现行世界秩序的稳定，也就是巩固其世界领导地位，因而是美国的核心利益。这一秩序能否存续下去，决定于大国关系的稳定。近代以来的国际关系史证明，大国间的矛盾与冲突，是世界或地区大战的根源，也是国际秩序剧烈变动的决定性因素。20世纪80年代初，邓小平在作出世界大战打不起来的判断时指出，世界上有资格打世界

---

① 刘建飞：《塑造中国：美国对华战略新动向》《中国党政干部论坛》，2006年第3期。

② 《中美关系已建设成摩天大厦》，http：//news. proc. sina. com. cn，2013. 11. 19.

大战的国家只有美国与苏联。它们都拥有毁灭对方的核力量。由于它们没有做好打仗的准备，也由于世界人民反对它们进行战争，世界大战打不起来。[①]

美国尽管在冷战后多次在海外使用兵力，但却“只许州官放火，不许百姓点灯”，并不希望其他国家挑起冲突与战争。因为在美国看来，如果听任冲突与战争的蔓延，必然动摇其主导的国际秩序。当今世界，苏联已不复存在，其继承者俄罗斯仍在恢复之中。中国已成为世界上名副其实的第二大国。因此，如果美国不能正确地处理对华关系，就有可能引发大国间的对抗，导致新冷战。同时，对于世界上发生的国家间的或地区性的冲突与战争，美国如果不能与中国进行有效的合作，就难以进行遏制，从而影响其国家战略利益。

中国作为世界上最大的发展中国家，目前正处于实力上升的关键期，和平与稳定的国际环境不可或缺，因为战争是打断国家发展进程的主要因素。近代以来，中国在崛起的努力中，都因为战争的冲击而失去了机遇。1895 年日本挑起的“甲午战争”和 1937 年发动的全面侵华战争，被认为是两次打断中国崛起进程的重大事件。[②] 对于现行的国际秩序，中国认为还存在许多值得完善的地方，如中国全国人大常委会委员、全国人大外事委员会主任委员傅莹就指出，美国主导的世界秩序存在两大缺陷，即“在政治领域，西方坚持排他性的价值观并且试图在全球推广，不仅成效廖廖，而且后遗症严重。在安全领域，美国主导的世界秩序

---

① 参见彭光谦主编：《邓小平战略思想教程》，军事科学出版社，2000 年 9 月版，第 22 页。

② 参见郑永年：《中国与东北亚的未来》，联合早报网 2013 年 12 月 31 日，http：//www. zaobao. com/print/foorum/expert/zheng-yong-nian/syory20131231 -294315/page/0/2.

没能克服集团政治的弊病。”[①] 尽管如此，中国并不主张推倒重来，只是希望在完善的过程中逐步剔除不合理的因素。

由此可知，美中两国在维护世界秩序稳定的问题上，虽然战略意图不同，但却具有高度的共识。冷战时期，美苏两国在战略竞争中，都全力以赴地提升军事能力，无论是核力量，还是常规力量，都有前所未有的发展。双方在军事战略的制定方面也都以对方作为对手和目标。在国际范围内，双方也展开了激烈的争夺。从美洲的尼加拉瓜、古巴到非洲的安哥拉与埃塞俄比亚，从中东的伊拉克、叙利亚到中南半岛的越南，从朝鲜半岛到南亚次大陆等，无不充满美苏角逐的印记。而在当今世界，美中之间虽然也有矛盾，但都没有把战争手段作为推行政策的手段，更没有在全球范围内进行争夺。相反，两国都充分地认识到，要通过建立合作性的大国关系，避免对抗与冲突，维护地区与世界的和平与稳定。基于这些认识，美国政府多次强调，使中国成为“利益攸关者”，通过利益绑定，使中国参与维护由其主导的国际秩序。

二、发展贸易关系，促进经济繁荣

经济贸易关系是国家交往的基础。迄今为止，凡是正常国家间关系，都存在着一定程度的经贸关系。美中重新接触也始于贸易。《上海公报》指出：“双方把双边贸易看作是另一可以带来互利的领域，并一致认为平等互利的贸易关系符合两国人民的利益。”[②] 经济贸易关系的迅速发展，使中美两国相互依存不断加深，形成了你中有我，我中有你，一荣俱荣，一损俱损的局面。

---

① 参见傅莹：《美国主导的世界秩序有两大缺陷》，http://news.ifeng.com/a/20150804/44344847_0.shtml.

② 参见周敦仁：《中美经济贸易关系：互补性决定了贸易交流的双赢局面》，《国际展望》2001 年第 6 期。

目前，美中互为第二大贸易伙伴。美国是中国最大投资来源国之一，而中国则一直是美国增长最快的出口市场。不仅如此，美国许多企业都在华设立子公司或分部，建立众多工厂。象通用汽车公司、福特汽车公司、宝洁公司、史克制药公司、IBM 公司在中国人人皆知，肯德基、麦当劳更是家喻户晓。在美国，“MADE IN CHINA”的产品遍布市场，广为人知。更为重要的是，两国在大气排放、环境治理、农业合作、产权保护、科技卫生、文化教育等领域的合作也极其深入。没有美国的市场，中国的许多就业岗位就可能失去。同样地，没有中国的市场，许多美国人也会失去工作机会。

在世界大国关系中，从来没有一对大国关系像美中两国这样在经济领域深度依赖。无论是第二次世界大战前的国家集团之间，还是战后美苏集团之间，经济与贸易关系虽然不同程度地存在，但并不构成相互依赖的关系。特别是战后美苏之间，经济与贸易关系则更加简单。苏联奉行的是两个市场理论，即社会主义市场和资本主义市场，两大市场之间基本上是隔绝的。即使美国愿意与苏联发展经贸关系，苏联出于国家安全的需要，也不会敞开大门。同样地，即使苏联愿意向美国敞开大门，美国出于安全的考虑，也不可能将高技术产品向苏联出口。与此不同的是，美中之间经贸关系极为深厚，相互依赖极为密切。经济上依赖，使两个国家之间成为命运共同体，因而在国家关系问题上，即使存在难以弥合的分歧，但也不可能采取极端的方式强行解决，只能保持足够的战略耐心。2005 年以来，为了避免相互猜疑，同时解决经贸关系中的一些难题，美国与中国建立了经济与战略对话机制和高层对话机制，2009 年双方决定将两者合并为战略经济对话机制（US-China Strategic and Economic Dialouge，S&ED）。除此之外，两国间还有着多达几十种之多的沟通渠道。

美国是一个太平洋国家，在反法西斯战争中与中国并肩战斗，两国为亚太地区的和平作出了不可磨灭的贡献。在 2009 年 11 月两国的联合声明中又强调，中美在亚太地区拥有广泛共同利益，支持构建和完善开放、包容、共赢的地区合作框架，双方将努力推动亚太经合组织和东盟地区论坛在亚太的贸易、投资和地区安全中发挥更有效的作用。[①] 2014 年 11 月在北京召开的 APEC 峰会，通过了《亚太经合组织推动实现亚太自贸区北京路线图》。这表明，美中两国在促进亚太经济繁荣方面有着高度的共识。

当然，在国际关系中，经济关系的密切并不能完全决定政治关系。如中苏两国在 20 世纪的 50 年代中，经济关系极为密切，苏联帮助中国建立了许多大型企业，如第一拖拉机制造厂、第一汽车制造厂等，还派遣众多专家来中国工作。中国也向苏联出口大量的资源性产品，但是这并没有完全阻止国家间关系的恶化。中苏关系从 60 年代初开始，迅速交恶，两国间签订的友好互助同盟条约也名存实亡。但是，密切的经贸关系，可以增加国家之间的利益融合，而利益的融合至少可以降低国家间对抗因素的冲击力，从而使国家之间找到更好的解决问题的时机与方法。“冷战结束以来十年间，中美经济关系一直是不断发生震荡的两国政治外交关系的减震器。”[②] 新世纪开始的十余年来，经贸关系在美中两国关系中地位亦然。正是由于与中国存在着深厚的经济上相互依存关系，美国要促进经济的发展，就不得不与中国进行合作。

三、通过人文交流，提升文化底蕴

所谓文化，是指人类创造的一切物质产品和精神产品的总

---

① Tao Wenzhao, “Common Regional Interests”, http://www.chinadaily.com.cn/thinktank/2011－02/10/content_ 11973945.htm.

② 李而炳主编：《21 世纪前期中国对外战略的选择》，时事出版社，2004 年版，第 308 页。

和。在历史的长河中，物质产品的丰富，缔造了人类的精神世界；而精神世界的升华，又促进人类创造更多的物质文明。物质产品可以换代，精神产品可以淘汰，唯有两者精华凝聚而成的文化却可以世代相传，具有延续性。由于地理环境的差异，世界各地的人们创造了不同的物质文明和精神文明，人类社会的文化也就呈现出多元化的状态。在民族和国家形成以后，文化也就成了国家或民族的特性，也是最精彩的印记与符号。因此，文化交流也就是指国家之间文明程度的交流，是一种心灵的沟通，对国际关系有着重大的影响。

美国与中国在文化方面的互补性极强。中国历史悠久，文化底蕴深厚，但由于封建社会的历史漫长，文化中的积垢也较多，如因循守旧、偏于中庸、安于现状、缺乏创新等。美国的历史则极其短暂，虽然由于其国民来自于世界各地，所以在文化上具有多样性的特点，但缺乏历史的底蕴，实用主义过重。正由于如此，长期以来，无论是美中之间处于友好时期还是敌对状态，美国对中国的研究从未中断，拥有一批专门的研究机构和战略思想库。文化的互补与吸引，为两国的交流奠定了深厚的基础。

美中之间的文化交流源远流长。早在1832年，美国就有传教士来华进行传教。这些传教士在中国的传教，虽然没有取得什么宗教方面的成效，但却在教育、医疗和促进美中两国相互了解方面做出了较大的贡献。到19世纪末，中国的沿海城市和内地大城市，几乎都有美国的教会学校和医院。19世纪中叶以后，中国开始派遣学生到美国学习，所学专业主要是国内所急需的制造业。为了进一步扩大对中国的影响，美国在20世纪初着手在中国办学校。《辛丑条约》签订以后，美国利用庚子赔款之一部分，在中国建立高等教育学校。同时，美国还派遣大批教师到中国进行教学。燕京大学的校长司徒雷登还曾担任美国驻华大使。在民国时期，中国前往美国的公派和自费留学生的数量都大幅增加。李政道、杨振宁等诺贝尔奖金获得者都是在西南联大学习期间被派往美国留学的。新中国成立后，由于美国奉行孤立中国的政策，致使两国间的文化交流中断近 20 余年。直到 1972 年，尼克松总统访华以后，美中两国之间的文化交流才重新开启。进入 80 年代以后，美中文化交流日趋频繁，范围也越来越广，在教育、科技、医疗、演艺、娱乐、体育等领域全面展开。2009 年，美中两国还签订了文化交流协商机制。

可以说，中国悠久的文明历史对美国有着强大的吸引力。作为一个后起的新兴国家，美国特别需要通过文化交流，学习和借鉴中国的经验，以促进相互了解，避免形成敌视，增进相互间的共识。可以说，日益频繁和不断加深的文化交流，为构筑美中间的战略关系和安全基础发挥了重要的影响。“从某种程度上说，中美文化的交流与融合对两国关系所起的历史作用甚至超过政治与经济因素。”①

四、化解全球性问题的挑战，应对非传统安全威胁

所谓的非传统安全威胁，主要包括（但是不限于）环境问题、人口问题、传染病问题、毒品问题、经济犯罪问题、恐怖主义问题以及重大自然灾害等。它们通常是国际性的，即并非产生于某个特定国家（尽管某些国家可能必须承担更大的责任），所造成的危害也不局限于某个国家或地区，一个国家的力量往往难以解决，需要整个国际社会合力应对。同时，尽管非传统安全威胁通常是非军事性质的，或者主要是非军事性质的，但是它依然可以给人类带来巨大灾难，还经常引起或加剧国际冲突，破坏国际社会的和平与稳定。

① 李而炳主编：《21 世纪前期中国对外战略的选择》，第 305 页。

非传统安全威胁的这些特性，使国际安全合作变得十分必要，向国家战略关系的走向注入了新的影响因素。例如："9·11"事件，对美国乃至世界来说，是一个悲剧；但对中美关系来说，却是一个重要的发展机遇。"9·11"事件的发生，使包括中美两国在内的许多国家认识到国际恐怖主义的危害。国际恐怖主义组织严密，分布地域广泛，跨国特征明显，流动性极强，袭击手段多样。应对国际恐怖主义活动，仅靠一国的力量难以奏效，国际合作必不可少。可以说，倘若没有"9·11"事件，中美战略关系的轨迹就可能是另外一条。过去的实践证明，中美两国在非传统安全领域就具有重要的共同利益，相互合作则是实现此种利益的最为有效的手段。在应对东南亚金融危机、恐怖主义袭击、印度尼西亚海啸、菲律宾台风灾害以及各种传染性疾病等方面，中美之间已经进行了卓有成效的合作，促进了共同安全。今后，在此领域两国的共同利益更加突出，相互依赖与需求还会加深。

在可预见的未来，中美在非传统安全问题上有着巨大的合作空间。首先，金融危机的预防与应对。2008 年发端于美国的金融危机，不仅把美国推入衰退的境地，对中国的影响也是比较深远的。如果说美国迄今为止还仍然未摆脱危机，走出困境而痛苦挣扎的话，那么，中国也在为消化应对危机所采取的措施的后遗症而不断地拼搏。由此可见，中美两国间的经济依存度是多么地深厚！类似 2008 年那样的金融危机，既不是世界性金融或经济危机的第一次，也不是最后一次。为了国家的安全与发展，美国没有理由不与中国合作。其次，国际恐怖主义的应对与处置。国际恐怖主义依然是美国的现实威胁，也是影响中国安全稳定的重要因素。在消除国际恐怖主义威胁，打击国际恐怖主义势力方面，中美两国有着很大的合作空间。再次，在维护国际运输通道安全方面，中美也有着重大的共同的利益。中美两国对海外贸易都有着较大的依赖。国际交通要道，特别是海上通道的安全极其重要。近年来，海盗行为盛行，对国际海上通道的安全构成严重威胁。为了促进经济的发展，维护国际海上通道的安全就成了中美两国义不容辞的责任。因此，中国迅速派出海军护航编队，在亚丁湾护航。最后，在应对大规模杀伤性武器（Weapons of Mass Destruction）扩散，美国也需要中国的合作。随着科学技术的发展，制造大规模杀伤性武器的门槛不断降低。同时，由于掌握核技术的国家不断增多，核技术与原料的扩散与发生事故的可能性也必然增加，国家间发生核战争和人类社会遭受大规模杀伤性武器袭击的机率也在升高。因此，大规模杀伤性武器的扩散与运用对包括中美两国在内的国际安全已然构成了现实的威胁。中美两国作为世界性或具有世界影响力的大国，同时又都是拥有核武器的国家，在防扩散和反扩散进行合作，以确保两国民众的安全，进而使世界人民免遭大规模杀伤性武器的袭击，完全符合双方的国家利益。因此，防扩散与反扩散，也是中美安全合作的重要基础之一。

五、防止地区性危机，管控亚太地区冲突

亚太地区是美中两国重大利益所在的区域，其安全与稳定决定着两国的前途与命运。美国在亚太地区有着众多的盟国与防务合作伙伴，同时与许多国家有着密切的经贸关系。克林顿政府制定的《参与和扩展国家安全战略》报告指出："美国是一个太平洋国家。本世纪以来，我们已在那里进行了三次战争。为了慑止侵略和捍卫国家利益，我们必须在太平洋地区保持存在并承担起领导责任。"[1] 奥巴马政府上台后，着手将美国全球战略的重心移

---

① White House, *A National Security Strategy of Engagement and Enlargement*, Washington, D. C., Feb., 1995.

向亚太，制定了亚太“再平衡”战略。2009年11月14日，奥巴马访问日本时曾经表示，美国是太平洋国家，与亚洲命运密不可分，并以“美国历史上首位太平洋总统”自居。[①] 显然，美国在太平洋地区有着重大的利益。同样地，中国在亚太地区不仅有着重大的利益，而且更有着核心利益。中国外长王毅于2013年9月20日访问美国在布鲁金斯学会发表演讲时说：“亚太是中华民族几千年来的安身立命之所”。[②] 可见，中美在亚太地区都有着重大的甚至是核心的利益。维护亚太地区的和平与稳定，符合两国的战略利益。目前，亚太地区存在着许多安全隐患，甚至冲突的危险。因此，美国若要维护亚太地区的稳定，就需要中国的广泛合作。一旦该地区发生了战争或冲突，美国与中国很难避免被卷入。

首先，维护朝鲜半岛稳定。美中两国在朝鲜半岛都有重大利益，甚至是核心利益。1950年到1953年，两国曾在半岛上进行了严酷的战争。这场战争，双方除了付出了巨大的生命与物质代价以及增加了仇恨之外，并未改变半岛的政治结构。自20世纪90年代以来，朝鲜核问题一直牵动美国的神经。对于朝核问题以及半岛未来的政治走向，美国根本无法单方面解决。因此，为了维护半岛的稳定，美国必须与中国合作，因为双方半岛无核化问题上有着一致的立场。正是由于如此，美国积极地参加了中国主导的“六方会谈”，并取得了阶段性的成果。如2004年9月19日有关各方达成的《共同声明》，以及就执行《共同声明》的两个阶段的举措达成的共识；2008年6月宁边核设施冷却塔的炸毁，标志着朝鲜无核化进程的开始；六方会谈使过去数年中半岛总体

---

① 参见“太平洋总统”，百度百科，wapbaike. baidu. com.

② 王毅：《如何构建中美新型大国关系?》，2013年9月20日于美国“布鲁金斯学会”演讲。

形势趋于和缓。美国前国务卿赖斯 2010 年 11 月底在首尔举办的一次国际会议上就表示，即便面临各种挑战，“六方会谈”“依然有效”。[①] 这表明，美国与中国进行合作，对于推动半岛无核化进程，维护半岛的稳定是可以取得成效的。

其次，防止日本铤而走险。近年来，日本在钓鱼岛问题上采取危险的举动，国内的右倾化也有所抬头。从历史经验看，中美两国关系的变化对日本的战略走向有着极大的影响。当中美关系处于良好状态时，日本就比较地收敛；而中美关系处于恶化状态时，日本就比较地极端。现今，美日是同盟国家，但日本对美国从心底里充满抵触，因为美国打垮了它。20 世纪 80 年代，日本就对美国说“不”。对于中国，日本也是存在深深的疑虑，因为它曾严重地伤害过中国。面对两个大国，日本不得不在夹缝中求生存。日本一直追求成为正常国家，做一个与其经济地位相适应的军事政治大国。因此，如何防止日本在钓鱼岛采取可能的冒险行为，避免被拖下水，美国也需要与中国的合作。

再次，警惕台海局势失控。台湾问题是美国一手造成的，但是随着美中两国建交，台湾地区在美国战略利益中的地位不断地下降。尽管如此，美国仍然把台湾视为牵制中国的一枚棋子。从当今美国的战略意图看，它希望保留这枚棋子，同时又不能让它牵着鼻子走。因此，美国既不愿意看到两岸的统一，又反对“台独”。所以，维持海峡两岸“不统、不独、不武”是美国的基本政策。“台独”是破坏美国这一政策的主要因素。对于中国来说，只要台湾当局不搞“台独”，就有极大的战略耐心推动两岸和平统一。在这种情况下，遏制“台独”，是稳定台海局势的先决条件。在小布什时期，中美两国联手反对“台独”势力的分裂活

① Tao Wenzhao, “Dialogue Viable for Peninsula”, http://europe.chinadaily.com.cn/opinion/2010-12/17/content_11716242.htm.

动，维护了台湾海峡的稳定。那么今后，要遏制“台独”，美国也必须与中国合作。

最后，管控双方分歧。在亚太地区，美国与中国在一些问题上存在着分歧。这些分歧的产生，既有历史的原因，也有现实的因素，其根源都在于美国。所以，美国要想争取中国的合作，一要约束自身的行为，给予中国应有的尊重，合理回应中国的正当利益诉求，特别是在南海问题上；二是约束其盟国的行为，阻止他们的挑衅活动。

总之，美国之所以把合作置于与中国发展关系的首位，是因为它能从中获取极大的利益。无论是美国政府、学界，还是民间，在这个问题上的认识具有相当高的一致性。正是两国在太平洋地区存在着许多共同利益，美中关系才在不断地克服障碍中继续前行。这个地区的和平、稳定和繁荣，对两国都有利；这个地区发生军事冲突、动乱和经济衰退必然使双方都付出极大的代价。所以，在亚太地区，美国与中国只能合作，必须合作，而且具备合作的充分条件。正如中国领导人习近平所指出的那样，“宽广的太平洋有足够空间容纳中美两个大国。”①

第三节　与中国碰撞的驱动因素

从中美两国推动关系正常化和正式建立外交关系以来，利益交织与矛盾冲突一直是如影随形。从20世纪70年代初到90年代中期，美中两国之间虽然存在着一些矛盾，但均属于局部性的，两国关系的发展总体上还是比较顺利的。苏联的解体与中国的迅速发展，使美中关系成为世界上最为引人注目的双边关系。如果

① 参见习近平：《宽广的太平洋有足够空间容纳中美两个大国》，国际在线2013年4月13日，http：//gb. cri. cn/27824/2013/04/13/2225s4083214. htm.

说，克林顿时期美国对中国崛起已产生了不安的话，那么到小布什时期，更是进一步警觉了；如果说克林顿政府时期遏制中国的政策开始萌芽的话，那么到了小布什政府上台初期，就上升到准备实施的国家战略了，两国间的摩擦逐渐上升。然而，“9·11”事件的发生，改变了美国的战略轨道，反恐成为美中战略关系的利益纽带。即使如此，不断缩小的经济差距，特别是中国强势崛起的趋势，已使美国产生了严重的战略焦虑。于是，美中之间的矛盾又开始凸显，而且逐渐带有全面的性质，即所谓结构性的矛盾。这些矛盾是在长期的历史中形成的，严重掣肘两国关系发展，单凭主观意愿难以轻易化解。其主要表现就是“中美两国在国际体系权力结构中位置不同及利益需求的差异而产生的矛盾，并在一个时期以来主要表现为中国力量上升、利益需求扩展与美国维护其霸权安排的深刻冲突。”①

一、对中国的强势崛起，心态失衡

第二次世界大战后，虽然国际格局由美苏两极构成，但并不是完全对称的两极。苏联的控制力与影响力大体上局限于其阵营之内，对其他地区的影响力是有限的、短暂的，而美国的控制力与影响力则是世界性的、长期的。正由于如此，战后的国际体系基本上是由美国及其西方盟友主导的。苏联解体后，美国更是一超独大，称霸世界达 20 余年。作为一个世界头号强国，美国最大的战略忧虑就是害怕失去这一地位。早在 1997 年，时任美国国防部长威廉·科恩在其提交的《四年防务评估》报告中就指出，防

① 唐永胜、卢刚：《中美关系的结构性矛盾及其化解》，《现代国际关系》，2007 年 6 期。

止出现敌对的地区联盟或霸权国家是美国的核心利益。[①] 此后，美国进一步明确，其国家安全战略的目标之一，就是防范在欧亚大陆出现一个能够挑战美国国际地位的国家或国家联盟。因此，中国实力的增强，就成了美国要着重“防范”的对象。

近代以来的国际关系史表明，霸权国或守成国（以下统称守成大国）与挑战国或新兴国（以下统称新兴大国）之间的矛盾往往是难以克服的。无论是拿破仑战争，还是两次世界大战，都是由于守成大国与新兴大国之间的冲突所造成的。冷战是美苏相互争霸的产物，最后也以苏联失败而告终。守成大国与新兴大国之间通过和平方式发生角色转换的情况比较少，近现代国家产生以来，只发生于英美之间。但是，这种和平转换也是建立在反法西斯战争的基础上的，同时也是由于英国霸权所赖以存在的殖民体系崩溃所导致的。历史经验证明，没有一个守成大国愿意自动退出舞台，总是想方设法维持自己的地位，并对新兴大国进行遏制与打压。新兴大国为了自身的发展，往往主动地或被动地与守成大国展开包括战争在内的各种方式的竞争。对于此种现象，古希腊历史学家修昔底德早就注意到了。他在研究公元前 5 世纪雅典与斯巴达两国之间的战争之后总结道：“使得战争无可避免的原因是雅典日益壮大的力量，还有这种力量在斯巴达造成的恐惧。”[②] 也就是说，一个新崛起的大国必然要挑战守成大国，而守成大国也必然要回应这种威胁，这样，战争就不可避免。这种现象被称为“修昔底德陷阱”（Thucydides's Trap）。自 1500 年以来，新兴大国挑战现存大国的案例一共有 15 例，导致战争的就有 11 例。[③]

---

① 美国国防部：《四年防务评估报告》，1997 年，第 8 页。

② 郑永年：《中国需要对中美关系做哲学思考》，联合早报网 2012 年 9 月 4 日，http：//www. zaobao. com/forum/expert/zheng-yong-nian/story20120904 – 56791.

③ 同上。

进入21世纪之初，美国对于它制定全球战略所基于的国家利益进行了全面的评估，认为它“较以往历史上的大国拥有更大的权力和更少的对手。相对于任何潜在的竞争对手，美国更强大、更富有、更比自罗马帝国以来的任何国家更具影响力”①。因此，美国要利用这个前所未有的“单极时刻”（unipolar moment），强化有利于自身利益的霸权安排，千方百计地维护和加强自己的“一超”地位，积极扩大在国际体系中的影响力，不断拉大与其他大国的实力差距。2002年以来，美国以反恐为名，推行单边主义政策，实施先发制人战略，其真实目的就是进一步扩充战略空间，如将军事力量投送到中亚地区，运用军事手段强力改造中东等，都是为了加强美国的国际地位，进而限制其他国家的发展空间。然而，随着反恐战争的久拖不绝和2008年发生的金融危机，不仅使美国的如意算盘落空，反而使自己的国际地位受到严重削弱。

与此形成鲜明对比的是，中国通过改革开放，克服了一个又一个瓶颈，与美国的实力差距，特别是经济力量的差距不断缩小。2010年，中国GDP总量已跃居世界第二。到了2012年，中国的国民生产总值已达美国的52.45%。2013年，美国的GDP增长速度大约在2.8%—3.1%之间，而中国的增长速度则在7.8%以上。从发展趋势看，中国的快速增长状态还会保持相当一段时间，而美国的经济虽有复苏，但增长依然乏力。所以，中美经济实力差距还会进一步缩小。根据2012年11月10日世界经济合作与发展组织在北京发布的《展望2060：远期增长的全球视野》报告，中国可能最早会在2016年取代美国，成为世界第一大经济体；前智利驻华大使马塔认为，到2020年左右，中国将成为全球

① The Commission on America's National Interests, *America's National Interests*, Washington, D.C., July 2002, p. 1.

第一大经济体；[①] 2011 年国际货币基金组织发布一份报告，也认为中国将在 2016 年，成为世界第一大经济体；世界银行预测中国将在 2030 年成为世界第一大经济体；等等。一句话，中国超越美国，成为世界第一大经济体，只是时间问题，且并不遥远。

不仅如此，中国在国际上的影响力也在不断地扩大。随着现代化进程和对外联系的增多，中国在世界政治中占据着日益重要的位置。进入新世纪以来，中国与东盟的关系已度过“黄金 10 年”，正在进入下一个“钻石 10 年”[②]；中非关系发展迅速，2006 年“中非合作论坛”建立以来，双方的战略伙伴关系更加密切；中欧关系也突飞猛进，2003 年双方建立了“全面战略伙伴关系”，2007 年以来，中欧首脑会议机制化；中国与俄罗斯和中亚国家建立的“上海合作组织”稳步发展，正从地区安全合作向经济、政治等领域深入；中美之间建立了“战略与经济对话”机制，并努力着手构建新型大国关系；2014 年，中国提出了建设“一带一路”发展战略构想；2015 年 3 月，中国建立“亚洲基础设施投资银行（AIIB)”的倡议，得到包括美国盟国在内的许多国家的响应；等等。为了保障和实现中国在世界日益扩展的国家利益，中国必然要与相关国家积极开展世界性的或地区性的各类安全、政治、经济领域的合作与对话，甚至创建和参加地区组织，扩大世界性的和地区性的影响力，同时在必要时也要在海外建立军事基地。中国在地区和世界范围影响的扩大，将不可避免地与美国的霸权相遇。

近年来，对于中国不断上升的实力和国际影响力，美国已产生了严重的矛盾心态。一方面，它强调无意遏制中国，希望看到

① 《2020 年中国或将成为全球第一大经济体》，http：//www. askci. com/news/201207/06/14575－85. shtml.

② 沈丁立：《中国—东盟合作迎“钻石十年”》，《人民日报·海外版》，2013 年 10 月 10 日。

中国的繁荣和强大，另一方面，它制定和实施的亚太“再平衡”战略，带有明显的防范中国崛起的蕴含……。美国维护世界领导地位的企图与中国走向世界的国家追求之间存在着一定的矛盾性。美国新现实主义学者米尔斯海默认为，美中冲突将是必然的，因为按照历史循环的简单逻辑，中国实力的增长将不可避免地挑战美国在亚洲的力量存在，因此在21世纪初期，美国可能面临的最危险前景是中国成为东北亚的潜在霸权国，因为富裕的中国不可能是一个维护现状的大国，而将是一个决心获取地区霸权的雄心勃勃的国家。①

由此可以看出，对于中国的迅速崛起，美国感到相当的不适应。这种态度，使得美国在处理对华关系上左右摇摆，从而导致两国关系波折不断。

二、对中国战略空间的拓展，着力挤压

美国著名现实主义国际关系学派的鼻祖汉斯·摩根索认为，“权力界定利益的边界”。利益边界往往决定一个国家的战略空间。一个国家越强大，它在世界上的利益范围就越广泛，它的战略空间也就越大。当前，美国的利益遍及世界，它的战略空间也极其广泛。就美中之间的战略空间来说，亚太地区将成为未来主要的博弈场所。

在美国看来，中国是一个实力不断增加、正与美国争夺在亚洲的政治、外交及安全政策空间的竞争对手。② 长期以来，特别是第二次世界大战后，美国利用其战略优势，将势力扩展到西太

① John Mearsheimer, *The Tragedy of Great Power Politics*, W. W. Norton & Company, 2001, p. 401.

② 陆克文：《中美应避免两败俱伤》，FT 中文网，2015 年 4 月 20 日（http://m.ftchinese.com/story/001061618）。

平洋地区，先后与韩国、日本、中国台湾、菲律宾等签订了共同防御条约，建立了防务合作网络。同时，出于遏制前苏联和中国的需要，美国还提出了岛链防线的概念，而且还分为第一岛链、第二岛链和第三岛链。迄今为止，除了1980年废止《美蒋共同防御条约》以外，美国与其他亚太国家签订的共同防御条约都依然有效，与韩国、日本、菲律宾、泰国等国仍然保持着盟国关系。此外，美国还与新加坡、印度尼西亚等国建立战略伙伴关系，参与东盟“10+3”会议。2009年以来，美国重返亚洲的亚太“再平衡”战略，造成了中美两国别具一格的博弈棋局。“首先，美国此举等于在东海和南中国海扔下了两枚深水炸弹，激发了日本和菲律宾，甚至越南以岛屿主权对抗中国的斗志，中国陷入和邻国矛盾的困局之中；其次，美国在西太平洋的领导力和仲裁力加强；其三，美国也收获了重返亚洲战略的副作用，日本走得太远，在历史和慰安妇问题上的倒行逆施，使其在东北亚变得孤立。中日关系的恶化，也使美国担忧被牵涉入新的‘太平洋战争’之中。”[1] 美国还多次声称，南中国海的航行自由、和平与稳定涉及其国家利益，对于中国在南海扩建岛礁的工程横加指责，派遣侦察机在南海进行监控，如此等等。对于中国来说，要想走向世界，太平洋就是主要通道，而进入太平洋，就必须冲破岛链封锁以及其他障碍。这样，美国要利用其在太平洋的力量结构，阻止中国进入太平洋，而中国为了走向世界，就必须进入太平洋。因此，美国要挤压中国，中国要反弹，这就构成了一对矛盾。

正由于美中两国在这一地区存在着战略空间相互挤压的矛盾，一些其他亚太国家的战略选择就出现了“两面下注”的情

① 张敬伟：《中美关系“3T”困扰》，联合早报网（www.zaobao.com）2014年2月28日。

况。在经济上，它们企图分享中国的发展成果，与中国发展经贸关系。在安全上，它们又与美国密切合作。美中两国为了实现利益最大化，也各取所长，对相关国家施加影响。中国希望通过贸易和经济联系，建立命运共同体，使它们消除对中国的安全疑虑。美国则通过与这些国家的安全合作，来“对冲”中国所做的努力。在可以预见的未来，美国势必还将继续对中国在亚太地区的战略空间进行挤压。

三、对中国坚持的意识形态，保持对立

在美国的国家安全战略中，意识形态具有重要的地位。美国人一直自诩为上帝的选民，将自己的国家视为“山巅之城”、“人类灯塔”，肩负着拯救世界的使命。输出“民主”是美国对外战略的重要手段。20 世纪 90 年代中期，克林顿将国家安全、经济繁荣和民主推广作为国家安全战略的三大支柱。小布什政府时期，更是以民主自由作为人类是否拥有尊严生活的划分标准。奥巴马政府在其发表的两份国家安全战略报告中，都把维护和推广“普世价值”作为国家核心利益。中国坚持的以马克思主义理论为指导的社会主义核心价值观与共产主义信念，根本不为美国所接受，甚至被看作是“异类”。

两国在意识形态上的差异，主要表现在政治制度、价值观念、文化背景和思维方式上。美国是当今资本主义世界的“老大”，而中国是最大的社会主义国家。反共是美国意识形态中的重要组成部分，而多年的冷战更强化了美国人仇视共产主义的思维定式。美国人对于通过战争手段击溃德国和运用和平演变打败苏联，常常津津乐道为打垮法西斯主义和“共产主义”。在许多美国人的眼中，中国属于“极权国家”。在中美关系上，每当遇到重大问题时，美国的意识形态思维就浮出水面，对中国总是

“另眼相看”。

冷战结束后，美国国际关系理论界提出了“民主和平论”，把意识形态和美国的安全利益密切地结合起来。这一理论认为，第二次世界大战以来的历史证明，民主国家之间几乎没有发生军事冲突，更不要说战争。而其他类型的国家之间较易于发生军事冲突或战争。因此，为了维护或营造和平稳定的国际环境，美国应把推进民主成为美国对外战略的重要支柱之一。冷战结束以来的美国国家安全战略报告及相关文件中，都体现出这样一个鲜明的逻辑，即中国正在变得越来越强大，而中国“不是一个民主国家，因此它将会给这个世界带来许多的不确定性因素。”① 在此情况下，各色各样的“中国威胁论”也数度粉墨登场。

美国对外政策与战略实践的经验告诉人们，尽管出于实用主义的考虑，在一个时期内，美国可能淡化意识形态的影响，但在骨子里是很难改变的。2014 年 7 月 10 日，美国国务卿克里与财长雅各布·卢在参加第六轮中美战略与经济对话后的记者会上表示，中美两国之间在价值观与意识形态方面存在着分歧，“美国将继续捍卫我们的价值观念，倡导普世人权以及所有人都应享有的自由。这些权利和自由对稳定与繁荣极其重要”。② 在对华政策与战略上亦是如此。无论是在清代，还是在民国时期，抑或在新中国成立以后，美国的对华政策与战略的主轴十分清晰：那就是打开中国的大门，推进中国“民主化”，塑造中国，将中国纳入其战略轨道。换言之，就是“西化”中国。

对于美国的战略企图，中国政府是高度警惕的，并坚决抵制

---

① 袁征：《中美存在结构性矛盾，增进战略互信在路上》，《瞭望》新闻周刊，2011 年第 5 期，第 13 页。

② 参见陈积敏：《美国亚太“再平衡”战略及其对中国的挑战》，求是网 2015 年 2 月 9 日，http：//www. qsthoery. cn/international/201502/09/c_ 1114300613. htm.

和反击。20 世纪 80 年代中期，中国开展反对资产阶级自由化运动，在思想领域清除以美国为代表的西方意识形态的影响。80 年代末 90 年代初，苏东发生剧变以后，中国更是加强思想政治工作，开展理想信念教育，揭露和批判美国资产阶级民主的虚伪性。2012 年 11 月，在中共第十八次党代会上，中国共产党明确地提出，中国既不走僵化封闭的老路，也不走改旗易帜的邪路，而是要坚定不移地走中国特色的社会主义道路，坚持“道路自信、制度自信和理论自信”。[①] 随后不久，中国提出了社会主义核心价值观，即“富强、民主、文明、和谐；自由、平等、公正、法制；爱国、敬业、诚信、友善”，以应对美国“普世价值”观的侵袭。

尽管在发展与中国的关系上，美国出于自身利益的考虑，有时也能跨越意识形态分歧，但由于执拗地认为它的价值观的“普世性”，却不能与中国建立战略互信。在过去的 40 余年里，美国与中国力量相差悬殊，且存在着反对苏联霸权主义、反对国际恐怖主义等外部推力，同时又由于经济全球化浪潮造成的经济互补关系，意识形态并未成为美国决策者制定对华政策的主导因素。然而，随着上述条件的逐步丧失，意识形态的负面作用又上升到美国的国家战略层面了。

四、对中国经济成长的依赖，难以摆脱

经贸关系是中美关系的重要组成部分。中美经济关系一直是两国不断震荡的政治外交关系的减震器、取暖器和发展动力。[②] 在全球化的推动下，美中两国在经济上互补，形成了密切的依赖

---

① 胡锦涛：《坚定不移沿着中国特色社会主义道路前进，为全面建成小康社会而奋斗》，2012 年 11 月 8 日。

② 苗迎春：《经济因素：冷战后中美关系的取暖器》，《世界经济与政治论坛》2002 年第 1 期。

关系。美国提供技术、资金、管理经验和市场，中国提供丰富的劳动力资源、投资场所和工业产品，各方都有所图，并且相互受益巨大。但是，这种互补状态并不是可持续性的。近年来，中国劳动力成本大幅提高，30 余年的改革开放，已使中国的企业管理能力、技术水平大为提高，资金状况也从短缺走向大幅赢余。同时，由于美国拒不向中国出口高技术及产品，两国的贸易逆差持续扩大。仅 2014 年全年，美国对华贸易逆差就达 3426 亿美元，同比增长 7.5%。[①]

不仅如此，由于实体经济空心化和战争的影响，美国的财政状况不断恶化，不仅导致了 2008 年以来的世界金融危机，也使得美国政府债务高企，并于 2013 年 10 月初关门 10 余天。截止到 2013 年 11 月底，中国已持有 1.3 万亿美国国债，等于美国欠中国人均 1000 美元。2014 年 9 月以来，尽管中国连续减持美国国债，但仍有 1.2237 万亿的规模。[②] 虽然在 2011 年时，美国就制定了自动减少赤字的计划，但并未使国家的财政状况有所好转。庞大美国国债的持有，使中国承担巨大的风险。

美国是一个最大的发达国家，但却陷入巨大的贸易逆差和庞大的债务深渊，难以自拔。从战后，特别是 20 世纪 70 年代以来美国经济发展的历程看，依靠发行债务维护国家的运转已成为常态。通过美元贬值，美国将其风险和负担转嫁他国。至少到目前为止和可以预见的未来，美国都难以而且也不愿采取有效措施摆脱这种状态。美国以债务转嫁负担，盘剥他国劳动者做法，使中国对其渐失信心。中国持续减持美国的国债就清晰地表明了这一点。

---

① 中国驻美国大使馆经济商务参赞处：《美国 2014 年贸易逆差增至 5050 亿美元，占 GDP 比重 2.9%》，http：//us.mofcom.gov.cn/article/jmxw/201502/20150200890129.shtml.

② 新华社华盛顿 2015 年 4 月 16 日报道的美国财政部的数据。

值得一提的是，从奥巴马政府上台以来，美国已着手调整经济发展战略，从“实体空心化”转向信息化基础上再工业化。2014年2月，美国政府计划投资3000亿美元，改善基础设施。同时，美国还动员其在国外的跨国公司将生产线向国内转移。因此，美中之间的经济互补性可能会有所减弱，竞争性将开始加强。

虽然美中两国经济总量差距在缩小，但在所处的发展阶段却是不同的。在国际经济领域，两国的轻重缓急、议事日程有很大差别，而且处理的方式也不一样。所以，中美两国为国际社会制造公共产品，解决全球挑战问题上，差距很大。这就导致美国认为中国不尊重现行国际规则，中国认为美国是在为中国的发展制造障碍。这种经济上结构性的矛盾，使得美国不仅在摆脱与中国经济关系的失衡方面难以走对路，而且可能进一步加剧两国经济关系的复杂化。

五、对于中国海峡两岸的互动，充满纠结

台湾问题是美中两国间的矛盾焦点所在。台湾问题对于中国来说不仅关系着国家统一和领土完整这一最高利益，也背负着历史耻辱的洗雪和民族崛起的希望。“实现国家的完全统一，是中华民族坚定不移的国家意志和历史情结。”[①] 毛泽东曾说过，台湾问题不解决，中国就不能算是完全的独立。纵观世界强盛民族的崛起，无一不是从建立一个统一的民族国家开始。所以，中国要实现真正的崛起，台湾问题就必须解决，国家必须统一。

解决台湾问题，完成祖国统一，对中国来说，不仅是民族大义所系，更是国家安全的根本利益所在。台湾在军事上具有极其

---

① 金钿主编：《国家安全论》，中国友谊出版公司，2002年版，第359页。

重要的战略价值，它是作为中国经济和文化中心的东南数省的海上屏障。因为台湾问题的存在，中国东部沿海和南部沿海的防线被从中间切断，使中国东南门户洞开，国家安全和发展面临严重威胁。台湾问题的存在既是造成中国战略地位相对弱势和被动的重要因素，又是敌对势力囚困中国于近海大陆，阻遏中国走向太平洋乃至世界的关键所在。所以，实现国家统一，是中国不可动摇的意志。这就是中国要制定《反分裂国家法》的最重要的原因。

在美国人看来，“台湾被中华人民共和国用武力统一代表美国领导地位的失败，将使华盛顿作为盟国的可信度面临疑问，因此会破坏美国至关重要的双边联盟”①。如果美国对亚洲盟友的承诺失去信誉，其在亚太地区经营60余年的同盟与安全体系就会土崩瓦解。同时这种效应会像多米诺骨牌一样，迅速扩展到美国在世界范围内的联盟体系。倘若如此，美国将失去对欧亚大陆东端的控制，从而被排斥在世界政治的中心之外，这对美国战略家来说是不可接受的。所以，美国必然依据《与台湾关系法》，向台湾提供武器装备和防务服务，同时在亚洲加强双边合作，增加军事存在，以牵制中国。这就是2009年以来美国为什么要推行“重返亚洲”战略，继而改为亚太“再平衡”战略的原因。由此，中美两国之间在台湾问题上，因为各自的安全利益，有可能被迫进行一场双方都不愿意看到的军事冲突。

尽管在过去的20多年里，海峡两岸的关系有了很大的改善，如“九二共识”得以形成、自由贸易框架协议能够签署、两岸直航变成了现实、大陆民众赴台湾旅游已开放、两岸的接触扩展到了官方等，2015年11月7日，海峡两岸领导人习近平与马英九在新加坡实现了跨越66年的握手，表明中国人民有能力解决自己的问

① The Commission on America's National Interests, *America's National Interests*, Washington D. C., July, 2000.

题。但军事互信尚未建立，和平谈判也未举行，政治安排尚未成型。对于两岸的接触，美国一方面表示欢迎，因为它担心两岸间的冲突会破坏它在亚太的棋局；另一方面，它又不愿看到两岸真正地密切起来，因为这会使其失去制约中国的一王牌。所以，美国总是在两岸关系的关键节点上制造麻烦。20 世纪 90 年代初，两岸形成“九二共识”，关系大为改善，使美国极度不安。于是，美国允许台湾地区领导人访美，挑战中国的战略底线，引发第三次台海危机。当两岸关系变得极为紧张时，美国又把台湾领导人称为“麻烦制造者”（Trouble-maker）。今后，美国在两岸关系上还会故伎重演。

自中国改革开放，开始崛起的进程以来，美国在台湾问题上纠结就形成了，一直延续至今，而且在预见的未来也难以跨越。

正是由于上述诸因素的存在，美国精英层已逐步形成共识性的认知，即中国的经济崛起不再是美国的机遇，而是类似于历史上快速崛起的德国、日本那样对世界主导国家的挑战；中国政府正试图在战略上“忽悠”美国，真实目的是与俄罗斯联手对抗美国，并阴谋将美国从亚太挤压出去。如白邦瑞（Michael Pillisbury）所著的《百年马拉松——中国取代美国成为超级大国的秘密战略》（The Hundred-Year Marathon：China’s Secret Strategy to Replace America as the Global Superpower），就对此做了分析。同时，美国的一些所谓“知华派”专家也认为中美关系正接近“临界点”。基于这些疑惧，主张对华强硬的观点在美国的决策层也很有影响。2014 年 6 月，在香格里拉亚洲安全对话会上，美国国防部长哈格尔宣称中国在亚太地区“破坏稳定，单边行动”，2015 年 5 月在香格里拉对话会上，美国国防部长卡特指责中国在南海“填海造地”等。在今后的长时期里，出于共同利益的需要，美国仍然会以把与中国的合作放在对华关系的首要位置，但由于对华疑惧的上升，政策上的强硬成分也将极大地增加，因而必然要重构对华战略。

第四节　重构与中国的战略关系

纵观200余年的美国对华战略，既有可圈可点之处，也不乏许多败笔之作。凡是以现实为基础，以尊重两国的共同利益为前提的对华战略，往往都是成功的；凡是以幻想为依据，仅从一己私利出发的对华战略，必然都是失败的。历史上如此，今后亦然。新中国成立以来，中国人“不怕鬼，不怕邪”使美国人深有感受。因此，面对不断变化的国际环境，特别是中美两国力量的消长变化，美国再也不能陶醉于过去的战胜“德意志帝国”、“日本帝国”和“苏联帝国”的策略了。在与中国打交道时，必须有所创新。因此，在推行亚太“再平衡”战略时，既受中美共同利益的驱动，又受障碍因素的制约，美国不得不着手与中国“构建一种新型关系”[①]，概括起来，就是理性合作、正视竞争、高度防范、致力塑造等。

一、理性合作，保持两国关系稳定

冷战结束以来，美国对于中国的战略定位，处于不断的变动之中。20世纪90年代，克林顿政府将中国视为“战略伙伴”；小布什上台之初曾把中国界定为“战略对手”或“战略竞争者”，“9·11”事件后，将中美关系定位为“坦诚、建设性的合作关系”，后又把中国定义为“负责的利益攸关者”，继而又强调使中

① Tom Donilon, The United States and the Asia-Pacific in 2013, March 11, 2013, http://www.whitehouse.gov/the-press-office/2013/03/11/remarks-tom-donilon-national-security-advisory-president-united-states-a.

国成为“负责任的大国”。2009 年 2 月 13 日，奥巴马上台后不久，美国国务卿希拉里在亚洲协会发表演讲时就强调：“加强与中国的合作、努力扩展两国共同利益符合美国的利益。”① 4 月在伦敦举行的“G－20”峰会上，奥巴马与中国领导人达成共识，一致同意建立 21 世纪积极、合作、全面的中美关系。为了使双方增进了解、促进合作、解决分歧，奥巴马还把小布什政府时期建立的两个重要的中美两国对话机制—“中美高层对话”和“中美战略经济对话”—合并成“中美战略与经济对话”。11 月，奥巴马访华时与中国发表联合声明，主张采取切实行动，稳步建立应对共同挑战的伙伴关系。② 即使在提出亚太“再平衡”战略以后，美国也没有放弃与中国发展以合作为主导的大国关系。

对于如何发展与中国的关系，奥巴马政府曾有“G－2”的构想。2009 年 11 月 18 日，奥巴马访问中国，在与中国总理温家宝会面时，就中美建立“G—2”关系进行了试探。他强调，美中关系具有全球意义，在促进世界经济复苏、应对气候变化、维护亚太地区和世界安全与稳定等重大问题上，两国合作至关重要。温家宝明确地回应：中美合作可以发挥独特作用，推动建立国际政治、经济新秩序，促进世界和平、稳定和繁荣。但是，我们不赞成有关“两国集团”提法，不接受中美共同治理全球的概念。美国的“G—2”构想破灭以后，随即产生了强烈的战略焦躁。鉴于中国的迅猛崛起，大大缩小了两国的实力差距，美国遏制中国的战略机遇一去不复返。这样，美国必须重构对华战略关系。

但是，对于究竟采取什么样的对华战略，美国依然仍存在犹

---

① Thomas J. Christensen, “Shaping the Choices of a Rising China: Recent Lesson for the Obama Administration,” *The Washington Quarterly*, Vol. 32, No. 3, 2009, pp. 89－104.

② 《中美联合声明》，2009 年 11 月 17 日，新华网，http://news. xinhuanet. com/world/2009. 11/17/content-

疑。一方面，带有冷战思维的遏制战略不时闪现；另一方面，具有实用主义的合作战略也不断上升。2010 年，美国政府把 2009 年 7 月其国务卿希拉里在东盟地区论坛提出的“重返亚洲”匆忙上升为国家战略，密切同盟关系，增强军力部署，挑动一些国家激化与中国在东海和南海问题上争端，拉拢印度、渗透缅甸、亲近越南等，试图建立一道阻遏中国走向太平洋的屏障。2010 年 1 月，美国政府决定向台湾出售“黑鹰”直升机、“爱国者 - 3”反导系统、扫雷艇等总额近 64 亿美元的武器装备[①]。与此同时，为了避免刺激中国，它又降低调子。2010 年 5 月发表的《国家安全战略》报告指出：美国“欢迎中国与美国及国际社会一道，在推进经济复苏、应对气候变化与核不扩散等优先议题中，担当起负责任的领导角色”（We welcome a China that takes on a responsible leadership role in working with the United States and the international community to advance priorities like economic recovery，confronting climate change，and nonproliferation.）。[②] 随后，亚太地区发生了一系列冲击中美关系的事件，如韩国“天安”号舰被击沉、朝鲜炮击延坪岛事件，中日钓鱼岛争端，中菲黄岩岛对峙等。2011 年初，中国领导人胡锦涛访问美国时，尽管与奥巴马总统达成了“相互尊重，互利共赢的合作伙伴关系”的共识，但美国的对华态度依然消极。3 月，美国助理国务卿库特 · 坎贝尔甚至提出了对华政策的新方针，即“基于现实，关注结果，忠于我们的原则和利益”。[③] 2012 年，美国国防部在其颁布《维护世界领导地位：

① 参见《中国副外长紧急召见美防化大使　就售台武器交涉》，人民网 2010 年 1 月 30 日，http：//world. people. com. cn/gb/8212/14450/64342/10885339. html.

② The White House，*National Security Strategy*，May.，2010，p. 43.

③ Kurt M. campbell，“Asia Overview：Protecting American Interests in China and Asia”，Testmoney Before the House Committee on Foreign Affairs Subcommittee on Asia and Pacific，Washongton，DC. March 31，2011.

21 世纪国防建设的优先任务》文件时，正式将“重返亚洲”更名为亚太“再平衡”战略。因此，“2010 年以后，美国对华政策中，现实主义思维突出，对中美力量的变化趋势十分敏感，制衡态势越来越明显。[①]

为了进一步试探中国的态度，2013 年 6 月，美国总统奥巴马邀请中国国家主席习近平在美国安纳伯格山庄举行私人会晤，就有关建立中美两国新型大国关系达成了共识。[②] 中国提出的新型大国关系的内涵是：“不冲突、不对抗，相互尊重，合作共赢。”2013 年 7 月 10 日，中国国务院副总理汪洋在华盛顿参加中美战略与经济对话时指出：“中美关系象夫妻，生活在同一个地球上，你中有我，我中有你，虽然也吵架，有分歧，但必须增进了解，增强互信，培育共同的生活基础。”“我们两家不能离婚，代价太大。”[③] 9 月 20 日，中国外长王毅应邀在布鲁金斯学会的演讲中说：“中方始终强调，中国的发展是和平的发展，我们从来都没有想要挑战甚至取代美国地位的战略意图，而是真心实意地希望和包括美国在内的各国共同维护和平，共同实现发展。”[④] 2014 年 1 月 22 日，美国《赫芬顿邮报》的子报《世界邮报》创刊号刊登了对中国国家主席习近平的专访。针对中国迅速崛起后，必将与美国、日本等旧霸权国家发生冲突的担忧，习近平强调说，我们都应该努力避免陷入“修昔底德陷阱”，强国只能追求霸权的

---

① 参见吴心伯主编：《21 世纪的美国与中美关系》，时事出版社，2013 年 12 月第 1 版，第 18 页。

② 2013 年 3 月 19 日，习近平在接见美国财政部长和总统特别代表雅各布·卢时的谈话。

③ 《特写：汪洋幽默“首秀”以夫妻关系妙喻中美经济关系》，中国新闻网 2013 年 7 月 11 日，http：//www. chinanews. com/gn/2013/07 – 11/5027616/shtml. .

④ 参见王毅：《如何构建中美新型大国关系》，人民网，2013 年 9 月 22 日。

主张不适用于中国，中国没有实施这种行动的基因。[①] 2014 年 12 月 17 日，中国副总理汪洋在美国芝加哥出席中美商业关系论坛上发表主旨演讲时表示："中美是全球经济的伙伴，但引领世界的是美国。中国既没有想法，也没有能力挑战美国地位。""中国愿意加入美国主导的体系规则，希望从中发挥建设性的作用。"[②]

经过一段时间彷徨，并了解了中国领导人的态度之后，美国对中国的战略定位逐渐清晰。2014 年 11 月 10 日，奥巴马在北京 APEC 工商领导人峰会时发表的演讲中强调，"美国欢迎一个和平、稳定、繁荣的中国崛起。""我们希望中国能够成功"。中国融入世界经济不仅符合中国最佳利益，也符合美国和世界最佳利益。他还指出：美国与中国是"世界上最大的两个经济体和排放国，我们有共同的责任。如果中国和美国能合作，世界将受益。"[③] 15 日，奥巴马访问澳大利亚时在昆士兰大学发表有关亚太政策的演讲中重申：欢迎一个和平、稳定、繁荣的中国崛起。2015 年 2 月发表的《国家安全战略》报告再次重申："美国欢迎一个和平、稳定、繁荣的中国崛起。""努力与中国发展建设性的关系，以惠及两国人民，并促进亚洲乃至世界的安全与繁荣。我们还要与中国展开合作，以推进经济复苏、应对气候变化、改善公共卫生和促使朝鲜半岛非核化"[④]（The United States welcomes the rise of a stable, peaceful, and prosperous China. We seek to develop a constructive relationship with China that delivers ben-

① 习近平：《避免陷入"修昔底德陷阱"意义重大》，香港《文汇报》2014 年 1 月 24 日。

② 《中美经济伙伴之路越走越广——汪洋在中美商业关系论坛上的主旨演讲》，商务部网站 2014 年 12 月 22 日，http://www.mofcom.gov.cn/article/ae/ai/201412/20141200840915.shtml.

③ 奥巴马：《美国欢迎一个和平、繁荣的中国崛起》，中国新闻网 2014 年 11 月 10 日，http://chinesenews.com/gn/2014/11-10/6765784.shtml.

④ White House, National Security Strategy, Washington, Feb., 2015, p. 24.

efits for our two peoples and promotes security and prosperity in Asia and around the world. We seek cooperation on shared regional and global chal-lenges such as climate change, public health, economic growth, and the denuclearization of the Korean Peninsula.）。2015年1月，奥巴马在接受记者采访时说："一个不稳定、贫困和分裂的中国对我们来说是危险的，只要中国做得很好，对我们来说更是好事。"[①] 2015年6月，在中美第七轮"战略与经济对话"会上，美国副总统拜登在致辞中表示，美国乐意看到中国的崛起，无意遏制中国的发展。和平发展的中国有利于美国，有利于亚洲，有利于世界。[②]

尽管从美国各种国际行为上可以找到其"遏制"中国的端倪，但是无论从美国官方文献还是领导人的讲话中，都没有明确地将"遏制"中国作为国家的政策或战略，只有一些学者发出遏制中国的声音。不仅如此，美国的政要们还在许多场合反复强调，美国没有遏制中国的意图。2013年9月，中国外长王毅应邀在布鲁金斯学会的演讲中也曾表示，中国方面注意到："美方近年来反复表示不把中国视为威胁，无意遏制中国，乐见中国走向强大，保持稳定。"[③] 可见，美国虽未完全接受中国提出构建中美新型大国关系的全部内容，但对于合作共赢却没有异议。虽然美国对中国存有很深的战略疑虑，但也十分清楚，在中美关系战略基础已经发生变化的条件下，必须甚至是无奈地通过理性而务实的合作，重构两国关系的平衡与稳定。

---

① 参见伟达：《中美关系展现"新常态"》，联合早报网2015年3月9日。

② 拜登：《美国希望提到中国的崛起，无意遏制中国的发展》，《人民日报》（海外版），2015年6月26日。

③ 参见王毅：《如何构建中美新型大国关系》，人民网，2013年9月22日。

二、正视竞争，避免发生全面冲突

当然，美国也认为，它与中国在许多领域存在着竞争。奥巴马总统第一任期时的国家安全事务助理汤姆·多尼隆就说过："中美两国的关系，当然有合作与竞争的因素。我们的一贯政策是在这些因素中寻求平衡，提高与中国合作的数量与质量，同时也提高我们的竞争能力。另外我们也要寻求管理分歧以求良性竞争而不是恶性竞争。"① 竞争是国际关系中的一个永恒的定律，它不以人们的主观意志为转移。只是由于中美同是大国，美国是一个守成大国，中国则是一个崛起大国，加之彼此之间存在着诸多结构性的矛盾，更加引人注目罢了。其实，中美关系已进入这么一种状态，即"不仅要共存，长期相处，而且还要长期博弈，长期竞争"②。在美国看来，它与中国的竞争主要有以下几个方面：

首先，在发展模式上存在着竞争。长期以来，美国一直认为，以它为代表的西方国家的模式才是人类社会发展的终极目标，也是国家发展的唯一道路。20 世纪 90 年代，美国历史学家福山在冷战结束后出版了一本著作《历史的终结》，就是这种观点的典型注脚。尽管福山后来改变了他的观点，但美国政界并没有放弃此种理念。他们认为，如果中国模式成功了，他们多年为之奋斗的信念也随之崩塌了。因此，美国政界认为，中美两国在发展模式上存在着激烈的竞争。

其次，在经济规模上存在着竞争。在过去的 120 多年里，美国的经济规模一直独占世界鳌头。但是，中国通过 30 多年的发

---

① 《奥巴马力推"再平衡"战略　中美关系合作与竞争共存》，国际在线专稿，2012 年 12 月 18 日，http：//gb. cri. cn/27824/2012/12/18/6651s3962670. htm.

② 时殷弘：《国际政治的世纪性规律和马克·布罗利的启示》，《世界经济与政治》1999 年第 3 期。

展，奋起直追，不仅迅速缩小了中美之间的经济实力的差距，而且还有超越美国之势。奥巴马总统曾多次表示，美国绝不做世界第二；他在许多场合公开重申，美国要做世界的领导者；在许多的官方文件中，美国也反复强调，它要领导世界。如果没有经济上繁荣，美国领导世界的“雄心”就成了“空心”。所以，自奥巴马上台以来，美国在全球范围内进行战略收缩，固然是实力下降所使然，但最根本的因素，还是出于恢复经济的考虑。在美国看来，只有经济上保持强大，才是赢得与中国竞争的关键。

再次，在军事安全上存在着竞争。军事是国家安全的最重要基石，也是国家拓展战略空间最得力的工具。第二次世界后，美国为了维护其全球利益，在海外大量驻军，将整个世界纳入其各个战区的管辖范围。为此，美国在军事上大力投入，使美军成为世界上最为强大的一支武装力量。近年来，中国在军事上投入不断加大，军事变革不断深入，武器装备不断改进。对此，美国产生了很强的危机感。2013 年 5 月美国防部长办公室发布的《2013 年中国军力与安全发展态势》报告指出，“中国在不断增强的军事能力和战略决策方面缺乏透明，这也引起了周边地区对中国意图的担忧。在缺乏更大透明度的情况下，随着中国人民解放军现代化步伐的推进，这些担忧很可能会增强”。[①] 2014 年 3 月 4 日美国防部发表的《四年防务评估报告》认为，“随着（亚太）地区各国不断发展军事和安全能力，由长期存在的领土争端和对自然资源的声索引起的风险将增加，最终导致破坏性的竞争或者发生冲突，改变地区和平、稳定、繁荣的发展趋势。特别需要指出的是，中国军事现代化全面快速发展，同时关于中国军事能力和意

---

① 参见王辑思、仵胜奇：《中美对新型大国关系的认知差异及中国对美政策》，《当代世界》2014 年第 10 期。

图，中国领导人却缺乏相对的透明和公开”。[①]

此外，中美两国还存在着其他方面的竞争。

对于如何应对两国间的竞争，美国基本立场也是清楚的。2013年3月11日，美国国家安全事务助理多尼隆在亚洲协会讲话中表示，随着中国军事现代化步伐加快，中国在亚洲不断扩大的军事存在可能会增加美中在西太平洋地区发生军事摩擦或误判的风险。因此，双方要深化军事对话，应对双边军事关系中存在的不安全因素和潜在的竞争。多尼隆在中美元首“庄园会晤”后召开的记者会上重申了上述立场。[②] 2013年11月20日，新任白宫国家安全事务助理苏珊·赖斯在乔治城大学外交学院就美国亚洲政策发表演讲。她开宗明义地指出，美国愿意同中国实施“新型大国关系”，即管理不可避免的竞争。[③] 2015年2月发布的《国家安全战略》报告又强调，中美之间的竞争并不意味着必然发生冲突。[④] 一旦两国陷入无序竞争，发生了全面的对抗和冲突，其结果必是两败俱伤，就打翻双方对弈的棋盘。由此可见，美国认识到两国之间存在着竞争关系，但“不开战”是底线。2014年，美国与中国签署了两军重大行动相互通报机制和海空相遇行为准则两个备忘录就是明证。2015年5月，美国海军战争学院副教授金莱尔在其出版的新书《相向而行—如何缓解中美之间日渐显现的竞争关系?》中表示，美中应当相向而行，互相妥协，搁置争

---

① U. S. Department of Defense, *Quadrennial Defense Review 2014*, Mar. 2014, p. 4.

② 王缉思、仵胜奇：《中美对新型大国关系的认知差异及中国对美政策》，《当代世界》2014年第10期。

③ 同上。

④ The White House, *National Security Strategy*, Washington, Feb., 2015, p. 24.

议。[①] 9月，在中国国家主席习近平访问美国前夕，美国总统国家安全事务助理赖斯在一次公开演讲中表示，美国政府拒绝中美两国必然走向冲突的观点。

三、高度防范，维护美国领导地位

在冷战时期，国际阵营界线分明，只有“恐怖的均衡（Balance of Terror），缺乏经济利益的制约。而在当今时代，尽管美国依然奉行联盟战略，但无论其自身还是盟友，都与其他国家有着广泛甚至密切的经济和其他方面的联系，形成了相互依存的局面。美中之间存在着巨大的共同利益，美国根本无法全面推行遏制中国的政策或战略。正因为如此，美国前国家安全事务助理、著名的地缘战略学家布热津斯基对中美关系曾做出一个很好的比喻，中美是相互依存的全球棋手。[②]“中美作为‘全球棋盘’两边的弈者，无疑会尽力在局面上力据上风，以获得更多的利益和更大发言权。[③] 对弈就是双方互争优势的竞争。为了赢得竞争，避免形势发生逆转，美国的对华战略中，也具有高度防范的特征。

所谓“防范”，按照约翰·海明斯的说法，就是指“一个国家对另一个国家采取截然相反的政策以分散风险。在国际关系上，表现为同时奉行彼此矛盾的两种政策，即制衡和接触：通过制衡—维持强大军力、构筑并加强联盟—做最坏的打算；同时，通过接触—构建贸易网络、增加外交联系并创造有约束力的多边

---

① 参见刘亚伟、李程、袁鹏：《中美关系进入“临界点”?》，共识网2015年6月3日，http：//21ccom. net/articles/world/zlwj/20150603125390_ all. html.

② 参见王湘穗：《赶超与遏制》，长江文艺出版社，2012年5月版，第001页。

③ 王湘穗：《赶超与遏制》，长江文艺出版社，2012年5月版，第007页。

框架——做最好的打算。"①

美国的对华战略具有深厚的防范色彩，但不是真正的遏制。即是说，它既与中国进行广泛的接触，谋求共同利益，同时又大力防范，做最坏的打算，采取"两面下注"的做法。在经济全球化和政治多元化的条件下，世界各国之间相互依存度日益加深，非敌即友的现象基本消失。虽然美国拥有很多盟国，但它们都与中国进行正常的交往。就中国倡议的"亚投行"来说，许多美国的盟国都成了创始会员国或意向创始国。美国也清楚地认识到，它根本无法遏制中国。但作为竞争者，它极力进行防范。

从2015年《国家安全战略》报告中可以看出，美国对中国的防范程度比以前有所加重。2010年的《国家安全战略》报告指出，寻求与中国建立"积极、建设性、全面的"关系，欢迎中国与美国及国际社会一道，在推进经济复苏、应对气候变化与防扩散等优先议题中担当起负责任的领导角色。而2015年报告则只使用"建设性"一词来定位中美关系。与此同时，报告还强调，美方将从"实力的立场"出发来管控两国竞争，要求中方在海洋安全、贸易和人权等议题上"遵守国际准则"；密切关注中国的军事现代化和在亚洲影响力的扩展；采取必要的行动维护网络空间的安全，防止中国个人或政府窃取商业成果（We will manage competition from a position of strength while insisting that China uphold international rules and norms on issues ranging from maritime security to trade and human rights. We will closely monitor China' s military modernization and expanding presence in Asia, while seeking ways to reduce the risk of misunderstanding or miscalculation. On cyber-security, we will take necessary actions to protect our businesses and defend

① 【美】约翰·海明斯：《美国对中国的真正政策是防范?》，日本《外交学者》5月13日。

our networks against cyber-theft of trade secrets for commercial gain whether by private actors or the Chinese government.）。[①] 这既反映了美国的强权政治心态，也在一定程度上折射出美国对中国发展的防范心理。

2015 年 3 月 13 日，美国海军、海军陆战队和海岸警卫队联合发布了新版《21 世纪海上力量合作战略》，这是美国时隔近 8 年后首次对其 2007 年版海上战略进行修订。新战略基于美军对全球安全环境和国内财政环境的最新判断，以美国国防部 2012 年《防务战略指南》、2014 年《四年防务评估报告》和国土安全部 2014 年《四年国土安全评估报告》为战略指导，全面阐述了美军设计、组织和运用海上力量支持美国国家战略、国防战略和国土安全战略的方式方法，提出了海上力量建设的优先重点，为应对未来挑战提供了明确指南。新海上战略在继续列出暴力极端组织及其他恐怖组织、海盗、海上走私、自然灾害等非传统安全挑战的同时，明确将中国、俄罗斯、伊朗和朝鲜等国家列为主要威胁，特别是不点名地指责中国在濒海和内陆地区实施的“反介入/区域拒止”战略，对美军自由进入“海洋公域”形成挑战。

由此可见，美国制定和实施亚太“再平衡”战略时，既奉行与中国进行合作与接触的战略，又展开激烈的竞争与防范，其目的就是维护它在亚太地区和整个世界的领导地位。

四、致力塑造，推动中国融入西方

无论是合作、接触，还是竞争、防范，美国的战略目的十分清楚，就是通过“软”、“硬”两手，“打”、“拉”结合，最终将

① The White House, *National Security Strategy*, Washington, Feb., 2015, p. 24.

中国纳入它所主导的国际体系中去，进而把中国塑造成它所期待的所谓“民主国家”。早在本世纪初，后来担任小布什政府国家安全事务助理赖斯就说过，美国既要“遏制中国的权力与安全野心。也要通过经济往来促进中国国内转型。”[①] 美国政要在阐释亚太“再平衡”战略时，多次表示，这一战略不是遏制中国，而是塑造一种包括中国在内的国际秩序。一句话，美国就是通过双方的直接交往和国际秩序的构建，极力塑造中国，将中国纳入西方主导的国际体系，接受西方的普世价值观念。

首先，美国存在塑造世界的文化基因。美国文化是宗教文化，具有高度使命感，要改造世界，拯救世界，把其他国家都改造成为“更像我们这样”（more like us）的国家。在羽翼未丰的时候，美国就向世界各地派出了大批传教人员，传播其价值观，并辅以科学技术和医疗支援，意在使更多的国家接纳和采取它的生活方式。对于中国，美国更是“情有独钟”。不仅在近代以来，向中国派出大量传教士，而且还利用庚子赔款在中国建立多所高等学校，提出针对中国的“门户开放”政策。即使在朝鲜战争之后两国严重对立期间，美国也保持与中国的接触渠道，在华沙进行大使级会谈，尽管被认为是“聋子对话”。[②] 现今，美国要领导世界，如何达到这一目的，作为世界上主要大国的中国，是其跨不过去的坎。美国的战略选择只有三条：一是遏制。削弱中国；二是合作，尊重中国。三是接触，演变中国。显然，第一种选择走不通，第二种选择不情愿，第二种与第三种相结合符合美国的文化传统。所以，美国在推行亚太“再平衡”战略时，其领导反

---

① 【美】康扎丽莎·赖斯：《促进美国国家利益》，《外交事务》2000年第1—2月号。

② 参见王立：《回眸中美关系演变的关键时刻》第二章“延续15年的中美大使级会谈”中的“中美大使级会谈是‘聋子对话’吗”一节，世界知识出版社，2008年4月版。

复强调不是为了遏制中国，而是为了建立一种将中国纳入其中的亚太秩序。

其次，美国具有战略塑造的传统。第二次世界大战后，当其成为世界上最强大的国家时，美国就采取遏制与和平演变的手法，促使其他国家进行“颜色革命”，以便“更象他们那样(more like them)”。1950 年 4 月，美国国家安全委员会制定的 NSC－68 号系列文件指出，美国的全球战略包括两个部分：一是力图发展一个符合美国利益的“健全的国际共同体”；二是遏制苏联的体系。这两个部分“紧密相关，而且相互作用”。该文件强调，在一个两极化的世界上，发展一个“健全的国际共同体”，比自己拥有实力更为重要。为建立遏制苏联的国际体系，该文件强调要大力传播美国的价值观，以把其他国家吸引到美国方面来。盟国的力量是美国力量的一个组成部分，应加强与盟国的关系，采取有力的措施将盟国的潜在力量“汇集到美国的力量之中”。即是说，美国着重营造对己有利的态势，以使对手处于不利地位。在冷战时期，美国致力于创造“健全的国际共同体”，运用体制的力量，遏制苏联。同样地，美国所推行的亚太“再平衡”战略，仍然故伎重演。无论是防务合作网络的构建、军事力量的增强、还是 TPP 的倡议，都是为了在亚太地区建立一种体系，以增强美国的战略地位，尽可能地把减弱中国的影响力，最后把中国纳入其中。

再次，美国拥有战略追求的定力。在 2015 年的国家安全战略中，美国强调，它要保持战略定力和耐心（strategic patience and persistence)。在推行国家战略时，美国往往着眼长远的目标追求，通过持久的努力，将竞争对手置于败北之地。美国所推行的亚太“再平衡”战略，决不是权宜之计。2012 年的《国防战略指南》、2014 年的《四年防务评估》报告以及 2015 年《国家安全战略》等，都强调实施亚太“再平衡”战略的必要性，而且把这一战略与对华政策联系起来。从奥巴马政府的举措和主要成员言论看，美国也显示了实施这一战略的坚定决心。不仅如此，美国还强调自身的榜样作用，通过增强实力，与中国展开竞争。根据美国的战略传统和国际形势的发展趋势，美国无论如何都会把这一战略贯彻下去，通过扩大其自身的优势，把中国融入它所主导的国际体系，尽管最后可能根本达不到目的。

最后，美国注重战略的运用灵活。灵活性是美国战略运用的精髓。从美国多年对华战略看，灵活反应的特征十分明显。当它需要中国的时候，就设法跨越障碍。20 世纪 70 年代，为了扭转与苏联对抗中不利局面，千方百计地与中国建立直接的联系，派遣乒乓球队访华，安排基辛格秘密访华。不仅如此，在两国尚未建立外交关系的情况下，尼克松总统正式访华，并与中国发表上海公报，较为妥善地处理了“一个中国”问题，实现了中美改善关系的第一次跨越；1979 年，美国决定与中国建交，但又不愿彻底舍弃台湾当局，通过与中国的反复商榷，终于找到一种双方都能接受的方法，既达到了与中国建交的目的，同时又顾及台湾当局的感受，实现了发展中美关系的第二次跨越。在推行亚太“再平衡”战略时，美国既充分利用了中国海洋方向周边国家对中国崛起的忧虑，与他们密切了安全与防务关系，同时又与中国展开战略对话，有条件地接受中国提出的构建新型大国关系的倡议。今后，美国仍然会根据亚太地区及世界战略力量的消长，灵活地处理对华关系。在地缘战略的层面上，美国需要一个和平而稳定的中国；从政治战略的层面上，它又希望中国转型。因此，它势必继续推行“灵活反应”战略，力求在保持中国稳定的情况下，以渐变的方式，使中国接受其“普世价值”，成为所谓国际社会“建设性”的力量。

总之，美国推行的亚太“再平衡”战略，不可避免地带有遏制中国的成分，但其主要目的就是通过接触与合作，竞争与防范，把中国纳入其主导的国际体系，成为一个所谓“负责任”的维护现行国际秩序的大国，从而维护其世界领导地位。当然，美国的目标能否实现，就不完全取决于它自身了，还要看它是否与中国的战略需求相适应。作为世界上的大国，中美关系往何处去，既反映两国的利益需求，同时也是两国互动的结果。尽管两国关系有着许多的沟通渠道，但战略互信相当缺乏。美国既希望中国按其制定的规则行事，同时又忽视对中国核心利益的关切，这是两国关系互疑的根本症结。中国虽然多次表示没有取代美国国际地位的意图，但是美国却不这样认为，将中国在国际舞台的许多行动视作挑战，甚至是欺骗。同样地，尽管美国也不止地表示它没有遏制中国的意图，但其所作所为却引起了中国的极大疑虑。这样，从理性上说，两国都强调避免正面的冲突，但都小心翼翼地审视着对方。

第九章

美国还能重塑世界吗?

美国在独立前的殖民地时期，就有改造世界的抱负，自成为世界大国以来，一直致力于按其价值观念塑造世界，实施联盟战略，全球部署兵力，建立国际组织，制定行为规则，推广普世价值。冷战结束以来，美国所发布的国家安全战略报告中，无一不把建立基于“规则”的国际秩序列入其中，无一不把维护世界领导地位列入其中，无一不把推广民主制度列入其中，无一不把繁荣经济列入其中。其目的十分清楚，就是通过经济发展使美国变得强大，运用经济实力推广民主制度，通过推广民主制度塑造国际秩序，通过塑造国际秩序维护世界领导地位。第二次世界大战后，美国制定了遏制战略，对苏联软硬兼施，威慑与遏制并用，阴谋与阳谋结合，长期目标与短期目标配伍，迫使苏联难改“僵化”老路，继而踏上邪路，最终走上解体之路，从而达到了预期的战略目的。冷战结束以来的20余年里，随着国际战略力量消长的变化，世界政治经济中心已悄然发生了转移，美国所主导的世界秩序严重失衡。于是，针对变化了的世界，美国决定转移战略重心，推出亚太“再平衡”战略，进而重构世界秩序，以求继续执世界之牛耳。在过去的5年里，美国从军事、外交、经济等几个方面着手，进行布局造势。人们不禁要问，由反恐战争、金融危机和其他因素导致的“世界治理能力”已严重衰落的美国，还能再次重塑世界吗？显然，从“天时、地利、人和”的角度看，它所面临的挑战几乎是不可逾越的，即是否拥有足够的实力支撑，是否存在有利的战略机遇，能否把握战略手段的恰当运用。

第一节　是否拥有重塑世界的实力支撑?

实力是战略实施的基础。历史上，美国之所以能够登上世界舞台的中心，塑造和主导世界，是因为它拥有强大的实力。同样地，在推行亚太“再平衡”战略，再次塑造世界时，美国依然要靠实力。“历史上的每一种国际秩序，都反映了最强大国家的信念与利益，而每一种国际秩序都随着权力向有着不同信念和利益的其他国家转移而发生变化。”[①] 很显然，国家实力的强大是一个国家推行战略的前提。所以，美国能否通过实施亚太“再平衡”战略，进而重塑世界，其实力地位是首先必须考察的因素。对于国家实力的评估，人们所使用的方法有所不同。有的使用综合国力（Comprehensive National Power）的概念，即一个国家生存和发展所拥有的全部实力（物质力和精神力）与国际影响的合力，包括政治力、经济力、国防力、文化力、外交力、资源力等七大要素。[②] 有的使用硬实力（Hard Power）、软实力（Soft Power）的概念，即国家的有形的物质力量和无形的导向力量。在国际事务中，硬实力是一种强制力，是迫使其他国家服从自己领导和指挥的力量，而软实力则是通过吸引而非强制他国按自己意愿行动的能力。从本质上看，无论是综合国力，还是软、硬实力概念，内涵都是相近的，即通过强制的和非强制的方式使其他国家按自己的意愿进行行动的能力。为了便于考察美国的实力，本文拟从四

① 【美】罗伯特·卡根:《美国缔造的世界》，社会科学文献出版社，2013 年 3 月版，第 4 页。

② 黄硕风:《综合国力新论：兼论新中国的综合国力》，中国社会科学出版社，1999 年版，第 12—13 页。

个方面着手，即基础实力、科技创新、文化影响和战略能力。

一、基础实力雄厚

基础实力是一个国家得以生存和发展的最基本的因素。它主要包括国土资源、人口规模、经济发展和军事能力等。美国的领土面积广大，地理位置优越，人口规模适中，经济发展领先，军事能力强大。雄厚的物质基础既为美国自身的发展提供了基本保障，也为美国成为世界性的大国创造了条件。

首先，丰富的自然资源。美国国土面积广大，其领土总面积为962.9091万平方公里，其中陆地面积为915.8960万平方公里，居世界第四位。[①] 美国现有50个州和1个特区（首都华盛顿哥伦比亚特区），4个非合并建制领土（Organized unincorporated territories），即关岛、北马里亚纳群岛（自治邦）、波多黎各（自治邦）和美属维尔京群岛以及11个非合并非建制领土（Unorganized unincorporated territories），如美属萨摩亚、中途岛和威克岛等。

相对于其他领土大国来说，美国在面积上远逊于俄罗斯，也小于加拿大和中国，但与上述三个领土大国所不同的是，它在拉美和亚太地区存在的海外领地，使其在海外资源调动和战略力量投送方面占有优势。特别是在亚太地区，美国从其本土至夏威夷、中途岛到关岛，可以在自身的领土或领地将其资源投送到西太地区，而不像运用建立在其他国家的军事基地那样受到政治因素的限制。

美国人口现为3.21362789亿（2014年11月），居世界第三位。从其自然资源的承受能力来说，美国还能容纳更多的人口。近年来，美国人口稳步增长，除了自身自然增长外，每年都有大

① 此处的数据来源于中国外交部网站。

量海外移民涌进。这些移民要么是经济界精英，要么是有特长的学者。这些“精英”与“学者”为美国的发展注入和增加了大量的智力支持。

不仅如此，美国的自然资源也极其丰富。土地可耕面积广大，盛产粮食和各种经济作物，其粮食产量占世界总产量的五分之一；森林面积分布广阔，国土的覆盖率达33%；矿藏丰富，煤炭储量占世界总储量的13.2%；石油和天然气储量也很大，其已探明的储量分别占世界总储量的4.5%和16.3%，由于页岩油气技术的发展，2014年美国超过沙特成为世界上第一大产油国；[①]各种金属矿藏储量也很高，如铜矿的储量为1.8亿吨，占世界总储量的20%，铅储量占世界总储量的36%。此外，铁、硫磺、磷灰石、钾盐等的储量也都居于世界前列。

广阔的领土面积，优良的地理位置，适度的人口规模，丰富的自然资源，为美国经济发展、文化繁荣和军事能力建设奠定了坚实的物质基础。

其次，雄厚的经济基础。经济力量是美国国家实力最基础的组成部分，是其政治机制得以运行，军事实力得以维持，社会与文化得以繁荣的保障源泉，从而也是其推行对外战略的重要支撑。美国之所以能够几度改变世界发展轨迹，并成为世界的主导者，雄厚的经济实力发挥了不可或缺的作用。

一是经济规模世界领先。从19世纪90年代，美国的经济规模超过英国成为世界第一之后，在过去的120多年的时间里，一直保持这一地位。美国的历届总统都着力发展经济，无论是战争时期，还是和平时期。在冷战结束后的20多年里，美国的经济实力一直呈上升态势。从1990年冷战结束时的5.75万亿美元（现

① 参见《美国成为世界第一大石油生产国》，人民网2015年6月13日，http://www.people.com.cn/n/2015/0613/c71661-27149989.html.

价美元）增加到2014年的17.4万亿美元，增长了近3倍多。除因受2008年开始的国际金融危机影响，2009年GDP总量有明显下降外，其他年份都保持着稳步增长。与其他主要大国相比，美国GDP的实际增量也是最大的。俄罗斯、加拿大、德国、日本、法国、英国、意大利、印度、韩国等国家与美国之间GDP绝对差距都呈扩大之势，只有中国与美国的差距在缩小。中国的2014年GDP总量已达10万亿美元，相当于美国的58.9%。[①]

二是经济发展具有活力。历史上，美国曾经多次遭遇经济衰退，但每一次都能从危机中成功走出。1929年至1933年，美国的经济危机极其严重，被称为“大衰退”（Great Depression）。当其他国家因无法摆脱危机走上战争道路的时候，美国却通过“罗斯福新政”（New Deal）走出了困境。越南战争后，美国的经济进入“滞胀”式危机，为期达10余年。尼克松、福特和卡特三任总统为使美国摆脱危机不断努力，为80年代的经济发展创造了良好的条件。里根上台后，终于把美国的经济带出沼泽。此后，美国的经济一直保持20余年的快速增长。2008年金融危机发生后，美国也是西方国家中最快走入复苏通道的。之所以出现这样的情况，就在于美国的经济制度具有较强的自我调节能力。换言之，美国既有优秀的人才，又有极为丰富的资源，加之适合其国情的运行机制，其经济发展虽然不乏危机与挫折，但总体上还是富有活力的。

三是经济影响覆盖全球。美国在国际货币基金组织、世界银行、世界贸易组织等国际经济机构中一直保持着主导地位，发挥着领导作用，特别是在世界银行和国际货币基金组织中享有最大的发言权和议程设定权力。国际货币基金组织在促进国际金融体

---

① 参见《中国人均GDP仅为美国的13.7%　差美国至少50年》，人民网－人民日报，2014年10月11日。

系的稳定方面发挥着重大的作用，美国在其中所占的配额（17.69%）和投票权（16.75%）远超过其他国家；世界银行是面向全世界发展中国家提供资金和技术援助的一个重要机构，历任行长均由美国人担任；世界贸易组织是1995年在关贸总协定（GATT）的基础上成立的，美国曾是关贸总协定的主导者，因而在世界贸易组织中也发挥举足轻重的作用。另外，美国还与许多国家签订了自由贸易区协定，对于提高美国在世界经济中的影响力作用巨大。

雄厚的经济实力使美国赢得了两次世界大战，而战争的胜利又推动了美国的经济发展。美国之所以在战后成为世界的主导者，其主要原因是由于它第二次世界大战中及战后向反法西斯同盟国家和遭受战争创伤严重的国家提供了大量的经济援助。美国能够赢得冷战，固然有许多因素在起作用，但经济力量的雄厚无疑是最为重要的因素。没有"马歇尔计划"的实施，西欧国家在战后就难以很快复苏；没有美国的扶持，日本和韩国的经济就不会腾飞；没有西欧国家的复兴和日、韩的崛起，美国根本无法推进其遏制战略。

当然，由于资本主义经济规律所特有的本质，美国的经济发展也还会遭受各种挫折，也不可能免于危机的打击。不仅如此，从20世纪70年代以来，美国政府的赤字财政状况一直未能改变，国家公共债务高企，截止到2014年12月，已达到18万亿的规模，[①] 已超过其GDP总量的100%。这将是未来美国经济的重大危机性因素。尽管如此，美国的经济实力在世界上依然处于超强

① 高伟东：《美国公共债务总额创历史新高，影响不可低估》，中国经济网2014年12月22日，http：//views.ce.cn/views/ent/201412/22/t20141222_4171520.shtml.

地位。[1]

再次，超强的军事实力。军事实力是国家实力的核心支柱，也是推行对外战略的重要力量保障。第二次世界大战以来，美国始终把发展军事力量，并在全球范围内进行兵力部署作为推行国家对外战略的基本政策。就目前而言，除了基础性力量以外，美军还具有占据明显优势的核威慑力量、全球投送能力、电磁信息能力、导弹防御能力和联盟构建能力。从总体上说，美国的军事实力在世界上仍然处于首屈一指的地位。

一是庞大基础性力量。美国现有总兵力 143 万余人．其中陆军约 49 万人，编有 3 个集团军司令部、4 个军部、10 个作战师。其中包括 2 装甲师、4 个机械化师、2 个轻步兵师、1 个空中突击师、1 个空降师、5 个航空旅、3 个装甲骑兵团、6 个炮兵旅、9 个“爱国者”和 2 个“复仇者”防空导弹营、3 个独立步兵和空降兵营。空军约 38 万人，编有空中作战司令部和空中机动司令部。空中作战司令部下辖 5 个航空队，其中 1 个为洲际弹道导弹航空队，23 个航空飞行联队。空中机动司令部下辖 2 个航空队和 13 个飞行联队。海军约 57 万人，由海军和海军陆战队两个独立的军种组成，其中海军陆战队拥有近 17 万人。海军由舰艇部队、舰队航空兵、海上勤务部队和岸基部队 4 个兵种组成。海军编有太平洋舰队和舰队部队司令部（Fleet Force Command)，辖 6 个编号舰队、10 个舰载机联队和 3 个陆战师、3 个陆战飞机联队。其中第三和第七舰队由太平洋舰队司令部管辖，隶属太平洋总部；第四舰队隶属南方总部海军司令部；第五舰队属中央总部海军司令部；第六舰队属欧洲总部海军司令部。第十舰队为舰队网络空间司令部，属战略司令部。此外，还有 70 多万文职人员。美国拥

---

① 陈保森：《美国经济实力仍然超强》，环球网 2011 年 7 月 21 日，http：//finance. huanqiu. com/roll/2011 －07/1836446. html.

有世界上最大的军事开支、最大的国防工业和最先进的武器装备。

二是强大的核威慑力量。美国的核威慑力量由于“三位一体”构成，即陆基弹道导弹、战略核潜艇与战略轰炸机。根据2014年《四年防务评估报告》，美国拥有各种战略导弹弹头1550枚，其中陆基洲际弹道导弹420枚（民兵III），14艘战略核潜艇中的12艘携带潜射弹道导弹240枚（三叉戟II型），60架重型战略轰炸机，每架飞机载有1枚核导弹。[①] 根据2014年1月1日美国科学家联合会网站发表的汉斯·M. 克里斯滕森撰写的《2014年美国核力量》（US nuclear forces，2014）一文，美国现有4650枚核弹头，由800枚（架）以上的弹道导弹和飞机投送。美国是世界上拥有最大核武库的国家。

三是独占鳌头的全球投送能力（Global Power Projection）。美军的全球投送能力十分强大。所谓力量投送，就是在根据军事行动的需要，国家能把作战部队投送到行动区域。美军的运输司令部负责全球防务运输系统，并与各战区总部协调力量投送。由于美军拥有全球性的基地网络和战备物资预置，加之庞大的海上力量和空中力量，美国能够快速地把作战部队投送到危机或战争地区。美国是世界上唯一具有在全球范围内投送兵力并进行局部战争的国家。海湾战争、科索沃战争、阿富汗反恐战争和伊拉克战争充分显示了美国的战略投送能力。

四是世界领先的电子、信息战能力。在伊拉克战争中首次亮相的“全球鹰”（Global Hawk）无人驾驶电子侦察机，可以飞到6万英尺的高度，远远超过地面防空炮火的射程。美军的优势并不在于那些个别的先进武器。他们的真正优势是部队信息化。军

① The Department of Defense, the Quadrennial Defense Review 2014, Washington. D C., p. 41.

队信息化水平的高低已经成为衡量部队战斗力的最重要的因素。武器系统的信息化使美军不同武器系统形成了一个有机的整体。这种以各种频率的无线、有线电缆和激光等组成的信息系统使美军的联合作战能力居于世界领先地位。

五是已具实战的反导能力。美国的反导弹防御系统的研究始于20世纪50年代，80年代正式提出“战略防御计划”。1992年老布什政府提出，美国的反导系统主要由战区导弹防御系统、国家导弹防御系统和全球导弹防御系统三部分组成，并按先易后难、“先地后天”的原则，运用较成熟的技术，将研究发展的重点首先放在战区导弹防御系统上，尔后根据技术的发展，将研究重点逐步转向保护美国本土的陆基导弹防御系统，最后，在战略需求和技术条件都具备的情况下，建立空间部署的全球导弹防御系统。1993年5月，国防部长阿斯平宣布美国放弃在太空部署反导武器，终止了原里根政府的“战略防御计划”，重点转向实行“战区导弹防御计划”，即用于保卫美国之外的地区免遭射程在3500公里以内的弹道导弹攻击的防御系统，主要用于保护美国的海外部队、设施以及盟国。此外，美还计划发展对付远程弹道导弹的“国家导弹防御系统”。2003年，美国政府取消了以往对“国家”和“战区”导弹防御的划分。因为美国所研制的反导系统，不但要防卫美国本土及其在海外所部署的部队，也要防卫盟国，具有“国际性”。而且所研制的助推阶段防御系统，完全能够截击所有射程的导弹。经过多年的发展，美国在本土和海外已部署多部反导系统，具备了一定的实战能力。

六是组建国际联盟的能力。美国拥有一个遍布世界的联盟体系，经常与盟国一道在世界上进行武力干预行动。此外，美国还根据危机或战争情况的不同，组建临时性的“自愿者”联盟。从战后美国海外用兵的情况看，联盟作战是其一直采用的方式。

超强的军事实力是美国政府推行国家战略的得力工具。基辛格曾经说过:“在整个历史上，各国的政治影响大体上是跟它们的军事力量相关联的。尽管各国在其制度的道义价值和威望上各有不同，外交技巧可以增加而绝不能替代军事实力。说到底，软弱总是招引侵略；虚弱无力的结果是放弃政策。”[1]

二、科技创新领先

邓小平曾经指出，科学技术是第一生产力。其实，美国政府文件中虽没有类似的表述，但对科技的重视却是以一贯之的。科技创新是国家实力构成的重要部分。美国科技创新能力一直较强，有世界实验室之称。[2] 美国的科技创新对美国的经济发展和结构调整发挥了重大作用。从上个世纪 50 年代半导体材料、70 年代微型计算机、80 年代的生物工程以及 90 年代 IT 产业、新世纪以来纳米和 3D 打印的兴起，无一不是发端于美国，然后走向世界并创造巨大经济效益。无论是科研人员的研究水平，政府对科研的重视程度，还是科研创新的激励机制以及资金的投入，美国都走在世界前列。

首先，汇聚海外内各类精英人才。美国之所以能在 100 多年的时间里成长为世界大国，科技创新能力发挥了重要的作用。美国高等教育发达，培养的人才众多。不仅如此，每年还有大量其他国家的高端人才移居美国。据统计，截止到 2014 年，诺贝尔奖在其 114 年的历史中，共向 860 个个人、22 个机构颁发了 889 块奖章。其中，出生于美国的诺贝尔奖得主高达 267 个位，获奖时在美工作的得主更是高达 365 位，稳居世界第一。根据“美国政

---

① ［美］基辛格:《白宫岁月——基辛格回忆录》，世界知识出版社，1980 年版，第 257 页。

② 参见王忠明:《中国正成为世界工厂　美国仍是世界创意实验室》，《凤凰网财经》2010 年 4 月 18 日。

策基金会”（National Foundation for American Policy）2014 年 6 月 5 日发表的报告称，在化学、医学和物理领域荣获诺贝尔奖的美国人中，有 1/3 以上是海外移民。① 通过自身的培养与对海外人才的吸引，美国成为世界上名副其实的人才大国。目前，美国拥有世界上最庞大的科学家和工程师队伍。正如已故新加坡领导人李光耀所说的那样，美国作为主导性大国的地位在 21 世纪不会被超越，因为它能吸引全世界最好和最聪明的人才，将他们融入一个多元的创造性文化中。②

其次，拥有世界上顶尖科研设施。美国尚未建国之时，高等教育就已展开。现在，全国共有大约 3600 余大学。其中具有颁发学士、硕士和博士学位的四年制大学就有 2600 多所。今天，许多世界著名的大学都在美国，如 2015 年 USNEWS 世界大学排行榜前 10 名中，美国就占 8 个：哈佛大学、麻省理工学院、加州大学伯克力分校、斯坦福大学、加州理工大学、加州大学洛杉矶分校，芝加哥大学、哥伦比亚大学。在前 100 名中，美国占 46 个。按科学贡献度计算，在全球最顶尖的 20 所大学中，美国占了 17 所（自然科学领域）。美国大学人才辈出，汇集了全球 70% 以上的诺贝尔奖获得者。从麻省理工到加州理工，培养了全世界最好的工程师和最顶尖的科学家；全球十大科技顶尖公司中，美国占据了八家。英特尔向全世界提供芯片，微软公司和甲骨文公司占据了软件业的基础市场，世界三大统计分析软件都源自美国；自上世纪九十年代以来，全世界 90% 以上的应用科技创新，背后都有硅谷的影子。美国拥有 1000 家国家实验室，其中劳伦斯伯克利实验室、林肯实验室、加州理工学院喷气推进实验室、洛斯阿拉

① 参见《美诺贝尔奖得主飙升 1/3 为海外移民》，中国新闻网 2014 年 6 月 7 日，http：//www. chinanews. com/gj/2014/06 – 07/6254546. shtml.

② 【美】约瑟夫·奈：《移民与美国实力（Immigration and American Power）》，新加坡《联合早报》2012 年 12 月 20 日。

莫斯实验室、布鲁克海文实验室、橡树岭实验室、贝尔实验室、阿贡实验室、IBM 研究实验室等都居于全球最顶尖地位。

再次，政府的大力支持。美国对科技创新高度重视，制定战略规划，投入巨额经费，引导市场竞争。1992 年 11 月，克林顿当选总统后不久，就接连发表了《技术：经济增长的发动机》、《将技术应用于美国的经济增长：构筑美国经济实力的新方向》、《信息高速公路计划》等报告。在这些报告中，一个重要的观点就是：冷战结束后，美国国家安全已由取决于传统的军事实力转变为取决于经济与科学技术实力。因此，美国应通过保持国家的科技优势与创新来维护其世界领导地位。1994 年，克林顿政府进而发布《为了国家利益发展科学》的报告，提出科技既是无尽的边疆，也是一种无穷的资源。美国要加大科技领域的投入，保持世界领先地位，从而有效地应对 21 世纪的挑战。

2004 年，小布什政府时期，美国国家科学技术委员会发表了《为了 21 世纪的科学》的研究报告，强调："在保障国家未来的安全、繁荣，提高人民的健康水平和生活质量上，科学是一项关键要素，而且一直是美国国家工作的重点"，"科学技术对国防和经济从未像今天这样不可缺少。"① 为此，美国投入巨资，加紧推行一系列被称为"美国创新的基础"的重大研究发展计划，如：生物监测、生物盾牌、大气监测、核辐射检测技术等。同时，美国还把科技作为振兴美国经济的重要途径。为此，大力研究纳米技术、网络与信息技术、生物技术以及氢能、清洁煤等新能源技术，推动航天科技和气候变化研究等全球性科技计划，从而占领 21 世纪科技和经济发展的制高点。

---

① 参见《自主、创新、发展——各国科技战略及重点》，中国科技部网站 2005 年 4 月 7 日，http：//www. most. gov. cn/gnwkjdt/200504/t20050407 _ 20517. htm.

2010 年 5 月，奥巴马政府公布的国家安全战略报告中强调，创新是国家力量的根基。报告认为，近年来，美国虽然保持了军事优势，但国家所面临的安全威胁仍然是十分严重，国家的竞争力下降迅速。其重要原因之一，就是美国在国家实力的一些领域投入不足，未能在科技、教育、能源、卫生保健等方面取得重大进展。而这些方面正是国家实力重要组成部分。为此，美国不仅要继续着眼于军事力量的建设，也要推进能源经济转型、加强科学研究、扩大国际科学伙伴关系、提升国际空间能力等方面的创新，为经济增长打下坚实的基础，从而保持国家的经济繁荣，增进国家的安全。2015 年 2 月，奥巴马政府发表的第二份国家安全战略报告再次强调，科学发现与技术革新对于强化军事优势，促进经济发展，改善生活条件，进而提升美国的领导地位作用重大，加强美国与其他国家的竞争优势。为此，美国就加大基础和应用研究的投入。“我们要加强科学、技术、工程和数学教育，以便为未来培养更多的发明家、创新者、企业家以及高技能的劳动力（Scientific discovery and technological innovation empower American leadership with a competitive edge that secures our military advantage, propels our economy, and improves the human condition. Sustaining that edge requires robust Federal investments in basic and applied research. We must also strengthen science, technology, engineering, and mathematics (STEM) education to produce tomorrow's discoverers, inventors, entrepreneurs, and high-skills workforce.)。”①

在制定规划的同时，美国政府还制定法律与政策，引导科技成果转化和市场竞争。尼克松政府时期，美国制定了《科技评估

① U. S. President Barrack Obama, *National Security Strategy*, the White House, Feb. 2015, U. S. Government Printing Office, p. 16.

法》,卡特政府制定了“拜杜法案”,即“联邦资助所发明的专利权”法案,里根政府制定了《大学和小企业专利程序法》、《联合研究开发法》、《联邦技术转让法》、《信息法》,老布什政府制定了《加强小企业研究与发展法》等。这些法律为对于促进企业间合作,引导知识和技术向企业转移发挥了重要作用。不仅如此,美国政府还投入巨额资金,并引导企业投资,支持科技研发(R&D)。从2005年以来,美国的科技研发投入每年都在4000亿美元以上,大约占其GDP总额的2.7－2.9之间。

最后,首屈一指的科技贡献率。2008年美国GDP为14.33万亿美元,居世界首位,远超当时位居第二的日本。即便后来发生了金融危机,2009年GDP仍达到14.27万亿美元,继续保持世界第一。美国以不到世界5%的人口(4.53%),创造了全世界24%的财富(按GDP占全球总量计算)和40%的高科技产品。美国里奇蒙德储备银行(Richmond FED)主席莱克(Jeffrey Lacker)说:“近年来,推动美国薪资和就业趋势的幕后因素是科技进步,而非贸易。”[①] 1900年美国人均收入超过了欧洲各国,迈入了富裕国的行列。1929年至1941年,美国科技进步对经济增长的贡献率达到33.8%;到20世纪80年代,美国的科技贡献率高达80%。中国科技信息研究所的研究表明,2008年,三大国际检索系统SCI、EI、ISTP共收录美国作者论文62.5万篇,占世界份额的26.6%,其中SCI论文40.6万篇,占世界论文总数的28.3%,三大国际检索系统收录的美国作者论文量均居世界首位。根据基本科学指标(ESI)的统计,2000年至2010年间,美国论文被引用次数以4192万多次,遥遥领先于其他国家。[②]

---

① 转引自邢国繁:《关于俄美两国创新经济的对比研究》,《工业技术经济》,2012年4月第4期,第151页。

② 参见王静:《美国:5%的世界人口缘何创造40%的高科技产品》,《科学日报》2012年7月14日。

科技创新为美国的经济发展提供了不竭的源泉。近年来的美国的高新技术产业在美国经济增长中的作用日益突出。IT 行业、航天工业、能源部门、国防企业、环保与医疗卫生行业等已成为美国经济发展主力。由于自动化技术的发展，使传统的制造业又有了回归美国的迹象。由于劳动力价格高昂，美国的汽车工业曾大量迁往海外，但随着机械自动化的发展，人力需求相对减少，汽车制造业又开始回归美国。制造业的回归，增加了美国实体经济的能力。页岩气工业的发展，使美国减少了对外能源依赖，并可能在不远的未来，还将使美国成为世界上能源净出口国，这无疑又会成为经济增长的重要支柱。美国经济创新的另一体现是劳动生产率的提高。不要说与发展中国家相比，就是与发达国家相比，美国的劳动生产率也是处于领先地位。居于世界领先地位的创新能力，是美国一次又一次率先走出国际经济危机，保持世界经济强国地位的重要因素。

总之，在过去的 100 年间，美国是世界科技的引领者。就现今和可预见的未来看，它仍是全球创新能力最强的国家。科技创新是美国在过去 120 年里保持世界经济第一大国的重要条件。可以说，强大的经济实力为科技创新提供基础保障，而科技创新又为经济发展开辟了新的前景，同时为军事能力的提高插上了翅膀。

三、文化影响巨大

所谓文化，就是指一定地域内人们在长期生活中形成的相对稳定的思想观念与行为模式。一个国家的文化，往往是指社会主流价值和人们的生活方式。世界各国或地域存在着不同的文化，彼此影响，产生交融与碰撞。文化有三大特征，即历史性、地域性和传播性。在人类历史的长河中，有的文化消失了，有的文化诞生了，有的文化扩展了，有的文化萎缩了。一个国家文化的影响力，就是指其他国家的人们接受和模仿它的程度。文化影响力是国家实力的重要组成部分，被称作软实力，它往往发挥着击败对手于无形的作用。美国自其立国以来，一直强调自己是“整个世界的山巅之城”，[①] 负有将人类引向光明的责任。曾任加拿大《国民邮报》总编辑的马休·弗雷泽在其《软实力与美国帝国》（Weapons of Distraction）一书中阐述道：“（一国软实力）就是使他国国民感到，想与以领土国家为基础的权威进行分离。”[②] 在当今世界，美国的文化影响力波及全球，使许多国家的民众成为它的俘虏，接纳其思想观念，模仿其生活方式，甚至站在本国政府的对立面。

首先，致力于榜样国家形象的塑造，对其他国家形成强大的吸引力。国家形象是一个国家最有影响力的文化品牌。从其立国以来，美国的精英们就一直主张，要改造世界、影响世界和控制世界，就必须把美国变成世界各国发展的一个样板。这一观念延续至今，2008 年奥巴马上台以后就多次强调，美国在世界上要发挥“榜样的力量”。2015 年 2 月发布的《国家安全战略》报告强调：“我们要通过榜样的力量来领导世界。我们制度的力量与对法治的尊重为民主治理树立了榜样（We will lead by example. The strength of our institutions and our respect for the rule of law sets an example for democratic governance.）。[③] 美国的榜样作用主要体现在两个方面：一是通过把美国建成世界上最强大的国家，显示其优越性；二是使各类人才拥有实现自己愿望的空间，表明其合理

---

① 丹尼尔·布尔斯廷：《美国人：开拓历程》，美国驻华大使馆新闻文化处，1987 年第 3 页，

② 参见王文：《大国的幻象》，东方出版社，2013 年 6 月版。

③ U. S. President Barrack Obama, *National Security Strategy*, the White House, Feb. 2015, U. S. Government Printing Office, p. 3.

性。正因为如此，“美国梦”为世界上许多精英人才所向往，从而大量移民美国。

其次，致力于价值观念的推广，对其他国家产生极大的冲击力。长期以来，美国一直将其以所谓“自由、平等、民主、人权”等为基础的价值观作为影响世界的重要因素。1949 年，杜鲁门在其第二任期的就职演说中表示，任何国家局势的发展都可能与美国安全相关，苏联的威胁“不仅破坏了国际和平的基础，而且也破坏了美国的安全”。因此，美国将致力于使“所有的国家和所有的民族，都可以自由地，以其认为合宜的方式治理本身”，而不会追求纯粹的国家利益。他宣称：“我们不追求领土，我们不会将我们的意志强加于他人”，但将全力支持自由国家，加强安全方面的国际合作，提升美国实力、推进西方世界的联合，遏制苏联的扩张。杜鲁门在另一次演说中强调：“全世界自由的人民指望着我们支持他们维护他们的自由。如果我们领导不力，我们就可能危及世界和平——而肯定会危及我们自己国家的利益。”[①] 艾森豪威尔政府特别注重意识形态的作用，认为美苏对抗不仅仅是军事、经济方面的利益冲突，更是意识形态方面的战争。国务卿杜勒斯宣称，美国把和平演变共产主义国家的希望放在第三代和第四代身上。美国前总统尼克松在其《1999，不战而胜》一书中认为，如果美国能使其他国家的民众不再相信他们的祖训，怀疑政府所做的一切，那就取得了成功。1982 年 6 月 8 日，里根在英国议会发表演说，声称“善的力量最终联合起来战略邪恶”。他要对共产主义进行新的“十字军东征”，扬言要把苏联和苏维埃制度一起扫进“历史的垃圾堆”。[②] 克林顿声称，美国

① 转引自资中筠主编：《战后美国外交史——从杜鲁门到里根》上册，世界知识出版社，1994 年版，第 60—61 页。

② 参见周桂银、葛腾飞主编：《当代国际关系史 1945—2005》，解放军出版社，2008 年 8 月版，第 374 页。

是世界“自由的灯塔，民主的堡垒”。[①] 此后，从老布什到奥巴马，都着力推广美国的价值观，并美其名为“普世价值”。美国历届政府推广其价值观的行动，引发了许多国家的“颜色革命”，严重地冲击了他国的安全与稳定。

再次，致力于社会制度建设，为其他国家提供较强的仿效性。美国在发展经济的同时，还全力以赴地加强国内政治秩序和社会制度建设，使其成为一个思想开放、体制高效、社会文明，各方面都充满活力的国度。美国以其鲜明的“三权分立”国家制度模式，显示其可复制性，以供其他国家仿效。当前，美国政治和战略精英们最为忧虑的事就是担心在美国的模式之外可能出现一种新的国家发展方式。早在1989年夏，美国历史学家福山（Francis Fukuyama）在《国家利益》（The National Interest）杂志上就发表了《历史的终结》一文。他又在此基础上撰写了《历史的终结与最后一个人》（The End of History and the Last Man）。他所提出的核心观点就是：世界上的多数人都已认同自由民主主义政府，因为这一政治形式已经依次征服了它的所有敌人，诸如君王政治、法西斯主义和共产主义。在他看来，自由民主主义或许是人类思想进化的顶峰和最后选定的政治形式、从而也就是人类历史的终结点（What we may be witnessing is not just the end of the Cold War, or the passing of a particular period of post-war history, but the end of history as such: that is, the end point of mankind's ideological evolution and the universalization of Western liberal democracy as the final form of human government.）。[②] 第二次世界大战后，通过施加影响和强力改造，美国已使西方许多国家，特别是日本和联

---

① ［美］比尔·克林顿：《希望与历史之间》，海南出版社，1997年版，第116页。

② Francis Fukuyama, "*The End of History*?", The National Interest (Summer 1989).

邦德国，参照自己的模式建立了国家制度。不仅如此，“9·11”事件后，美国试图故伎重演，抛出了“大中东计划”，[①] 对伊拉克、阿富汗等伊斯兰国家进行所谓美国式的民主化改造，只不过难以成功而已。

第四，致力于做好文化产业，对其他国家形成极大的影响力。美国的历史短暂，没有什么文化积淀。但作为一移民国度，可以博采众长，形成独具特色的文化。利用文化塑造世界是美国的一个重要手段。长期以来，美国一直利用其强国的地位，将其文化价值观念推向全球。当今世界，无论是在发达国家，还是发展中国家，美国的文化影响随处可见。影视文化成为展示美国价值观和生活方式最直接的手段，好莱坞电影、奥斯卡金奖、在世界上享有盛名；饮食文化也反映美国人生活的快节奏，肯德基、麦当劳快餐业等风靡全球；娱乐文化表现美国人的生活态度，迪斯尼乐园深受世界男女老少的青睐；校园文化代表了美国人的育人理念，哈佛大学、麻省理工学院等是世界上莘莘学子的向往之地；金融文化展现了美国人的理财之道，华尔街、百老汇等成为世界上财富经营的象征。所以，有人戏称，在美国的文化传播方式中，好莱坞就是美国的宣传部，迪斯尼是美国的教育部，华尔街是美国的组织部，哈佛大学则是美国的人事部……。美国通过做好文化产业，对其他国家形成了巨大的影响力，增加其他国家的民众，特别是年轻一代对美国的亲近感和崇拜感，进而成为美国对外政策的支持者。

美国强大的经济力量，为文化价值的传播奠定的物质条件；

---

① 进入21世纪后，美国对外展开了一连串的军事行动，特别是针对中东的伊斯兰国家。2004年的G8会议上，美国总统乔治·沃克·布什终于揭示了内容，宣布“美国将迫使阿拉伯国家进行政治、社会、经济等全方位的改革，让这些国家的社会‘大换血’及民主化改造，从而彻底铲除暴政和恐怖威胁的生存环境，从源头上改善美国的安全环境。”

文化价值的推广又使世界各地的人们更乐意于消费美国的产品，从而有助于经济活动范围的拓展；文化的亲近，导致一些国家的民众接受美国的理念，从而对本国的政府或统治当局产生不满。

四、战略能力突出

所谓国家战略能力，就是指国家为了实现既定的战略目标，将国家内外资源转化为现实力量的能力。更确切地说，就是为了预防和应对可能的危机、冲突或战争，国家所能调动和使用的物质力量与精神力量。毛泽东曾经指出，小国能够打败大国，弱国能够打败强国。之所以出现这样的情况，就是小国或弱国拥有较强的战略能力。所以，国家的战略能力对于决定国际博弈的胜负往往起着决定性的意义。从历史和现实看，尽管美国的国家战略能力现在在下降[①]，但依然在世界上处于前茅的地位。邱吉尔就曾说过，美国就一个“大锅炉”，一旦“火在下面烧起来”，随后“产生永无止境的能量”。[②]

首先，制定战略规划的能力。美国的战略规划已经实现系统化。2004 年，美国国防部首次制定了“国防战略”文件。国防战略（NDS）等于在“国家安全战略（NSS）”和“国家军事战略（NMS）”之间增加了一个新的战略层次。再加上“战区战略”（TS），美国的战略体系从三级发展成为四级。国家安全战略考虑综合运用政治，经济外交、信息和军事力量达成国家目标，层次最高；国防战略考虑采取多层主动防御手段营造有利和安全的国际秩序，位于国家安全战略之下；国家军事战略仅考虑如何分配

① 张文木：《国家战略能力与大国博弈》，山东人民出版社，2012 年 8 月版，第 20 页。

② Martin Gilbert, Churchill and America, New York, 2008, pp. 102, 399, 245. 转引自罗伯特·卡根：《美国缔造的世界》，第 22 页。

和应用军事力量达成国家的特定目标，位于国防战略之下；战区战略考虑制定何种战略概念和行动方案来实现安全政策和战略目标，位于军事战略之下。这四种战略自上而下构成指导关系。

战略层次图

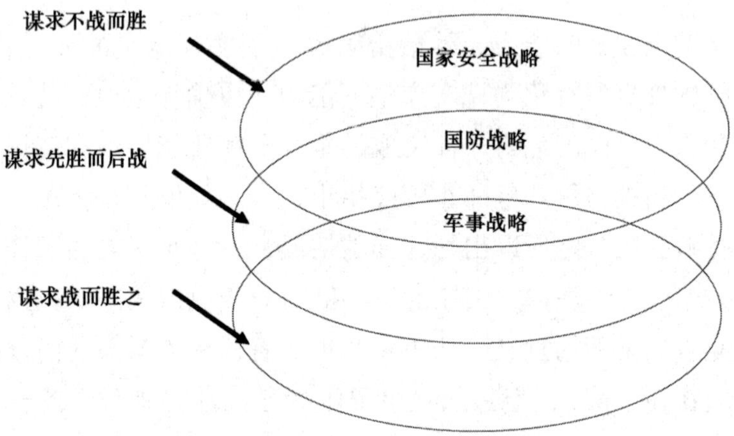

从 1986 年以来，根据戈德华特－尼科尔斯法案，美国总统每年向国会提交国家安全战略报告。在实际的操作层面，美国的历届总统大约在每个任期提交一份。2004 年和 2008 年，国防部提交了两份国防战略报告，2012 年，奥巴马政府时期，国防部提交了《维护美国的世界领导地位：21 世纪国防建设的优先任务》。参谋长联席会议也在总统的每个任期内提交一份国家军事战略报告。这些报告体现了美国的战略规划与指导能力。

其次，凝聚战略共识的能力。人民是创造历史的动力，美国虽然没有此种说法，却也有类似的语境。1863 年，美国总统亚布拉罕·林肯在盖底斯堡发表的著名演讲中强调“民有、民治、民享之政府免于凋零（the government of the people，by the people and for the people)。"[①] 美国是一个多元化的社会，各种意见都可粉墨登场。美国的每一项政策或战略，在国内都会遇到不同的声音。如"9·11"事件后，美国发起了全球性的反恐战争，民众与国会都大力支持。但也有一些学者持不同意见，如诺姆·乔姆斯基却认为，美国本身就是最大的恐怖主义国家，美国推行战争的实质就是谋求"霸权"。他还多次强调西方社会的虚伪性等。无论是美国发动的科索沃战争，还是伊拉克战争，美国都有民众示威游行，反对政府的战争政策。但是，从历史上看，美国政府所作出的重大战略决策，通过舆论引导、国会辩论、政要沟通等方式，大都能得到国内精英的共识，赢得民众的支持。美国长期实施的遏制战略，美国国内很少有人公开反对。冷战结束以来的几场局部战争，美国的民众大都持赞成态度。在美国政府推行亚太"再平衡"战略的问题上，也没有遭遇主流社会的反对。

再次，组织国际联盟的能力。在人类历史上，没有一个国家能像美国那样不仅在战时，而且在平时拥有如此多的盟国；不但有固定的联盟关系，而且在必要时组织起"自愿联盟（Willing Coalition)。美国的联盟战略始于第二次世界大战。在战争时期，美国主导建立了反法西斯联盟，并在此基础上建立了联合国。战后，为了谋求世界的主导的地位，美国先与欧洲国家建立了北约，接着又与其他国家特别是亚太地区许多国家建立了联盟关系。在朝鲜战争中，美国组织联合国军参战；在海湾战争中，美国领导了由39个国家组成的多国部队打击伊拉克；在科索沃战争中，美国领导北约国家共同对南联盟作战；在反恐战争中，许多国家加盟美国；在伊拉克战争中，美国组建了"自愿联盟"。在和平时期，美国也运用盟国的力量实现国家的战略目标。

① Abraham Lincoln, The Gettysburg Address, Gettysburg, Pennylvania, Nov. 19, 1863.

第四，调动国家资源的能力。“美国的民主政治使它在各方面的反应较慢，……但动员能力相当强。每当美国有紧急情况时又能迅速反应，亦可激发美国人民动员起来。”[①] 在国家应对重大危机或进行战争时，美国不仅能够动员民众广泛地参与，更能够调动大量的物力资源。无论是第一次世界大战期间，美军派遣200余万陆军赴欧洲作战，另动员60万海军和海军陆战队进行支援；还是在第二次世界大战中，美国动员的兵力规模达到1200万人，其中有800余万人被派遣到欧洲和亚洲地区作战。同时，美国在战争中还调动大量资源，组织军工产品的生产。1917年4月6日，美国宣布参战后，立即把国家经济转入战时轨道，将全国划分为21个军事工业区，开始制造2万架飞机，3.5万国内人载重卡车，1.9万辆坦克。同时大量建造军舰，参战时的美国军舰只有197艘，到1918年战争结束时，军舰已达2000艘。[②] 第二次世界大战期间，从1940年7月1日至1945年7月1日，其他的产品不算在内，美国约生产了30万架军用飞机、8.67万辆坦克、7.1万艘海军舰艇。1944年美国的商船只有2000艘，到战争结束时，已达5425艘。[③] 即使到了今天，美国的生产动员能力依然十分强大。在海湾战争中，美国仅用5个月的时间，向距离美国本土10000多公里遥远的海湾地区投送了54万人的部队，2000多架各种飞机、4000多辆坦克和装甲车、100余艘船只以及其他繁多的装备和弹药。与此同时，美国还协调组织其他盟国的20余万军队及各种装备也同时部署到沙特，并与盟国共同建立完善了指

① 叶国华：《美国民众的向心力》，联合早报网2015年8月2日，http://www.zaobao.com/wencui/politics/story20150802-510030.

② 王绳祖主编：《国际关系史》第三卷，世界知识出版社，1995年12月版，第428页。

③ John Keegan, *The Second World War*, Viking Penguin, New York, 1989, p. 53.

挥机制。另外，美国本土的战略轰炸机和位于欧洲和迪戈加西亚岛的美国基地的各式战机也做好了打击伊拉克的准备。这样的组织动员能力和兵力投送能力，是其他国家很难做到的。

最后，纠错机制作用的能力。美国的战略能力不仅体现在调动国家的资源方面，而且还在于纠错修复能力方面。两百多年来，美国政府也犯过许多重大战略错误，远的不说，仅战后以来，就有朝鲜战争、越南战争和伊拉克战争。这些战争给美国带来的伤害极其严重，几乎每一次战争之后，国际上都随之掀起一场“美国衰落论”的高潮。从朝鲜战争结束至今，“美国衰落论”已出现了五次，如20世纪50年代朝鲜战争后兴起的美国衰落论；70年代越南战争引起经济危机之后出现的衰落论；80年代因为日本和欧洲的壮大而出现的美国霸权周期性衰落论，“9·11”事件引发的衰落论和现今由于阿富汗反恐战争和伊拉克战争导致的全球性金融危机触发的衰落论。[①] 但是，前四次出现的“美国衰落论”都未能成真。其根本原因，是由于人们对于美国强大的纠错修复能力缺乏深刻的认识。每一次重大社会危机爆发时，美国的社会都能正视，配合政府渡过危机，而不是采取极端手段逼迫政府，以保持国家政治稳定。从政治制度来说，尽管存在着各种缺陷，但也有三大优点：一是美国的“三权分立”的制度设计，使得立法、行政和司法机构相互制约。即使某一机构犯了错误，由于受到另外两机构的约束，也不可能走得太远，因而避免了极端。二是四年一度的大选，使得政府面临压力，同时又由于反对党的批评，不得不设法不犯错误或少犯错误，一旦犯了错误就迅速纠正，如果纠正不了，就被下一次大选所淘汰。三是政府官员的任命，不受政府届满与否的影响，政府首脑可以在任何时候解

① 参见刘建华、邓彪：《美国霸权：衰落还是延续》，《太平洋学报》2010年第1期。

除不合格的内阁成员。政府不仅可以通过大选组建内阁时推陈出新，引入新的思想和血液，而且在平时也可以调整政府重要部门人员，以确保政策的实施与改进。

综上所述，无论是可见的还是无形的方面讲，美国的实力依然十分强大。2002 年时，美国著名的历史学家保罗·肯尼迪宣称，在历史上还没有出现过像美国与世界其他国家之间有如此悬殊的“实力差距”。[①] 约翰·伊肯伯里也认为，“没有任何大国”曾拥有“在军事、经济、科技、文化或者政治实力上如此可怕的优势，……美国在实力的优势无与伦比。”[②] 在国际舞台上，美国的竞争力依然比较强大，除了军事力量以外，好莱坞展示文化竞争力，硅谷代表科技竞争力，华尔街则体现金融竞争力。尽管长期的战争行动与经常发生的经济危机，使“美国衰落论”不绝于耳，2002 年之后的反恐战争和 2008 年以来的国际金融危机，更使美国后时代的国际秩序构建成了许多国际关系和战略理论家最为热门的话题。但放在长远的历史视野中看，美国的衰落固然难以避免，却也不会短期内就迅速成真。一个国家的生存与发展，人才与资源是最大的要素。在可预见的未来，美国既有充足的人才，又有丰富的资源，随着人口的持续增长和科技进步，国家实力仍有上升的空间。如果决策者不犯全局性的战略错误，它仍有再次复兴的可能。中国社科院著名美国经济研究的学者陈保森 2011 年时曾说过：始于 2008 年的金融危机“与历次经济危机相比，只能算是一次严重挫折。如果说比它更严重的危机美国都度过了，那么这次危机经过调整，使美国经济重回衰退前的轨道仍

① Paul Kennedy, “The Eagle Has Landed,” *Financial Times*, February 2, 2002.

② G. John Ikenberry, ed., *America Unrivaled: The Future of the Balance of Power* (Ithaca, N. Y., 2002), p. 1.

然是可能的。”[①] 尽管遭受严重的金融危机的打击，美国 GDP 规模在世界上所占的份额却基本上没有发生太大的变化，大体上为 1/4 左右。这种状态已维持了 40 余年。[②] 因此，可以说，美国依然具有一定的塑造世界的实力。但是现实的基础并不能代表未来。如果美国能够走出反恐战争和 2008 年国际金融危机，再次复兴，继续增强其实力，为其战略实施提供持续不断的源泉，那么它就有可能将亚太“再平衡”战略继续向前推进，从而再次塑造世界。如果它持续走向衰退，实力不断下降，就非但不能重新塑造世界，而且由其主导的现存国际秩序也将难以维系。

第二节　是否具备重塑世界的战略机遇？

所谓战略机遇，就是指国际内各种因素综合作用形成的，能为国家实施战略提供良好的机会与境遇。中国有句俗话，叫做“谋事在人，成事在天”，也就是说，“天时”与“人谋”相结合，是战略成功的关键。为了重塑世界，维护其世界领导地位，美国制定和实施了亚太“再平衡”战略。但是，它能否实现预期的目标，则不仅取决于它的自身条件，而且还决定于当下的国际环境及其未来变化趋势。

一、全球战略态势的变化

所谓全球战略态势，就是世界上各大战略力量通过相互斗争与合作所形成的一种状态及其可能的演变趋势。它所涵盖的内容

① 陈保森：《美国经济实力仍然超强》，环球网 2011 年 7 月 21 日，http：//finance. huanqiu. com/roll/2011 – 07/1836446. html.

② 参见［美］罗伯特·卡根：《美国缔造的世界》，第 157 页。

主要包括国际战略格局和与各大战略之间的相互关系。全球战略态势对于一个国家，特别是大国的战略选择具有重大的影响，甚至是主要依据。换言之，它为各大战略力量提供机遇或挑战。同样地，美国塑造世界的战略也基于全球战略态势的基础之上。

首先，欧亚大陆各战略力量之间的纷争为美国塑造世界提供了重要的战略契机。历史上，美国之所以能够塑造世界，是由于各大国之间的相互倾轧。自美国诞生以来，世界的主要大国集中在欧亚大陆，且相互之间争斗不已。美国利用其地理优势所带来的长期的和平环境，奉行“孤立主义”政策，全力以赴地发展经济，完善国家政治体制，提升军事力量，扩展战略空间，做好介入欧亚大陆事务的准备，窥伺战略机遇。从美国的战略实践看，它每一次介入欧亚大陆事务的重大行动，都把时机选择在各大国因激烈的纷争将实力消耗殆尽之际。

第一次世界大战期间，当同盟国与协约国经过长达 4 年多战争，相互消耗极为严重之时，美国迅速介入，以其强大的实力扭转了战争的进程，改变了战争的结局。第二次世界大战时，欧洲以德意为一方，英法为另一方，分成了两大阵营，全力交战；亚洲的中、日两国长期冲突，最后也陷入全面战争。这样，美国以第三者的身份，一方面做着战争准备，另一方面等待时机。在日本偷袭珍珠港事件发生后，美国立即对德、意、日法西斯国家宣战。在冷战时期，美国利用意识形态分歧和西欧国家对苏联的恐惧，凝聚西欧国家的战略共识，组建了北大西洋联盟，利用独占日本的优势和韩国统一国家愿望，分别与它们结盟，从而为其推行遏制战略创造了条件。20 世纪 70 年代，美国又利用中苏的分歧与矛盾，改善了与中国的关系，扭转了与苏联争霸的颓势，维护了其超级大国的地位。可见，欧亚大陆各大国之间的战略纷争与冲突，为美国塑造世界提供了重要的战略契机。

现今，欧亚大陆各大国之间依然存在着矛盾和冲突，使得美国有机可乘。在欧洲，由于欧盟与北约的东扩，为西方与俄罗斯的纷争埋下了伏笔。近年来，因为乌克兰危机，以美国为代表的西方国家与俄罗斯的冲突不断升级。这就为美国继续插手欧洲事务提供了条件，也使得因伊拉克战争导致的北约国家的分歧逐步消弭。在亚洲，由于中国与日本之间存在领土和海洋权益的争端，与南海岛礁声索国之间存在纠纷，使得一些亚太国家愿意接纳美国更加积极地干预亚洲事务。2015 年 8 月 4 日，新加坡外长尚穆根关于南中国海问题表达立场时表示："一些不是声索国，也并非亚细安成员国的区域国家或区域外国家，长久以来，同本地区保持深厚联系，并且活跃于本区域，他们在一些问题和主权声索以外的问题上有看法，要说这些国家没权发言并不实际。"①

其次，欧亚各大战略力量之间的相互制衡为美国塑造世界创造了必要的条件。美国的地理位置优越，东西两洋相隔，南北皆为弱邻，唯其独大。但在欧亚大陆上，却聚集了世界上许多主要大国。由于各国的利益边界存在重合之处，相互矛盾难以避免。为了维护自己的战略空间，彼此防范心态甚重，竞争十分激烈。有的国家为了借重外力，不得不与美国建立密切的关系；有的国家由于与美国存在共同的矛盾，不得不抱团取暖；有的国家在抱团取暖中看到对方有超越自己之势，出于防范的心理，就立即转身而去。由于国家发展不平衡规律的作用、国际关系中竞争规律的作用以及追逐利益的驱动，国家之间的冲突时常发生。在近代国家产生以来几百年间，欧亚大陆各个大国出于安全与防范的考虑，都不希望看到一个超级大国的出现。于是乎，欧亚大陆各大

① 杨丹旭：《尚穆根：长期与亚细安紧密联系　南中国海问题不宜排除区域外国家》，联合早报网 2015 年 8 月 4 日，http://www.zaobao.com/news/singpore/story20160804-510463.

国之间就构成了一种相互防范与制衡的关系。一旦哪一个国家显示出单独做大苗头，其他国家则设法通过联盟的手段加以应对。因而欧亚大陆各大国之间的相互伤害极其深重，以至于战争不断。为了在争斗中获取优势，斗争中的各方都迫不及待地寻找外援的力量。这样，美国独特的地缘优势就派上了用场。

为了使欧亚大陆及其相邻的岛屿国家不至于结成统一联盟，美国的战略设计往往注重长远。第一次世界大战后，它扶持德国崛起，意在使欧洲大陆国家间的纷争持续下去；第二次世界大战后，它又使战败的德国与日本站了起来，以成为制约其他大国的力量；在冷战结束后，它推动北约东扩，为西欧国家与俄罗斯之间产生矛盾埋下伏笔；在结束对冲绳的托管时，它把钓鱼岛的行政管辖权转交日本，为中日之间发生领土争端打入了楔子。如此等等。由于利益关系，即使欧亚大陆各国认清了美国的战略意图，也不可能放弃争斗。这样，通过利用矛盾，制造矛盾，美国就把自己置于仲裁者角色，在欧亚大陆纵横捭阖，塑造对己有利的战略环境。

再次，欧亚大陆国家对美国战略资源的消耗程度决定着美国重塑世界战略的功败生成。为了控制欧亚大陆，美国在进行战略上分化瓦解的同时，还不时地诉诸武力。不仅参加了两次世界大战，而且发动和主导了多次局部战争。在美国看来，“均势带来的这样一种稳定与缓和最终依赖于威胁或使用武力。战争仍然是维持均势的基本手段。”① 两次世界大战，耗费了美国巨大的人力与物力，战后数次的局部战争对美国战略资源的消耗甚至比两次世界大战还要大。如果说两次世界大战还给美国带来重大利益补偿的话，那么战后的局部战争大都只是徒增消耗而已。除了海湾战争外，美国在二战后所发动的每一场战争之后，几乎都要遭

① 参见［美］罗伯特·卡根：《美国缔造的世界》，第124页。

受一次或强或弱的经济衰退。朝鲜战争之后是如此，越南战争之后也是这样，伊拉克战争之后亦然。对于其他大国而言，美国陷入一场又一场的战争，就是自己的战略机遇期。许多学者都认为，“9·11”事件使美国开启了为期10年的反恐战争，使中国赢得了重要战略期。[①] 乌克兰危机又为中国带来了10年战略机遇期。[②] 俄罗斯也乘美国2008年国际金融危机衰退之机采取了对西方强硬的政策。美国似乎也意识到了这一点。奥巴马上台后，美国政府对于战争的认识已发生了重大的变化，不再认为战争可以解决世界上一切争端，也不主张要介入世界上发生所有的冲突。因此，美国先后从伊拉克和阿富汗撤军。在北约空袭利比亚的行动中，美国一改其以前的高调做法，投入力量十分有限。从其处理叙利亚问题和乌克兰问题的方式看，美国对外政策的手段运用已发生转变。2013年9月11日，奥巴马在出席“9·11”恐怖袭击事件12周年时发表的演讲指出：“我们应该明白虽然武力有时候是解决问题的必要方式，但光靠武力不能建设我们追求的世界。”[③] 在打击伊斯兰国（ISIL）时，美国也只采取空中打击的方式，避免地面军队的卷入。美国这样做的目的，无非是为了进一步加强自己的优势，减少其他国家因其长期进行战争所带来的战略机遇的利用，以便专心致志地提升自身的实力。不仅如此，近年来，美国还采取了外交措施，与古巴恢复了外交关系，与伊朗达成核协议，以减少战略资源的消耗，从而更着力于重大

---

① 参见李伟建：《如何认识当前中国重要战略期》，《西亚非洲》，2013年第5期。

② 参见李世默：《乌克兰危机与中国机遇》，《世界邮报》2014年3月20日（Eric X. Li, China's Ukraine Opportunity—Killing A Few Birds Without Throwing A Single Stone, the world post, Mar 20, 2014.）

③ Remarks by President Obama at September 11 Observance Ceremony at Pentagon Memorial September 11, 2013, The Pentagon Arlingron, Virginia.

战略问题的应对。

当然，与历史上美国塑造世界曾拥有的战略机遇相比，这一次显然逊色得多。当今世界，欧亚大陆各大战略力量之间虽然存在着一些矛盾，甚至冲突，但没有任何国家或国家集团把战争作为推行政策的工具，也没有形成相互对立的，非要把对方置于死地的国家或国家集团。尤其是中俄两国全面战略伙伴关系的建立与发展，大大减少了美国坐收渔人之利的机会。

不仅如此，在推行以亚太“再平衡”为核心的塑造世界的战略中，美国还面临其他方面的重重挑战。首先，政治多极化趋势不可逆转。自上个世纪70年代第三世界兴起以来，世界多极化的趋势日益增强。即使在冷战结束后美国成为唯一超级大国时期，这一进程也没有止步。新世纪以来，随着新兴的“金砖国家”的发展壮大，世界多极化的走向更加明朗。2015年7月在俄罗斯乌法举行的首脑会议上发表的宣言指出，五国领导人就下列目标达成一致：建立不屈服于西方苛刻要求和“歧视性经济制裁”的新“政治多极化世界秩序”，金砖国家把自己视为“全球治理的新架构”。[①] 2011年《国家军事战略》报告中，美国也认为当今世界是一个多中心（multi-nodal）的时代。[②] 2015年的《国家安全战略》报告指出，国家间的权力正处于变动之中，印度潜力巨大，中国正崛起，俄罗斯在扩张势力。[③] 在未来，地区性大国还会增加，具有全球性影响力的大国也会产生，非国家行为体对国际社会的影响将不断提升。因此，今后的世界必将是一个多极化的世界。

① 《金砖国家乌法峰会联合宣言：建立不屈服于西方的多极世界》，http：//www. guancha. cn/politics/2015_ 07_ 12_ 326546. shtml.

② Chairman of the Joint Chiefs of Staff，*The National Military Strategy of the United States of America*，Washington D. C. Feb. 2011，p. 2.

③ The White house，*National Security Strategy*，2015，p. 4.

美国推行亚太“再平衡”战略的目的，是通过主导地区事务，进而重塑世界，以维护其世界领导地位。在一个多极化的世界里，美国要塑造世界和领导世界，谈何容易！小布什就任总统期间，是美国实力的鼎盛时期，借反恐战争时机，企图塑造由美国单极主导的世界，不仅遭到世界众多国家的反对，即使它的盟友也不支持。时任法国外长贝尔·韦德里纳对美国的单边主义进行了激烈的批评：“我们不能接受政治上单极、文化上一致的世界，我们也不能接受唯一‘超国家’（hyperpower）的单边主义。”[①] 后来，美国一意孤行，发动了伊拉克战争。美国虽然赢得了军事上的胜利，但却给中东国家和它自身带来了灾难性的后果。伊拉克战争以来，中东地区的动荡一直持续，美国的大中东战略遭到了失败。不仅如此，美国还因沉重的战争负担引发了国际金融危机，使自己及其西方盟国进入了严重衰退。美国不仅未能塑造世界，反而失去了原有的力量优势。克林顿政府时期的国务卿奥尔布赖特认为：“美国进攻阿富汗是‘9·11’恐怖袭击造成的直接结果，可是伊拉克战争则是我们犯下的最大错误，至今依然深受其害。”[②] 即便小布什本人，也在其回忆录中承认，在伊拉克战争的决策中，他犯下了错误。奥巴马政府依然强调要继续塑造世界。2015 年的《国家安全战略》报告指出：“就像上个世纪美国曾经塑造世界重大事件的进程一样，我们今天还要运用美国的领导地位影响世界未来的走向。”[③] 对于如何领导世界，奥巴马政府开出了五个“药方”，即基于力量（strength）、树立榜样（example）、建立伙伴关系（capable partners）、运用国家机制

---

① John O · Sullivan Chirac Therapy, “The Anti-American Temptation Persists”, *National Review*, p. 36.

② 参见：《美前国务卿称伊拉克战争是美国所犯“最大错误”》，国际在线 2012 年 6 月 27 日，http：//gb. cri. cn/27824/2012/06/27/2805s3745230. htm.

③ The White house, *National Security Strategy*, 2015, p. 5.

(instruments of national power)、制定长远的战略规划(long-term perspectives)。[①] 然而，对于世界政治多极化的趋势，美国却未置可否。这恐怕也是它的难言之隐。

其次，经济全球化的浪潮势不可挡。自上个世纪80年代以来，随着第三次科技革命所带来的交通与通讯手段的进步，拉近了世界各国因地理因素造成的距离，“地球村”的概念开始出现。全球化已成为当代世界经济的一大特点。在全球化的条件下，各国的经济相互依存日益加深，通过市场配置资源，互通有无，形成了一损俱损，一荣俱荣的局面。在全球化的推动下，各国之间的经济交往不断加深，世界贸易总额屡被刷新。尽管由于各国的发展水平不一，资源占有不均，科技能力高低不同，地缘位置优劣不等，在全球化的进程中受益也有差异，基于利益考虑，各个国家对国际经济贸易的议题有着不同的态度，但是，任何一个国家，要想取得更大的发展，都不能脱离这一体系。为了通过合作实现利益最大化，绝大多数国家都利用世界贸易组织，或建立区域合作组织，推动国际贸易规则的制定，促进各国的经济发展。经济全球化“虽然使信息的获取与传播变得更加容易，但也同样使对全球性威胁与机遇的预见变得更加困难。”[②] (Despite the growing availability and flow of information around the world, it is increasingly challenging to predict how global threats and opportunities will evolve.)

近年来，美国一方面强调，“与G-20国家一道努力，加强国际金融和经济制度核心机构的建设：改进世界贸易组织，使它真正发挥促进世界经济稳定和增长的作用；改革国际货币基金组

① The White house, *National Security Strategy*, pp. 3-4.

② Department of Defense, *The Quadrennial Defense Review*, 2014, p. 6.

织与世界银行，使它们更加高效和更具代表性。”[①]（We will work through the G－20 to reinforce the core architecture of the international financial and economic system，including the World Trade Organization，to ensure it is positioned to foster both stability and growth. We remain committed to governance reforms for these same institu-tions，including the World Bank and the International Monetary Fund，to make them more effective and representative.）另一方面，它又采取逆全球化的措施，着眼于区域经济合作的扩展。区域合作本身并非是逆全球化，但对同一地域的国家设置障碍，就匪夷所思了。在推进亚太“再平衡”战略中，TPP 是其重大举措。但在 TPP 的谈判中，却把中国排除在外。尽管 TPP 是一个开放性的协定，但却是没有中国参加谈判的协定。所以有人认为，美国希望通过该协议制衡中国在该地区的影响力，以便在中国发起建立地区贸易协定之前敦促中国邻国接受 TPP 的经济和劳动力的市场标准。[②] 2015 年 10 月 TTIP 谈判成功。这样上述两项谈判完成，美国所主导的自由贸易区，已占全球 GDP 的三分之二。[③] 已完成了一项，另一项若完成的话，若加上原已存在的“北美自由贸易区”，美国主导的贸易区在世界 GDP 中的占比就更大了。而在这两个协定中，作为世界第二大经济体、最大对外贸易国和制造国的中国都没有被邀请参加，因此，美国所要塑造的世界经济秩序能否获得成功无疑将是一个难题。

再次，价值观念多元化难以消除。人类社会走到今天，形成了不同的民族国家，每个民族国家都代表一种特殊的价值观。所以，当今世界，是一个五彩斑斓的世界。正是各种价值观念的融

---

① The White house，*National Security Strategy*，p. 17.

② 参见奥巴马：《中国或对最终加入美国主导的 TPP 持开放态度》，环球网 2015 年 6 月 4 日，http：//world. huanqiu. com/exclusive/2015－06/6598517. html.

③ The White house，*National Security Strategy*，p. 17.

合与碰撞，才推动世界文明的不断进步。历史上，许多大帝国，往往采取消除被征服的民族文化和价值观的做法，以维护自己的统治，但最后都事与愿违，依然避免不了解体分裂的结局。美国自建立时开始，就强调推广其价值观，200 多年来，一直孜孜不倦。维护和推广美国的价值观，是冷战后历届总统都着力实施的重要战略任务。克林顿把推广民主作为国家安全的“三大支柱”之一；小布什强调支持有利于自由世界的均势，奥巴马则主张在世界上推进“普世价值”[①]（promoting universal values abroad）。为推广美国的价值理念，美国既主张要用“硬实力”，也强调使用“软实力”，还创造了一个“巧实力”的概念。从美国推广民主价值观的200 多年的历史看，成效甚微。即使在其实力处于鼎盛的时期，以战争的手段推动的“大中东计划”，最后也只落得一地鸡毛的下场。那么，在实力已严重下降，世界治理能力不断衰微的情况下，美国若想运用推广“普世价值”方式塑造世界，难免会遇到不可逾越的障碍。

最后，世界重大事件无法预见。在人类历史的进程中，从长期看是有规律的，但从短期看又是不确定的。一些重大事件的发生，常常成为历史剧变的拐点。从战略谋划上说，任何一个国家的决策者都着眼于长治久安，欲立于不败之地，但现实却常常粉碎他们的梦想。对于世界来说，一次偶然的事件可以改变历史进程；对于大国来说，一次重大的事变则可改变命运。

美国自其建国以来，在战略谋划上不可谓不用心，但因由于未能预见世界重大事变的发生而改变战略的事也是有的。越南战争使美国实力一落千仗，使他不得不推行“缓和”政策，改善对华关系，与苏联进行谈判；“9 · 11”事件后，美国则把非传统安全问题视为国家安全战略的重心，改变了原先确立拟将中国视为

① The White house，*National Security Strategy*，p. 19.

竞争对手的战略。

从今天已露端倪的全球战略态势看，欧洲形势的发展有着巨大的不确定性。战后几十年来，欧洲局势相对稳定，即使发生了苏东剧变的事件，国际间的和平与稳定也未受到显著的冲击。但冷战后欧洲国际版图的变化，却为其未来走向奠定了不确定性的基础。北约与欧盟双东扩，大大地挤压了俄罗斯的战略空间。富有扩张传统的俄罗斯在孱弱的时候，只能忍气吞声，而一旦缓过劲来，机会来临，必然要进行反扑，“势必要收复被美国和西方抢走的地缘政治利益”。[①] 同时，俄罗斯还有着自己的战略底线—核心利益必须维护。当美欧插足乌克兰事务，使其全面西向时，就动了俄罗斯的奶酪。2012 年以来，美欧与俄罗斯围绕乌克兰的角逐一直在激烈地进行着。俄罗斯总统普京甚至不止一次地发出核威胁。美欧与俄罗斯在乌克兰问题上能走多远，具有很大的不确定性。一旦欧洲局势进入危险的轨道，美国还能专心致志地推行其亚太“再平衡”战略吗?

中东地区形势也令人不安。中东地区的形势极为复杂，稳定的基础特别脆弱。历史上，许多大国曾经征服过中东，后又因此而折戟。战后以来，美国在中东扶持以色列，造成阿以争端至今未决，一直是中东地区动荡不安的重要因素，也是造成中东地区恐怖主义分子充斥的根源之一。除以色列外，美国还长期支持伊朗的巴列维王朝，1978 年巴列维王朝垮台以后，美伊之间的关系发生了巨变。长期以来，伊朗一直把与以、美两国为敌作为基本国策。近年来，伊朗在核能开发方面又与以美国为首的西方国家发生了矛盾。伊朗与以色列之间矛盾尖锐，都扬言要使用武力消灭对方。另外，伊拉克战争之后，伊拉克的形势一直不稳，且在

① 郑永年:《美国“重返亚洲”战略及其失误》,《联合早报》2014 年 4 月 22 日，http: //www. zaobao. com/forum/expert/zheng-yong-nian/story20140422 –335131.

其领土上又出现了一个比“基地”组织更为激进的“伊斯兰国”(ISIL)。叙利亚的情况更为艰难，其领土上存在着政府军与反政府武装的较量，也有“伊斯兰国”与政府军和反政府武装之间的争斗。“伊斯兰国”的背后，交织着其他国家之间的纷争。也门的局势也发生了戏剧性的变化，2015 年 3 月，政府已经溃散，胡塞武装占领了大部国土，沙特等国空袭胡塞武装，伊朗则对胡塞武装给予坚定的支持。中东是世界石油的重要产地，是包括美国在内的许多国家的经济生命线，一旦中东局势失控，危及世界经济特别是以美国为代表的西方国家的发展，美国还能全神贯注地实施亚太“再平衡”战略吗?

当今世界许多问题的产生，都与以美国为代表的西方国家有关，因而它们也成了不满现行国际体系的国家或极端势力的众矢之的。“9·11”事件，就是中东国家极端势力表达抗拒意志的一种行为。2014 年以来，以美国为首的西方国家对“伊斯兰国”进行了有限的武力打击。“伊斯兰国”多次斩首西方国家人质，并扬言要进军欧洲，对西欧国家发动更多的恐怖袭击。2015 年 11 月 23 日，“伊斯兰国”武装分子在法国巴黎发动了恐怖袭击，造成了 300 多人的重大伤亡。早在 2002 年，小布什政府就宣称，极端势力与技术的结合将是美国面临的最大威胁。[①] 随着恐怖主义势力的发展和各种武器制造技术的扩散，尽管西方国家在“9·11”之后都采取了严密的防恐措施，但是谁也不能保证，类似的恐怖袭击不会再次发生。如果美国等西方国家再次遭受重大恐怖袭击事件时，它还能够坚定地贯彻其亚太“再平衡”战略吗?

基辛格在其最新出版的《世界秩序》一书指出，我们生活在的一个失序的世界中。“就在当今‘国际社会’之被不断提及可能超过任何时代之际，‘国际社会’却没有一整套明确一致的目

---

① The White House, *National Security Strategy*, September 2002.

标、方式和限制……，一边是混乱所带来的种种威胁，一边是相互依存达到了史无前例的程度。”[1] 可见，当今的国际战略态势，既为美国推行以亚太“再平衡”为核心的塑造世界的战略提供了一些有利的条件，又使它面临着超过历史上任何时期的严峻挑战。

二、亚太国家政策的取向

不仅全球战略态势影响美国战略的实施，而且亚太地区各国的政策取向，也对美国的“再平衡”战略形成制约。美国在欧亚大陆的东端，几无战略依托的支撑点。目前，它主要盟国和伙伴国都是西太平洋地区的半岛与岛屿国家。因此，美国能否成功地推行亚太“再平衡”战略，还取决于亚太国家的政策取向。

美国要推行亚太“再平衡”战略，不仅取决于其自身的战略需求，亚太国家的态度也至关重要。就目前的态势来说，除了中俄两国坚决反对以外，其他的亚太国家对美国亚太“再平衡”战略的态度也是矛盾的，即使美国亚太盟国与伙伴国，也采取了某种“对冲”和“两面下注”的对策。他们一方面希望与中国交往以得到经贸实利，另一方面也想利用美国来平衡中国和保持安全。其底线则是不在两者中选边，避免与美、中两国交恶。以东盟国家为例，它们在与中国密切关系的同时，也把与美国的关系提升到战略伙伴关系的层面。[2] “美国的亚洲盟友虽然欢迎美国在亚洲事务上的参与，也希望得到在安全及其它领域的保护和支持，但是它们并不希望看到美国对中国的敌视。他们希望看到的

---

① Henry Kissinger, *World Order*, Penguin Press, 2014.

② 《亚细安和美国提升至战略伙伴关系》，联合早报网 2015 年 11 月 22 日，http: //www. 2aobao. com/news/sea/story20151122 - 551517.

是，中美两国共同合作，求同存异，促进区域经济发展，降低区域紧张局势。”① 面对这样的一盘“散沙”，美国似乎缺乏将其凝结起来的手段。

诚然，美国在制定和实施遏制战略时，通过马歇尔计划和北大西洋公约组织，将西欧和北美国家扭在了一起。冷战结束后，美国又推动北约和欧盟双“东扩”，把中、东欧的一些国家也纳入其体系之内。美国想当然地认为，它也有能力在亚太地区推行这一模式。也就是说，通过建立某种架构，使亚太国家置于美国所设计的战略体系之内，使美国居于这个体系的领导地位。希拉里·克林顿曾经直言不讳地说，一个牢固的区域性构架能够承载鼓励合作的机制，避免挑衅和不良行为。但这种构架不会自行确立起来。正如北约组织（NATO）以及二战后的其他构架不是凭空形成的一样，而是要靠坚持不懈的努力、坚定不移的伙伴关系以及至关重要的美国的领导作用。这就是美国亚太战略全部意义的核心。美国的一切行动——外交、经济和军事行动——都是为了推动这个目标而制定的。②

然而，跨大西洋体制是建立在美苏两大集团对峙、欧洲分裂的基础之上的，并且美国与西欧国家在文化价值理念方面存在着诸多共同的特点。从这个意义上说，美国推行亚太“再平衡”战略，存在着“先天性”的缺陷。或者说，推行亚太“再平衡”战略所依赖的条件，与实施遏制战略时的国际环境有着民族、地域和历史的差异。这些差异，也构成了美国实施亚太“再平衡”战

① 【美】杰弗里·贝德（Jeffrey A. Bader）：《改变对华政策——我们是否在自寻敌人?》，FT 中文网 2015 年 6 月 30 日，http：//www. ftchinese. com/story/001062759？page = rest.

② Secretary of State Hillary Rodham Clinton, “Delivers the Forrestal Lecture at the Naval Academy,” April 10, 2012, Annapolis, Maryland, http：//beijing. usembassy-china. org. cn/20120411clinton. html.

略的重要障碍。

当然，美国的亚太“再平衡”战略是一项长远的规划。2015年6月26日，美国常务副国务卿安东尼·布林肯（Antony Blinken）在有关美国国家安全战略的研讨会上强调说，即使在2017年之后，美国也会把外交政策的重点放在亚太地区。[①] 亚太国家现有的态度也将是变化的。从目前看来，日本由于担心中国的崛起对其安全构成威胁，与美国加强联盟的决心难以动摇；澳大利亚与美国有共同的价值观纽带，同时需要借重美国的影响来加强它在亚太地区战略地位，也会与美国保持较为牢固的联盟关系；韩国出于对朝鲜核威胁的考虑，同时又由于历史的因素，不得不在安全与军事上加强与美国的合作。东南亚国家的立场并不完全统一，存在着一定的可塑性，其最后的结果一要看他们和美国与中国之间的互动，二要看中美两国的互动，三要看它们的利益需求。

朝鲜半岛的形势发展，特别是朝鲜的战略动向对美国的亚太“再平衡”战略亦有关联。朝鲜研制核武器，目的是为了维护自身的安全，并将它作为赢得世界上主要国家认可其政权合法性的筹码。无论是美国还是中国，朝鲜半岛的政策目标都是推进无核化。美国绝不会因为朝鲜拥有核武器，就放弃美韩同盟，更不会承认其核国家的地位，而且还可能施加更大压力，促其放弃核武器。中国也多次强调朝鲜半岛无核化的立场。朝鲜的核武化，不仅违反了相关国际条约，而且还可能引发连锁效应，即韩国和日本也出于维护自身安全的目的，着手研制核武器。更有甚者，如果朝鲜当局在认为遭受难以承受的压力下，主动进行核攻击，或

① 参见：《美国常务国务卿：中国在南中国海的举动 导致更多东南亚国家向美国靠拢》，联合早报网 2015 年 6 月 28 日，http：//www. zaobao. com/print/news/world/story20150628 – 496660.

利用核武器所带来的自信，使用武力手段实现半岛统一，美国就不可能置身事外。这种情况的发生，可能进一步密切韩国与美国的关系，使美国在东北亚地区的桥头堡更加巩固。

中日两国在钓鱼岛和东海权益上的矛盾与斗争，也对美国亚太“再平衡”战略构成影响。中日两国建交后至20世纪80年代后期，经历十几年的黄金时段。之后，两国关系时有起伏，纠结颇多。新世纪以来，两国领导人曾力图使两国关系走上正轨，“破冰之旅”、“融冰之旅”、“暖春之旅”等穿梭进行。然而，面对中国的崛起，日本的心态极不平衡，至今也“未真正接受”，[①]不断地为两国关系的发展制造麻烦，尤其是在钓鱼岛和历史问题上挑战中国，致使两国关系进入冰点。钓鱼岛问题使中日关系的走向充满不确定性。中国在钓鱼岛问题无退路可走，日本也认为输不起。从近两年的形势看，中日两国在钓鱼岛问题上发生擦枪走火的可能性是存在的。美国在钓鱼岛问题上，一方面表示就岛屿争端不选边站，另一方面又公然宣布《美日安保条约》的适用于钓鱼岛。美国立场的本意，可能是为了维护现状。但在实践上，日本仰仗美国的支持，立场更加强硬，中国绝不可能因为美国的介入而示弱。这样，中日两国在钓鱼岛问题上对立究竟能走多远，难以确定。

此外，中国南海岛礁和海域声索国之间的斗争也与美国的亚太“再平衡”战略密切相关。南海问题由来已久。中国从和平与稳定的大局出发，对于一些国家非法占有南海地区的岛礁和开采资源，并未采取强力驱逐的维权措施，而是提出了“主权归我，搁置争议，共同开发”的主张。然而，一些国家变本加厉，不仅不尊重中国的善意，反而以各种手段扩大对岛礁的占有，并指责

① 蔡永伟：《王毅：两国关系症结在于中国崛起日本未真正接受》，联合早报网2015年6月28日，http://www.zaobao.com/news/china/story20150628－496638.

中国在南海扩建岛礁的合法行动，干扰中国对南海资源的勘探与利用。美国在南海问题上，同样是故伎重演，在岛屿的归属上不持立场，但对中国采取任何捍卫主权和维护国家利益的行动，横加指责。2015 年 5 月，美国国务卿克里访华时，还表示出对南海问题的关切。在行动上，美国向菲律宾等国出售武器，签订防务合作协定等，甚至向越南提供装备，从而在南海问题上“搅局”。不仅如此，美国还直接介入南海事务，2015 年 10 月，美军派遣“拉森”号导弹驱逐舰进入中国南海岛礁 12 海里范围巡航。而且还表示，美国海军在南海的巡航作为常态的军事行动。中国政府已明确地表示，在南海问题上，中国坚持保卫主权和领土完整的意志“坚如磐石”,[①] 任何人和任何国家都不要指望中国会吞下核心利益受损的苦果。南海问题的存在，以及中国的政策走向，成为美国拉拢东南亚国家，贯彻其亚太“再平衡”战略的一个重要抓手。

美国之所以能够进行战略重心转移，除了其自身的原因外还在于亚太国家间存在着复杂的矛盾。美国通过利用这些矛盾和设法制造新的矛盾，拉近与亚太国家的距离，密切相互关系，构建以其为中心的联盟与伙伴关系构架。由于亚太国家之间矛盾与争端涉及国家核心利益，短时期内难以找出各方都能接受的方法，从而为美国介入亚太，实施“再平衡”战略提供了一定的条件。

三、主要大国战略的走向

所谓国家的战略走向，就是一个国家在内外两重因素的推动下所做出的一种战略选择。在国际关系中，大国的战略走向是经

① 参见《中国外长拒绝美国最后通牒 保卫主权坚如磐石》，《环球时报》2015 年 5 月 20 日。

常发生变化的。这种变化，既可能是力量消长引起的，也可能是大国间战略互动造成的，还可能是战略指导的变化所导致的。当然，最根本的原因，是由国家的战略利益所决定的。由于战略互信的缺乏，大国之间的防范意识十分强烈，往往都以最坏的结局作为应对思考的逻辑起点。一个国家战略走向的变动，常常会引起其他大国的连锁反应，造成敌友转换，联盟裂变。对于美国来说，它能否塑造世界，还要看主要大国的战略走向及其变化。

首先，大国力量的兴衰引起战略走向的改变。国家的发展，既取决于国内的因素，又深受国际环境的影响。无论是国内因素，还是国际环境都是变化的。保罗·肯尼迪在其《大国的兴衰》一书中，对过去500年间的大国兴衰史进行考察，并分析了个中的原因。在他看来，大国的兴起，源于经济和科技发达，以及随之而来的军事强盛和对外扩张。大国的衰微，基于国际生产力重心的转移，和因过度扩张所带来的经济与科技的衰退。随着科技发展所带来的突变，在近代以来的国际关系史上，大国力量的变迁常常是一瞬间的事，而每一次的变迁，都往往出乎人们的意料。

作为岛国，无论是资源、土地，还是人口，英国都难以与欧洲大陆的法国和俄国相比，更不能与1871年建立的德国相比。然而，它却依靠工业革命的成果建立起世界上最强大的海军，又通过武力和商业扩张建立起庞大的帝国，最终成了世界的霸主；美国建立于英国在北美的13个殖民地，而且远离世界政治与经济中心，但在不到200年的时间里，它却成为世界政治与经济的中心；德国与日本是第二次世界大战中的战败国，受到战争破坏严重，战后初期一片萧条，但很快又挤进发达国家的行列；中国历史悠久，虽然曾以“东亚病夫”闻名世界，但通过改革开放，仅仅用了30多年的时间就崛起为世界第二强国。同样地，许多大国走向衰落，从一流国家降为二流、三流国家，甚至解体。西班牙曾是欧洲的霸主，在海外拥有大量的殖民地，但是却由于其拥有极大优势的无敌舰队在1588年被英国海军打败，而走向衰落；作为与美国争霸经年的世界最强大国家之一的苏联，一夜之间就陷于崩塌。这些情况的发生，无人能够准确地预知。自20世纪80年代以来，“美国衰落论”不绝与耳；90年代以来，“中国崩溃论”也不时沉渣泛起，但无一应验。

国家实力的消长导致大国战略走向的变化。美国著名国际关系学家汉斯·摩根索说过，“以权力界定利益”①。他所说的权力，就是国家实力的外在表现。一个国家的实力增大以后，它的利益边界必然外延，而利益边界的外延，国家的战略走向必然会发生变化。中国古代历史学家司马迁曾经说过：“天下熙熙，皆为得来；天下攘攘，皆为利往。”② 利益的追求，是国家战略的基本动力，而要在国际关系中追求利益，又要靠实力。对于大国来说，在国家实力弱的时候，它的利益范围是有限的。随着实力的增强，国家利益边界必然不断扩展。随着利益的扩展，国家的战略走向也将发生改变。同样地，当国家的实力下降时，它的利益边界也随之收缩，国家的战略走向也将随之改变。

以美国为例，在其弱小的时候，它就奉行孤立主义政策；当实力有所增长时，它就抛出了“门罗主义”；当实力进一步增强时，它发动了美西战争；当实力超强时，它无限地扩张，要领导世界；当实力下降时，它就进行退缩；等等。实际上，从国家实力的消长看，世界各个大国都与美国有着同样或相似的境遇。

由于各种因素的影响，世界各大国的发展机遇不断变化。从来没有任何一个国家的实力一直处于上升期，都会出现拐点。大

---

① ［美］汉斯·摩根索：《国家间政治——权力斗争与和平》，北京大学出版社，2006年版，第29页。

② 司马迁：《史记》，卷一百二十九，第十册，中华书局，1962年版，第3256页。

国的兴衰，甚至存亡是世界历史发展的常态。在未来的世界里，这种现象也不可避免。世界现有的大国或国家集团中，究竟谁将执世界未来之牛耳，谁又将从世界舞台的中心消失，难以确定。无论发生怎样的变化，对未来大国的战略走向都必然产生决定性的影响。

在当今世界几大战略力量中，有的可能维持现状，有的可能继续上升，有的可能进入衰退。任何一种现象的出现，都会引起美国战略的变化。在冷战时期，美国战略上关注的对象主要是苏联，随着苏联的解体，冷战结束后，美国的关注重点就发生变化了，开始改变全球战略，由遏制苏联转向世界新秩序的构建。中国的崛起，使亚太地区成为世界上经济最繁荣的地区之后，美国便将战略重心移到亚太。未来的一段时间里，欧盟将进入自成立以来极大的困难时期，希腊债务问题令欧盟国家十分棘手。英国与欧盟的关系一直磕磕绊绊。2015 年 5 月，英国卡梅伦政府再次赢得大选之后表示，如果欧盟不能进行有效的改革，英国将在 2017 年进行是否退出欧盟的全民公决。如果希腊和英国都退出了欧盟，欧盟的合作必然受到重大的冲击。试想一下，如果欧盟解体，欧洲碎片化进一步加剧，美国是退一步，重新整合欧洲，还是进一步，置欧洲于不顾，全力经营亚太？

其次，大国关系的变化影响彼此战略走向的选择。中国古代著名的小说家在《三国演义》的开篇中说道："天下大势，分久必合，合久必分"。国家利益是国家对外战略的出发点和归宿点。国家利益的变化，必然导致大国关系的改变。新中国成立后不久，中苏两国就签订了《中苏友好互助同盟条约》，确定了相互合作的战略。在当时看来，"同志加兄弟"式的两国关系牢不可破。然而，几年之后，两国的同盟关系就出现了裂痕，到了 20 世纪 60 年代，彻底走向决裂！中美两国因历史问题、意识形态分歧、朝鲜战争和台湾问题相互敌对 20 余年，但是随着共同利益的增大，1972 年，两国打开了相互交往的大门，1979 年建立外交关系，两国关系保持了 20 年的“蜜月期”。上个世纪 90 年代以后，由于两国的共同对手—苏联的解体，相互关系逐步拉开距离。与此同时，为了减轻来自美国的压力，中俄两国“抱团取暖”，相互关系又密切起来，先后倡导建立了“上海合作组织”、“金砖国家银行”等合作平台，2015 年两国又达成协议，决定把中国提出的“一带一路”构想与俄罗斯倡导“欧亚经济联盟”进行无缝对接，从而使两国关系发展成为“全面战略协作伙伴关系”。

其他大国之间的关系也将因国家利益的驱动而发生变化。英美特殊关系维持了几十年，它们之间有共同的文化背景，存在着“昂格鲁—萨克森”血脉关系，也有着重大的共同利益。英国与欧盟长期存在着芥蒂，与美英特殊关系的存在也有着重要的关系。长期以来，英国的对外政策深受美国所左右，在美国对外的所有战争行动中，几乎都能看到英军的身影。但是，近几年来，这种特殊关系已显露出改变的迹象。2015 年，英国不顾美国的反对，执意加入中国倡导建立的“亚投行”。在英国的媒体中，也不乏对美国的微词。印度曾是苏联的重要伙伴，印俄关系也有良好的记录，印军的武器装备基本上都是从苏联/俄罗斯进口。而美印关系在历史上却乏善可陈，存在着极度的不信任。但是，新世纪以来，美印关系快速升温，领导互访增多，防务合作加强，美国向印度出售先进武器装备等。美印关系的密切，其主要原因是双方的共同利益增大了。从国际关系史的实践看，类似这种国家关系转换的例子不胜枚举，不再赘述。

大国关系的变化，对于一国推行对外战略有着至关重要的影响。从某种程度上说，任何一对大国关系的变化，都会为其他大国战略走向的改变。第二次世界大战后，世界进入冷战的时代，除美苏之外，其他各个大国基本上都选边站。英、法以及联邦德国都站在美国的一边；新成立的中华人民共和国向苏联“一边倒”。一些亚非国家为了避免“选边站”，1955年于万隆召开了亚非会议，第三世界开始兴起。1962年，印度又倡导“不结盟运动”，试图摆脱两极世界格局的束缚，但后来还是与苏联签订了具有军事性质的《和平友好条约》。20世纪70年代，中国领导人毛泽东正式提出了“三个世界”理论。正是由于第三世界的兴起与越南战争导致的美国的衰落，世界多极化的进程才得以加快。按照尼克松的说法，当时的世界已形成了五大力量中心。在此种情况下，各大国或战略中心才打破阵营藩篱，加强了互动。联邦德国推出“新东方政策”，美国向中国挥舞橄榄枝，日本与中国建交，英法两国也加深了与苏联的关系等。大国之间的互动，促进了国际的缓和，而国际缓和又推动了大国之间更密切的交往。

进入70年代末和80年代初，美苏争霸变得激烈，国际形势又紧张起来。于是，西方各大国，特别是英美之间协调立场，反对苏联的扩张；中国也与美国建立外交关系，建立反霸统一战线；日本则与美国加强合作，签订《防卫合作指针》。苏联变得十分孤立，但却依然不改变与美国的争霸战略，也不放弃与中国敌对的立场。于是，美国一方面加强联盟关系，密切与中国的关系，另一方面大力提升军备水平。苏联也不甘示弱，加大国防投资，扩大核武库，导致其他大国也竞相发展军事力量。在军备竞赛中，苏联的经济状况日渐衰微。

进入80年代末90年代初，东欧剧变，苏联解体后，世界进入了相对稳定时期。由于美国赢得了冷战，成了全球唯一超级大国。世界主要国家都调整政策，改善或密切与美国的关系，美国成为世界领导者。在海湾战争中，美国一呼百应，竟然有39个国家加入美国的联盟，组建了强大的多国部队。海湾战争结束后，各个大国都以发展经济，提高综合国力为己任，力图在下一轮国际竞争中占据有利地位。

21世纪以来，随着美国在反恐战争中消耗巨大，在2008年国际金融危机中受到严重削弱，加之单边主义政策对其他国家造成伤害，国际影响力大为下降。与此同时，中国迅速崛起，国际地位大大提高，“政治影响力已经是非正式超级大国的水平”。[①]因此，世界上已出现了这样一种现象，一些大国表现出了疏远美国，“讨好”中国的意图。上海合作组织在不久的将来进一步扩容，印度与巴基斯坦从观察员变为正式成员国。世界力量的分化与重组已露出端倪。欧亚大陆主要合作战略的选择，无疑会降低美国塑造世界战略的成功机率。

再次，战略指导的改变造成大国战略走向的变动。尽管国家的战略指导是以客观世界为基础的，由于指导者的差异，却也有着不同的风格。这种风格影响到国家的决策时，必然导致国家战略走向的改变。实践证明，世界大国的战略走向常常打上决策者风格的烙印。20 世纪 50 年代，戴高乐任总统时，法国的对外战略有着“桀骜不驯”的特点；60 年代末 70 年代初，尼克松任总统时，美国的对外战略以均势为标志；70 年代末，卡特任总统时，美国的对外战略以“软弱”为特征；80 年代初，里根任总统时，美国的对外战略则以强硬著称；同时代具有“铁娘子”之称的撒切尔夫人担任首相时，英国的对外战略就十分强硬；当今俄罗斯总统普京，使俄罗斯的对外战略带有“强悍”的风格；等等。

决策者的不同特质是客观存在的。“强势”的领导者往往采取有所作为的或带有强烈攻势的战略指导，使国家的战略走向带有强烈的外向“进攻”性色彩。“弱势”的领导者常常实行维持现状的战略指导，使国家的战略走向具有内敛“防御”性特征。大国领导人的变化也会使一个国家的对外政策和战略发生重大的

---

① 俄罗斯科学院远东研究所副所长卢佳宁语，参见《俄媒：中国政治影响力已是非正式超级大国水平》，环球网 2015 年 5 月 8 日。

改变。大国的对外政策常常带有领导人的特色，比如美国就有杜鲁门主义、尼克松主义、卡特主义、里根主义等。前苏联则有斯大林主义、勃列日涅夫主义、戈尔巴乔夫新思维等。其他大国亦然。领导人的变更是一个自然规律，因此大国对外政策或战略的变化不可避免。可以这样说，世界各大国都有其“伟人”时代，他们之所以成为伟人，就是因为在不同程度上改变了国家的战略走向。

最后需要指出的是，由于国际互信的缺乏，大国关系往往存在扭曲。由于国际关系处于无政府状态，大国间的竞争十分激烈。通常情况下，一国地位的上升，就意味着其他大国地位的下降。为了维护自己的地位，防止他国在竞争中获胜，大国之间的相互防范，缺乏互信是一个常态。历史上是这样，现实是如此，未来也不会改变。大国间互信的缺乏，使得国际关系呈现出扭曲的状态。看似关系密切的国家，往往在暗地里与它们共同的“敌人”进行交易，以便在未来国际关系发生剧变时，自己能处于有利地位；看似敌对的国家，可能进行外界不能觉察的交易，为未来改善关系埋下伏笔。所以，在大国关系发展的历史进程中，一个国家迅速改变战略走向也是时常发生的。

美国推行的亚太“再平衡”战略，即塑造世界的战略，最后能否如愿以偿，大国关系的变化有着极为重要的影响。从当今大国关系的现实和发展趋势看，美国的战略实施面临着极大的困难。由于冷战思维的作怪，战略扩张的贪婪，美国既要在欧洲遏制俄罗斯，阻止其地缘利益的实现，又要在亚太地区防范中国，忽视其合理的利益追求。这样，它就成了中俄两国密切合作的外部推进器。只要中国与俄罗斯保持密切的合作，美国就处于“两线作战”的困境。如果美国在推行亚太“再平衡”战略时，不能尊重中国及其他相关国家的核心利益，其直接的后果，可能造成亚太地区乃至全球范围内形成以中俄为一方、美日为另一方的两大对立集团。倘若如此，世界就不仅仅有可能再次陷入冷战，热战的梦魇似乎也不太遥远。那么，美国要塑造的世界，必然充满冲突与混乱，而非和平与稳定。

第三节　能否把握重塑世界的手段运用?

毫无疑问，在当今世界，美国依然拥有其他国家难以比拟的综合实力。但是，实力只是为国家的战略实施提供了力量基础，战略环境也只是提供了可能的机遇，最后能否实现战略目标，还要看战略指导者能否发挥主观能动性，制定正确的战略，合理地运用国家力量，在国际互动中创造对己有利的态势。历史上，美国曾经以国家实力为基础，运用战争、威慑、遏制、预防等手段推行塑造世界的战略。面对变化了的世界，美国选择合适的手段，去推进以亚太“再平衡”为核心的塑造世界的战略。

一、是引领合作还是对抗?

如前文所述，美国国家战略的核心是维护其世界领导地位，防止欧亚大陆出现一个可以挑战其地位的国家或国家集团。当苏联在战后对其战略目标构成挑战时，美国就在把欧洲作为战略重心，在世界范围内布局造势，对苏联加以遏制，选择的手段是以对抗为主。当以中国强势崛起为特征的亚太地区影响力不断上升的时候，美国就推行“再平衡”战略，实施战略重心的转移，力图通过主导亚太，重塑世界，维护其世界领导地位。美国在推行这一战略时，合作共赢是一法，对抗相伤也是一着。如果选择以合作为主的方法，美国拥有相当有利的条件。

首先，具有引领亚太地区合作的基础。美国是亚太地区的一个强国，与许多国家存在着军事联盟或伙伴关系，具有较高的影响力。在其之外，这一地区还有几大战略力量，即中国、俄罗斯、东盟、日本、澳大利亚等，印度也不能忽略。中国是亚太地区的大国，亚太地区也是中国的安身立命的区域，在亚太地区存在着巨大的影响力；俄罗斯在主体上是一个欧洲国家，但其领土的大部分却是在亚洲，随着亚太国家影响力的上升，俄罗斯不断强化其亚太战略；东盟自其成立以来，在亚太事务中作用突出，任何一个国家在制定和实施亚太战略时，都不能不考虑它的态度，因此“10+1”、“10+3”、“10+6”机制和香格里拉安全论坛应运而生；日本是世界第三大经济体，在亚太事务中扮演着十分重要的角色，在东南亚地区有着较强的影响力；印度虽然不是一个亚太国家，但由于其特殊的地理位置和国家利益的驱动，它在过去的10年里，一直在推行“东向战略”，积极介入亚太事务；澳大利亚处于南太平洋地区，与亚太地区的其他国家有着重大的利益关联。

在亚太地区的主要国家中，相互关系极为复杂：日本和澳大利亚是美国的盟友，相互之间有着良好的安全合作关系；中俄之间是全面战略伙伴关系，合作基础十分深厚；中日之间存在着突出的矛盾，但在经济上又有着很大的依存关系；中美关系十分复杂，合作与冲突相互交织；美俄之间极不信任，在欧洲形成了严重的对峙；印度与美国之间存在共同价值观，与俄罗斯关系密切，与中国有斗争有合作，极力在三者之间寻求平衡；东盟国家在经济发展迫切需要中国的资金与市场，在安全方面又需要美国的支持与援助，等等。一句话，亚太地区是国际上主要战略力量汇聚之地，彼此利益交织，相互矛盾重叠。

在亚太地区的大国中，美国拥有许多盟国与伙伴，而且与许多国家并无根本的利益冲突，而且很多亚太国家希望美国积极参与亚洲事务。因此，美国是唯一能够在亚太地区发挥引领作用的国家。在此种情况下，美国如何发挥其势，以推进共同利益为纽带，以包容合作为手段，构建地区安全机制，是其实施亚太“再平衡”战略成功的关键。

其次，具备管控亚太地区冲突的能力。2012 年 8 月，美国“战略与国际问题研究中心”（CSIS）发表的《亚太地区美军态势战略：独立分析》报告强调，美国今天在亚太地区的首要战略重点，不是准备与亚太国家特别是中国爆发冲突，而是塑造一种永远没有必要发生冲突的环境，甚至是塑造一种看来未来发生冲突是不可思议的环境。因此，美国在“确保”与“劝阻”之间达成并维持一种平衡，对于塑造该地区安全环境十分关键。亚太地区，尤其是西太地区国家之间存在着诸多矛盾，而且有些矛盾还十分棘手，几无化解的良策，如中日东海岛屿和海洋权益的争端、中国与一些东南亚国家在南海的岛礁和权益的争端，韩国与日本之间独岛争端，日本与俄罗斯关于北方四岛的争端等。在这些争端的当事国中，日本、菲律宾、韩国等都是美国的盟国。这样，美国就会处于一种尴尬的境地，如果不支持盟国，盟国就会认为它不可靠，弃美国而去，进而导致“多米诺骨牌”效应，使美国在亚太地区的联盟土崩瓦解。如果美国支持其盟国，不仅会引起与当事国另一方的不信任，而且会使其盟国仰仗美国的支持采取冒险或过激行为。对此，美国不得不在争端当事国之间掌握平衡，既要给盟国以适当支持，防止他们产生离心倾向，又要约束盟国的行动，防止他们引发冲突，同时还要与当事国的另一方进行沟通，避免误判情况的发生。

其实，亚太国家之间的这些争端问题都不是新近产生的，而是历史形成的。这些矛盾之所以浮出水面，美国负有不可推卸的责任。特别是美国一些盟国与中国的领土争端问题，中国一贯的态度是“搁置争议，共同开发”，没有做出任何改变现状的行动。然而，日本、菲律宾等一改历史上形成的默契，主动挑战中国核心利益的底线，迫使中国不得不采取反制措施。解铃还须系铃人，只要美国约束其自身和盟友的行动，同时与中国进行沟通和协调，就能使亚太地区的局势处于可控状态，从而使其赢得争端双方的信任，成为亚太事务的平衡者与引领者。事实上，美国还是具备管控其盟国及相关分歧的能力的。

再次，拥有与中国合作的条件。尽管亚太地区国家众多，但是能够最终左右亚太棋局的国家就是美国与中国。中国的崛起是亚太地区成为世界政治与经济重心的关键因素。在上个世纪 60、70 年代，日本、新加坡、韩国和中国台湾地区的经济飞速发展，被称为亚洲经济四小龙，但并未使亚太地区成为世界的政治和经济重心。只是由于中国的崛起，进而带动整个地区经济的发展，才改变世界政治与经济的版图。从一定意义上说，这一次世界政治与经济重心的变迁是中国撬动的，美国亚太“再平衡”战略的推出也是以此为动因的。所以，亚太地区的繁荣是因中国的崛起而产生，亚太地区诸多矛盾浮出水面，也与中国的崛起有着一定的关联。

尽管如此，中国没有称霸的野心，也没有挑战美国世界领导地位之意图，更没颠覆他国政权，扩张领土之欲望与行动。中国所追求的就是国家的核心利益得到尊重，领土主权得到维护，民族振兴得以实现，发展机遇得到保障。为了实现这一目标，中国迫切需要和平与稳定的国际环境，尤其是亚太地区的和平与稳定。自中美两国从 20 世纪 70 年代打开交往的大门以来，通过进行和平共处，维护了亚太地区，特别是东亚地区 40 多年的和平，不仅使中美两国受益匪浅，也使该地区的其他国家获得迅速发展的红利。因此，从中国方面来说，合作共赢是处理对美关系的基本立场。2015 年 5 月，美国国务卿克里访问中国，中国国家主席习近平在接见他时表示，两国要着力建立新型大国关系，多沟通多对话，增信释疑，深化合作，妥善管控和处理分歧。从美国方面来说，自尼克松总统以来，历经 8 任总统，美国都推行以合作为主的对华政策。2015 年 6 月，在“中美战略与经济对话”会议上，美国副总统拜登在致辞中表示，美国乐意看到中国崛起，无意遏制中国发展，和平发展的中国有利于美国、亚洲和世界。[①] 所以，从中美两国的利益和态度看，美国拥有与中国进行合作的基础。

最后，从实践层面看，美国所采取的战略手段也以推进亚太地区的合作为主基调。一是加强盟国间的合作；二是展开与中国的合作；三是参与地区多边合作。具体内容前面已做了论述，此处不再重复。

但是，近两年来，美国战略和外交界的一些专家们开始鼓噪，认为美国以合作为主的对华政策已经过时了。在他们看来，对于一个企图主导西太平洋地区的中国，美国应当采取以对抗为主，合作为辅的政策。关于中美关系进入“临界点”，重启新“冷战”等说法不绝于耳。例如，美国芝加哥大学政治学教授米尔斯海默就认为中国正试图从根本上改变当今世界秩序，使之符合自身利益。美国与其等待未来中国变得更加强大、无法控制，不如现在就联合起来应对。[②] 美国一些主要战略家认为，必须大力阻止中国谋求区域领导雄心，因而趋向探讨走回冷战思维的道路。“尝试与区域伙伴建立联盟来抗衡中国是很自然的做法，包括旧盟友如澳大利亚、日本和菲律宾，和更多不是盟友的国家如新加坡、越南和印度。简而言之，一个亚洲的北大西洋公约机

---

① 拜登：《美国希望提到中国的崛起，无意遏制中国的发展》，《人民日报》（海外版），2015 年 6 月 26 日。

② 参见傅莹：《探索中美之间的相处之道》，2015 年 6 月 4 日在中国社科院《美国研究报告》发布会上的讲话。

构。我们已经可以看到，这个思维开始影响美国同这些国家的关系。”①

总之，美国以其独具的战略优势，采取以合作共赢的方式，而不是对抗为主的做法，尊重亚太地区各国的核心利益，建立一种稳定的秩序是会受到亚太国家欢迎的，尽管要做到这一点很不容易。美国前国务卿基辛格博士坚信，美中两国合作的大方向是正确的，主张多沟通，真诚合作。对于未来秩序，他认为世界进入一个共同秩序的前景是存在的，但是会很艰难。② 澳大利亚国立大学国际战略教授休·怀特（Hugh White）也认为，最理想的亚太地区秩序的模式，就是美国和中国分享影响力并相互平衡。美国后退一步，不再是区域唯一领导者，但却继续在亚洲的战略和政治事务维持重大角色。中国前进一步，享有比封建时代以中国为中心的秩序崩溃以来的更大领导角色。不过，其势力将受到美国和其他区域强国的平衡与限制。……当然，类似上述的新秩序不容易建立和维持。③ 所以，美国在推行亚太“再平衡”战略时，能否认识到国际战略力量的消长，各主要国家的战略意图与追求，从而把握住合作的大方向，是其能否重塑世界的关键一着。

二、是着眼防范还是遏制？

美国在推行亚太“再平衡”战略的过程中，虽然涉及到各种

① 【澳】休·怀特:《美国在亚洲的选择》，新加坡《联合早报》2015 年 6 月 26 日。

② 参见傅莹:《探索中美之间的相处之道》，2015 年 6 月 4 日在社科院《美国研究报告》发布会上的讲话。

③ 【澳】休·怀特:《美国在亚洲的选择》，新加坡《联合早报》2015 年 6 月 26 日。

“平衡”关系，如国内的平衡、地区之间的平衡以及亚太地区内部的平衡，但最为关键的是亚太地区内的平衡。既然要“平衡”，就产生了要与谁“平衡”的问题。根据美国的种种表现，它要平衡的对象显然是那些因力量上升可能打破亚太地区均势的国家。由于中国的强势崛起是亚太地区力量结构改变的关键，那么毫无疑问，美国的亚太“再平衡”战略与中国就有着密切的关联。对此，美国的态度十分纠结。一方面，它强调不针对中国，欢迎中国崛起，另一方面又存有很深的战略疑虑，着力进行防范。2015 年 6 月，美国发布的最新版《国家军事战略》报告指出：美国“支持中国的崛起，鼓励中国成为更大程度国际安全的伙伴，但中国的行动加剧亚太地区的紧张关系。”① 因此，人们不难看出，它采取的是两面下注的战略，既强调与中国合作，“共同应对 21 世纪的挑战”,② 又主张以所谓的“平衡”应对中国崛起。

根据国际关系的一般规律，守成大国对于崛起大国所采取的手段往往是防范与遏制并用。从过去 5 年来美国的各种举措看，无论是军事态势的加强，经济伙伴关系的构筑，抑或是安全屏障的巩固，主要是防止对中国的战略意图产生误判。也就是说，通过与中国的接触与合作，维护其主导的国际秩序。如果中国“挑战”这一秩序时，美国还有应对的手段。美国的这些做法，尽管有人认为是遏制中国，但实际上更是一种预防性措施。

第一，遏制对抗就是制造敌人。第二次世界大战后，美国对苏联等社会主义国家奉行遏制战略，那是因为它已明确，后者就

---

① Department of the Defense, *The National Military Strategy of the United States of America*, 2015, p. 2.

② 拜登：《美国希望提到中国的崛起，无意遏制中国的发展》，《人民日报》(海外版)，2015 年 6 月 26 日。

是其对手，必须置之死地而后快。从杜鲁门到老布什，美国历届总统都坚持一个不变的战略主线——遏制苏联，即使发生战争也在所不惜。朝鲜战争、柏林危机、越南战争、古巴导弹危机先后发生，在中东、非洲和拉丁美洲，凡是苏联势力所到达的地方，美国随后而至，两国多次进行代理人战争。不仅如此，美国还通过和平演变的方式，瓦解苏联集团，进而动摇苏联共产党的执政根基。直到苏联及其控制下的国家集团解体后，美国才改变其全球战略。与此同时，苏联也同样视美国为敌人，认为社会主义与资本主义是不共戴天的，把消灭资本主义作为自己义不容辞的责任。在处理战后事宜上，美苏两国处处为敌。因此，可以说，美国所推行的遏制战略，是以苏联为敌作为基础和明确指向的。在当今世界，特别是在亚太地区，唯有已崛起为世界第二大国的中国可能成为美国遏制的对象。如果美国选择了遏制对抗，无疑是视中国为敌人。美国资深战略学家基辛格曾说过，如果美国把中国塑造成敌人，中国就可能真的成为美国的敌人。美国政府应该清楚，制造敌人并不难，但化敌为友却很是不易。历史的教训告诉人们，中美成为敌人，只不过是几年的时间，而双方却用了几十年的时间，才建立起正常的国家关系。从2014年和2015年先后出台的《四年防务评估报告》、《国家安全战略》、《21世纪海上力量合作战略》和《国家军事战略》，都没有出现任何有关遏制中国的内容，只是表示关切中国的军事力量建设。

第二，遏制对抗极为不合时宜。进入21世纪以来，世界多极化、文化多元化、价值多样化、经济全球化条件已成为大趋势，世界各国之间形成了相互依存和彼此竞争的状态，与战后的国际形势有着根本的不同。第二次世界大战后，国际社会迅速分为相互对立的两阵营。其中的任何一方，都可利用其在本阵营内的优势，以捍卫共同价值观为旗帜，凝聚力量，与对方进行较量。在当今世界，由于利益相互交织，泾渭分明的阵营不复存在。即使美国主导建立的联盟体系中，也没有明确地将某一国家或国家集团界定为敌人或对手。正因为如此，小布什政府时期决定把美军建设的目标由基于“威胁”转向基于“能力”，其根本的原因，就是美国所面临的威胁具有不确定性。自中美两国改善关系以来，中国从未视美国为敌人，也没有挑战美国主导的国际体系的意图，而且公开地或隐晦地表达了融入现有世界体系、承认美国世界领导地位的意愿。也就是说，即使美国要推行遏制战略，那也是英雄无用武之地，显然不合时宜。这也正是美国领导人数次强调，美国无意遏制中国的原因。

第三，遏制对抗根本无法推行。推行遏制战略，不仅需要自身拥有占据绝对优势的力量，而且需要强大的国家联盟，并能将遏制的对象限定在某个区域内。冷战时期，美国在力量上占据优势，且拥有广泛的联盟。在苏联的西部，有北约集团阻遏，在苏联的东部，有美、日、韩同盟扼守。苏联多次尝试突破遏制，如企图在古巴部署核导弹、入侵阿富汗、前出中东、进入非洲等，手段的选择主要是军事援助或渗透或建立联盟。美国则以牙还牙，总是纠集盟国，千方百计地加以阻挡。在当今世界，即使美国有意推行遏制战略，但它再也无法用意识形态凝聚盟国的力量，组建起遏制中国的联盟。不容讳言，美国仍然拥有一个强大的国际联盟体系，但与冷战时期的情形已不可同日而语。即使美国将某一国家或国家集团视为敌人，其盟国也未必认可，甚至压根就不以为然。再者，相对而言，美国的国力已大为下降，即便不下降，它无法编织一个包围中国的军事或经济网络。中国对外通道畅通无阻，无论是海上，还是陆上。中国提出的“一带一路”计划，在国际上得到了良好的响应，就是明证。所以，美国既无力，也无法推行遏制对抗的战略。

美国通过对其战略实践的反思中得出结论：在推行国家战略时，无论是实战战略，还是遏制战略，它都付出极其惨重的代价。无论是两次世界大战，还是战后的多场局部战争，都使美国损失巨大的人力和物力。遏制战略同样严重地损害了美国。“乔治·凯南的‘遏制’战略拖垮美国是原因，是他为美国设计的战略边界过于庞大，结果让老虎吃天，费尽了力气。20 世纪 80 年代，进入暮年的凯南对于自己曾经提出的‘遏制’战略后悔不迭。[①]

对于一个守成大国来说，对崛起大国采取适度的防范措施似乎也无可厚非。近年来，美国出于失去世界领导地位的恐惧，即使对其盟国也加以防范，如其国家安全部门对德国、法国领导人进行电话窃听，更不要说对其他大国了。防范虽然使国家关系受到影响，但不会导致敌对。遏制就是一种完全不同的行为，必然会引起国家关系的彻底敌对。防范与遏制也就是一步之遥。对美国而言，如何避免将防范滑向遏制，不使世界陷入新冷战或战争状态，是其重塑世界战略中一个需要认真掌控的问题。

三、是强化竞争还是打压？

美国在推行亚太“再平衡”战略的进程中，试图通过合作将其他国家纳入其主导的国际体系。同时为了防止战略上误判，它也做了最坏的打算。无论是合作，还是防范，都代替不了国际博弈的本质——竞争。为了赢得这场战略博弈，美国在亚太地区已经做好战略布局，着力与其他国家展开竞争。

首先，在外交领域，通过积极参与扩大影响力。第二次世界

---

① 张文木：《国家战略能力与大国博弈》，第 4—5 页。

大战后，为了遏制苏联和新中国，美国先后与东南亚和地区签订了一系列多边或双边的军事或防务条约与协定。特别是1954年，它还纠集英、法、澳和新西兰、秦国、巴基斯坦、菲律宾等8个国家签订了《马尼拉条约》，又称《东南亚集体防务条约》，并据此成立了东南亚条约组织（Southeast Asia Treaty Organization）。1977年，条约失效，东南亚条约组织也随之解散。其后的20多年里，由于先与苏联进行争霸，后又致力于世界新秩序的构建，接下来全面展开全球性反恐战争，美国与东南亚其他国家的交往甚少。虽然早在1967年，东南亚国家联盟就成立了，美国与其基本上没有什么互动。直到"9·11"事件发生后，美国出于反恐战争的需要，才重新审视东南亚的政策，对东南亚展开外交攻势，但"依然没有进入东南亚国家合作范围"。[①] 然而，2009年以来，美国对与东南亚国家关系的发展高度重视起来。7月，美国国务卿希拉里参加东盟外长会议时宣布："东南亚地区和东盟国家对美国未来的发展都有着至关重要的作用"，"美国正在重返东南亚"。[②] 随后，美国加入《东南亚友好合作条约》（Treaty of Amity and Cooperation in Southeast Asia，TAC），表明奥巴马政府对于东南亚地区的高度重视。2009年11月，在新加坡举行了首届美国—东盟峰会。2010年9月，在纽约召开了第二次美国—东盟领导人峰会，将美国—东盟峰会机制化。不仅如此，美国总统还通过APEC会议与东盟领导人会晤，并对东盟国家进行国事或友好访问。近年来，美国外交与防务官员积极参与东南亚国家的外长论坛、国防部长论坛、亚洲安全论坛。除东盟外，美国还与其传统的盟国韩国、日本和澳大利亚加深合作。美国的这些外交活

① 马燕冰：《当前美国与东盟国家的关系及影响》，《亚非纵横》，2007年第3期。

② Hillary Rodham Clinton，"Press Availability at the ASEAN-Summit"，July 22，2009，http：//www. state. gov/secretary/rm/2009a/july126320. htm.

动增加了它在东南亚国家的影响，提升了在亚太地区的战略竞争力。

其次，在经济领域，通过持续创新提高竞争力。自上个世纪80年代以来，美国推行全球化战略。在全球化的浪潮中，美国经济的“空心”化日益严重。2011年中国成为世界最大制造国，超越了盘踞这一宝座110年的美国。奥巴马上台后，美国政府意识到实体经济空心化的危险，着手实施再工业化计划。2009年，美国提出“美国复兴与再投资计划”，制定《美国创新战略：推动可持续增长和高质量就业》。2011年，美国政府制定新版创新战略——《美国创新战略：确保我们的经济增长与繁荣》。美国政府把创新作为刺激经济增长、提升国家竞争力的核心。在亚太地区，为了提高其贸易与商业竞争力，美国从2009年开始推动TPP谈判（参见第六章）。在TPP协定中，关于知识产权的保护、国有企业的限制、环境保护的约束，服务贸易的准入等规定，都突显了美国的优势。根据美国的构想，未来的TPP，将把亚太经济合作组织的所有21个成员都纳入在内，建立由其主导的亚太经济合作体系。这样，通过国内和国际两个方面的努力，美国进一步提高经济竞争力。

再次，在军事领域，通过军力调整与国际合作增强优势。如前文所述，为了加强亚太地区的军事力量，美国进行全球性兵力部署的调整。美国把在欧洲和其他地区削减下来的兵力部署到亚太地区，将最为先进的武器装备调往或投放到亚太，对国防经费降低的情况下，确保亚太地区防务需求。美军太平洋总部是美国六大战区司令部中最大的司令部，也是管辖兵力最多，区域最广的司令部。不仅如此，美国还与其在亚太地区的盟国、伙伴国加强防务合作，特别是与印度和澳大利亚的合作，使其在亚太地区的防务合作网络不仅延伸到南太平洋，而且扩展到印度洋。因此，亚太地区其他国家的军事力量很难与其匹敌。

在文化和价值观领域，美国也在谋求优势。它不止一次地强调，鼓励亚洲国家的民主化进程，主张与那些价值观念相同的国家加强往来。

由此可见，美国提升其在亚太地区的竞争力包括各个方面，是一种综合实力的竞争。难怪美国国家安全事务助理多尼隆于2013年初表示，“再平衡”战略“并不只是关系到我们的军事存在，而是寻求利用美国的各种力量——军事、政治、贸易与投资、发展和我们的价值观”。[①]

竞争是国际关系的本质。不仅大国之间存在竞争，大国与小国，小国与小国之间也存在竞争。在竞争中谋取优势是国际关系的一般规律。问题是，在国家之间的竞争中，是以提升国力为主要目的的健康性竞争，还是以打压他国为主的恶性竞争。20世纪，美苏之间曾进行长达数十年的军备竞赛，使世界长期笼罩在战争的阴影之下。最后的结局是，苏联解体了，美国的国力也受到了严重消耗，多次遭遇衰退与危机。在推行亚太“再平衡”战略中，美国虽然强调要与中国展开良性的和健康性竞争，并认为这种竞争不会必然导致冲突，但也不免带有打压中国的嫌疑。如在美国主导的TPP谈判中，却把中国挡在谈判之外。尽管它宣称TPP协定是开放的，但是，中国却只能在谈判完成之后，才可选择什么时间加入或不加入，而不能直接参与相关规则的制定。所以，美国是否能像其副总统拜登在中美第七轮“战略与经济对话”中所说的那样，与中国展开“健康的、公平的竞争”，[②] 似乎

---

① 《总统国家安全事务助理多尼隆谈美国的亚太政策》，美国驻华大使馆，2013年3月14日，http://iipdigital.usembassy.gov/st/chinese/texttrans/2013/03/20130314144171.html#ixzz3eGN55Xiz.

② 拜登：《美国希望提到中国的崛起，无意遏制中国的发展》，《人民日报》（海外版），2015年6月26日。

也难以令人信服。在国际关系中，良性的竞争，可以促进各国共同发展，恶性的竞争会破坏国家之间的互动，甚至动摇国际秩序的稳定。因此，美国在推行亚太“再平衡”战略中，如何保持国家间的正常竞争，避免打压式的恶性竞争，也是其要着重把握的重要内容。

综上所述，美国在推行亚太“再平衡”战略中，如果选择引领合作，摒弃对抗，适度防范，避免遏制，正视竞争，放弃打压，就有可能接近或实现其预期的目标。然而，由于“冷战”思维时而作祟，“遏制”意识时常闪现，“霸权”图谋贯穿其间，美国一直存在着或多或少地把中国视为“战略对手”的考虑，因而常常出现相互矛盾的做法。因此，美国亚太“再平衡”战略最后的结果如何，还要看它能否把握好各种战略手段的运用。

总之，尽管在过去的几年里，美国政府为推行亚太“再平衡”战略做了大量的努力，政府要员也反复强调了决心，相关的文件中也做了规划。但是，由于受到国家实力的限制、国际环境的制约和战略手段的掣肘，很多人认为，美国的这一战略是不可能取得成功的。“由于美国决策者抱残守缺，试图以 20 世纪的方式来应对 21 世纪的现实，‘再平衡’战略的出发点、动机和方式等方面均存在严重瑕疵与漏洞，加上美国推行过程中还受到国内外因素的严重掣肘，心有余而力不足的矛盾更加突出，说明美国将难以摆脱其战略困境。”① “美国许多外交、军事、战略领域的官员或学者认为，亚太‘再平衡’战略可能后续乏力，很可能变成美国有史以来最大的‘烂尾’政治工程。”②

① 阮宗泽：《美国“亚太‘再平衡’”战略前景论析》，《世界经济与政治》（京）2014 年 4 期。

② 《专家：美亚太再平衡战略可能后续乏力，或成“烂尾”政治工程》，人民网－军事频道 2015 年 8 月 3 日，http：//military. people. com. cn/n/2015/0803/c1011－27492419. html.

参考文献

一、中文主要参考文献

（一）专著

1. 资中筠主编：《战后美国外交史—从杜鲁门到里根》上册，世界知识出版社，1994 年版。

2. 王绳祖主编：《国际关系史》第三卷，世界知识出版社，1995 年 12 月版。

3. 张文木：《国家战略能力与大国博弈》，山东人民出版社，2012 年 8 月版。

4. 钱其琛：《外交十记》，世界知识出版社，2003 年 10 月版。

5. 吴心伯主编：《21 世纪的美国与中美关系》，时事出版社，2013 年 12 月第 1 版。

6. 王湘穗：《赶超与遏制》，长江文艺出版社，2012 年 5 月版。

7. 周桂银、葛腾飞主编：《当代国际关系史 1945—2005》，解放军出版社，2008 年 8 月版。

8. 金钿主编：《国家安全论》，中国友谊出版公司 2002 年版。

9. 中国现代国际关系研究院：《反恐背景下美国全球战略》，时事出版社，2004 年 4 月版。

10. 梅孜主编：《美台关系重要资料选编》，时事出版社，

1997 年 1 月第 1 版。

11. 王春良等著：《世界现代史》，山东出版社，1985 年 2 月第 1 版。

12. 朱听昌：《西方地缘战略理论》，陕西师范大学出版社，2005 年 3 月版。

13. 黄硕风：《综合国力新论：兼论新中国的综合国力》，中国社会科学出版社，1999 年版。

14. 潘锐：《冷战后的美国外交政策——从老布什到小布什》，时事出版社，2004 年 12 月第 1 版。

15. 军事科学院世界军事研究部：《美国军事基本情况》，军事科学出版社，2014 年版。

16. 李而炳主编：《21 世纪前期中国对外战略的选择》，时事出版社，2004 年版。

17. 王帆：《美国的亚太联盟》，世界知识出版社，2007 年 1 月版。

18. 刘绪贻、李存训：《美国通史 · 富兰克林 · D · 罗斯福时代》，人民出版社，2002 年版。

19. 张世平：《将军视点 · 美国战略透析》，军事科学出版社，2012 年 7 月版。

20. 余志森：《美国通史 · 崛起和扩张的年代》，人民出版社，2002 年版。

21. 张友伦主编：《美国通史 · 美国独立和初步繁荣》，人民出版社，2002 年版。

22. 唐兴贤主编：《近现代国际关系史》，复旦大学出版社，2005 年 8 月版。

23. 黄正柏：《美苏冷战争霸史》，华中师范大学出版社，1997 年版。

24. 王立：《回眸中美关系演变的关键时刻》，世界知识出版社，2008 年 4 月版。

25. 周建明、张曙光：《美国安全解读》，新华出版社，2002 年 6 月第 1 版。

26. 【美】威廉·德格雷戈里奥：《美国总统全书》，社会科学文献出版社，2007 年版。

27. 【美】罗伯特·西格：《马汉》，解放军出版社，1989 年。

28. 【美】米尔斯：《美国外交史》第一分册，商务印书馆，1985 年版。

29. 【美】汉斯·摩根索：《国家间政治——权力斗争与和平》，北京大学出版社，2006 年版。

30. 【美】比尔·克林顿：《希望与历史之间》，海南出版社，1997 年版。

31. 【美】基辛格：《白宫岁月——基辛格回忆录》，世界知识出版社，1980 年版。

32. 【美】亨利·基辛格：《美国的全球战略》，海南出版社，2012 年版。

33. 【美】兹比格纽·布热津斯基：《大棋局》，上海人民出版社，1998 年 2 月版。

34. 【美】孔华润/沃伦 . I. 科恩主编：《美国对外关系史》上卷，新华出版社，2004 年版。

35. 【美】兹比格纽·布热津斯基、布兰特·斯考克罗夫特著，姚云竹译：《大博弈：全球政治觉醒对美国的挑战》，新华出版社，2009 年第 1 版。

36. 【美】艾什顿·卡特，詹姆斯·佩里：《预防性防御：一项美国新安全战略》，上海人民出版社，2000 年版。

（二）论文

1. 王缉思、仵胜奇：《中美对新型大国关系的认知差异及中国对美政策》,《当代世界》2014 年第 10 期。

2. 时殷弘:《国际政治的世纪性规律和马克·布罗利的启示》,《世界经济与政治》1999 年第 3 期。

3. 李伟建:《如何认识当前中国重要战略期》,《西亚非洲》2013 年第 5 期。

4. 马燕冰:《当前美国与东盟国家的关系及影响》,《亚非纵横》2007 年第 3 期。

5. 苗迎春:《经济因素:冷战后中美关系的取暖器》,《世界经济与政治论坛》2002 年第 1 期。

6. 袁征:《中美存在结构性矛盾,增进战略互信在路上》,《瞭望》新闻周刊 2011 年第 5 期。

7. 唐永胜、卢刚:《中美关系的结构性矛盾及其化解》,《现代国际关系》2007 年 6 期。

8. 夏立平:《美国对华战略及其内在矛盾》,《当代亚太》2004 年第 2 期。

9. 张其佐:《美国加速推动建立 TPP 和 TTIP:动因何在?影响如何?》,《光明日报》2013 年 6 月 12 日。

10. 李向阳:《新区域主义与大国战略》,《国际经济评论》2003 年第 4 期。

11. 林利民:《亚太安全机制的"缺位"与"补位"》,《当代世界》2012 年第 7 期。

12. 朱锋:《奥巴马政府"转身亚洲"战略与中美关系》,《现代国际关系》2012 年第 4 期。

13. 沈铭辉:《美国的区域合作战略:区域还是全球—美国推动 TPP 的行为逻辑》,《当代亚太》2013 年第 6 期。

14. 林志远:《全力打赢当前战争　准备应对未来挑战——评美国 2010 年版〈四年防务评估报告〉》,载《外国军事学术》,2010 年第 3 期。

15. 王湘穗：《“后美国时代”的中国大战略》，《观察与交流》第139期。

16. 【美】康扎丽莎·赖斯：《促进美国国家利益》，《外交事务》2000年第1—2月号。

17. 【美】斯蒂芬·法伦：《从荷马的〈伊利亚特〉看美中战争》，美国《国家利益》杂志网站2014年8月24日。

18. 【美】约翰·海明斯：《美国对中国的真正政策是防范?》，日本《外交学者》5月13日。

19. 【美】萨拉·克雷普斯：《伊拉克战争后的美国大战略》，载《外国军事学术》，2010年第5期。

20. 王毅：《如何构建中美新型大国关系》，人民网2013年9月22日。

21. 李世默：《乌克兰危机与中国机遇》，《世界邮报》2014年3月20日（Eric X. Li，China’s Ukraine Opportunity—Killing A Few Birds Without Throwing A Single Stone，the world post，Mar 20，2014.）

22. 【美国】约瑟夫·奈：《与中国接触是美国的最明智之举》，《国际先驱论坛报》1997年9月15日。

23. 张晓林，李大光：《美国驻亚太兵力部署的重大调整》，《国防科技工业》2012年第8期。

24. 时殷弘：《制衡的困难——关于均势自动生成论及其重大缺陷》，《太平洋学报》，1998年第4期。

25. 阮宗泽：《美国“亚太‘再平衡’”战略前景论析》，《世界经济与政治》2014年4期。

27. 郑永年：《美国“重返亚洲”战略及其失误》，“联合早报”2014年4月22日，http：//www.zaobao.com/forum/expert/zheng-yong-nian/story20140422－335131.

28. 郑永年：《美国衰落的五个因素》，新加坡联合早报网，

2015 年 5 月 26 日，http：//www. zaobao. com/forum/ expert/ zheng-yong-nian/ story20150526 – 484393.

29. 郑永年：《中国与东北亚的未来》，《联合早报网》2013 年 12 月 31 日，http：//www. zaobao. com/ print/ foorum/ expert/ zheng – yong – nian/ syory20131231 – 294315/ page/0/2.

30. 陈保森：《美国经济实力仍然超强》，环球网 2011 年 7 月 21 日，http：//finance. huanqiu. com/roll/2011 – 07/1836446. html.

31. 叶国华：《美国民众的向心力》，联合早报网 2015 年 8 月 2 日，http：//www. zaobao. com/ wencui/ politics/ story20150802 – 510030.

32. 【澳】陆克文：《中美应避免两败俱伤》，FT 中文网，2015 年 4 月 20 日，（http：//m. ftchinese. com/ story/001061618）。

33. 【澳】休 · 怀特：《美国在亚洲的选择》，新加坡《联合早报》2015 年 6 月 26 日。

34. 【美】杰弗里 · 贝德（Jeffrey A. Bader）：《改变对华政策——我们是否在自寻敌人?》，FT 中文网 2015 年 6 月 30 日，http：//www. ftchinese. com/ story/001062759？ page = rest.

35. 【美】约瑟夫 · 奈：《移民与美国实力（Immigration and American Power）》，新加坡《联合早报》2012 年 12 月 20 日。

36. 拜登：《美国希望提到中国的崛起，无意遏制中国的发展》，《人民日报》（海外版），2015 年 6 月 26 日。

37. 《美亚太再平衡战略可能后续乏力，或成“烂尾”政治工程》，人民网 – 军事频道 2015 年 8 月 3 日，http：//military. people. com. cn/ n/2015/0803/c1011 – 27492419. html.

38. 《总统国家安全事务助理多尼隆谈美国的亚太政策》，美国驻华大使馆，2013 年 3 月 14 日，http：//iipdigital. usembassy. gov/ st/ chinese/ texttrans/2013/03/20130314144171. html#ixzz3eGN5 5Xiz.

（三）网站资料

1. 蔡永伟：《王毅：两国关系症结在于　中国崛起日本未真正接受》，联合早报网 2015 年 6 月 28 日，http：//www. zaobao. com/news/china/story20150628 –496638.

2. 《美国常务国务卿：中国在南中国海的举动　导致更多东南亚国家向美国靠拢》，联合早报网 2015 年 6 月 28 日，http：//www. zaobao. com/print/news/world/story20150628 –496660.

3. 奥巴马：《中国或对最终加入美国主导的 TPP 持开放态度》，环球网 2015 年 6 月 4 日，http：//world. huanqiu. com/exclusive/2015 –06/6598517. html.

4. 《美前国务卿称伊拉克战争是美国所犯“最大错误”》，“国际在线” 2012 年 6 月 27 日，http：//gb. cri. cn/27824/2012/06/27/2805s3745230. htm.

5. 《金砖国家乌法峰会联合宣言：建立不屈服于西方的多极世界》，http：//www. guancha. cn/politics/2015_ 07_ 12_ 326546. shtml.

6. 王忠明：《中国正成为世界工厂　美国仍是世界创意实验室》，《凤凰网财经》2010 年 4 月 18 日。

7. 《美诺贝尔奖得主飙升　1/3 为海外移民》，中国新闻网 2014 年 6 月 7 日，http：//www. chinanews. com/gj/2014/06 –07/6254546. shtml.

8. 《奥巴马力推“再平衡”战略　中美关系合作与竞争共存》，国际在线专稿，2012 年 12 月 18 日，http：//gb. cri. cn/27824/2012/12/18/6651s3962670. htm.

9. 张清敏：《中美大使级会谈：聋子的对话》，中国网 2008 年 8 月 28 日，http：//www. china. com. cn. 23k.

10. 伟达：《中美关系展现“新常态”》，联合早报网 2015 年

3月9日。

11. 傅莹:《美国主导的世界秩序有两大缺陷》, http: //news. ifeng. com/a/20150804/44344847_ 0. shtml.

12. 克里:《中美关系将主导21世纪世界走向》,《联合早报》2014年11月6日, http: //www. zaobao. com/special/report/politic/sino - us/story20141106 - 408734.

二、主要英文文献

(一) 政府文件

1. The White House, National Security Strategy, 1986, 1991, 1994, 1997, 2002, 2006, 2010, 2015.

2. The Department of Defense, National Defense Strategy 2005, 2008.

3. The Department of Defense, The Quadrennial Defense Review, 1997, 2001, 2005, 2009, 2014.

4. The Department of Defense, *U. S. Defense Strategic Guidance-Sustaining U. S. Global Leadership-Priorities for 21 Century Defense*, January 5, 2012.

5. Department of Defense, *Joint Operational Access Concept (JOAC) Version 1. 0*, January, 2012,

6. The Joint Chiefs of Staff, *The National Military Strategy of the United States of America*, 2002, 2006, 2011, 2015.

7. The Commission on America's National Interests, *America's National Interests*, Washington D. C. , July, 2000.

8. Joint Statement of The U. S. -Japan Security Consultative Committee, Washington, DC, May 1, 2007, http: //www. state. gov/r/pa/prs/ps/2007/may/84084. htm.

9. Joint Statement of the U. S. -Japan Security Consulative Committee, Washington, DC, June 21, 2011, http: //www. state. gov/r/pa/prs/ps/2011/06/166597. htm.

（二）官员讲话

1. Remarks by President Obama at September 11 Observance Ceremony at Pentagon Memorial September 11, 2013, The Pentagon Arlingron, Virginia.

2. Obama' s 2015 State of the Union Address, White House, Washington D. C. Jan. 23, 2015.

3. Barack Obama, Remarks By President Obama to the Australian Parliament, November 17, 2011, http: //www. whitehouse. gov/the-press-office/2011/11/17/remarks-president-obama-australian-parliament.

4. Barack Obama, Remarks by President Barack Obama at Suntory Hall, November 14, 2009, http: //www. whitehouse. gov/the-press-office/remarks-president-barack-obama-suntory-hall.

5. Barrak Obama, *2010 The State of the Union*, Jan. 17, 2010, http: //www. huffingtonpost. com/2010/01/27/state-of-the-union – 2010 – full-text-transcript_ n_ 439459. html.

6. Remarks by the President at the United States Military Academy Commencement Ceremony, U. S. Military Academy-West Point, West Point, New York May 28, 2015.

7. Remarks by Vice President Joe Biden on Asia-Pacific Policy at the George Washington University (Center for American Progress), July 18, 2013, the White House, Office of the Vice President.

8. Remarks as dilivered by Secretary of Defense, Robert M. Gates, Shangri-la Hotel, Singapore, Saturday, June 05, 2010,"

http：//www. defense. gov/Speeches/speech. aspx？ SpeechID = 1483.

9. Hillary Rodham Clinton，America’ s Pacific Century，October 11，2011，http：//www. state. gov/secretary/20092013clinton/rm/2011/11/176999. htm.

10. Hillary Rodham Clinton，On America's Engagement in the Asia-Pacific，October 28，2010，http：//www. state. gov/secretary/20092013clinton/rm/2010/10/150141. htm.

11. Hillary Rodham Clinton，Regional Architecture in Asia：Principles and Priorities，January 12，2010，http：//www. state. gov/secretary/20092013clinton/rm/2010/01/135090. htm.

12. Secretary of State Hillary Rodham Clinton，"Delivers the Forrestal Lecture at the Naval Academy，" April 10，2012，Annapolis，Maryland，http：//beijing. usembassy-china. org. cn/20120411clinton. html.

13. Leon Panetta，Remarks by Secretary Panetta at the Shangri-La Dialogue in Singapore，June 2，2012，http：//www. defense. gov/transcripts/transcript. aspx？ transcriptid = 5049.

14. Chuck Hagel，The United States’ Contribution to Regional Stability，Shangri-la 2014 First Plenary Session，Secretary of Defense，US. May 31st，2014.

15. Chuck Hagel，Secretary of Defense Speech IISS Shangri-La Dialogue，May 31，2014，http：//www. defense. gov/Speeches/Speech. aspx？ SpeechID = 1857Susan

16. Chuck Hagel，Secretary of Defense Speech International Institute for Strategic Studies，June 01，2013.

17. Tom Donilon，The United States and the Asia-Pacific in 2013，March 11，2013，http：//www. whitehouse. gov/the-press-office/2013/03/11/remarks-tom-donilon-national-security-advisory-presi-

dent-united-states-a.

18. E. Rice, America' s Future in Asia, November 20, 2013, http: //www. whitehouse. gov/the-press-office/2013/11/21/remarks-prepared-delivery-national-security-advisor-susan-e-rice.

19. Statement of Admiral Robert. F. Willard, Navy Commander of U. S. Pacific Command before the House Armed Services Committee on U. S. Pacific Command Posture.

（三）专著、报告、论文

1. John Mearsheimer, *The Tragedy of Great Power Politics*, W. W. Norton & Company, 2001.

2. Halford Jhon Mackinder, Democratic Ideals and Reality: A Study of Politics in Reconstruction, London: Constable, 1919.

3. G. John Ikenberry, ed. , *America Unrivaled*: *The Future of the Balance of Power* (Ithaca, N. Y. , 2002) .

4. Thomas J. Christensen, "Shaping the Choices of a Rising China: Recent Lesson for the Obama Administration", *The Washington Quarterly*, Vol. 32, No. 3, 2009.

5. David A. Shlapak, "Chinese Military Modernization and China vs. Taiwan Balance", American Foreign Policy Interests, Volume 23, No. 3, June 2001.

6. John O · Sullivan Chirac Therapy, "The Anti-American Temptation Persists", *National Review.* Paul Kennedy, "The Eagle Has Landed", *Financial Times*, February 2, 2002.

7. Condoleezza Rice, "For National Interests: The Reality of Post-Cold War", Foreign Affairs, Spring Issue, February 2000.

8. Clinton H R. America' s Pacific Century [EB/OL] . (2011 – 11 – 10) http: // www. state. gov/secretary/rm/2011/11/176999.

htm.

9. Jan van Tol, with Mark Gunzinger, Andrew Krepinevich, and Jim Thomas, *AirSea Battle: A Point-of-Departure Operational Concept*, CSBA, May 2010.

10. Robert P. Haffa, Jr., and Michael W. Isherwood, *Long-range Conventional Strike-A Joint Family of Systems*, JFQ, 1st quarter 2011.

11. Mark Gunzinger, *Sustaining America's Strategic Advantage in Long-Range Strike*, Center for Strategic and Budgetary Assessments, September 2010.

12. James Stavridis, "A New Air Sea Battle Concept: Integrated Strike Force", (Washington D. C.: National Defense University National War College, 1992).

13. Andrew F. Krepinevich, with Barry Watt, Robert Work., *Meeting Anti-access and Area-denial Challenge*, CSBA, 2003.

14. Eric. V. Larson, Derek Eaton, Paul Elrick, Theodore Karasik, with Robert Klein, Sherrill Lingel, Brian Nichiporuk, Robert Uy, John Zavadil., *Assuring Access in Key Strategic Regions Toward a Long-Term Strategy*, RAND, 2004.

15. Andrew Krepinevich, Barry Watt, Robert Work., *Meeting Anti-access and Area-denial Challenge*, CSBA, 2003.

16. Andrew F. Krepinevich, *The Molitary-Technical Revolution: A Preliminary Assessment*, Washington D. C. CSBA, 2003.

17. Roger Cliff, with Mark Burles, Michael S. Chase, Derek Eaton, Kevin L. Pollpeter, *Entering the Dragon's Lair: The Implications of Chinese Anti-access Strategies*, RAND, 2007.

18. Paul K. Davis, ed., *New Challenges for Defense Planning: Rethinking How Much Is Enough*, RAND, 1994.

19. Andrew F. Krepinevich, Why AirSea Battle? Washington D. C. CSBA, 2010.

20. Kelvin Wong, Valiant Shield 2014'demonstrates US joint force capabilities in the Asia Pacific, IHS Jane's Defence Weekly, September 28, 2014.

21. Eric Stephen Gons, "Access Challenges and Implications for Airpower in the Western Pacific", RAND, 2011.

22. Richard Bush, United States Policy towards Northeast Asia, April 2013, SERI Quarterly.

23. Tao Wenzhao, 'Dialogue Viable for Peninsula", http://europe.chinadaily.com.cn/opinion/2010-12/17/content_11716242.htm.

后　　记

本书自 2011 年秋确定题目，历时 4 年。这一课题，内容广泛、相关因素复杂、而且在不断地发展变化，对于世界格局和我国安全都有着重大影响，对我国国际战略指导思想的调整和信息化时代军事变革的推进，都有着重大的促动，其挑战性和艰巨性不言自明。为了使本书的内容客观、真实，并具有较强的可读性，本书除广泛地借鉴了国内外现有研究成果之外，还得到了领导、导师、同仁、学生和家人的大力帮助。在写作过程中，解放军国际关系学院院长刘峰少将给予热情鼓励和大力支持；我的导师翟晓敏教授不吝赐教，尽心指导；同事庄林教授提出许多宝贵意见，使我受益匪浅；我的学生李楠、宣耿亘、徐敏为本书的写作做了很大的贡献；张昊和果竑宇通读全稿，并提出了许多有益的见解；妻子王恩慧数年来为支持我完成此书不辞辛劳；女儿蔡偲也利用其中文专业的特长，为本书语言的简洁也付出了巨大努力。对上述领导、导师、同事、家人和学生给予的帮助与支持，我谨表示深深的谢意。同时，我还要感谢本书所大量引用的中外各类相关论著和译作的作者，没有他们的学术贡献，我将无法企望以个人微薄之力完成这一重大课题。每念及此，感恩之情油然而生。

图书在版编目（CIP）数据

从遏制到平衡：美国塑造世界战略解析/蔡华堂著. —北京：时事出版社，2016. 1

ISBN 978-7-80232-897-6

Ⅰ. ①从… Ⅱ. ①蔡… Ⅲ. ①全球战略—研究—美国 Ⅳ. ①E712

中国版本图书馆 CIP 数据核字（2015）第 274969 号

出 版 发 行：时事出版社

地　　　址：北京市海淀区万寿寺甲 2 号

邮　　　编：100081

发 行 热 线：（010）88547590　88547591

读者服务部：（010）88547595

传　　　真：（010）88547592

电 子 邮 箱：shishichubanshe@ sina. com

网　　　址：www. shishishe. com

印　　　刷：北京市昌平百善印刷厂

开本：787 × 1092　1/16　印张：24. 75　字数：300 千字

2016 年 1 月第 1 版　2016 年 1 月第 1 次印刷

定价：88. 00 元

（如有印装质量问题，请与本社发行部联系调换）